SVIZZERA

AUSTRIA

UNGHERIA

VALLE
D'AOSTA

TRENTINO-
ALTO
ADIGE

FRIULI-
VENEZIA
GIULIA

SLOVENIA

Trento

LOMBARDIA

VENETO

Udine

• Torino

Milano

Verona

Padova

Venezia

Trieste

CROAZIA

PIEMONTE

EMILIA-ROMAGNA

Ferrara

SERBIA

Genova

Bologna

Ravenna

**BOSNIA-
ERZEGOVINA**

LIGURIA

Pisa

SAN MARINO

San Remo

MONTENEGRO

*MARE
LIGURE*

Firenze

Ancona

Siena

Perugia

MARCHE

Elba

TOSCANA

Orvieto
UMBRIA

MARE ADRIATICO

**Corsica
(FRANCIA)**

Roma

L'Aquila

ABRUZZI

LAZIO

MOLISE

MARE TIRRENO

Campobasso

Sassari

CAMPANIA

PUGLIA

Napoli

Bari

SARDEGNA

Pompei

Potenza

Taranto

Amalfi

BASILICATA

Cagliari

ITALIA
(Carta Politica)

CALABRIA

SCALA DI CHILOMETRI

0   40   80   120   160

SCALA DI MIGLIA

0   20   40   60   80   100

Isole
Lipari

*MARE
IONIO*

Messina

Reggio

Palermo

Taormina

SICILIA

Catania

Agrigento

Siracusa

*MARE
MEDITERRANEO*

Tunisi

TUNISIA

LGERIA

FRICA

EUROPA
(Carta Politica)

SCALA DI CHILOMETRI
0   100   200   400   600

SCALA DI MIGLIA
0   50   100   200   300

FINLANDIA

MARE BALTICO

LETTONIA

LITUANIA

RUSSIA

Stoccolma

SVEZIA

NORVEGIA

Oslo

Copenhagen

DANIMARCA

MARE DEL NORD

GRAN

IRLANDA

Dublino

ISLANDA

Reykjavik

OCEANO ATLANTICO

20°
10°
0°
10°
20°
30°

60°

BASIC ITALIAN

SEVENTH EDITION

BASIC ITALIAN

CHARLES SPERONI

Professor Emeritus (late), University of California, Los Angeles

CARLO L. GOLINO

Professor Emeritus (late), University of California, Riverside

BARBARA CAITI

**HOLT
RINEHART
WINSTON**

HOLT, RINEHART AND WINSTON, INC.
HARCOURT BRACE COLLEGE PUBLISHERS

Fort Worth   Philadelphia   San Diego   New York
Orlando   Austin   San Antonio   Toronto   Montreal
London   Sydney   Tokyo

Publisher: Ted Buchholz
Senior Acquisitions Editor: Jim Harmon
Developmental Editors: Barbara Caiti, Paola Caro
Senior Production Manager: Annette Dudley Wiggins
Photo Research Editor: Shirley Webster
Project Editor: Richard Duncan
Copy Editor: Paola Caro
Text Design: Adriane Bosworth
Cover: Melinda Huff
Text Illustrations: John Fitzgerald
Editorial and Production: GTS Graphics, Inc.
Composition and Pre-press: GTS Graphics, Inc.

Photo Credits: see p. 443

Library of Congress Catalog Card Number: 92-075700

ISBN: 0-03-074991-3

Address for editorial correspondence: Harcourt Brace College Publishers, 301 Commerce Street, Suite 3700, Fort Worth, Texas 76102

Address for Orders: Harcourt Brace & Company, 6277 Sea Harbor Drive, Orlando, Florida, 32887. Tel: 1-800-782-4479, or 1-800-443-0001 (in Florida).

Printed in the United States of America

9 0 1 2 039 9

PREFACE

Basic Italian, Seventh Edition is the revision of a highly successful introductory-level Italian program designed to be used in two-year and four-year colleges and universities. It can also be used over a two-year or three-year period at the high school level.

In presenting the seventh edition of *Basic Italian,* we must express our appreciation to the many teachers and students who, for so many years, have shown their confidence in our efforts.

Student Textbook

The student textbook is composed of an Introductory Lesson on Pronunciation, a Preliminary Chapter, and thirty chapters. The chapters are organized into eight units that reflect various aspects of life. Each chapter revolves around a dialogue or situation that is likely to be encountered by a person traveling, studying, or working in Italy. The vocabulary, expressions, and grammar structures taught within the chapter provide the verbal skills and information needed to be able to function within that situation. Updated cultural materials, four-color photos, and authentic realia help students to understand and appreciate the history, culture, and life-styles of contemporary Italy. A new communicative section at the conclusion of each chapter provides useful phrases and expressions that are crucial to the dynamics of interactive speech.

Communicative proficiency based upon mastery of grammar and language patterns is the goal of the program. When students finish Chapter 30, they will not only be able to survive in an Italian-speaking environment, but will also be able to understand and appreciate Italian culture and traditions.

Introductory Lesson on Pronunciation

This lesson presents and provides practice in individual sounds, double consonants, diphthongs, accentuation, stress, and syllabication.

Preliminary Chapter

The **Capitolo preliminare** introduces the basic vocabulary and expressions, such as greetings and introductions, days of the week, and numbers needed in the classroom. Vocabulary and expressions are introduced with line art and in mini-dialogues. Ample opportunity for practice is provided through a variety of exercises and activities.

Dialogues

The dialogues introducing each chapter reflect various aspects of daily life including student and family life, sports and diversions, language and literature, economic and political concerns, cultural interests, and the presence of Italians abroad.

Note linguistiche e culturali

Cultural notes in English highlight points of interest and explain cultural differences, thus providing information necessary to function successfully in everyday situations. This section also contains linguistic notes that focus attention on the grammatical or semantic nuances of the language.

Grammar

Structure retains a central position in *Basic Italian*, Seventh Edition. The grammar points presented in each chapter are related to the communicative theme of the chapter. Grammar presentations are clear and concise, while charts and boxes visually highlight important points. A variety of examples present structure in context.

Exercises

In keeping with the latest pedagogical trends, the goal of the exercises is to drill thoroughly all four skills—listening, speaking, reading, and writing—and check oral and written proficiency as well as mastery of grammar. Exercises range from mechanical to open-ended, promoting the spontaneous and creative use of the language.

Come si dice?

Each chapter concludes with the section called **Come si dice?** This section introduces basic expressions used in everyday Italian. Students learn the essential expressive units needed to perform functions such as making a purchase, ordering a meal, or accepting an invitation. Role-playing, pair and group activities, as well as open-ended exercises provide the opportunity for self-expression as well as the guidelines for effective communication. The vocabulary and phrases of the **Come si dice?** sections are not included in the vocabulary lists and are not part of the chapter's active vocabulary.

Letture

Each unit, or group of chapters, concludes with a cultural reading that examines some aspect of the institutions, values, and concept of Italian life. Each reading is followed by follow-up questions or reading comprehension activities.

Other Features

Each chapter contains a list of the active vocabulary introduced by the chapter's opening dialogue. New vocabulary is also introduced through line art and in the communicative **Come si dice?** sections. At the end of each unit, after the cultural reading selection, a grammar review section called **Ripetizione** recapitulates the vocabulary and grammar presented in that unit to provide additional practice in preparation for tests or quizzes.

The appendices at the back of the textbook provide some very valuable tools. Appendix 1 gives a synopsis of the use and structure of the very common Italian expression **far fare**. Appendix 2 provides tables with the conjugation of high-frequency irregular verbs, as well as the paradigm for the conjugation of regular verbs. Verbs conjugated in the back tables are correlated with vocabulary lists by a gloss symbol (°). This symbol indicates that the verb is conjugated in the verb charts. The Italian-English end vocabulary strives to reflect the Italian environment created by the *Basic Italian* textbook, workbook, and tapes. The student is urged to use this very effective resource. The English-Italian vocabulary is more limited in scope, but provides a translation of the basic expressions that occur in the text. The objective of *Basic Italian* is not to teach through translation, but to teach by the direct acquisition of native expressions.

Ancillary Materials

The Workbook/Lab Manual and its complement of tapes correspond directly to the material in the textbook.

The workbook section of the manual provides a wealth of additional written exercises that permit the application of what has been learned in each chapter of the main text. These exercises may be assigned as homework or be used for group/workshop activities. The pages of the manual are perforated to facilitate easy removal for consignment and correction.

The lab manual section of the exercise book is essentially a tracking device for the *Basic Italian* tapes. The tapes provide intense individual interactive practice for the student. The work is meant to be audio-oral, rather than written. The exercises are directly correlated with the material in the main text. Additionally, the tapes provide new dialogues and narrative material as comprehension exercises. The objective of the comprehension exercises is to test the student's ability to understand and respond to unrehearsed text, and to monitor the student's progress with the language. Comprehension tracts are followed by a series of questions that require a written response.

Acknowledgments

We would like to thank Jim Harmon, Acquisitions Editor, Shirley Webster, Photo Research Editor, and Sarah Hughbanks, Editorial Assistant. We also wish to express our deepest appreciation to the Developmental Editor, Paola Caro, for her many helpful and creative suggestions and for her supervision of the manuscript in its production stages. The publication of this textbook could not have been accomplished without her assistance. Lastly, we would like to acknowledge the following reviewers who provided us with insightful comments and constructive criticism for improving the text:

Richard Berrong, Kent State University
Brunella Bigi, University of Arizona—Tucson
Vincenzo Bollettino, Montclair State College
Rocco Capozzi, University of Toronto
Giuliana Carvati, Seton Hall University
Rosa Commisso, Kent State University
Natalia Costa, San Francisco State University
Patrizia Fabbi, Mississippi State University
Gus Foscarini, University of California—Davis
Pia Friedrich, University of Washington—Seattle
Emanuele Licastro, State University of New York—Buffalo
Jerome Mazzaro, State University of New York—Buffalo
Augustus Pallotta, Syracuse University
Anthony Sabedra, Seton Hall University
Giacomo Scarato, Bergen Community College
Giovanni Trombetta, Los Angeles Valley College
Maria Vitti-Alexander, Nazareth College (Rochester)
Michael Ward, Trinity University
Winfred Wright, Harding University

CONTENTS

IV ✣ IL TEMPO LIBERO   **161**

V ✤ NOI E GLI ALTRI   199

✥ APPENDICES   379

✥ VOCABULARY   403

Instructions to the Student

1. To facilitate the identification of the gender of an Italian noun, chapter and end vocabularies give the definite article with the noun.

2. In vocabulary lists, verbs marked with a gloss symbol (°) are verbs that are conjugated in the verb tables at the back of the text.

3. Italian words are usually stressed on the second-to-the-last syllable. This text uses a stress (inferior) dot to indicate stress in words that do not have a regular stress position or whose stress may be difficult to determine. Syllabication and stress are explained in the Introductory Lesson on Pronunciation, pp. 7–9.

4. This text follows current Italian publishing standards for mandatory accentuation. This means that, when an accent mark is required, the invariable vowels **a, i, u** are always marked with a grave (`` ` ``) accent. The variable vowels **e** and **o** are marked with a grave accent (`` ` ``) when the vowel is open and with an acute accent (´) when the vowel is closed: **caffè, perché, andò.**

5. Because of the regional differences in the pronunciation of the vowels **e** and **o** and of the consonants **s** and **z**, we have avoided the use of diacritical marks to assign values to these characters.

6. The following abbreviations are used in the text:

abbr.	abbreviation	*m.*	masculine
adj.	adjective	*n.*	noun
adv.	adverb	*p.*	page
art.	article	*pl.*	plural
conj.	conjunction	*pp.*	pages
ecc.	**eccetera**	*p.p.*	past participle
etc.	*et cetera*	*p.r.*	**passato remoto**
f.	feminine	*prep.*	preposition
imp.	impersonal	*pres.*	present tense
inf.	infinitive	*pron.*	pronoun
int.	intransitive	*s.*	singular
inv.	invariable	*subj.*	subjunctive
irr.	irregular	*v.*	verb
lit.	literally		

(isc) after an infinitive indicates that the verb is conjugated like **capire.**

Volterra

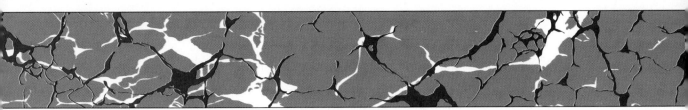

INTRODUCTORY LESSON ON PRONUNCIATION

Sounds must be heard rather than explained. It is essential, therefore, that you listen very carefully to the pronunciation of the teacher, and that you imitate the sounds as closely as possible.

The Italian alphabet contains twenty-one letters:

Letters	Names of the letters	Letters	Names of the letters
a	a	n	enne
b	bi	o	o
c	ci	p	pi
d	di	q	cu
e	e	r	erre
f	effe	s	esse
g	gi	t	ti
h	acca	u	u
i	i	v	vu
l	elle	z	zeta
m	emme		

The following five letters, which are found in foreign words, are called:

j	i lungo	y	ipsilon
k	cappa	w	doppia vu
x	ics		

A. Vocali
(Vowels)

Italian vowels are short, clear-cut, and are never drawn out. The "glide" with which English vowels frequently end should be avoided. It should be noted that **a, i, u** are always pronounced the same way; **e** and **o**, on the other hand, have an open and a closed sound that may vary from one part of Italy to the other.

The approximate English equivalents are as follows:

a is like *a* in the English word *ah!*

casa	*house*	antipasto	*appetizer*
ama	*loves*	banana	*banana*
sala	*hall*	Papa	*Pope*
fama	*fame*	pasta	*pasta; dough; pastry*

e is sometimes like *e* in the English word *they* (without the final *i* glide).

e	*and*	beve	*drinks*
me	*me*	fede	*faith*
vede	*sees*	mele	*apples*
sete	*thirst*	pepe	*pepper*

e is sometimes like the *e* in *met*. This is the open *e*.

è	*is*	lento	*slow*
bene	*well*	festa	*party; holiday*
sedia	*chair*	presto	*soon*
vento	*wind*	tè	*tea*

i is like *i* in *machine*.

libri	*books*	bimbi	*children*
vini	*wines*	violini	*violins*
tini	*vats*	pini	*pines*

o is sometimes like *o* in the English word *oh!*

o	*or*	dono	*gift*
nome	*name*	solo	*alone*
posto	*place*	tondo	*round*
volo	*flight*	mondo	*world*

o is sometimes like *o* in *or*. This is the open *o*.

moda	*fashion*	toga	*toga*
no	*no*	oro	*gold*
posta	*mail*	brodo	*broth*
cosa	*thing*	trono	*throne*
rosa	*rose*	olio	*oil*

u is like *u* in *rule*.

luna	*moon*	fungo	*mushroom*
uno	*one*	lungo	*long*
fuga	*fugue*	mulo	*mule*
uso	*use*	tubo	*tube*

B. Consonanti
(Consonants)

The consonants not listed below (**b, f, m, n, v**) are pronounced as in English.

c before **a, o,** and **u** is like the English *k*.

casa	*house*	fico	*fig*
con	*with*	Colosseo	*Colosseum*
capo	*head*	Cupido	*Cupid*
cane	*dog*	camera	*bedroom*
caffè	*coffee*	culla	*cradle*

c before **e** or **i** is like the English sound *ch* in *chest*.

cena	*supper*	voce	*voice*
cibo	*food*	concerto	*concert*
aceto	*vinegar*	cinema	*cinema*
cipolla	*onion*	facile	*easy*

ch (found only before **e** or **i**) is like the English *k*.

che	*that*	chimica	*chemistry*
perché	*because*	fichi	*figs*
chilo	*kilo*	chi	*who*
chiuso	*closed*	anche	*also*

d is somewhat more explosive than in English, with the tongue near the tip of the upper teeth but with no aspiration.

di	*of*	data	*date*
dove	*where*	due	*two*
denaro	*money*	dodici	*twelve*
donna	*woman*	lunedì	*Monday*
moda	*fashion*	undici	*eleven*

g before **a, o** and **u** is as in the English word *go*.

gala	*gala*	albergo	*hotel*
gondola	*gondola*	gamba	*leg*
gusto	*taste*	fungo	*mushroom*
gonna	*skirt*	gomma	*eraser*
lungo	*long*	guanti	*gloves*
guidare	*to drive*	lingua	*tongue*

g before **e** or **i** is like the *g* in *gem*.

gelato	*ice cream*	angelo	*angel*
pagina	*page*	gente	*people*
gesso	*chalk*	gentile	*kind*
gita	*outing*	gennaio	*January*

gh (found only before **e** or **i**) is like the *g* in *go*.

ghetto	*ghetto*	fughe	*escapes*
laghi	*lakes*	maghi	*magicians*

gli[1] is approximately like *ll* in *million.*[2]

egli	*he*	meglio	*better*
figli	*sons*	famiglia	*family*
mogli	*wives*	aglio	*garlic*
fogli	*sheets (of paper)*	bottiglia	*bottle*

gn[1] is approximately like *ny* in *canyon.*

signora	*lady*	lavagna	*blackboard*
signore	*gentleman*	bagno	*bath*
signorina	*young lady*	sogno	*dream*
lasagne	*lasagna*	spugna	*sponge*

h is silent.

ho	*I have*	hotel	*hotel*
ha	*has*	ahi!	*ouch!*
hanno	*they have*		

l is as in English, but sharper and more forward in the mouth.

olio	*oil*	lingua	*language*
sale	*salt*	lungo	*long*
melone	*melon*	luna	*moon*
scuola	*school*	luce	*light*

p is as in English, but without the aspiration that sometimes accompanies this sound in English.

pane	*bread*	patata	*potato*
pepe	*pepper*	papà	*dad*
popone	*melon*	ponte	*bridge*
pipa	*pipe*	punto	*period*
pasto	*meal*	pronuncia	*pronunciation*
Alpi	*Alps*	psicologo	*psychologist*

qu is always pronounced like the English *qu* in *quest.*

questo	*this*	quinto	*fifth*
quale	*which*	quarto	*fourth*
quanto	*how much*	quantità	*quantity*
quadro	*picture*	qualità	*quality*

r is different from the English *r;* it is pronounced with one flip of the tongue against the gums of the upper teeth. This is the trilled *r.*

---

[1]Pay close attention to how your teacher pronounces **gli** and **gn**, for they have no real equivalent in English.

[2]In a few words, however, **gl** followed by i is pronounced as in English: **negligente** *negligent,* **glicerina** *glicerine.*

ora	*now*	tenore	*tenor*
albergo	*hotel*	baritono	*baritone*
arte	*art*	orologio	*watch*
porta	*door*	sardina	*sardine*

s is sometimes like the English *s* in *house*.

soggiorno	*living room*	testa	*head*
stanza	*room*	festa	*party; holiday*
posta	*mail*	stufato	*stew*
pasta	*pasta; dough; pastry*	pista	*track*

s is sometimes (but always before **b, d, g, l, m, n, r,** and **v**) like the English *s* in *rose*.

rosa	*rose*	tesoro	*treasure*
frase	*phrase*	svelto	*quick*
sbaglio	*mistake*	esercizio	*exercise*
musica	*music*	sgridare	*to scold*
susina	*plum*	sbadato	*careless*

sc before **a, o,** or **u** is like *sk* in *ask*.

ascoltare	*to listen*	scuola	*school*
pesca	*peach*	tasca	*pocket*
toscano	*Tuscan*	scaloppine	*cutlets*
scarpa	*shoe*	scultura	*sculpture*
disco	*disk; record*	scopo	*purpose*

sc before **e** or **i** is like the English sound *sh* in *fish*.

finisce	*finishes*	sci	*ski*
pesce	*fish*	conoscere	*to know*
scena	*scene*	scendere	*to descend*
uscita	*exit*	uscio	*door*

sch occurs only before **e** or **i,** and is pronounced like the English *sk*.

pesche	*peaches*	tasche	*pockets*
dischi	*disks; records*	scheletro	*skeleton*
fiaschi	*flasks*	lische	*fishbones*

t is approximately the same as in English, but no escaping of breath accompanies it in Italian.

contento	*glad*	carta	*paper*
arte	*art*	matita	*pencil*
turista	*tourist*	antipasto	*appetizer*
telefono	*telephone*	testa	*head*

z is sometimes voiceless, like *ts* in *bets*.

pizza	*pizza*	negozio	*store*
marzo	*March*	Venezia	*Venice*
grazie	*thank you*	dizionario	*dictionary*

z is sometimes voiced, like *ds* in *beds*.

zero	*zero*	zebra	*zebra*
pranzo	*lunch*	zelo	*zeal*
romanzo	*novel*	zanzara	*mosquito*

NOTE When **ci, gi,** and **sci** are followed by **a, o,** or **u,** unless the accent falls on the **i,** the **i** is not pronounced. The letter **i** merely indicates that **c, g,** and **sc** are pronounced, respectively, like the English *ch, g* (as in *gem*), and *sh.*

arancia	*orange*	giornale	*newspaper*
ciliegia	*cherry*	ciao	*so long*
salsiccia	*sausage*	camicia	*shirt*
lasciare	*to leave*	scienza	*science*

C. Consonanti doppie
(Double consonants)

In Italian, all consonants except **h** and **q** can be doubled. Double consonants are pronounced much more forcefully than single consonants. With double **f, l, m, n, r, s,** and **v,** the sound is prolonged; with double **b, c, d, g, p,** and **t,** the stop is stronger than for the single consonant. Double **z** is pronounced almost the same as single **z.** Double **s** is always unvoiced.

babbo	*dad*	fetta	*slice*
evviva	*hurrah*	bistecca	*beefsteak*
mamma	*mama*	albicocca	*apricot*
bello	*beautiful*	filetto	*filet*
anno	*year*	assai	*a lot*
basso	*short*	ragazzo	*boy*
ferro	*iron*	pennello	*paint brush*
espresso	*espresso coffee*	tavolozza	*palette*
spaghetti	*spaghetti*	cavalletto	*easel*

Most Italian words end in a vowel.

D. Dittonghi
(Diphthongs)

Diphthongs are two vowels fused to emit a single sound. A diphthong is formed when an unstressed **i** or **u** combines with another vowel (**a, e, o**) or when the two vowels combine with each other, in which case either the **i** or **u** may remain unstressed. In diphthongs, unstressed **i** and **u** become semivowels approximating in sound the English consonants *y* and *w,* respectively.

ieri	*yesterday*	buono	*good*
fiore	*flower*	chiuso	*closed*
invidia	*envy*	più	*more*

Triphthongs also exist. These are sequences of three vowels with a single sound, usually a diphthong followed by an unstressed **i.**

tuoi	*yours*	miei	*mine*
buoi	*oxen*	pigliai	*I took*

Italian has numerous words that contain sequences of vowels. The following words are not triphthongs (which are infrequent), but sequences of a vowel and a diphthong:

nọia	*boredom*	febbrạio	*February*
bạia	*bay*	fiorạio	*florist*

Each of the words below has a sequence of two diphthongs:

ghiạia	*gravel*	muọio	*I die*
acquạio	*sink*	gioiẹllo	*jewel*

To aid the student, this text uses a stress dot to mark for stress in sequences of more than two vowels.

E. Sillabazione
(Syllabication)

Italian words are divided into syllables as follows:

1. A single consonant goes with the following vowel.

ca-sa	*house*	po-si-ti-vo	*positive*

2. Double consonants are divided.

bab-bo	*dad*	ros-so	*red*
bel-lo	*beautiful*	at-to	*act*

3. Two consonants, the first of which is **l, m, n,** or **r,** are divided.

al-ber-go	*hotel*	con-ten-to	*contented*
am-pio	*ample*	for-tu-na	*fortune*

4. Otherwise, a combination of two consonants belongs to the following syllable.

ba-sta	*enough*	fi-glio	*son*
pa-dre	*father*	ba-gno	*bath*
so-pra	*above*	sa-cro	*sacred*

5. The first of three consonants, except **s,** goes with the preceding syllable.

sem-pre	*always*	fel-tro	*felt*
mem-bro	*member*	men-tre	*while*

BUT

fi-ne-stra	*window*	pe-sche	*peaches*
mi-ne-stra	*soup*	mo-stro	*monster*

6. Diphthongs and triphthongs are never divided.

nuo-vo	*new*	mie-le	*honey*
per-fi-dia	*spite*	uo-mo	*man*
mai	*never*	lin-gua	*language*
suọi	*his*	pi-gliại	*I took*

Diphthongs may occur in stressed or unstressed syllables. However, when a diphthong is broken by stress (the vowel **i** or **u** directly bears the stress), then the two vowels break into separate syllables.

mi-o	*mine*	tu-o	*yours*
spi-a	*spy*	ma-ni-a	*mania*
rin-vi-o	*postponement*	te-ra-pi-a	*therapy*
al-le-gri-a	*joy*	far-ma-ci-a	*pharmacy*

F. Accento tonico
(Stress)

Usually, Italian words are stressed on the next-to-the-last syllable.

amico	*friend*	signorina	*Miss*
parlare	*to speak*	studiare	*to study*
padre	*father*	telefonare	*to telephone*
nipote	*nephew*	Milano	*Milan*
foglia	*leaf*	uomo	*man*

When the final **-e** is dropped from a word, as happens with some masculine titles when they are directly followed by a proper name, the position of the stress remains unchanged.

dottore	*doctor*	professore	*professor*
dottor Nardi	*Doctor Nardi*	professor Pace	*Professor Pace*

When words are stressed on the last vowel, they always have a written accent over that vowel.

città	*city*	venerdì	*Friday*
università	*university*	virtù	*virtue*
però	*however*	cioè	*namely*
perché	*because*	tassì	*taxi*

Some words stress the third syllable from the last (and a few the fourth from the last). As an aid to the student, this book uses a stress dot to indicate stress position on words that are not stressed on the next-to-the-last syllable.

utile	*useful*	timido	*timid*
isola	*island*	abitano	*they live*
facile	*easy*	Napoli	*Naples*
difficile	*difficult*	ottimo	*excellent*

It is useful to remember that open **e** and **o** occur only in stressed syllables.

automobile	*automobile*	nobile	*noble*
telefono	*telephone*	medico	*physician*

Final diphthongs broken by stress are always indicated by a stress dot, as are words where there may be some difficulty in determining stress position.

via	*street*	zio	*uncle*
monotonia	*monotony*	anatomia	*anatomy*

acciaio	*steel*	cuoio	*leather*
laico	*lay*	aureo	*golden*

NOTE The written accent is used with a few monosyllables in order to distinguish them from others that have the same spelling but a different meaning.

è	*is*	e	*and*
sì	*yes*	si	*oneself*
dà	*gives*	da	*from*
sé	*himself, herself*	se	*if*
là	*there*	la	*the; it; her*
né	*nor*	ne	*some*

G. Apostrofo
(Apostrophe)

The apostrophe is generally used to indicate the dropping of the final vowel before the word that follows it.

l'amico instead of **lo amico** *(the friend)*
l'automobile instead of **la automobile** *(the automobile)*
un'università instead of **una università** *(a university)*
d'Italia instead of **di Italia** *(of Italy)*
dov'è instead of **dove è** *(where is)*

H. Maiuscole
(Capitals)

Many words that are capitalized in English are not capitalized in Italian. These include: the days of the week, the months of the year, proper adjectives, a few proper nouns, and titles such as Mr., Mrs., and Miss.

Arriva **domenica**.	*He is arriving on **Sunday**.*
Il signor Neri è **italiano**.	*Mr. Neri is **Italian**.*
Gli **americani** sono industriosi.	***Americans** are industrious.*

Italians do not use the capital with the pronoun **io** *(I)* but usually capitalize the pronoun **Lei** *(you,* singular) and **Loro** *(you,* plural).

I. Segni d'interpunzione
(Punctuation marks)

,	virgola
.	punto
;	punto e virgola
:	due punti
...	puntini
!	punto esclamativo
?	punto interrogativo
-	trattino
—	lineetta
« »	virgolette
( )	parentesi
[ ]	parentesi quadre
*	asterisco
´	accento acuto
`	accento grave
'	apostrofo

Esercizi di Pronuncia

A. Consonanti e la vocale **a**

banana	pala	alta	cantata	pasta
fama	sala	tanta	fanfara	basta
rana	casa	insalata	fata	madama
cava	lampada	malata	campana	aranciata
carta	patata	salata	fava	tazza
gala	banca			

B. La vocale **e** chiusa *(closed e)*

refe	neve	vendette	verde	benedire
rete	candele	rene	spegnere	pesce
beve	bestie	tenere	ridere	polpetta
fede	temere	vedere	sedere	mele
vele	pere			

C. La vocale **e** aperta *(open e)*

gesto	bene	perdere	sedia	diligente
lesto	erba	albergo	merito	negligente
festa	perla	vento	coltello	biblioteca
tenda	gente	medico	parente	treno

D. La vocale **i**

libri	vimini	vicini	banditi	bisbigli
vini	lividi	tini	fili	infimi
dita	birilli	violini	minimi	intimi
bimbi	lini	mulini	mirtilli	finiti
pini	simili			

E. La vocale **o** chiusa *(closed o)*

nome	solo	sole	pronto	torta
volo	tondo	solo	colmo	cipolla
posto	dolore	colore	moneta	pollo
dono	dove	sordo	cotone	

F. La vocale **o** aperta *(open o)*

modo	porta	sodo	donna	opera
posta	toga	noto	ostrica	nobile
rosa	trota	forte	carota	mobile
oro	roba	morte	flora	sogliola
brodo	coro	olio	no	

G. La vocale **u**

gusto	uso	punto	frugale	lattuga
fungo	luna	buco	culmine	granturco
lungo	futuro	unico	unto	spumante

H. Le consonanti **s** e **z** sorde *(unvoiced s and z)*

sole	signore	senza	nazione	zucchini
sandalo	posta	seno	lezione	spinaci
pista	mese	alzare	frizione	grissino

I. Le consonanti **s** e **z** sonore *(voiced s and z)*

frase	uso	base	zeta	azzurro
esame	visitare	romanzo	zaino	mezzo
musica	vaso	zero	zanzara	manzo

J. Consonanti semplici e consonanti doppie *(single and double consonants)* [1]

pala *shovel*	cadi *you fall*	rupe *cliff*	caro *dear*	sono *I am*
palla *ball*	caddi *I fell*	ruppe *he broke*	carro *cart*	sonno *sleep*
casa *house*	lego *I tie*	nono *ninth*	tuta *overalls*	cane *dog*
cassa *box*	leggo *I read*	nonno *grandpa*	tutta *all*	canne *reeds*
fiero *proud*	sete *thirst*	mano *hand*	copia *copy*	camino *chimney*
ferro *iron*	sette *seven*	manna *manna*	coppia *couple*	cammino I *walk*

K. Le consonanti **c**, **g**, **sc** davanti a **e** o **i** *(consonants c, g, sc before e or i)*

cenere	dodici	giù	scena	conoscere
cinema	gente	valige	lasciare	uscire
cena	giovane	sciopero	scimmia	prosciutto

L. Le consonanti **c**, **g**, **sc** davanti a **a**, **o**, **u** *(consonants c, g, sc before a, o, u)*

carta	acuto	gala	scarpa	scuola
come	lago	laguna	ascoltare	scudo

M. Le consonanti **ch**, **gh**, **sch** davanti a **e** o **i** *(consonants ch, gh, sch before e or i)*

chiave	banchi	leghe	freschi	mosche
perché	lunghe	ghiotto	fischi	scherma

N. **gn** e **gli**

legno	ognuno	signore	meglio	foglia
Bologna	sogno	castagna	luglio	maglia
giugno	montagna	figlio	foglio	tovagliolo
ogni	insegnante	egli	aglio	sbadigliare
magnolia	ingegnere	famiglia	bottiglia	sfogliare

---

[1]The English meaning is given to emphasize the importance of correct pronunciation.

O. Le altre consonanti *(other consonants)*

cappuccino	anche	doga	pretendere	sciare
capo	chilo	gola	quinto	liscio
cotone	chi	lungo	quercia	scena
Colosseo	chiodo	legare	quasi	scivolare
cupola	occhio	droga	antiquario	cattedra
calore	bicchiere	gente	acqua	scirocco
carne	chiesa	gelo	acquedotto	pesche
corto	chiuso	genere	quadro	lische
cucchiaio	vecchio	fagiolini	quartetto	tasche
aceto	ciao	gita	ferro	dischi
noce	camicia	gentile	errore	mosche
cenere	provincia	giù	guerra	fiaschi
cibo	cioè	ingegno	caro	teatro
cipolla	denaro	lampada	bere	velocità
bacio	donna	lampone	arido	chiacchiere
cielo	moda	tela	ruota	turista
caccia	nudo	tarantella	resto	torta
cervo	noto	harem	presto	torto
cinema	nido	ahimè	prima	tanto
cena	dove	hanno	minestra	contento
voce	adesso	pepe	toscano	distinto
buchi	dentro	pasto	scandalo	virtù
poche	dadi	pesto	scarpa	affitto
chimica	diga	papa	antichità	caffellatte
chiave	gusto	papà	scatola	lunedì
perché	vago	pappa	pesce	venerdì

P. Alcune parole analoghe *(a few cognates)*

radio	telegramma	cardinale	paradiso	teatro
volume	dottore	cattedrale	rispondere	preparare
idea	aeroplano	cioccolato	sigaretta	socialismo
contento	pilota	tragedia	medicina	comunismo
morale	aeroporto	commedia	letteratura	scultore
generale	ammirare	divino	professore	pittore
economico	arrivare	eccetera	automobile	residenza
musica	artificiale	esclamazione	bicicletta	traffico
arte	artista	frutta	fotografo	vocabolario
danza	aspirina	gentile	dentista	elefante
televisione	autobus	impermeabile	naso	tigre
immortale	azzurro	lista	ospedale	condizione
geografia	banca	magnifico	limone	delfino
filosofia	ballo	medievale	arancia	astronauta
sociologia	bravo	minore	oliva	antibiotico
dramma	caffè	presente	lettera	coccodrillo
poeta	centro	programma	repubblica	vitamina
attore	cerimonia	opera	lezione	americano

Q. Alcuni nomi geografici *(some geographic names)*

Adige	Artico	Umbria	Giappone	Germania
Arno	America	Toscana	Olanda	Svezia
Po	Europa	Veneto	Danimarca	Norvegia
Tevere	Asia	Lombardia	Svizzera	Finlandia
Piave	Africa	Piemonte	Inghilterra	Messico
Tirreno	Australia	Puglie	Londra	Cile
Adriatico	Canadà	Basilicata	Brasile	Perù
Mediterraneo	Spagna	Sicilia	Parigi	Argentina
Atlantico	Francia	Calabria	Lisbona	Cina
Pacifico	Italia	Lazio	Atene	Alpi
Indiano	Russia	Sardegna	Irlanda	Appennini

R. Alcuni nomi propri *(a few proper names)*

Dante	Leopardi	Montale	Leonardo	Manzù
Petrarca	Pascoli	Quasimodo	Raffaello	Galvani
Boccaccio	Carducci	Giotto	Bernini	Volta
Ariosto	Verga	Donatello	Canova	Marconi
Tasso	Pirandello	Michelangelo	Campigli	Fermi
Goldoni	Vittorini	Cellini	Malpighi	Palma
Manzoni	Moravia	Bramante	Torricelli	Vespucci

S. Alcuni nomi di persona *(a few first names)*

Anna	Laura	Carlo	Caterina	Guido
Maria	Mirella	Francesco	Piero	Edoardo
Paolo	Teresa	Carmela	Pietro	Domenico
Vincenzo	Alberto	Luciana	Cesare	Silvia
Giovanni	Gino	Luigi	Giuseppe	Rosa
Antonio	Gina	Franco	Emma	Maddalena
Luisa	Mario	Franca	Beatrice	Elena

Capitolo Preliminare

Saluti *(Greetings)*

Prof. Narducci: Buon giorno.
Classe: Buon giorno, professor Narducci.

Sig. Martinelli: Buona sera, signora Agnese, come sta?
Sig.ra Agnese: Buona sera. Sto bene, e Lei?

Mamma: Buona notte, Francesco.
Francesco: Buona notte, mamma.

Patrizia: Ciao Marinella. Come va?
Marinella: Ciao. Bene. E tu, come stai?

Paolo: A domani.
Cristina: D'accordo. Arrivederci.

Luca: ArrivederLa, signorina.
Sig.na Mancini: A domani, Luca. Ciao.

Alberto: Come ti chiami?
Elisabetta: Elisabetta. E tu?
Alberto: Mi chiamo Alberto. Piacere.

Signor Ariello: Come si chiama, signorina?
Sig.na Lotti: Mi chiamo Antonella Lotti. E Lei?

Vocabolario *(Vocabulary)*

a domani   see you tomorrow
arrivederci   good-bye *(familiar)*
arrivederLa   good-bye *(formal)*
ciao   hello, hi; bye-bye
buon giorno   good morning
buona notte   good night
buona sera   good evening
classe   class; classroom
come si chiama?   what is your name? *(formal)*
come ti chiami?   what is your name? *(familiar)*
mi chiamo ...   my name is . . .
come sta?   how are you? *(formal)*
come stai?   how are you? *(familiar)*
sto bene   I'm fine
come va?   how is it going?

bene   well, fine
così così   so-so
d'accordo!   agreed! all right! O.K.!
e   and
grazie   thank you, thanks
Lei   you *(formal, singular)*
mamma   mother, mama
saluti   greetings
signor [Nesi]   Mr. *[first or last name]*
signore   Sir *(direct address)*
signora [Agnese]   Mrs. *[first or last name]*;
   Ma'am
signorina [Lolli]   Miss *[first or last name]*; Miss
tu   you *(familiar, singular)*

- Titles ending in -re (**professore, signore**) drop the final *-e* before a proper name. (**Buon giorno, professor Narducci. Professore, buon giorno!**)
- Here is a list of abbreviations for some of the titles you already know:

signor	sig.
signora	sig.ra
signorina	sig.na
professor	prof.
professoressa	prof.ssa

- **Come sta/stai?** *(How are you?)* is an inquiry, and an answer is generally expected.
- To translate the singular form of the pronoun *you*, Italian uses a formal and a familiar form of address: **tu** is used with family members, close friends, children and animals; **Lei** (usually capitalized) is employed in formal relationships and when others are addressed with titles, such as **signor, signora,** or **signorina.**

ESERCIZI

A. **Come ti chiami?** Get to know your classmates better. Ask the student sitting near you what his (her) name is.

B. **Buon giorno!** Pretend you are riding the bus to work. Greet the people you know from your neighborhood who are on the bus with you.

C. **ArrivederLa!** As you leave the university, say good-bye to the professors and friends you see.

D. **Dialogo** *(Dialogue).* Complete the following dialogue.

Gianni Del Rio:	Buon giorno.
Leo Tornatore:	———.
Gianni Del Rio:	Mi chiamo Gianni Del Rio. E Lei, come si chiama?
Leo Tornatore:	——— Leo Tornatore.
Gianni Del Rio:	———?
Leo Tornatore:	Bene, ———. E Lei?
Gianni Del Rio:	———.

E. Brevi scambi *(Brief exchanges)*. How would you answer the following questions or statements?

1. *Prof. Martini:* Come si chiama, signorina?
2. *Emilio:* Ciao Andrea, come stai?
3. *Gloria:* Mi chiamo Gloria Ruggerini.
4. *Uno studente* (a male student): Come ti chiami?
5. *Un amico* (a male friend): Ciao. A domani.

F. Situazioni *(Situations)*. With another student create a brief conversation of two to four lines for the following situations.

1. You greet another student in your Italian class.
2. You are spending the night at a friend's house and you wish your friend's father good night.
3. While waiting for a classmate at the student cafeteria, you strike up a conversation with another student sitting next to you; you introduce yourself and ask a few questions.
4. At the end of class you say good-bye to a classmate whom you will see in class again tomorrow.
5. You meet your next-door neighbor on your way to your apartment. It is 8:30 P.M.

I giorni della settimana e i numeri
(The days of the week and numbers)

LA SETTIMANA		
	lunedì	*Monday*
	martedì	*Tuesday*
	mercoledì	*Wednesday*
	giovedì	*Thursday*
	venerdì	*Friday*
	sabato	*Saturday*
	domenica	*Sunday*

I Numeri

0	zero	10	dieci	20	venti	30	trenta
1	uno	11	undici	21	**ventuno**	40	quaranta
2	due	12	dodici	22	ventidue	50	cinquanta
3	tre	13	tredici	23	**ventitré**	60	sessanta
4	quattro	14	quattordici	24	ventiquattro	70	settanta
5	cinque	15	quindici	25	venticinque	80	ottanta
6	sei	16	sedici	26	ventisei	90	novanta
7	sette	17	diciassette	27	ventisette	100	*cento*
8	otto	18	diciotto	28	**ventotto**		
9	nove	19	diciannove	29	ventinove		

grazie

(diciannove)

Vocabolario

bravo! bravo! *(for a man)*
brava! bravo! *(for a woman)*
che ...? what ...?
che giorno è oggi? what day is today?
che numero è? what number is it?
è is

meno minus; less
il numero number
oggi today
più plus; more
quanto fa ...? how much is ...?
la settimana week

NOTE LINGUISTICHE E CULTURALI

- **Venti, trenta, quaranta, cinquanta, sessanta, settanta, ottanta,** and **novanta** drop the final vowel when they combine with **uno** or **otto**: **ventuno, ventotto.**
- When **tre** is added to **venti, trenta,** and other multiples of ten, it requires an acute accent: **ventitré.**
- In Italian, the days of the week are not capitalized unless they are the first word in a sentence.

Esercizi

A. **Numeri.** Count in Italian.

1. Count from 0 to 20.
2. Count from 0 to 20 by twos, by threes, by fives.
3. Count from 0 to 90 by tens.

B. **Quanto fa ...?** Add and subtract in Italian. Follow the examples.

Esempi: 3 + 5 = ? (Quanto fa tre più cinque?) →
—Tre più cinque fa otto.

10 − 1 = ? (Quanto fa dieci meno uno?) →
—Dieci meno uno fa nove.

1. 2 + 4 = ?
2. 5 + 5 = ?
3. 13 − 7 = ?
4. 9 − 8 = ?

5. 8 + 9 = ?
6. 10 + 3 = ?
7. 16 − 5 = ?
8. 20 − 8 = ?

9. 50 − 10 = ?
10. 63 − 18 = ?
11. 98 − 81 = ?
12. 43 − 10 = ?

C. **Che numero è?** Your instructor will divide the class into pairs. You must think of a number in Italian between 0 and 30, and your partner will try to guess it. If your partner guesses incorrectly, help out by saying **di più** if the number should be larger, or **di meno** if the number should be smaller. When your partner guesses correctly, tell him (her): **Sì, bravo (brava)!**

D. **Che giorno è oggi?** Refer to the calendar on p. 18. A classmate points to a specific day and asks, **Che giorno è oggi?** You answer accordingly, giving the day of the week. Alternate roles.

Esempio: (lunedì) →
—Che giorno è oggi?
—Oggi è lunedì.

E. **Chiuso per inventario** *(Closed for inventory)*. Marco is helping his father inventory the goods left in the store. Read aloud the quantities Marco is counting.

55 maglioni *(sweaters)*
32 camicie *(shirts)*
27 cravatte *(ties)*
63 gonne *(skirts)*
92 calzini *(socks)*
48 mutande *(underwear)*
36 canottiere *(undershirts)*
19 sciarpe *(scarves)*
58 giacche *(sport jackets)*
83 camicette *(blouses)*
94 calze *(stockings)*
70 reggiseni *(bras)*

Quanto costa?
(How much is it?)

In Classe *(In Class)*

Insegnante:	Aprite i libri.
Studenti:	Subito, signorina.
Insegnante:	Maria, legga le parole nuove.
Maria:	Non capisco. Ripeta, per favore.
Insegnante:	Legga le parole nuove.
Maria:	La lavagna, il gesso, il quaderno, la porta.
Insegnante:	Brava. Ora ripetete tutti insieme.
Insegnante:	Rispondete in italiano. Come si dice « *Thursday* » in italiano?
Studenti:	Giovedì.
Insegnante:	Che cosa vuol dire «domenica»?
Studenti:	Vuol dire « *Sunday* ».
Insegnante:	Che giorno è oggi?
Studenti:	Oggi è ...
Insegnante:	Ora chiudete i libri.

Vocabolario

la **domanda**   question
il **gesso**   chalk
l'**insegnante** *(m./f.)*   teacher
la **lavagna**   blackboard
ora now
la **parola**   word
  le **parole nuove**   new words
la **porta**   door
il **quaderno**   notebook
subito   right away, at once
aprite i libri!   open your books! *(entire class)*
ascoltate!   listen! *(entire class)*
ascolta!   listen! *(one student, familiar)*
ascolti!   listen! *(one student, formal)*
che cosa?   what?
che cosa vuol dire ... ?   what does . . . mean?
non capisco   I don't understand
per favore   please
come si dice ... ?   how do you say . . . ?
  si dice ...   you say (one says) . . .

leggete ad alta voce!   read out loud! *(entire class)*
leggi!   read! *(one student, familiar)*
legga!   read! *(one student, formal)*
ripetete!   repeat! *(entire class)*
ripeti!   repeat! *(one student, familiar)*
ripeta!   repeat! *(one student, formal)*
rispondete in italiano!   reply in Italian! *(entire class)*
rispondi in italiano!   reply in Italian! *(one student, familiar)*
risponda in italiano!   reply in Italian! *(one student, formal)*
tutti insieme   all together
va' alla lavagna!   go to the blackboard! *(one student, familiar)*
vada alla lavagna!   go to the blackboard! *(one student, formal)*
chiudete i libri!   close your books! *(entire class)*

ESERCIZI

A. **Come si dice?** Refer to these drawings. Form questions and answers according to the model. Work with another student.

> *Esempio:* —Come si dice «*pen*» in italiano?
> —Si dice «penna».
> —Bravo (Brava)!

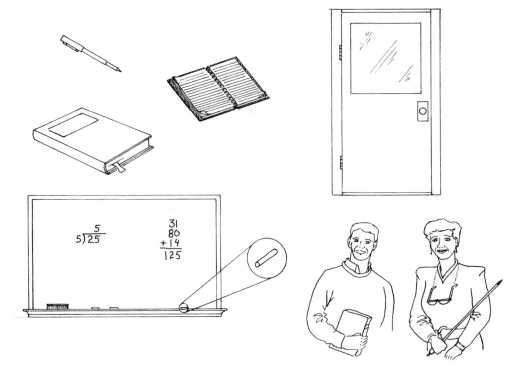

B. **Ascolta!** Using the dialogue and the vocabulary list as models, tell another student . . .

1. to repeat, please
2. to read the new words
3. to answer in Italian
4. to go to the blackboard

C. **In classe.** Tell the students in your class to do the following things. The students should respond accordingly.

1. to close their books
2. to listen
3. to repeat the word "*ciao*"
4. to open their books

I GLI STUDENTI

Culture

- Greetings and introductions
- Using a telephone
- Italian universities and student life
- The education system
- Geography of Italy

Communication

- Making a phone call
- Asking for and providing personal information
- Describing someone
- Making suggestions
- Accepting or refusing an invitation

1   IL TELEFONO

Il telefono squilla. Luciana Bertolini, la madre di Federica, alza il ricevitore:

Signora Bertolini:	Pronto?
Gianni:	Pronto. Buon giorno, signora Bertolini.
Signora Bertolini:	Buon giorno. Chi parla?
Gianni:	Sono Gianni. Come sta?
Signora Bertolini:	Ah, ciao, Gianni. Io sto bene grazie, e tu?
Gianni:	Bene, grazie. C'è Federica?
Signora Bertolini:	Sì! Un momento. *(chiama)* Federica? Telefono! È Gianni! ... Gianni, ecco Federica.

«Pronto? Chi parla?»

Federica:	Pronto.
Gianni:	Ciao, Federica, come stai?
Federica:	Non c'è male.
Gianni:	Cosa fai? Guardi la televisione?
Federica:	Magari! Che c'è di nuovo?
Gianni:	Non trovo gli appunti per il corso di economia.
Federica:	Hai il libro?
Gianni:	Sì, il libro sì, ma non trovo gli ultimi appunti.
Federica:	Vuoi la copia che ho io?
Gianni:	Sì, grazie, quando?
Federica:	Martedì in biblioteca, va bene?
Gianni:	Sì, sì. Arrivederci allora.
Federica:	Ciao.

DOMANDE

1. Quando alza il ricevitore la signora Bertolini?
2. Chi parla quando squilla il telefono?
3. Chi è Luciana Bertolini?
4. Come sta Gianni?
5. Chi chiama la signora Bertolini?
6. C'è Federica?
7. Come sta Federica?
8. Gianni ha il libro o gli appunti?

Vocabolario

Sostantivi *(Nouns)*

gli **appunti** *(pl.)* (class) notes
la **biblioteca** library
la **copia** copy
il **corso** course
l'**economia** economics
il **gettone** token
il **libro** book
la **madre** mother
il **ricevitore** receiver
lo **studente** student *(m.)*
la **studentessa** student *(f.)*
il **telefono** telephone

Aggettivi *(Adjectives)*

ultimi *(pl.)* last, most recent

Verbi *(Verbs)*

alza lifts
chiama calls
ha has
hai you have *(familiar, singular)*
ho I have
non trovo I can't find
sono I am
squilla rings
vuoi you want *(familiar, singular)*

Altri vocaboli *(Other words)*

allora then; so
che that, which; who(m)
chi? who? whom?
di of
io I
ma but
per for
pronto hello *(on telephone)*
quando when
sì yes

Espressioni *(Expressions)*

c'è Federica? is Federica there?

che c'è di nuovo? what's new?

chi parla? who's speaking?

cosa fai? what are you doing?

è Gianni! it's Gianni!

guardi la televisione? are you watching television?

magari! if only!

non c'è male not bad

un momento just a moment

va bene? is that all right?

Un telefono pubblico.

NOTE LINGUISTICHE E CULTURALI

- In Italian, when referring to a specific day of the week, no preposition is used: **Lunedì comincia la scuola.** *(On Monday school begins.)* To express a habitual action, the day of the week is preceded by the definite article: **Il giovedì guardo la mia telenovela preferita.** *(On Thursdays I watch my favorite soap opera.)* With the exception of **domenica,** which is feminine, all the other days of the week are masculine.

- In Italy most public phones accept 100, 200, and 500-lira pieces as well as a telephone token (**il gettone**), which can be purchased at a tobacco store (**la tabaccheria**) or a café. Magnetic cards are becoming more and more available and can be obtained at SIP (Società Italiana per l'Esercizio Telefonico) offices. A magnetic calling card (**la scheda telefonica**) allows the caller to make calls up to the prepaid amount of the card.

- It is not uncommon for an Italian family to have only one telephone in the house. Most families don't need an extra phone because Italians prefer to meet one another in the town square or at the local café. Compared to North America, having a phone in Italy is expensive in that the cost of each call is determined by the length of time and the distance. In addition, having a telephone installed is not so easy. It may take up to three months. Special features, like call waiting or call forwarding are generally not offered. Yet, cellular phones are becoming increasingly popular.

LIRE 5.000
CARTA TELEFONICA
Validità 31.12.92
SIP
0080 44696

Grammatica

I. Genere
(Gender)

All Italian nouns are either masculine or feminine in gender. A singular noun that ends in -o is generally masculine.

libro	*libro*	ragazzo	*boy*
giorno	*day*	compito	*assignment*
corso	*course*	quaderno	*notebook*

A singular noun that ends in -a is generally feminine.

casa	*house*	lettura	*reading*
zia	*aunt*	ragazza	*girl*
donna	*woman*	ora	*hour*

Nouns ending in -e in the singular can be masculine, feminine, or both.

professore *(m.)*	*professor*
nome *(m.)*	*name*
esame *(m.)*	*examination*
studente *(m.)*	*student*
insegnante *(m. / f.)*	*teacher*
automobile *(f.)*	*automobile*
notte *(f.)*	*night*
lezione *(f.)*	*lesson*
arte *(f.)*	*art*

Nouns ending in -ione are generally feminine, while nouns ending in -ore are almost always masculine.

televisione *(f.)*	*television*	attore *(m.)*	*actor*
nazione *(f.)*	*nation*	autore *(m.)*	*author*
opinione *(f.)*	*opinion*	professore *(m.)*	*professor*

II. Singolare e plurale dei nomi
(Singular and plural of nouns)

To form the plural, change the final -o or -e of the singular to -i, and the final -a to -e.

libro, libri	*book, books*
ragazzo, ragazzi	*boy, boys*
professore, professori	*professor, professors*
attore, attori	*actor, actors*
casa, case	*house, houses*
scuola, scuole	*school, schools*

III. L'articolo determinativo (The definite article)

MASCHILE *(MASCULINE)*

The noun begins with	The singular definite article is	The plural definite article is
1. a vowel	l'	gli
2. **z, ps, gn,** or **s** + *consonant*	lo	gli
3. other consonants	il	i

l'anno	gli anni	*the year(s)*
l'errore	gli errori	*the error(s)*
lo zio	gli zii	*the uncle(s)*
lo stato	gli stati	*the state(s)*
il libro	i libri	*the book(s)*
il compito	i compiti	*the assignment(s)*
il saluto	i saluti	*the greeting(s)*

FEMMINILE *(FEMININE)*

The noun begins with	The singular definite article is	The plural definite article is
1. a vowel	l'	le
2. a consonant	la	le

l'automobile	le automobili	*the automobile(s)*
l'ora	le ore	*the hour(s)*
la casa	le case	*the house(s)*
la frase	le frasi	*the phrase(s)*

IV. Uso dell'articolo determinativo (Use of the definite article)

The definite article is repeated before each noun.

i ragazzi e le ragazze	*the boys and girls*
il quaderno e la penna	*the notebook and pen*

V. Le forme interrogative *Chi? Che? Che cosa? Cosa?*

Chi?	*Who? Whom?*
Che? Che cosa? Cosa?	*What?*

The interrogative forms **chi?** **che?** (**che**) **cosa?** are invariable.

Chi parla?	**Who** is speaking?
Con **chi** parlo?	With **whom** am I speaking?
Che (**Che cosa, Cosa**) studi?	**What** are you studying?

VI. C'è, ci sono

C'è means *there is;* **ci sono** means *there are.* These expressions are used to indicate where somebody or something is located.

C'è un telefono a casa di Federica?	**Is there** a telephone at Federica's house?
A casa di Gianni **ci sono** due telefoni.	At Gianni's house **there are** two telephones.

VII. Ecco

When showing, pointing, or directing attention to something or someone, the English *here is, here are, there is, there are* are translated by the single word **ecco**.

Ecco Federica.	**Here is** (**There is**) Federica.
Ecco Federica e Gianni.	**Here are** (**There are**) Federica and Gianni.

ESERCIZI

A. Change the following masculine nouns to the plural.

1. quaderno	3. ragazzo	5. signore
2. studente	4. gettone	6. compito

quaderni   lavagne
studenti   pizze
ragazzi   classi
gettoni   opinioni
signori   mamme
compiti   letture

B. Change the following feminine nouns to the plural.

1. lavagna	3. classe	5. mamma
2. pizza	4. opinione	6. lettura

C. Change the following nouns to the plural, using any number from two to twenty.

Esempi: penna → quattro penne
corso → due corsi

due notti   nove televisioni
cinque ragazzi   otto professori
tre attori   due signore
dieci donne
dodici esami
tredici momenti
diciasette scuole
diciotto ore

1. notte	5. televisione	9. esame
2. ragazzo	6. professore	10. momento
3. attore	7. signora	11. scuola
4. giorno	8. donna	12. ora

D. Put the definite article before the following masculine singular nouns.

1. _l'_ insegnante	4. _il_ gettone
2. _lo_ zero	5. _il_ momento
3. _lo_ studente	6. _l'_ anno

E. Put the definite article before the following feminine singular nouns.

1. _la_ penna
2. _l'_ opinione
3. _la_ copia
4. _la_ madre
5. _l'_ ora
6. _la_ scuola

F. Put the definite article before the following masculine and feminine nouns.

1. _le_ notti
2. _i_ numeri
3. _gli_ esami
4. _le_ ragazze
5. _le_ donne
6. _gli_ anni
7. _i_ compiti
8. _i_ corsi

G. Following the example, change the direct object of each sentence to the singular.

Esempio: Non trovo le copie. →
            Non trovo la copia.

1. Non trovo le case. _la casa_
2. Non trovo i professori. _il professore_
3. Non trovo le automobili. _l'automobile_
4. Non trovo i compiti. _il compito_
5. Non trovo gli errori. _l'errore_
6. Non trovo i ragazzi. _il ragazzo_
7. Non trovo le zie. _lo zio_
8. Non trovo le mamme. _la mamma_

H. Apply the expression Ecco ... to the following nouns. Use the definite article when necessary.

Esempio: telefono →
            Ecco il telefono.

1. scuola _Ecco la scuola_
2. studente _Ecco lo studente_
3. biblioteca _Ecco la biblioteca_
4. Gianni _Ecco Gianni_
5. libro _Ecco il libro_
6. gettone _Ecco il gettone_

I. C'è or Ci sono? Using c'è or ci sono formulate new answers for the question **Chi c'è oggi a** *(at)* **scuola?**

Esempio: i ragazzi e le ragazze →
            Ci sono i ragazzi e le ragazze.

1. i professori
2. le insegnanti
3. Federica
4. gli studenti _Ci sono gli studenti e le studentesse_
5. Antonio e Carlo _Ci sono Antonio e Carlo_
6. Adele _C'è Adele._

Ci sono i professori e le professoresse
ci sono le insegnanti e gli insegnanti
C'è Federica

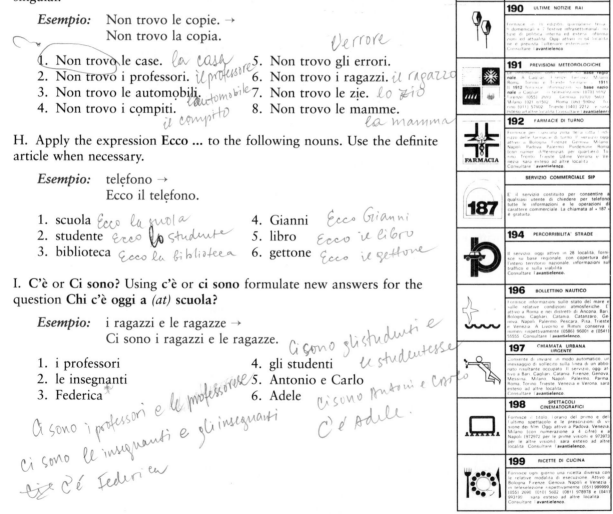

il telefono
un collaboratore sempre
pronto

113	**SOCCORSO PUBBLICO DI EMERGENZA**	Per interventi urgenti in caso di pericolo alle persone o di gravi calamità
	114 SVEGLIA	Consente agli abbonati telefonici di prenotare la sveglia per l'ora prescelta. Nelle località di Milano, Roma e Torino il servizio è completamente automatico. Consultare l'avantielenco.
	161 ORA ESATTA	Primo servizio automatico è attivo nell'intero territorio nazionale ventiquattro ore su ventiquattro. Fornisce ora e minuto primi. Consultare l'avantielenco.
	190 ULTIME NOTIZIE RAI	Fornisce in 11 edizioni quotidiane finite. Il domenicali e 2 festive infrasettimanali, notizie di politica interna ed estera, informazioni ed attualità. Oggi attivo in 64 località. Ne è prevista l'ulteriore estensione. Consultare l'avantielenco
	191 PREVISIONI METEOROLOGICHE	... Il 1912 fornisce informazioni su base nazionale a Cagliari ... Firenze (055) 2693. Genova (010) 5603. Milano (02) 61502. Roma (06) 59062. Torino (011) 57602. Trieste (040) 2212. e sarà esteso ad altre località. Consultare l'avantielenco
	192 FARMACIE DI TURNO	Fornisce per ciascuna zona della città l'indirizzo delle farmacie di turno. Il servizio, oggi attivo a Bologna, Firenze, Genova, Milano, Napoli, Padova, Palermo, Pordenone, Roma (con numeri differenziati per quartiere), Torino, Trento, Trieste, Udine, Verona e Venezia, sarà esteso ad altre località. Consultare l'avantielenco
187	**SERVIZIO COMMERCIALE SIP**	È il servizio costituito per consentire a qualsiasi utente di chiedere per telefono tutte le informazioni e le operazioni di carattere commerciale. La chiamata al « 187 » è gratuita.
	194 PERCORRIBILITÀ STRADE	Il servizio, oggi attivo in 28 località, fornisce su base regionale, con copertura dell'intero territorio nazionale, informazioni sul traffico e sulla viabilità. Consultare l'avantielenco.
	196 BOLLETTINO NAUTICO	Fornisce informazioni sullo stato del mare e sulle relative condizioni atmosferiche. È attivo a Roma e nei distretti di Ancona, Bari, Bologna, Cagliari, Catania, Catanzaro, Genova, Napoli, Palermo, Pescara, Pisa, Trieste e Venezia. A Livorno e Rimini conserva i numeri rispettivamente (0586) 96001 e (0541) 55555. Consultare l'avantielenco.
	197 CHIAMATA URBANA URGENTE	Consente di inviare in modo automatico un messaggio di sollecito sulla linea di un abbonato risultante occupato. Oggi attivo a Bari, Cagliari, Catania, Firenze, Genova, Messina, Milano, Napoli, Palermo, Parma, Roma, Torino, Trieste, Venezia e Verona, sarà esteso ad altre località. Consultare l'avantielenco.
	198 SPETTACOLI CINEMATOGRAFICI	Fornisce il titolo, l'orario del primo e dell'ultimo spettacolo e le prescrizioni di visione dei film. Oggi attivo a Padova, Venezia, Milano (con numerazione a 4 cifre) e a Napoli (972972 per le prime visioni e 973973 per le altre visioni) sarà esteso ad altre località. Consultare l'avantielenco.
	199 RICETTE DI CUCINA	Fornisce ogni giorno una ricetta diversa con le relative modalità di esecuzione. Attivo a Bologna, Firenze, Genova, Napoli e Venezia, in teleselezione rispettivamente (051) 999999, (055) 2698, (010) 5602, (081) 978978 e (041) 993199. sarà esteso ad altre località. Consultare l'avantielenco.

Il telefono è utile per molte cose.

SIP Società Italiana per l'Esercizio Telefonico

Come si dice?

tardi — later

Making a phone call

The following expressions are used to make a phone call:

Pronto?	*Hello?*
Chi parla?	*Who is speaking?*
Con chi parlo?	*With whom am I speaking?*
Sono [la signora Lancetti].	*It's [Mrs. Lancetti].*
C'è [Carlo], per favore?	*Is [Carlo] in?*
No, [Carlo] non è in casa.	*No, [Carlo] is not at home.*
Allora, telefono domani.	*Then, I'll call tomorrow.*
Chiamo più tardi, grazie.	*I'll call later, thanks.*
ArrivederLa.	*Good-bye.*

Situazioni. What would you say in the following situations? Give the appropriate expressions in Italian.

1. Inquire if your friend Maria is at home.
2. Identify yourself to Maria's mother.
3. You pick up the phone and do not recognize the caller's voice. Ask the caller to identify himself (herself).
4. After talking to a friend on the phone, say good-bye and hang up.
5. Your roommate's mother calls. Tell her that your roommate, Francesco(a), is not at home.
6. You pick up the phone and say "hello."

2 IL PRIMO GIORNO DI LEZIONE

È il primo giorno di lezione per gli studenti universitari. Adriana e Gianni arrivano a scuola e incontrano due studenti.

Adriana: Ciao Matteo. Come va?

Matteo: *(vede Adriana)* Guarda chi si vede! Ciao Adriana, come stai?

Adriana: Benissimo.

Gianni: Ciao Matteo. Anche tu hai lezione ora?

Matteo: Cosa?

Gianni: Hai lezione?

Matteo: Sì, ho matematica purtroppo.

Adriana: Perché purtroppo?

Pavia: Un cortile (courtyard) *dell'università.*

Matteo:	Perché oggi è il primo giorno di lezione e perché io e la matematica non andiamo d'accordo.
Adriana:	Peccato. Ah... ecco Anna! Matteo, Gianni, conoscete Anna?
Matteo:	No, non conosco Anna.
Anna:	Mi chiamo Anna Silvani, sono studentessa di primo anno.
Matteo:	Piacere! Io sono Matteo Venturi e lui è Gianni Spinola. Io studio filosofia e lui studia lingue straniere.
Gianni:	Lei che studia, signorina?
Anna:	Medicina.

Mentre i ragazzi e le ragazze continuano a parlare, i professori arrivano e le lezioni cominciano.

DOMANDE

1. Per chi è il primo giorno di lezione?
2. Quando incontrano due studenti Adriana e Gianni?
3. Con chi parla Adriana?
4. Come sta Adriana?
5. Ha lezione di filosofia Matteo?
6. Chi è Anna Silvani?
7. Chi studia filosofia?
8. Quando cominciano le lezioni?

UNIVERSITÀ
per
STRANIERI
"DANTE ALIGHIERI

C O R S I
Anno Accademico 1986

REGGIO CALABRIA
Via Mortara di Pellaro, 41

I CORSI

CORSO PREPARATORIO
CORSO MEDIO
CORSO SUPERIORE
CORSI STRAORDINARI ESTI

I CORSI PREPARATORIO E M
lunedì di gennaio, aprile, luglio
Hanno la durata di un trimestre;
20 ore settimanali d'insegname
Ogni corso si conclude con esar
Viene rilasciato o un attestato d
(per chi ha sostenuto il relativo

CORSO SUPERIORE
dal 1° luglio al 2 agosto
«Lettura di Poeti del Novecento»
20 ore settimanali di insegname

dal 18 agosto al 13 settembre
«Archeologia in Calabria» (con
20 ore settimanali di insegname
Il corso si conclude con un esar
Viene rilasciato un attestato di

CORSI STRAORDINARI ESTI
dal 1° luglio al 2 agosto
dal 18 agosto al 13 settembre
a) corso preparatorio
b) corso medio.
20 ore settimanali di insegname
Viene rilasciato un attestato di

IL PROGRAMMA

CORSO PREPARATORIO
Durata trimestrale
20 ore settimanali
Numero massimo di studenti ammessi: 15

Consente una rapida acquisizione degli elementi fondamentali della lingua italiana.

È diviso in tre livelli:

I Livello:
Lingua italiana I (morfologia)
Fonetica pratica
Esercitazione in lingua
Conversazione I

II Livello:
Lingua italiana II (sintassi della proposizione)
Esercitazioni scritte
Conversazione II
Letture poetiche

III Livello:
Lingua italiana III (sintassi del periodo)
Conversazione III
Esercitazioni scritte
Civiltà e cultura italiana

Il livello di preparazione viene accertato mediante un questionario all'inizio del Corso.

CORSO MEDIO
Durata trimestrale
20 ore settimanali
Numero massimo di studenti ammessi: 15

Offre una sicura conoscenza della lingua italiana sia parlata che scritta, svolge argomenti di letteratura italiana, con specifiche letture di Poeti, congiunti ad argomenti di storia italiana, soprattutto degli ultimi cento anni.

Corsi all'Università per Stranieri «Dante Alighieri».
Quando comincia il corso superiore?

Vocabolario

Sostantivi

l' **anno**   year
la **filosofia**   philosophy
la **lezione**   lesson; class
la **lingua**   language
la **matematica**   mathematics
la **medicina**   medicine
il **professore**   professor
la **ragazza**   girl
il **ragazzo**   boy
la **scuola**   school

Aggettivi

altro   other
primo   first

straniero   foreign
universitario   university *(adj.)*

Verbi

arrivare   to arrive
conoscere°   to be acquainted
   with
continuare   to continue
(in)cominciare   to begin
incontrare   to meet
parlare   to speak
rispondere°   to answer
studiare   to study; to major
   in
vedere°   to see

Altri vocaboli

a   to; at; in
anche   also, too
con   with
mentre   while
perché   why; because
purtroppo   unfortunately

Espressioni

guarda chi si vede!   look
   who's here!
hai lezione?   do you have (a)
   class?
non andiamo d'accordo   we
   don't get along
peccato!   too bad!

ORARIO	LUNEDÌ	MARTEDÌ	MERCOLEDÌ	GIOVEDÌ	VENERDÌ	SABATO
8.00	Italiano	Inglese	Storia	Biologia	Filosofia	Algebra
9.00	Italiano	Chimica	Italiano	Italiano	Filosofia	Storia
10.00	Algebra	Filosofia	Geometria	Religione	Inglese	Francese
11.00	Francese	Educ. Fisica	Fisica	Spagnolo	Inglese	Storia dell'Arte
12.00		Educ. Fisica		Storia	Storia	Francese

NOTE LINGUISTICHE E CULTURALI

- Your ability to read Italian will greatly improve if you try to guess the meaning of **cognates** (words that are similar in meaning and spelling in both English and Italian). The brochure from the Università per Stranieri, on p. 33, lists Italian courses offered to speakers of other languages. You will find several words that are very similar to English, except for slight changes in spelling. How many can you find? What do they mean?

- Italian universities have a long history. For example, the University of Bologna dates back to the eleventh century and is one of the oldest in Europe. Copernicus, the proponent of the helio-centric system, studied there at the beginning of

the sixteenth century. Most Italian universities are located in the historical center of large cities. Many students live at home and commute to class. Students from outside the city live in apartments or rent rooms. Housing facilities are practically non-existent because dormitories are only available to a limited number of students from low-income families.

- Italians greet each other with more physical contact than people in North America. Men greet each other with a handshake or even, with close acquaintances, a pat on the back; women often kiss each other on each cheek.

Grammatica

**I. Pronomi personali
in funzione di
soggetto**
(Subject pronouns)

Singolare	(Singular)	Plurale	(Plural)
io	*I*	**noi**	*we*
tu	*you* (familiar)	**voi**	*you* (familiar)
lui (egli)[1]	*he*	**loro** (essi)	*they* (m.)
(esso)		**loro** (esse)	*they* (f.)
lei (ella)	*she*	**Loro**	*you* (formal)
(essa)			
Lei	*you* (formal)		

In modern Italian *he, she,* and *they* are usually expressed by **lui, lei,** and **loro,** respectively.[1]

Remember that **tu** and its plural form **voi** are used in addressing members of the family, peers, children, close friends, and animals. In all other cases, **Lei** and its plural **Loro** are used. Note that **Lei** and **Loro** always take, respectively, the third person singular and the third person plural of the verb.

Ascolti, Luisa?	*Are you listening, Luisa?*
Ascoltate, ragazzi?	*Are you listening, boys?*
Ascolta Lei, signorina Rossi?	*Are you listening, Miss Rossi?*
Ascoltano Loro, signorine?	*Are you listening, young ladies?*

Since the endings of conjugated verb forms indicate person and number, subject pronouns may be omitted in Italian except when necessary: (1) for clarity, (2) when modified by **anche** *(also),* or (3) when emphasis or contrast is desired. *It* and *they* referring to things are almost never used in Italian and need not be translated.

**II. Coniugazione
dei verbi**
*(Conjugation
of verbs)*

Italian verbs fall into three conjugations depending on the ending of the infinitive: (1) **-are,** (2) **-ere,** (3) **-ire.** The stem of regular verbs is obtained by dropping the infinitive ending:

---

[1]**Egli, ella, essi,** and **esse** are used more in written Italian than in the spoken language. **Esso** and **essa** are seldom used. Formal, direct address **Lei** and **Loro** are frequently written with lower case initial letters.

Infinitive	Stem	Ending
parlare	parl-	are
ripetere	ripet-	ere
capire	cap-	ire

Verbs are conjugated in the various persons, numbers, and tenses by adding the proper ending to the stem.

III. Presente indicativo della prima coniugazione
(Present indicative of the first conjugation)

		Parlare	*to speak*
Singolare	io	**parl-o**	*I speak, am speaking, do speak*
	tu	**parl-i**	*you* (familiar) *speak, are speaking, do speak*
	lui lei Lei	**parl-a**	*he, she, it speaks, is speaking, does speak* *you* (formal) *speak, are speaking, do speak*
Plurale	noi	**parl-iamo**	*we speak, are speaking, do speak*
	voi	**parl-ate**	*you* (familiar) *speak, are speaking, do speak*
	loro Loro	**parl-ano**	*they speak, are speaking, do speak* *you* (formal) *speak, are speaking, do speak*

Here are some verbs conjugated like parlare:

abitare	*to live, reside*	guardare	*to look at*
ascoltare[1]	*to listen to*	insegnare	*to teach*
aspettare	*to wait for*	ritornare	*to return*
chiamare	*to call*	telefonare	*to telephone*
entrare	*to enter*	trovare	*to find*

---

[1]In Italian, verbs like **ascoltare** *(to listen to)*, **aspettare** *(to wait for)*, **cercare** *(to look for)*, and **guardare** *(to look at)* do not take a preposition.

1. It is important to note that the Italian present tense is translated by three present tenses in English (see the conjugation of **parlare** above).

2. Verbs like **cominciare** *(to begin)*, **mangiare** *(to eat)*, and **studiare** *(to study)*, whose stems end in -i, have only one i in the second person singular and first person plural: **cominci, mangi, studi; cominciamo, mangiamo, studiamo.**

    Keep in mind that in verbs like **cominciare** and **mangiare**, the i before the ending is not sounded separately; it merely indicates that the ci and gi combinations are pronounced like *ch* and *j*, respectively, in English.

3. Verbs like **cercare** *(to look for)* and **pagare** *(to pay)* add an h before personal endings beginning with an i (second person singular and first person plural): **cerchi, paghi; cerchiamo, paghiamo.** Can you explain why?

IV. Presente indicativo della seconda coniugazione
(Present indicative of the second conjugation)

Rip̣etere	*to repeat*		
Singolare		*Plurale*	
io	ripet-o	noi	ripet-iamo
tu	ripet-i	voi	ripet-ete
lui lei Lei	ripet-e	loro Loro	rip̣et-ono

La professoressa **ripete** la domanda.

Ripetiamo tutti insieme?

*The professor **repeats** the question.*

*Do (Shall) **we repeat** all together?*

Here are some of the verbs conjugated like **rip̣etere:**

chiụdere	*to close*	rispọndere	*to answer*
lẹggere	*to read*	scrịvere	*to write*
prẹndere	*to take*	vedere	*to see*

V. Frasi interrogative
(Interrogative sentences)

A question in Italian may be formed: (1) by placing the subject at the end of the sentence, if the question is not long; (2) by using a question word; (3) by using the declarative word order and inflecting the voice.

Parla italiano **Carlo?**
Carlo parla italiano?

Does Carlo speak Italian?

Dove abita Maria?	*Where does Maria live?*
Quando arriva il professore?	*When does the professor arrive?*
Studia con Gianni Maria?	*Does Maria study with Gianni?*
Prende appunti Carla?	*Is Carla taking notes?*

NOTE   When used as an auxiliary, the verb *to do* is not translated into Italian.

VI. Negazione
(Negation)

A sentence is made negative by placing **non** *(not)* before the verb.

Io scrivo.	*I write.*
Io **non** scrivo.	*I do **not** write.*
Chiami Angela?	*Are you calling Angela?*
Non chiami Angela?	***Aren't** you calling Angela?*

ESERCIZI

A. Fill in the correct form of the subject pronoun.

1. _LORO_ arrivano a lezione.
2. Anche _tu_ arrivi a lezione.
3. _LORO_ alziamo il ricevitore.
4. Perché _VOI_ continuate a parlare?
5. _Lei_ non trova gli appunti.
6. Anche _loro_ studiano in biblioteca.
7. _Io_ incontro Franco e Anna e _noi_ cominciamo a parlare.
8. _Lui_ parla e anche _io_ parlo.
9. _tu_ cerchi gli appunti.
10. _voi_ paghiamo.

B. Replace the subjects with those in parentheses and rewrite the sentences making the necessary changes.

Esempio: Alzo il ricevitore. (noi) →
          Alziamo il ricevitore.

1. Studiano matematica.   _Studi_
   (tu; Franco e Adriana; voi; Gianni)
2. Incontriamo due studenti.
   (lui; tu e Franco; io e Federica; i professori)
3. Oggi pago io.
   (voi; noi; le ragazze; tu)
4. Quando studio non mangio.
   (loro; noi due; tu e Anna; Anna; tu)

C. Complete the following sentences with the cues given.

1. Gianni non _trova_ (trovare) il quaderno.
2. La lezione _____ (cominciare).
   comincia

3. Le lezioni _continuano_ (continuare).
4. La signora _alza_ (alzare) il ricevitore e noi _cominciamo_ (cominciare) a parlare.
5. Altri studenti _arrivano_ (arrivare) e io _continuo_ (continuare) a parlare.
6. Gianni e Anna _incontrano_ (incontrare) tre studenti universitari.
7. Tu _paghi_ (pagare) perché loro non _pagano_ (pagare).
8. Io e Gianni _cerchiamo_ (cercare) i libri di medicina.
9. Lui e Anna _cominciano_ (cominciare) a parlare.
10. Io e tu _incontriamo_ (incontrare) il professore.

D. Replace the subjects with those in parentheses and rewrite the sentences making the necessary changes.

Esempio: Non vedo Gianni. (lui) →
Non vede Gianni.

1. Perché non rispondi?   Perché non rispondono lo studente di primo anno
(loro; tu e Loretta; lo studente di primo anno)
2. Conoscete il professore?   Perché non conosci
(tu; loro; Veronica; tu e lui; noi)
3. Che cosa legge Franco?
(Veronica; noi; gli studenti universitari; io; tu e Loretta)

E. Complete the following sentences with the cues given.

1. Io non _conosco_ (conoscere) la signora Bertolini.
2. Tu _cominci_ (cominciare) a parlare e gli studenti _ripetono_ (ripetere).
3. Oggi _paghiamo_ (pagare) noi!
4. Veronica e Matteo _conoscono_ (conoscere) il professore.
5. Mentre noi _ascoltiamo_ (ascoltare) voi _ripetete_ (ripetere).
6. Io e Gianni _conosciamo_ (conoscere) due studentesse di primo anno.
7. Chi _conosce_ (conoscere) Loretta?
8. Che cosa _pagate_ (pagare) voi?
9. Matteo _conosce_ (conoscere) Gianni Spinola?
10. Il professore _arriva_ (arrivare), _cerca_ (cercare) gli appunti e _legge_ (leggere) la lettura.

F. Emphasize the subject of each sentence by adding the appropriate subject pronoun.

Esempio: Non paghi. →
Tu non paghi.

1. Non conoscono Veronica.   Loro
2. Cerchiamo i libri di biologia.   Noi
3. Conosco le studentesse di primo anno.   Io
4. Ascoltano il professore di matematica.   ~~Voi~~ Loro
5. Perché continui a parlare?   Tu
6. Legge gli appunti di medicina.   Lui | Lei

G. Change the verbs as indicated in the example and read both sentences aloud.

Esempio: Aspettiamo Gianni. →
Loro, purtroppo, non aspettano Gianni.

1. Ripetiamo i verbi. Noi.
2. Studiamo italiano. Noi
3. Paghiamo i libri. Noi
4. Conosciamo la signora Bertolini.
5. Continuiamo a studiare.
6. Leggiamo la lezione di filosofia.
7. Mentre cerchiamo il compito, ascoltiamo l'insegnante.
8. Mangiamo la pizza.

H. **In italiano, per favore!** Give the Italian equivalent of the following sentences.

1. Good morning, Mrs. Bertolini, how are you?
2. This is Gianni. Who's speaking?
3. It's the first day of class for Adriana and Gianni.
4. Unfortunately the professor doesn't speak Italian.
5. What do you study, Adriana?
6. The professors arrive and look for the books.
7. I know fifteen students.
8. We know five university students.

Come si dice?

Asking for and providing personal information

When you want to inquire about what people do, you might say:

Che cosa studi (studia)?	*What are you majoring in?*
Lei è studente (studentessa)?[1]	*Are you a student?*
È medico Lei?[1]	*Are you a physician?*

To answer such an inquiry you can say:

Sì, sono studente (studentessa) universitario(a).	*Yes, I am a college student.*

[1]When talking about a profession, occupation, or nationality, Italian generally omits the indefinite article *a / an*: **È medico.** *(She's a physician.)* **Sono americana.** *(I'm [an] American.)*

No, sono avvocato [ingegnere, programmatore].	No, I'm a lawyer [engineer, programmer].
Studio lingue straniere [chimica, fisica].	I am majoring in foreign languages [chemistry, physics].
Sono al primo [secondo, terzo, quarto] anno di lettere.	I am a freshman [sophomore, junior, senior] majoring in the humanities.

A. **Il primo giorno di lezione.** Complete the dialogue, using vocabulary and expressions you have learned so far.

Marisa: *Ciao Roberto. Come stai?*
Roberto: Oh, ciao Marisa. Benissimo, grazie, e tu?
Marisa: *Bene, grazie. Conosci Franco.*
Roberto: Piacere, Franco. Che cosa studi?
Franco: *Studio matematica*
Roberto: Anch'io studio matematica, ma io e la filosofia non andiamo d'accordo.
Franco: *Hai gli ultimi appunti*
Roberto: No, purtroppo non ho gli ultimi appunti.
Marisa (vede il professore): *Ecco il professore.*
I tre studenti: Buon giorno, professore!

B. **Brevi scambi.** In Italian, what would you reply to someone who . . .

1. asks you what your major is
2. asks if you are a teacher (you are a physician)
3. says that he (she) is a senior
4. asks you if you are a freshman or a sophomore

3 UNA CONVERSAZIONE ALLA MENSA UNIVERSITARIA

Gli studenti italiani, come gli studenti di altri paesi, hanno sempre poco denaro. La mensa universitaria è popolare perché i prezzi sono modici. Katia e Sara occupano un tavolo.

Katia: Che c'è di buono oggi?
Sara: Minestra, carne, pesce e verdura.
Katia: Tu prendi qualcosa?

Buon appetito!

Sara:	No, non mangio. Non ho fame. ~this~
Katia:	Uhm, vediamo... Sara, vedi quel ragazzo alto?
Sara:	Chi? Il ragazzo che parla con Francesco Brusati?
Katia:	No, no. Il ragazzo con la giacca verde.
Sara:	Ah, sì, vicino a Matteo.
Katia:	Esatto. È James, uno studente americano.
Sara:	Davvero? Di dove?
Katia:	È di Miami. È il compagno di stanza di Matteo. Abitano in via Ghibellina. È un tipo interessante, vero?
Sara:	Sì, sì. Capelli neri, occhi azzurri... è veramente carino.
Katia:	Matteo dice che parla francese, italiano e, naturalmente, inglese. Studia storia moderna qui a Firenze con il professor Bevilacqua.
Sara:	Che coincidenza! Anch'io ho Bevilacqua per storia moderna.
Katia:	Fortunata te!

DOMANDE

1. Perché è popolare la mensa universitaria?
2. Chi occupa un tavolo?
3. Sara prende qualcosa?
4. Dove abitano James e Matteo?
5. James è italiano o americano?
6. Che cosa studia James all'università di Firenze?
7. Che lingue parla James?
8. Secondo *(According to)* Katia, James è un tipo interessante?

Vocabolario

Sostantivi

i **capelli** *(pl.)*   hair
la **carne**   meat
il **compagno,** la **compagna di stanza**   roommate
la **conversazione**   conversation
il **denaro**   money
il **francese** *(n.* and *adj.)* French (language)
la **giacca**   sport jacket
l'**inglese** *(n.* and *adj.)*   English (language)
la **mensa universitaria**   student cafeteria
la **minestra**   soup

l'**occhio** *(pl.* gli **occhi**)   eye
il **pesce**   fish
il **prezzo**   price
la **storia**   history; story
la **tavola**   (dinner) table
il **tavolo**   (working) table; desk
il **tipo**   type
la **verdura** *(s.)*   vegetables
la **via**   street, road

Aggettivi

alto   tall
americano   american
carino   cute, pretty; nice
esatto   exact(ly)

interessante   interesting
moderno   modern
modico   moderate
popolare   popular
scuro   dark

Verbi

abitare   to live, reside
avere° *(irr.)*   to have
dice *(from,* **dire,°** *irr.)*   he (she) says
essere°   to be
mangiare   to eat
occupare   to occupy
prendere°   to take; to have *(for food and drinks)*

Altri vocaboli

come like, as; how
davvero? really?
dove where
   dov'è? where is?
   dove sono? where are?
   di dove? where from?

naturalmente of course
poco little
qualcosa something
sempre always
tra between, among
veramente truly
vicino a close to, next to

Espressioni

che c'è di buono? what's good?
che coincidenza! what a coincidence!
fortunato/a te! lucky you!
non ho fame I'm not hungry

Di che colore è?

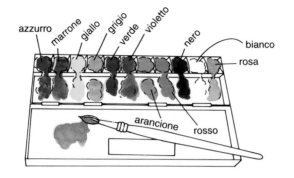

azzurro   marrone   giallo   grigio   verde   violetto   nero   bianco   rosa   arancione   rosso

---

NOTE LINGUISTICHE E CULTURALI

- Take note of the distinction between **il tavolo** and **la tavola**. **Il tavolo** means the actual piece of furniture: **Occupano un tavolo all'angolo.** *(They are occupying a corner table.)* **La tavola** is commonly used in a figurative sense, as you will notice in the following idioms: **Apparecchia la tavola!** *(Set the table!)* **Venite a tavola!** *(Come to the table!)* **Il pranzo è in tavola!** *(Lunch is ready!)* **Il tavolo** refers to a *desk* or *table*; **la tavola** designates the piece of furniture on which food is laid out.

- Note the difference in preposition usage when you say your address or indicate where you live: **in** + *street / square name*; **a** + *city name*.

    Abito **in viale Simonazzi.**   *I live on Simonazzi Avenue.*
    Abitiamo **a Bologna.**   *We live in Bologna.*

- The use of the tag word **vero?** *(right?)* **non è vero?** *(isn't that right?)* at the end of an affirmative or negative sentence corresponds to the English *is it? is it not?*

    È italiana, **non è vero?**   *She's Italian, isn't she?*
    Marco non è di Milano, **vero?**   *Marco isn't from Milan, is he?*

- At Italian universities, students eat either at cafés adjacent to the buildings where classes are held or at the few available cafeterias. Typically, a cafeteria offers a fixed-price menu that features a first course (pasta or soup) and a second course (meat or fish and vegetables). Bread, wine, and mineral water are almost always included in the price.

Grammatica

I. L'articolo indeterminativo
(The indefinite article)

The English indefinite article *a* or *an* is translated into Italian by **un, uno** and **un', una.**

Maschile	Femminile
un amico	**una** casa
un giorno	**un'**amica
uno studente	
uno zio	

The usual masculine form is **un. Uno** is used before a masculine word that begins with a **z, ps, gn,** or an **s** + *consonant*.

The feminine form **una** becomes **un'** before a word that begins with a vowel.

II. L'aggettivo
(The adjective)

1. Form and agreement

An adjective is a word that qualifies a noun; for example, *a **good** boy.* In Italian an adjective agrees in gender and number with the noun it modifies. In Italian there are two groups of adjectives: those ending in -o and those ending in -e.

Adjectives ending in -o in the masculine singular have four forms:

	Maschile	Femminile
Singolare	-o	-a
Plurale	-i	-e
	il libro italiano	la signora italiana
	i libri italiani	le signore italiane
	il primo giorno	la mensa universitaria
	i primi giorni	le mense universitarie

If an adjective ends in **-io**, the **o** is dropped to form the plural.

l'abito vecchio	*the old suit*
gli abiti vecchi	*the old suits*
il ragazzo serio	*the serious boy*
i ragazzi seri	*the serious boys*

Uli è tedesco.	*Uli is German*
Adriana è italiana.	*Adriana is Italian.*
Bob e Don sono americani.	*Bob and Don are American.*
Svetlana e Natalia sono russe.	*Svetlana and Natalia are Russian.*

Adjectives ending in -e are the same for the masculine and the feminine singular. In the plural, the -e changes to -i.

il ragazzo inglese	*the English boy*
la ragazza inglese	*the English girl*
i ragazzi inglesi	*the English boys*
le ragazze inglesi	*the English girls*

An adjective modifying two nouns of different gender is masculine.

i padri e le madri italiani	*Italian fathers and mothers*

2. Position of adjectives

a. Adjectives generally follow the noun.

È una **lingua difficile.**	*It is a **difficult language.***
Marina è una **ragazza generosa.**	*Marina is a **generous girl.***

Note that adjectives of colors that derive from nouns are invariable.

Non trovo il **maglione rosa.**	*I can't find the **pink sweater.***

The adjective **blu** *(blue, navy),* which is monosyllabic, is also invariable.

Porto la **giacca** e i **pantaloni blu** in lavanderia.	*I'm taking the **blue coat** and **pants** to the laundry.*

b. Certain common adjectives, however, generally come before the noun. Here are the most common:

bello	*beautiful*		grande	*large; great*
bravo	*good, able*		lungo	*long*
brutto	*ugly*		nuovo	*new*
buono	*good*		piccolo	*small, little*
caro	*dear*		stesso	*same*
cattivo	*bad*		vecchio	*old*
giovane	*young*		vero	*true*

Anna è un **cara** amica.	Anna is a **dear** friend.
Gino è un **bravo** dottore.	Gino is a **good** doctor.
È un **brutt'**affare.	It's a **bad** situation.

But even these adjectives must follow the noun for emphasis or contrast, and when modified by an adverb.

Oggi non porta l'**abito vecchio**, porta un **abito nuovo**.
*Today he is not wearing the **old suit**, he is wearing a **new suit**.*

Abitano in una **casa molto piccola**.
*They live in a **very small house**.*

III. L'aggettivo *buono* (*The adjective* buono)

Buono, which is regular in the plural (**buoni, buone**), has these forms in the singular: **buon, buona, buon', buono.** These forms are used like the indefinite article **un, una, un', uno.**

È un **buon** libro.	It is a good book.
Questa è una **buona** macchina.	This is a good car.
Finalmente, una **buon'**insalata.	Finally, a good salad.
È un **buono** zio.	He is a good uncle.

IV. Forme dell'articolo (*Forms of the article*)

As we know, the noun determines the number and gender of the article. However, since there are several articles for each gender, the word that immediately follows the article, be it a noun or an adjective, controls the choice for phonetic reasons. (Compare the English: *an elephant,* but *a large elephant.*)

| **uno** zio | **un** giovane zio |
| **gli** studenti | **i** nuovi studenti |

V. Presente indicativo di *avere* e *essere*

Avere		to have	
Singolare		*Plurale*	
io	**ho**	noi	**abbiamo**
tu	**hai**	voi	**avete**
lui lei Lei	**ha**	loro Loro	**hanno**

Ho un'idea!	*I **have** an idea!*
Tu **hai** una zia a Roma.	*You **have** an aunt in Rome.*
Luisa e Carlo **hanno** una lezione d'italiano.	*Luisa and Carlo **have** an Italian class.*

Essere	to be		
Singolare		*Plurale*	
io	sono	noi	siamo
tu	sei	voi	siete
lui lei Lei }	è	loro Loro }	sono

Oggi **sono** stanca.
Sei di Roma, tu?
I prezzi **sono** modici qui.

*Today **I'm** tired.*
Are you from Rome?
*Prices **are** affordable here.*

VI. Espressioni idiomatiche con *avere*

Avere is used in many idiomatic expressions that convey physical sensations. Here are a few common ones:

avere fame	to be hungry
avere sete	to be thirsty
avere sonno	to be sleepy
avere caldo	to be warm
avere freddo	to be cold
avere ... anni	to be . . . years old
avere fretta	to be in a hurry
avere pazienza	*to be patient*

Michele **ha** sempre **fretta**.
Questo cane è vecchio,
  ha dieci **anni**.
Hai sonno?
  —No, **ho freddo!**

*Michele **is** always **in a hurry**.*
This dog is old,
  *it is ten **years old**.*
*Are you **sleepy**?*
  —No, ***I'm cold!***

ESERCIZI

A. Request the following items by using the indefinite article. Follow the example.

Esempio: quaderno →
        Un quaderno, per favore.

1. insalata verde
2. penna rossa
3. giacca blu
4. gettone per il telefono
5. stereo
6. libro di economia

Il menù di una pizzeria.

B. With another student form questions and answers according to the model.

> *Esempio:*   quaderno / libro di matematica →
> —Cerchi un quaderno?
> —No, cerco un libro di matematica.

1. motocicletta *(motorcycle)* / automobile vecchia
2. insegnante *(f.)* di filosofia / studentessa di storia
3. abito nero / giacca
4. bella ragazza / amica intelligente
5. stanza a prezzi modici / telefono pubblico
6. ristorante / mensa universitaria

C. Form complete sentences with the correct form of the indefinite article.

> *Esempio:*   alla mensa / Patrizia / vedere / studente americano →
> Alla mensa Patrizia vede uno studente americano.

1. Sara / avere / esame importante / oggi
2. essere / copia / molto vecchia
3. io e Lucia / conoscere / professore di russo
4. Antonio / essere / amico molto caro / di Giuseppe
5. tu e Katia / occupare / tavolo / alla mensa
6. domani *(tomorrow)* / io / scrivere / lettera / a Umberto Eco
7. la professoressa De Pietro / cominciare / lezione di tedesco
8. io / leggere / libro interessante

D. **La festa** *(party)*. Who attended Sara's party? Describe the guests using the cues given.

> *Esempio:*   insegnante (inglese, intelligente, curioso) →
> un'insegnate inglese, intelligente e curiosa

1. ragazza (tedesco, onesto, generoso)
2. signora (americano, alto, bello)
3. segretaria (francese, elegante, distinto)
4. zia (italiano, brutto, vecchio)
5. studentessa (russo, carino, timido)
6. amica (caro, piccolo, intelligente)

E. Change the following sentences to the plural.

> *Esempio:*   Ecco il ragazzo italiano. →
> Ecco i ragazzi italiani.

1. Ecco la classe d'italiano.
2. Ecco la stanza di Marco e Bruno.
3. Ecco l'appartamento di Antonio e Luisa.
4. Ecco la mensa universitaria.
5. Ecco lo studente danese *(Danish)*.

F. Indovina! *(Guess!)* Professor Martini is a specialist in regional accents. Ask questions following the example.

> *Esempio:* I signori Bondavalli / Venezia →
> Di dove sono i signori Bondavalli? Sono di Venezia?

1. Martina / Roma
2. io / Firenze
3. Aldo e Francesca / Milano
4. il professore d'inglese / Napoli
5. noi / Torino
6. Salvatore e Carmine / Palermo

G. Now, try to guess where some of your classmates are from. Follow the example.

> *Esempio:* —Michael, sei di New York?
> —No, non sono di New York, sono di Albany. E tu, di dove sei?
> —Io sono di Dallas.

H. Put the correct form of the adjective in the appropriate position.

> *Esempio:* bravo →
> È un _____ ragazzo _____.
> È un bravo ragazzo.

1. caro   Sono due _cari_ ragazzi _____.
2. francese   È una _____ studentessa _francese_.
3. italiano   La Fiat e l'Alfa Romeo sono _____ automobili _italiane_.
4. universitario Ecco la _____ mensa _universitaria_.
5. vecchio   Abbiamo una ~~vecchia~~ casa ~~vecchia~~ vecchia.
6. interessante   È una _____ lezione _interessante_.
7. piccolo   Gli studenti occupano un _piccolo_ tavolo _____.
8. primo   Queste sono le _prime_ copie _____.
9. popolare   Sono _____ mense _popolari_.
10. serio   È un _____ ragazzo _serio_.

I. Following the example, form new sentences by using the appropriate form of the adjective **buono.**

> *Esempio:* È un amico americano →
> È un buon amico americano.

1. È una mensa popolare.   _buona mensa_
2. È una lezione di filosofia. _buona lezione_
3. È un libro di economia.   _buon_
4. È un'insalata verde.   _buon' insalata_
5. È una lezione di matematica. _buona_
6. È un ristorante italiano.   _buon_

J. Complete the following sentences with the correct form of **ẹssere** or **avere**.

1. La signora Bertolini _ha_ un'automọbile rossa.
2. Noi _siamo_ fretta oggi.
3. (Voi) _avete_ caldo o freddo, oggi?
4. (Voi) _siete_ giọvani e intelligenti.
5. Marịa _____ sete.
6. Alberto e Michele _____ sonno.
7. Alberto _____ diciotto anni.
8. Anch'io _____ fame e sete.
9. Oggi (io) non _____ fame.
10. Noi _____ giọvani e _____ fretta.

Come si dice?

Describing someone

When you want to describe someone's physical appearance, you can say:

Com'è?	*What is he (she) like?*
È alto(a) / basso(a), grasso(a) / magro(a), ecc.	*He (she) is tall / short, fat / skinny, etc.*
Di che colore ha gli occhi?	*What color are his (her) eyes?*
Ha gli occhi verdi / azzurri / castani / neri.	*He (she) has green / blue / brown / black eyes.*
Di che colore ha i capelli?	*What color is his (her) hair?*
Ha i capelli biondi / castani / rossi / neri.	*He (she) has blond / brown / red / black hair.*

Tre studentesse dell'Università di Urbino.

Now try to guess the meaning of the cognates listed below. To describe someone's personality or character you can use these adjectives and expressions:

Com'è? Che tipo è?   È idealista e generoso.
Che carattere ha?   È una ragazza responsabile.

generoso	egoista	realista	idealista
intelligente	stupido	responsabile	irresponsabile
moderno	antiquato	romantico	pratico
onesto	disonesto	sensibile[1]	insensibile[1]
ottimista	pessimista	simpatico	antipatico
pigro *(lazy)*	dinamico	sincero	falso

A. **Intervista** *(Interview)*. In groups of three to four students, answer the following questions.

1. Lei è un ragazzo (una ragazza) pessimista o ottimista? È un tipo responsabile o irresponsabile? È una persona realista o idealista?
2. Che aggettivo associa *(do you associate)* con Michael Jackson? Jimmy Connors? Madonna? Michelangelo?
3. Che persona associa con i seguenti aggettivi: popolare, famoso, intellettuale, stupido, creativo, originale, sensibile?

B. **Ritratto** *(Portrait)*. Choose another student in the class and complete a description. Follow the example.

Esempio: Mariella Pastore ha diciannove anni. Ha gli occhi verdi e i capelli castani. Parla italiano e inglese, ed[2] è una ragazza sensibile e onesta.

---

[1]False cognates are words that have similar spellings in Italian and English, but have different meanings; for example, **sensibile** does not mean *sensible* but *sensitive* and **insensibile** means *insensitive*, not *foolish*. In Italian *sensible* is translated as **ragionevole** *(reasonable)*.

[2]**Ed** *(and)* is often used instead of **e** before a word beginning with an *e*, and occasionally with one of the other vowels: **Carlo è falso, *ed* è anche disonesto.** *(Carlo is deceitful and he is dishonest, too.)*

4 QUI IL TEMPO VOLA

James, il compagno di stanza di Matteo, scrive una cartolina a Maria, una cara amica di Palermo.

Cara Maria,
Firenze è una città molto bella: ci sono musei meravigliosi. Molti giovani stranieri frequentano l'università. Le classi sono affollate, ma quando i professori parlano, tutti ascoltano con entusiasmo. Quando finiscono le lezioni, spesso studiamo o andiamo a mangiare alla mensa universitaria. Naturalmente mangio troppo; il signor Bellucci è un cuoco molto bravo. Cucina molta pasta e dolci deliziosi. Di sera esco con Matteo. Andiamo a passeggiare, a vedere una partita, o a giocare a carte al bar dell'angolo. Stasera sono stanco e preferisco andare a dormire subito dopo cena.
Qui il tempo vola. Tu quando vieni?

   Un caro abbraccio,

     James

Per
Maria Manzella
Via Oreto 42
Palermo

DOMANDE

1. Chi è James?
2. Che cosa scrive?
3. Dove abita Maria?
4. Che tipo di città è Firenze?
5. Chi ascolta con entusiasmo i professori all'università?
6. Dove mangia James quando finiscono le lezioni?
7. Cosa cucina il signor Bellucci?
8. Dove va James stasera dopo cena?

Vocabolario

Sostantivi

l'abbraccio   hug, embrace
l'amico, l'amica   friend
l'angolo   corner
il **bar**   café, bar
la **cartolina**   postcard
la **cena**   dinner
la **città**   city, town
il **cuoco**, la **cuoca**   cook
il **dolce**   cake; dessert
il/la **giovane**   young person
   i **giovani**   young people;
      the young
la **lettera**   letter
il **museo**   museum
la **partita**   game, match
la **sera**   evening
   di sera   in the evening
   stasera   this evening
i **soldi** (pl.)   money

Aggettivi

affollato   crowded
bravo   good; capable
caro   dear; expensive
delizioso   delicious
meraviglioso   marvelous
stanco   tired

Verbi

andare° (irr.) (a + inf.) to go
   (do something)
ascoltare   to listen to
cucinare   to cook
dormire   to sleep
finire (isc) (di + inf.)   to finish (doing something)
frequentare   to attend
giocare a carte   to play cards
passeggiare   to take a walk
preferire (isc)   to prefer
scrivere°   to write
uscire° (irr.)   to go out
   esco   I go out
volare   to fly

Altri vocaboli

dopo   after
molto   many, a lot of; very, a
   lot
qui   here
spesso   often
troppo   too much, too many;
   too
tutto   all; every; everything;
   everyone (pl.)

Espressioni

quando vieni?   when are you
   (familar, s.) coming?
ti va di (+ inf.)   do you
   (familiar, s.) feel like (doing
   something)?

In gondola a Venezia.

- Nouns ending in an accented vowel (**città, università**) or in a consonant (**sport, film**) are invariable in the plural: **la città → le città; lo sport → gli sport.**
- The verb **finire** *(to finish)* takes the preposition **di** if followed by an infinitive: **Oggi finisco *di* studiare matematica.** *(Today I [will] finish studying math.)* **Finisce il compito.** *(She is finishing [her] homework.)*
  When a verb requires a specific preposition, the vocabulary listing will indicate the preposition after the verb.
- Young Italians begin elementary school when they reach their sixth year of age; after five years, they continue their education through the **scuola media** *(junior high)* for another three years. After this mandatory schooling, they can choose among a series of specialized technical and business-oriented high schools: the **istituto tecnico** or **istituto commerciale,** or the **scuole magistrali,** which prepare educators for the elementary schools. The **liceo** is a type of high school that lasts five years and readies students for a college career. There are three types of **liceo:** the **liceo classico** emphasizes the humanities, the **liceo scientifico** science and math, and the **liceo linguistico** foreign languages. In Italy, almost all levels of education are subsidized by the state and run by the **Ministero di Pubblica Istruzione,** the department of education located in Rome.

Bambini delle scuole elementari a Venezia.

Grammatica

I. Presente indicativo della terza coniugazione
(Present indicative of the third conjugation)

Verbs ending in **-ire** fall into two groups: those conjugated like **dormire** *(to sleep)* and those conjugated like **capire** *(to understand)*. The endings for both groups are identical. However, verbs conjugated like **capire** insert **-isc-** between the stem and the endings of all forms of the singular and the third person plural.

Dormire	*to sleep*		
Singolare		*Plurale*	
io	**dorm-o**	noi	**dorm-iamo**
tu	**dorm-i**	voi	**dorm-ite**
lui lei Lei	**dorm-e**	loro Loro	**dọrm-ono**

Stasera **dorme** a casa.

Dormiamo solo un paio d'ore per notte.

*Tonight **he sleeps** at home.*

***We sleep** only a couple of hours per night.*

Other verbs conjugated like **dormire** are **aprire** *(to open)*, **partire** *(to leave, depart)*, **seguire** *(to follow)*, **sentire** *(to hear; to feel)*.

Ạprono il negozio alle sei.

Partite presto domani?

They open the store at six.**

Are you leaving early tomorrow?*

Allora, **seguiạmo** loro?

*So, **are we following** them?*

Capire	*to understand*		
Singolare		*Plurale*	
io	**cap-isc-o**	noi	**cap-iamo**
tu	**cap-isc-i**	voi	**cap-ite**
lui lei Lei	**cap-isc-e**	loro Loro	**cap-ịsc-ono**

Non capisce questa lezione.

She doesn't understand this lesson.

Capisco se parli lentamente.

I understand if you speak slowly.

Other verbs conjugated like **capire** are **finire** *(to finish)*, **preferire** *(to prefer)*, **pulire** *(to clean)*, **spedire** *(to send, mail)*. In vocabulary lists, **(isc)** after an infinitive indicates that the verb is conjugated like **capire**.

Puliamo solo la cucina oggi.

We are cleaning only the kitchen today.

Preferisce la cucina italiana.

She prefers Italian cuisine.

Spedite la lettera per via aerea?

Are you sending the letter air mail?

II. Possesso
(Possession)

1. Possession is expressed by the preposition **di** *(of)* which may become **d'** before a vowel.

il maestro **di** Franco
le regioni **d'**Italia

Franco's teacher
the regions of Italy

2. *Whose* is expressed by **di chi**. Note that the verb follows immediately.

Di chi è questo libro?
Di chi sono questi soldi?

Whose book is this?
Whose money is this?

III. L'articolo determinativo con i titoli
(The definite article with titles)

The definite article is required before a title, except in direct address.

Il professor Corso finisce la lezione.

Professor Corso finishes the lesson.

Il signor Bellucci è un bravo cuoco.

Mr. Bellucci is a good cook.

Buon giorno, **signora** Bianchi.
Come sta, **professoressa** Rossi?

Good morning, Mrs. Bianchi.
How are you, Professor Rossi?

IV. Uso idiomatico dell'articolo determinativo
(Idiomatic use of the definite article)

Contrary to English usage, the definite article is required in Italian before a noun used in a general sense.

Il denaro è necessario.
Il tempo vola.

Money is necessary.
Time flies.

V. *Molto* come aggettivo e come avverbio
(Molto as adjective and adverb)

1. Before a noun, **molto** *(much)* is an adjective and agrees with the noun it modifies in gender and number.

molti studenti italiani
molte grazie
Mangiamo **molta carne.**

many Italian students
many thanks
We eat a lot of meat.

2. Before an adjective and after a verb, **molto** *(very)* is an adverb and is invariable.

È **molto** ottimista.	*She is **very** optimistic.*
Sono **molto** modesti.	*They are **very** modest.*
Studiamo **molto**.	*We study **a lot**.*

VI. *Troppo* come aggettivo e come avverbio
(Troppo *as adjective and adverb*)

1. Before a noun, **troppo** *(too much, too many)* is an adjective and agrees with the noun it modifies in gender and number.

Mangiamo **troppa carne**.	*We eat **too much meat**.*
Ci sono **troppi errori**.	*There are **too many mistakes**.*
Abbiamo **troppi appunti**.	*We have **too many notes**.*

2. Before an adjective and after a verb, **troppo** *(too)* is an adverb and is invariable.

La lezione è **troppo** lunga.	*The lesson is **too long**.*
Sono **troppo** modesti.	*They are **too** modest.*
Mangiano **troppo**.	*They eat **too much**.*

VII. *Tutto* come aggettivo e pronome
(Tutto *as adjective and pronoun*)

1. The adjective **tutto** has four forms: **tutto, tutta, tutti, tutte**. In the singular, the adjective **tutto** means *the whole, entire*.

Studio **tutto il giorno**.	*I study **all day long**.*

In the plural, **tutto** means *all, every*.

Tutti gli studenti sono presenti.	***All the students** are present.*
Vedo Marina **tutte le mattine**.	*I see Marina **every morning**.*

Only when used as an adjective, can **tutto** be followed by a definite article.

2. The pronoun **tutto** also has four forms: **tutto, tutta, tutti, tutte**. However, when **tutto** is used as a pronoun, it stands alone and means *everything; everyone, all*.

Tutto è pronto.	***Everything** is ready.*
Tutti sono presenti.	***Everyone** is present.*
Tutti dormono.	***Everyone** is sleeping.*
Ripetiamo **tutti** insieme!	*Let's repeat **all** together!*
Sono **tutte** là.	*They are **all** over there.*

VIII. Presente indicativo di *andare* e *uscire*

Andare	*to go*
vado	andiamo
vai	andate
va	vanno

Andare requires the preposition **a** before an infinitive or the name of a city.

Andiamo **a comprare** un dizionario.

*We are going **to buy** a dictionary.*

Vado **a Roma** con Olga.

*I am going **to Rome** with Olga.*

Uscire	*to go out*
esco	usciamo
esci	uscite
esce	escono

Anna **esce** con Elena.

*Anna **is going out** with Elena.*

Uscite anche voi?

*Are you **going out** also?*

ESERCIZI

A. Change each verb to agree with the subjects indicated; if the subject is a pronoun, do not repeat it.

1. Non dormiamo in biblioteca.
   (voi; gli studenti universitari; Franco; io; io e Franco)
2. Gianni apre la lettera di Adriana.
   (noi; io; tu e Franco; loro; Lei)
3. Sofia finisce la lezione di francese.
   (tu; voi; io; i ragazzi; noi)
4. Preferisco la lingua inglese.
   (tu; noi; Adriana; Gianni e Adriana; voi)

B. Turn the elements given into complete sentences.

1. io e Giovanna / partire / lunedì   *partiamo*
2. la professoressa Di Tommaso / aprire / il libro
3. oggi / tu / spedire / una lettera a Marina
4. voi / finire di leggere / il libro di Carlo Castellaneta
5. adesso / Anna e Irene / preferire dormire
6. io / non capire bene
7. domenica / voi / pulire / la stanza
8. stasera / Andrea / finire / il corso di economia
9. Michele / finire / la pizza

Il signor Attilio è un bravo cuoco.

C. **Cosa preferisce Lei?** Form sentences by combining the expressions listed. Add elements of your own and follow the model. Remember that the English expressions *on Mondays, on Tuesdays,* etc., are rendered by placing the definite article in front of the day of the week.

Esempio: La domenica preferisco studiare.

il lunedì	leggere	con gli amici
il martedì	guardare	economia
il mercoledì	vedere	a carte
il giovedì	andare	un film
il venerdì	giocare	la televisione
il sabato	studiare	a passeggiare
la domenica	uscire	a dormire

D. **Di chi è?** Ask another student to whom the following items belong.

Esempio: Il quaderno verde / Federica →
—Di chi è il quaderno verde?
—È di Federica.

1. la giacca blu / Michele
2. i guanti neri / Giovanna
3. il libro di latino / Tiziano
4. gli appunti di storia / Francesca
5. i soldi sul *(on the)* tavolo / Antonio

E. Following the example, say who you see coming down the hall at school, then ask that person how he (she) is.

Esempio: la signora Bertolini →
—Ecco la signora Bertolini.
—Come sta, signora Bertolini?

1. il professor Miccoli
2. il signor Corso
3. la signora Del Monte
4. la professoressa Bellonci
5. il dottor Centrini

F. Complete the following paragraph with the correct form of **molto**.

Michele e Mario sono due studenti _molto_ bravi. Oggi
studiano insieme in biblioteca perché hanno _molti_ compiti. Non
hanno _molto_ tempo e non vanno a vedere la partita. Ora parlano e
Michele dice: «Anche stasera ho _molta_ fame! Purtroppo io mangio
sempre _molto_. E tu?» Mario dice: «No. Non ho fame, ma ho _molto_
sonno e ora ho anche _molta_ fretta.» I due studenti scrivono _molto_ e
prendono _molti_ appunti. In biblioteca non vedono _molte_ studentesse.
Ora vanno a casa. Stasera dormono _molto_.

G. Complete the following sentences with the correct form of **troppo**.

1. Mario mangia sempre _troppo_.
2. Tu hai sempre _troppa_ fretta.
3. Non vanno alla partita perché hanno _troppo_ sonno.

4. Chi ha troppi soldi?
5. Alla mensa mangiate troppa minestra.

H. Complete the following sentences with the correct form of **tutto.**
Include the definite article if necessary.

 1. _____ studentesse ascoltano con entusiasmo.
 2. Oggi in classe sono _____ presenti.
 3. _____ giorni la mensa è affollata.
 4. Va a passeggiare _____ sere.
 5. Studia _____ giorno.
 6. Per favore, non parlate _____ insieme!

I. **Dialogo.** You have just become acquainted with a student in your class.
Working in pairs, ask your classmate the questions listed below. Alternate
roles and be prepared to report your findings to the class.

Ask . . .

 1. what he (she) is studying now
 2. with whom or where does he (she) study
 3. if his (her) classes are crowded
 4. if he (she) always understands the lesson well
 5. what he (she) is writing now
 6. when school finishes
 7. if he (she) plays cards often
 8. if he (she) takes walks on Sundays
 9. if he (she) goes out often and with whom

Come si dice?

Making suggestions

To make a suggestion, you can use the following expressions:

Andiamo a [vedere un film]?	*Shall we go [see a movie]?*
Usciamo [sabato sera]?	*Shall we go out [Saturday night]?*
Ti (Le) va di [uscire domani]?	*Do you feel like [going out tomorrow]?*
Che ne dici (dice) di [mangiare una pizza]?	*What about [eating a pizza]?*

Accepting or refusing an invitation

To accept an invitation, you might say:

Sì, volentieri.	*Yes, I'd like to very much.*
Va bene. Quando?	*All right. When?*

| Buon'idea. | *Good idea.* |
| D'accordo. A [sạbato] allora. | *O.K. See you [Saturday] then.* |

To refuse politely, you can say:

No grazie, sono molto stanco/a.	*No, thank you. I am very tired.*
Grazie, ma ho un altro impegno.	*Thanks, but I have another engagement.*
Sei (è) molto gentile, ma preferisco [rimanere a casa].	*You are very kind, but I'd rather [stay at home].*
Un'altra volta, forse.	*Another time, maybe.*

A. **Inviti** *(Invitations)*. What questions elicited the following answers?

1. Buon'idea. Dove andiamo?
2. No grazie, adesso non ho fame.
3. Sì, volentieri. Quale film?
4. No, preferiamo rimanere a casa stasera.
5. Grazie, ma Marcella è molto stanca.

B. **Ti va di studiare insieme?** With another student act out the following situation.

STUDENTE A	STUDENTE B
Call up a friend. Introduce yourself and ask how he (she) is doing.	Answer the phone and say that you are fine.
Ask if your friend wants to go study at the library tonight.	Politely refuse the invitation. You are tired and prefer to stay at home and watch TV.
Conclude the conversation.	Say good-bye and hang up.

L'ITALIA

Bolzano: una veduta
(view) *delle Alpi.*

L'Italia è una lunga penisola° che ha la forma° di uno stivale.° In Italia ci
sono due catene di monti,° le Alpi e gli Appennini.° A nord° le Alpi sepa-
rano° l'Italia dagli° altri paesi° d'Europa: la Francia, la Svizzera,° l'Austria e
la Iugoslavia.[1] Il Mar° Mediterraneo circonda° l'Italia e ha quattro nomi.° A
sud° si trova° il Mare Ionio, a est° il Mare Adriatico e a ovest° il Mar Tirreno
e il Mar Ligure. Le due principali isole° italiane sono la Sicilia e la Sardegna.
Molto famosi sono i laghi alpini:° il Lago Maggiore, il Lago di Como e il
Lago di Garda. Il fiume° principale d'Italia è il Po. Altri fiumi famosi sono
l'Arno, che passa per° Firenze° e Pisa, il Tevere° che passa per Roma e l'Adige
che passa per Verona. Il Vesuvio vicino a° Napoli° e l'Etna in Sicilia sono
due vulcani italiani.

    L'Italia è una repubblica divisa° in venti regioni. Alcune° regioni sono: il
Piemonte, il Veneto, la Toscana, l'Umbria, il Lazio, la Calabria, gli Abruzzi,
la Sicilia. La capitale d'Italia è Roma.

penisola / forma / stivale	peninsula / shape / boot
catene...	mountain ranges / Apennines / north
separano / dagli / paesi / Svizzera	separate / from the / countries / Switzerland
Mar / circonda / nomi	Sea / surrounds / names
sud / si trova / est / ovest	south / there is / east / west
isole	islands
laghi...	alpine lakes
fiume	river
passa per / Firenze / Tevere	flows through / Florence / Tiber
vicino a / Napoli	near / Naples
divisa / Alcune	divided / Some

ESERCIZI DI COMPRENSIONE

A. Vero o falso? *(True or false?)*

_____ 1. La Sardegna è un'isola molto piccola.

_____ 2. L'Arno passa per Verona.

_____ 3. Ogni *(each)* regione d'Italia è una repubblica indipendente.

_____ 4. Le Alpi e gli Appennini sono catene di monti.

_____ 5. Il Mar Tirreno è parte del Mar Mediterraneo.

_____ 6. Le regioni italiane sono venti, escluse *(except)* la Sicilia e la
       Sardegna.

B. Dove si trova? *(Where is it located?)* Now imagine that you are a third
grade teacher quizzing your students in geography. Make up questions
based on the reading and the map inside the front cover of your book.
Select students to answer your questions.

    Esempi: —Dove si trova Milano?
                —Si trova in Lombardia.

                —Che fiume passa per Roma?
                —Il Tevere passa per Roma.

---

[1]Names of countries are usually preceded by the definite article in Italian.

RIPETIZIONE I

A. **Quanto fa ... ?**

1. 8 + 3 = ?
2. 11 + 19 = ?
3. 6 − 2 = ?
4. 40 − 30 = ?

5. 13 + 25 = ?
6. 72 − 51 = ?
7. 12 + 37 = ?
8. 99 − 16 = ?

B. **Opinioni.** Express your positive opinion of the following items. Follow the example and use the adjective **buono.**

Esempio: automobile →
            Sì, è una buon'automobile.

1. anno *buon*
2. università *buoni*
3. donna *buona*

4. corso *buon*
5. cuoco *buon*
6. amico *buon*

C. Complete the following sentences with the cues given.

1. Che cosa ＿＿＿ (tu, prendere)? I broccoli o gli zucchini?
2. Noi ＿＿＿ (prendere) la carne.
3. Voi ＿＿＿ (preferire) l'insalata verde.
4. Perché Gianni non ＿＿＿ (mangiare) la pizza?
5. ＿＿＿ (pagare) tu o ＿＿＿ (pagare) io?
6. Marco? No, non ＿＿＿ (guardare) Marcella.
7. Voi ＿＿＿ (vedere) Anna oggi?
8. No. Non ＿＿＿ (io, conoscere) la professoressa di tedesco.
9. Michele, ＿＿＿ (conoscere) Roberto?
10. Tutti ＿＿＿ (aprire) il libro.
11. Perché non ＿＿＿ (voi, aprire) il bar oggi?
12. Purtroppo, io e Michele non ＿＿＿ (capire) il nuovo professore.

13. Io non _____ (capire), ma lei (capire) _____ benissimo.
14. _____ (uscire) anche tu stasera?

D. What questions elicited the following answers?

Esempio: Studio economia. →
             Che cosa studi?

1. Sono gli appunti di Adriana.
2. Andiamo al cinema con due studenti americani.
3. Gianni prende la carne.
4. Sto benissimo, grazie.
5. Studiamo sempre in biblioteca.
6. Sì, anche noi abbiamo lezione ora.
7. No, non ho fretta.
8. La lezione finisce.
9. Noi non capiamo la domanda.

E. Change the following sentences according to the example.

Esempio: Lui è americano. →
             Anche lei è americana.

1. Lui è francese.
2. Lui è bravo.
3. Lui è molto giovane.
4. Lui è molto cattivo.
5. Lui è fortunato.
6. Lui è ottimista.

F. Ask another student if he (she) . . .

1. is hungry after dinner
2. is sleepy after the game
3. is cold now
4. is in a hurry when he (she) has a class
5. is thirsty when he (she) eats pizza
6. is nineteen years old

G. Form sentences using the verb **andare** and the expressions given.

Esempio: a Roma / noi →
             Andiamo a Roma.

1. a casa / tu   *Vai*
2. alla partita / anche lo studente americano   *Va*
3. a comprare un abito nuovo / io   *vado*
4. a scuola, non a casa / loro   *vanno*
5. a mangiare / anch'io e Adriana   *andiamo*

H. Answer the following questions using the appropriate form of **molto.**

1. Ha fretta?   *molta*
2. Studiate oggi?   *molto*
3. È vecchia l'automobile?   *molta*

4. È onesta Anna? _molto_
5. Sono modici i prezzi alla mensa? _molto_
6. Capite bene? _molto_

I. Complete the following sentences with the correct form of **molto**.

1. Mangio sempre _molta_ carne.
2. Abbiamo _molto_ sonno.
3. Vediamo _molti_ studenti universitari.
4. Quando hanno un esame, studiano _molto_.
5. Adriana e Gianni sono _molto_ giovani.
6. Anna e Maria sono _molto_ brave.
7. Perché hai _molto_ caldo oggi?
8. Gianni dice: «Arrivederci e _molte_ grazie!»
9. La casa è _molto_ vecchia. Ha _molti_ anni.
10. Perché avete sempre _molta_ fretta?

J. Caro Franco... Imagine that you are an exchange student at the University of Perugia. To show your friend Franco how much you are learning, write him a postcard in Italian, using the expressions listed below. Begin with *Caro Franco, ...*

stare molto bene
incontrare molti giovani all'università
essere molto affollate / le classi
non capire sempre l'italiano
studiare molto
scrivere molte lettere
uscire quasi sempre dopo cena

II LA VITA QUOTIDIANA

Culture
- Family and housing
- Common weights and measures
- Shopping habits
- Italian cafés
- Personal holidays
- Italian cuisine

Communication
- Inquiring about someone's activities
- Expressing time duration
- Making polite requests
- Expressing admiration, surprise, or regret
- Inquiring about someone's age
- Expressing best wishes

5 LA FAMIGLIA BORGHINI

La famiglia Borghini abita in un appartamento in un bell'edificio in peri-feria. In quest'appartamento ci sono tre camere, il salotto, la sala da pranzo, la cucina e il bagno. Non è un appartamento grande ma è comodo. I Borghini hanno due figlie, Manuela e Lorena. Anche il nonno, il padre del signor Borghini, vive con la famiglia. Oggi è venerdì e la signora Borghini è pronta a uscire per andare in centro. Parla con Manuela.

Signora Borghini:	Manuela, vado in centro a fare delle compere. Vieni anche tu?
Manuela:	No, mamma, non vengo perché ho un appuntamento. Che cosa compri?

Appartamenti nella periferia di Torino.

Signora Borghini:	Ho bisogno di un paio di scarpe e due paia di calze. Queste scarpe blu sono vecchie.
Manuela:	Vai alla Rinascente, vero?
Signora Borghini:	No, vado a quel negozio in via Verdi.
Manuela:	Buon'idea. È un bel negozio. Là hanno dei bei vestiti e anche delle scarpe molto eleganti e non troppo care.
Signora Borghini:	Quando ritorni?
Manuela:	Presto, perché?
Signora Borghini:	Perché stasera mangiamo presto. Io e papà andiamo al cinema. Ciao.
Manuela:	Ciao, mamma.

DOMANDE

1. Dove abita la famiglia Borghini?
2. Com'è l'appartamento della famiglia Borghini?
3. Che giorno è oggi?
4. Chi vive con la famiglia?
5. Chi ha bisogno di scarpe?
6. Perché Manuela non va in centro?
7. Perché mangiano presto stasera?
8. Quando va in centro Lei?

Vocabolario

Sostantivi

l' **appartamento**   apartment
l' **appuntamento**   appointment
il **bagno**   bathroom
la **calza**   stocking
la **camera**   bedroom
il **cinema**   movie theater
la **cucina**   kitchen; cuisine
l' **edificio**   building
la **famiglia**   family
il **figlio**, la **figlia**   son, daughter
il **garage**   garage
il **negozio**   store
il **nonno**, la **nonna**   grandfather, grandmother
il **padre**   father
il **papà**   dad
la **periferia**   suburbs

la **sala da pranzo**   dining room
il **salotto**   living room
la **scarpa**   shoe
la **stanza**   room
il **vestito**   dress, suit; outfit

Aggettivi

comodo   comfortable
elegante   elegant
quotidiano   daily
vecchio   old

Verbi

comprare   to buy
(ri)tornare (a)   to return (to)
venire° *(irr.)* **(a)**   to come (to)
  vengo   I come
vivere°   to live

Altri vocaboli

presto   early, soon

Espressioni

andare in centro   to go downtown
avere bisogno (di)   to need
fare (delle) compere   to shop
là   there
la vita quotidiana   everyday life
un paio *(pl.* **paia***) di*   a pair of

fiore – flower

cravatta – tie

fitta – slice

- Many Italians live in high-rise apartment buildings and rarely move from the city or even the neighborhood in which they were born. While some families hand their homes down from generation to generation, there are also families that never purchase a home but rent for their entire life. Although dwellings in historical centers and farmhouses in the countryside are increasingly being renovated, a chronic housing shortage makes it very difficult for young couples to rent an apartment.
- The family has always played a very unifying role in Italian society. For economic reasons one or both grandparents might share the same house and, generally, the children take care of their aging parents. When Americans talk about the family, they think of the nucleus formed by parents and children. The Italian concept of family includes close relatives as well. Therefore, when Italians use the word **famiglia,** they are also referring to grandparents, cousins, uncles and aunts.
- **La Rinascente** is one of the few nationwide department stores in Italy. Two others are **Standa** and **UPIM.**

Una famiglia in Piazza del Duomo a Milano.

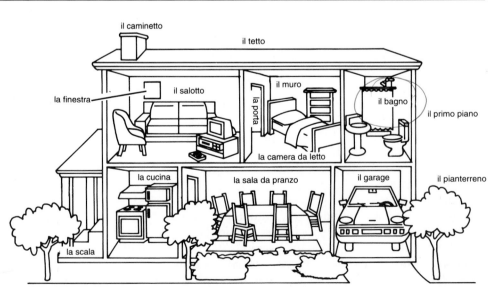

Grammatica

I. Preposizioni semplici
(Simple prepositions)

Here is a summary of the simple prepositions we have learned so far as well as a few new ones:

di (d')	*of, from*	con	*with*
a	*at, to, in*	su	*on*
da	*from, by*	per	*for*
in	*in*	tra, fra	*between*

Vive **a** Roma. — She lives **in** Rome.
L'aereo arriva **da** Londra. — The airplane arrives **from** London.

Abita **in** California. — He lives **in** California.
Parlo **con** Andrea. — I'm talking **with** Andrea.
I libri sono **su** un banco. — The books are **on** a desk.
La penna è **tra** i quaderni. — The pen is **between** the notebooks.

La chiamata è **per** Teresa. — The call is **for** Teresa.

1. The preposition **di** expresses possession as well as place of origin:

Di chi è questa rivista? — Whose magazine is this?
   —È di Lucia. — —It's Lucia's.
Di dov'è James? — Where is James from?
   —È di Miami. — —He's from Miami.

2. The English *to* and *in* are translated by the Italian preposition **a** when used with the name of a city or a small island.

Vado **a** Venezia. — *I am going to Venice.*
Abitano **a** Venezia. — *They live in Venice.*
Vanno **a** Capri. — *They are going to Capri.*
Abitano **a** Ischia. — *They live in Ischia.*

II. Preposizioni articolate
(Compound prepositions)

Certain prepositions combine with the definite article as follows:

Preposition +	il	lo	l'	la	i	gli	le
a	al	allo	all'	alla	ai	agli	alle
da	dal	dallo	dall'	dalla	dai	dagli	dalle
di	del	dello	dell'	della	dei	degli	delle
in	nel	nello	nell'	nella	nei	negli	nelle
su	sul	sullo	sull'	sulla	sui	sugli	sulle

The preposition **con** *(with)* occasionally becomes **col** (**con + il**) and **coi** (**con + i**).

Aspettiamo **all'**entrata **del** cinema.	*We are waiting **at the** entrance **of the** movie theater.*
Ada è **nel** bagno.	*Ada is **in the** bathroom.*
Cerchi i libri? Sono **sulla** scrivania.	*Are you looking for your books? They're **on the** desk.*
Vengo **dal** centro.	*I've been downtown. (I'm coming **from** downtown.)*
Le chiavi sono **nella** macchina.	*The keys are **in the** car.*
Gioca a carte **coi** ragazzi.	*He plays cards **with the** guys.*
È la figlia **del** fioraio.	*She is **the florist's** daughter.*

Il soggiorno di una casa di montagna.

1. With nouns like **biblioteca, banca** *(bank)*, **città, cucina, chiesa** *(church)*, **ufficio** *(office)*, the article is omitted when using the preposition **in**, unless the noun is modified by another noun.

È **in** banca adesso.	*He's **in (at) the** bank now.*
Il professore è **in** classe.	*The professor is **in** class.*
Sono **in** chiesa.	*They're **in** church.*
BUT Sono **nella** Chiesa **di San Pietro.**	*They're **in St. Peter's** Church.*

2. Before a name, surname, and pronoun, and before a noun referring to a person, **da** translates in English as *at somebody's office, place, house,* or *premises.*

Stasera mangiamo **da Alfredo**.	*Tonight we'll eat at Alfredo's.*
Non è a casa, è **dal barbiere**.	*He's not at home, he's at the barber.*
Lavoro **dal dottor Carraccio**.	*I work in Doctor Carraccio's office.*

No article is needed with a first name.

III. Il partitivo
(The partitive)

The partitive *some* or *any,* used to indicate a part of a whole or an undetermined quantity or number, is generally expressed by the preposition **di** plus the *definite article.*

Compro **dei giornali**.	*I am buying some newspapers.*
Desidera **della torta**.	*She would like some cake.*
Abbiamo **del caffè** colombiano.	*We have some Colombian coffee.*

In interrogative and negative sentences the partitive *any* is usually not expressed in Italian.

Ha **parenti** in Italia?	*Do you have any relatives in Italy?*
Non ho **fratelli**.	*I do not have any brothers.*
No bevo **alcolici**.	*I don't drink (any) alcoholic beverages.*

IV. Aggettivi dimostrativi
(Demonstrative adjectives)

The common demonstrative adjectives are: **questo** *(this)* and **quello** *(that)*.

1. Like all adjectives in **-o**, **questo** has four forms: **questo** and **questa**, **questi** and **queste**. Before a vowel **questo** and **questa** may drop the final **-o** or **-a**.

questa giacca	*this jacket*
quest'abito	*this suit*
questi cappotti	*these overcoats*
queste borsette	*these handbags*

2. The forms of **quello**, which always precedes the noun it modifies, are similar to those of the *definite article* combined with **di**.

(del)	(dello)	(dell')	(della)	(dei)	(degli)	(delle)
quel	quello	quell'	quella	quei	quegli	quelle

Quel fazzoletto è nuovo.	*That handkerchief is new.*
Quell'abito è vecchio.	*That suit is old.*
Quei guanti sono neri.	*Those gloves are black.*

V. Pronomi dimostrativi (Demonstrative pronouns)

1. **Questo** and **quello** are also demonstrative pronouns. The forms of **questo** are the same as those given above. **Quello**, as a pronoun, has four forms: **quello, quella, quelli, quelle**.

Mi dispiace, ma preferisco **questo** (**questa**).
*I'm sorry, but I prefer **this one**.*

Non viene a **questo negozio**, va a **quello**.
*She does not come to **this store**, she goes to **that one**.*

2. **Quello di** translates *the one of, the one that belongs to*.

Ecco il portafoglio di Mario, **quello di** Giovanni è sul tavolo.
Here's Mario's wallet, Giovanni's is on the table.

VI. L'aggettivo bello

When **bello** *(beautiful)* precedes a noun, it resembles **quello** in taking forms that are similar to those of the definite article combined with **di: bel, bello, bell', bella, bei, begli, belle**.

Nella vetrina ci sono delle **belle pantofole**.
*In the display window there are some **beautiful slippers**.*

È una **bella camicia**.
*It is a **lovely shirt**.*

Franco compra un **bell'impermeabile**.
*Franco is buying a **beautiful raincoat**.*

Ho molti **bei libri**.
*I have many **beautiful books**.*

VII. Presente indicativo di venire

Venire	to come
vengo	veniamo
vieni	venite
viene	vengono

Vengo dalla pasticceria.
I am coming from the pastry shop.

Vengono con noi, o no?
Are they coming or not?

ESERCIZI

A. Complete with the correct form of the preposition **in** + *definite article*.

1. Tutta la famiglia è _____ salotto.
2. Andiamo a fare delle compere _____ negozi del centro.
3. Mangiano _____ sala da pranzo.

4. Gli studenti universitari studiano ＿＿＿ biblioteche universitarie.
5. Abito ＿＿＿ nuovo edificio.
6. Abito ＿＿＿ edificio nuovo, non in quello vecchio.
7. Troviamo queste parole ＿＿＿ ultimi appunti.
8. L'automobile di Franco è ＿＿＿ garage.
9. La giacca è ＿＿＿ armadio *(closet)*.

B. **Dove metto il televisore?** *(Where shall I put the television set?)* Give instructions to the movers who are carrying things into your new apartment. Follow the example using the preposition **in** or **su** + *definite article*.

Esempio: —Dove metto il televisore? (sala da pranzo) →
—Nella sala da pranzo, per favore.

1. Dove metto i vestiti? (camera da letto)
2. Dove metto i libri di scuola? (studio di Agnese)
3. Dove metto i fiori *(flowers)*? (finestra della cucina)
4. Dove metto la radio? (tavolo della cucina)
5. Dove metto la bicicletta *(bicycle)*? (garage)
6. Dove metto le scarpe? (armadio)

C. **Di chi è?** Carla is helping her father clean out the attic. She inquires about several objects she sees. Follow the example using the preposition **di** + *definite article*.

Esempio: questi libri / il nonno Antonio →
—Sai di chi sono questi libri?
—Sono del nonno Antonio.

1. questo bell'orologio *(watch)* / il padre di Lorena
2. quei vestiti neri / le zie
3. quelle sedie là / gli zii di Firenze
4. quelle belle scarpe / la mamma
5. questa vecchia bicicletta / i nonni
6. questo vecchio album di fotografie *(photographs)* / la nonna Adalgisa

D. Ask various people where they have been. Follow the example using the preposition **da** + *definite article*.

Esempio: lui / la casa di Adriana →
—Da dove viene?
—Dalla casa di Adriana.

1. voi / la mensa
2. gli studenti del liceo / il museo di storia naturale
3. tu / i negozi del centro
4. queste studentesse / il liceo Ludovico Ariosto
5. io e lui / gli edifici dell'università
6. lei / il garage

E. Complete with the correct form of the preposition **di** + *definite article*.

1. Mangio _____ spaghetti.
2. Preferiscono _____ insalata.
3. Comprano _____ quaderni e _____ penne.
4. Oggi mangio _____ pesce.
5. Vedo _____ altri studenti.
6. Lui ha sempre _____ denaro.

F. Answer the following questions in the negative.

Esempio: Prende molti appunti? →
            No, non prendo appunti.

1. Conosce molti studenti stranieri?
2. Conoscete molti autori francesi?
3. Mangia molta carne?
4. Scrive molte lettere in Italia?
5. Ha molti appuntamenti?
6. Avete molti cugini *(cousins)*?

G. Complete with the correct form of the appropriate preposition.

1. Stasera non andiamo _alla_ partita.
2. Andiamo _al_ cinema. — masculine , (words ending in ema)
3. _dalla_ finestra vediamo un bell'edificio.
4. È la casa _di_ Lorena.
5. È la casa _della_ famiglia Borghini.
6. _nella_ periferia le case sono modeste ma comode.
7. Ecco i nomi _degli_ autori!
8. Questo treno *(train)* va _a_ Firenze.
9. Compriamo _____ insalata e _____ carne.
10. La famiglia _dello_ studente italiano abita _a_ Roma.
11. La ragazza ritorna _dall'_ appuntamento.

H. Complete the following paragraph with the appropriate word.

I signori Borghini _____ un appartamento _____ periferia. _____
appartamento _____ sono molte stanze. Il signor Borghini _____
sempre fretta ma oggi _____ al cinema con la signora Borghini.
Manuela _____ un appuntamento e quando ritorna _____ appuntamento _va_ alla Rinascente a _fare_ delle compere.

I. **Rispondete!** *(Answer!)* Now play the part of your instructor and ask
the other students . . .

1. how many persons there are in the Borghini family
2. how many daughters the Borghinis have and what their names are
3. where Mrs. Borghini is going to do her shopping
4. who lives with the family

5. who has an appointment
6. what day of the week it is

J. Intervista. Ask another student the following questions, then alternate roles. Be prepared to report your findings to the class.

1. Dove abiti?
2. Abiti in una casa o in un appartamento?
3. Preferisci abitare in centro o in periferia?
4. Quanti anni hai?
5. Vai in centro oggi? Che cosa compri?
6. Studi all'università, al liceo o alla scuola magistrale?
7. Vai a dormire quando ritorni dal cinema?
8. Esci stasera? Dove vai?
9. Hai molti appuntamenti questa settimana?

Come si dice?

Inquiring about someone's activities

When you want to inquire about someone's activities, you can ask:

Dove vai (va)?	*Where are you going?*
Da dove vieni (viene)?	*Where are you coming from?*
Con chi vai (va)?	*With whom are you going?*
Quando esci (esce)?	*When are you going out?*
Chi viene con te (Lei)?	*Who is going with you?*
Esci (Esce) solo/a?	*Are you going alone?*
Quando ritorni (ritorna)?	*At what time are you coming back?*

Situazione. With another student role-play the following dialogue. Your mother calls you at your new apartment and asks you how things are going. You tell her that you study a lot. She asks you if you eat enough (**abbastanza**), and you answer that your roommate is a good cook, and he (she) cooks all the time. She asks you what you are up to this evening. You tell her that you need to do some shopping. She seems concerned and wants to know if you are going out by yourself, at what time you'll be coming back, and so on. Be creative.

6 DA GIACOMO IL FRUTTIVENDOLO

Luca Rovere fa la spesa per la moglie Serena che è ancora al lavoro. Compra la frutta e la verdura da Giacomo, la carne dal macellaio e il pane dal fornaio.

Luca: Che belle fragole, Giacomo. Quanto costano?

Giacomo: Quattromila cinquecento il chilo.

Luca: Sono un po' care.

Giacomo: Sono le prime della stagione... siamo ancora in primavera. Le vuole?

Luca: Ma sì, ne prendo due etti. E poi, per favore se mi dà anche due o tre banane e un po' di verdura, delle carote e dei fagiolini.

Giacomo: Ecco le carote e i fagiolini. Desidera altro?

Quant'è in tutto?

Luca:	No. Sa che ore sono, piuttosto?
Giacomo:	Le dodici e venti... no, è già mezzogiorno e mezzo.
Luca:	È tardi. Ormai Serena viene a casa e devo ancora andare dal fornaio e dal macellaio. Quant'è in tutto, Giacomo?
Giacomo:	Sono diecimila quattrocento lire.

[handwritten annotation: no it's already 12:30]

DOMANDE

1. Perché Luca fa la spesa per Serena?
2. Perché sono care le fragole?
3. Che cos'altro compra Luca da Giacomo?
4. Perché è tardi?
5. Che ore sono?
6. Quanto paga Luca dal fruttivendolo?
7. Che cosa compra dal fornaio?
8. Dove compra la carne?

Vocabolario

Sostantivi

la **carota**   carrot
il **chilo(grammo)**   kilogram
il/la **cliente**   client
l'**etto(grammo)**   hectogram
il **fagiolino**   string bean
il **fornaio**   baker
la **fragola**   strawberry
la **frutta**   fruit

il **fruttivendolo**   greengrocer
la **lira**   Italian monetary unit
il **macellaio**   butcher
il **marito**   husband
il **mezzo**   half (*n.* and *adj.*)
il **mezzogiorno**   noon
la **moglie**   wife
l'**orologio**   watch; clock
il **pane**   bread

l'inverno

Le stagioni dell'anno

la primavera

l'estate

l'autunno

Verbi

costare   to cost
desiderare   to wish

Altri vocaboli

ancora   still
ma sì   of course
ormai   by now

piuttosto   rather
poi   then; afterwards, after
se   if
tardi   late

Espressioni

al lavoro   at work
altro?   anything else?
che ... !   what ...!
sa che ore sono?   do you (*formal s.*) know what time it is?

devo andare   I must go
fare la spesa   to buy groceries
mi dà ... ?   would you please give me ... ?
quanto?   how much?
   quant'è in tutto?   how much is it altogether?

un po' (poco) di   a bit of; a few
vuole ... ?   do you (*formal s.*) want ... ?

NOTE LINGUISTICHE E CULTURALI

- The expressions *in the spring, in the summer,* etc., are best translated **in primavera, in estate, in autunno, in inverno.**
- The expressions **è tardi, è presto** (*it's late, it's early*) are impersonal and refer to time. When referring to a person or object being late or early, Italian uses **essere in ritardo, in anticipo: Il treno arriva in ritardo.** (*The train is arriving late.*) **Signor Pastore, oggi è in anticipo!** (*Mr. Pastore, today you're early!*)
- Although supermarkets are becoming increasingly popular, Italians like to buy their groceries daily at neighborhood specialty stores. They are usually loyal customers and know the shopkeepers on a first-name basis, which guarantees good service and fresh products. Customers pay cash rather than use checks or credit cards.
- To measure weights and distances, Europeans use the metric system. The following are the most common weights and measures:

      Italian term
      50 g = mezz'etto
      100 g = un etto
      500 g = mezzo chilo
      1000 g = un chilo

      $\frac{1}{2}$ l = mezzo litro
      1 l = un litro
      1 cm = un centimetro
      1 m = un metro
      1 km = un chilometro

The abbreviations for **grammo, etto,** and **chilo** are **g, hg,** and **kg,** respectively.

Conversion
1 oz[1] = 28.3 g
1 lb[1] = 454 g
2.2 lbs = 1 kg

1 pint = .47 liters
1 quart = .95 liters
1 inch = 2.5 centimeters
1 yard = 0.91 meters
1 mile = 1.6 kilometers

---

[1]These are avoirdupois weights. An avoirdupois pound has 16 oz, where a troy pound has 12 oz. The troy weight is used for weighing gold, silver, and gemstones.

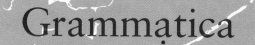

Grammatica

I. Pronomi personali in funzione di complemento oggetto
(Direct object pronouns)

Direct object pronouns are always used in conjunction with a verb, and are therefore also called *conjunctive pronouns*.

Singolare		Plurale	
mi	*me*	ci	*us*
ti	*you* (familiar)	vi	*you* (familiar)
lo	*him, it* (m.)	li	*them* (m.)
la	*her, it* (f.)	le	*them* (f.)
La	*you* (formal, m./f.)	Li	*you* (formal, m.)
		Le	*you* (formal, f.)

1. In general, conjunctive pronouns precede the verb.

Mi, ti, lo, la, and **vi** generally drop the vowel before another vowel or an **h**, and replace it with an apostrophe. When **La, Li, Le** mean "you," they are normally capitalized. When the pronoun refers to a mixed group, the masculine form **li** or **Li** is used.

Se lo abbandoni, lo uccidi.

Sono mele mature, **le** vuole?	*They are ripe apples; do you want **them**?*
Ci incontrano davanti al negozio di alimentari.	*They are meeting **us** in front of the grocery store.*
Conosci Mario e Luisa? —Sì, **li** conosco bene.	*Do you know Mario and Luisa? —Yes, I know **them** well.*
Questo latte non è fresco, non **lo**[1] compro.	*This milk is not fresh, I will not buy **it**.*

2. In the presence of an infinitive, a conjunctive pronoun usually attaches to the infinitive, which in this case drops the final vowel.

Telefona a Gino per **invitarlo.**	*He phones Gino to invite **him**.*
Vengo per **vederti.**	*I am coming to see **you**.*

3. Conjunctive pronouns are always attached to **ecco.**

Eccomi!	*Here I am!*
Eccoli!	*Here they are!*

---

[1]In a negative sentence the conjunctive pronoun comes between **non** and the verb.

II. Numeri cardinali da cento in su
(Cardinal numbers from one hundred)

100	cento	1.000	mille
101	centouno	1.001	milleuno
150	centocinquanta	1.200	milleduecento
200	duecento	2.000	duemila
300	trecento	10.000	diecimila
400	quattrocento	15.000	quindicimila
500	cinquecento	100.000	centomila
600	seicento	1.000.000	un milione
700	settecento	2.000.000	due milioni
800	ottocento	1.000.000.000	un miliardo
900	novecento	2.000.000.000	due miliardi

Numbers above one hundred are often written as one word: **centoquattro, trecentocinquanta, milleduecento, duemila, cinquemila,** etc. Note that Italians use a period or a space instead of a comma when dividing numbers into thousands.

1. The English *one* before *hundred* (**cento**) and *thousand* (**mille**) is never translated into Italian. The plural of **mille** is **mila** (trecentomila).

2. Italian numbers are always broken into thousands and hundreds. There is no way to say the equivalent of *eleven hundred, seventeen hundred, twenty-four hundred,* and so on.

> Quest'automobile costa **ottomilanovecento dollari.**
> *This car costs **eighty-nine hundred dollars.***

3. **Milione** and its plural, **milioni, miliardo** and its plural, **miliardi,** unless followed by another number, take the preposition **di.**

> Quella città ha **due milioni di abitanti.**
> *That city has **two million inhabitants.***

III. L'ora
(Time of the day)

1. The Italian equivalent of the question *What time is it?* is either **Che ora è?** or **Che ore sono?** The reply, or statement, is (a) singular for *one o'clock, noon,* and *midnight;* (b) plural for the other hours.

2. In referring to train (boat, etc.) schedules, theatrical performances, and office hours, Italians use the twenty-four hour system. Hours are divided from minutes by either a period or a comma. In everyday conversation, however, when clarification is needed, it is more common to count from 1 to 12 and to use **di mattina** *(in the morning)* for A.M.; **del pomeriggio** *(in the afternoon)* for early P.M.; and **di sera** *(in the evening)* for late P.M.

Il treno parte **alle venti** (20.00).	*The train leaves at 8 P.M.*
Arrivano **alle sette di mattina** (di sera).	*They will arrive at 7 A.M. (P.M.).*

Che ora è?

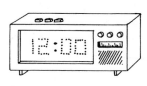

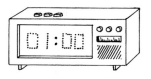

È l'una. *È mezzogiorno.* *È mezzanotte.*

Che ore sono?

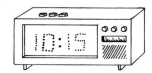 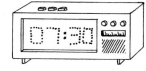 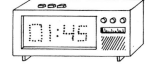

Sono le dieci e un quarto. *Sono le sette e mezzo.* *Sono le due meno un quarto.*
Sono le dieci e quindici. *Sono le sette e trenta.* *È l'una e quarantacinque.*

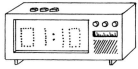 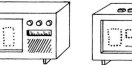 

È l'una e dieci. *Sono le cinque e venti.* *Sono le undici e quaranta.*
È mezzanotte meno venti.

ESERCIZI

A. Answer the following questions affirmatively using the appropriate direct object pronouns.

> *Esempio:* Studi i pronomi? →
> Sì, li studio.

1. Studi i verbi? *li studio*
2. Studi le parole nuove? *le studio*
3. Studi la matematica? *la studio*
4. Studi l'italiano? *lo studio*
5. Studi l'italiano e il francese? *li studio*
6. Studi la matematica e l'economia? *sì, le*
7. Studi la grammatica e il vocabolario? *li*
8. Studi i vocaboli? *li*

B. Answer the following questions in the negative using the appropriate direct object pronouns.

> *Esempio:* Alzate il ricevitore? →
> No, non lo alziamo.

1. Trovate gli appunti di economia? *No, non li troviamo*
2. Studiate i verbi italiani? *No, non*
3. Capite il pronome complemento oggetto?
4. Occupate questo tavolo?
5. Vedete (sempre) Anna e Franco?
6. Scrivete il compito d'italiano e quello di francese?
7. Comprate queste belle fragole?
8. Avete il salotto e la sala da pranzo?
9. Preferite la frutta fresca?

C. Answer the questions as indicated and use the correct form of the direct object pronoun.

Esempi: Comprate quest'automobile? (no) →
No, non la compriamo.

Mi conoscete? (sì) →
Sì, ti conosciamo.

1. Capite bene il russo? (sì)
2. Comprate i fagiolini surgelati *(frozen)*? (no)
3. Mangiate la carne e il pesce? (sì)
4. Finisci questo esercizio? (sì)
5. Conoscete bene Lorena e Franco? (sì)
6. Hai i biglietti *(tickets)* per il cinema? (no)
7. Mi capisci? (no)
8. Ci conosci? (sì)
9. Mi conoscete? (no)
10. Ci vedi? (sì)
11. Vi vedo? (sì)
12. Ti capisco sempre? (no)

D. **Che ora è?** Say what time it is in Italian.

1. It is 5:00.
2. It is 3:45.
3. It is 1:15.
4. It is 1:45
5. It is 4:00 A.M.
6. It is 10:00 P.M.

SIP

FASCE ORARIE DELLA TELESELEZIONE NAZIONALE*

Da Lunedì a Venerdì					
	8 8,30	13	18,30	22	8
Sabato					
Domenica e altri giorni festivi					

* D.P.R. 27-3-86 n. 82

■ Tariffa ordinaria   □ Tariffa ridotta.   ■ Tariffa ore di punta. Riduzione del 30% circa   ■ Tariffa notturna. Aumento del 30% circa   Riduzione del 50% circa

E. Using the 24-hour time system, form sentences with the verb **arrivare** and the cues given.

Esempio: 3:00 A.M. / i signori Borghini →
I signori Borghini arrivano alle tre di mattina.

1. 7:30 A.M. / noi
2. 1:00 P.M. / i Carracci
3. 4:15 P.M. / il treno
4. 12:00 A.M. / le vecchie clienti
5. 8:00 P.M. / il fruttivendolo
6. 1:30 P.M. / anch'io

F. Change the following sentences to the plural.

    1. Il bel supermercato (*supermarket*) è in periferia.
    2. Quella città non è troppo bella.
    3. Il tassì francese è verde.
    4. Preferisco vedere lo sport e il film.
    5. Il presidente non va dal fruttivendolo.
    6. La verdura non è blu.

G. Complete the following paragraph with the appropriate expression.

Luca Rovere compra _la_ verdure _del_ fruttivendolo e _il_ pane _del_ fornaio, ma va _al_ supermercato per comprare la frutta surgelata. Serena e Luca mangiano sempre la frutta fresca, ma in _la_ primavera la frutta è _molto_ cara. Le fragole oggi _sono_ le prime _della_ stagione e Luca non _le_ prende perché costano _molto_.

Come si dice?

Expressing time duration

To inquire or speak about time, you should learn these expressions:

Scusi, sa che ore sono?	*Excuse me, do you know what time it is?*
A che ora [comincia il film]?	*At what time [does the movie start]?*
Alle [sette / a mezzanotte / alle due in punto].	*At [seven o'clock / at midnight / at two o'clock sharp].*
Quanto dura [lo spettacolo]?	*How long does [the performance] last?*
Dura [un'ora / mezz'ora].	*It lasts [an hour / half an hour].*
Dura dalle [tre] alle [quattro e mezzo].	*It lasts from [three o'clock] to [four-thirty].*

Making polite requests

When you request information, you should also use the following courtesy expressions:

Per favore. / Per cortesia.	*Please.*
Scusi. (*formal, s.*)	*Excuse me.*
Prego.	*You're welcome.*
Di niente.	*Think nothing of it. / It's all right.*
Grazie. Grazie mille.	*Thank you. Thank you very much.*

A. Orario d'apertura *(Business hours)*. A che ora aprono questi negozi? A che ora chiudono? Da che ora a che ora sono aperti?

Ask your classmates about the business hours of the stores shown below and those listed on p. 77 for the Futura shopping mall. Be original with your questions and imaginative in your answers by creating an operating environment for these stores.

B. A che ora ... ? When and where do your classmates do things? If you don't know, ask in Italian . . .

1. at what time they arrive at the university
2. at what time they eat and where
3. at what time they are going back home today
4. at what time they have class, and how long it lasts
5. at what time they go grocery shopping, and when the store opens
6. at what time they come back from a movie, and how long a movie usually lasts
7. if they know what time it is now

LA COLAZIONE
AL BAR CORSO

Sono le otto di mattina e Sara fa colazione, come al solito, al bar Corso vicino all'ufficio dove lavora. Sara conosce molto bene i proprietari del bar, Graziella e Maurizio.

I proprietari del bar Garibaldi a Bari.

Sara:	Buon giorno, Maurizio. Ciao, Graziella.
Maurizio:	Buon giorno. Il solito caffè?
Sara:	No. Stamattina prendo un cappuccino, per favore.
Graziella:	Allora, com'è andata la riunione ieri sera?
Sara:	È stata lunghissima. Sono arrivata a casa alle nove e mezzo. Sono finite le brioche salate?
Maurizio:	No, sono lì dietro ai bignè al cioccolato. Se vuoi ho delle paste alla crema che sono appena arrivate dalla pasticceria. Sono freschissime.
Sara:	Adesso no, grazie. Magari prendo due cannoli per più tardi. Li metti in un sacchetto da portar via?
Maurizio:	Certo. Ecco il cappuccino. È bello caldo.
Sara:	Hai un po' di latte freddo? Lo preferisco tiepido.
Maurizio:	Eccolo. E lo zucchero è qui.
Graziella:	Allora, che novità avete all'agenzia?
Sara:	Ieri hanno deciso i viaggi per l'inverno: soprattutto il Messico e i Caraibi. Per l'estate abbiamo diverse gite a Londra a cominciare dal quindici di luglio fino alla fine di agosto, e una gita a Parigi il primo di settembre. Mica male, eh?
Maurizio:	Il Messico, che bello! Magari veniamo domani pomeriggio a sentire per i prezzi.

DOMANDE

1. Dove fa colazione Sara ogni mattina?
2. Dov'è il bar Corso?
3. Cosa prende stamattina Sara?

4. Com'è stata la riunione ieri sera?
5. Quando sono arrivate le paste alla crema? Come sono?
6. Dove mette i cannoli Maurizio?
7. Perché Sara vuole del latte freddo?
8. Perché desiderano andare all'agenzia Maurizio e Graziella?

Vocabolario

Sostantivi

l'agenzia (di viaggi) (travel) agency
il bignè *(invariable)* bignè *(custard-filled puff pastry)*
la brioche *(inv.)* brioche, sweet roll
il cannolo a type of Sicilian pastry
il cioccolato chocolate
la colazione breakfast
il cornetto croissant
la crema cream; custard
la gita excursion, trip
il latte milk
la novità news
la pasta pastry; pasta
la pasticceria pastry shop
il proprietario, la proprietaria owner
la riunione meeting
il sacchetto (small) bag
l'ufficio office
il viaggio trip
lo zucchero sugar

Aggettivi

caldo warm
diverso several; different
freddo cold
freschissimo *(from* **fresco***)* very fresh
lunghissimo *(from* **lungo***)* very long

salato salty
solito usual
tiepido lukewarm

Verbi

andato/a *(past participle of* **andare***)* gone
arrivato/a *(p.p. of* **arrivare***)* arrived; come
decidere° *(p.p.* **deciso***)* **(di +** *inf.)* to decide *(to do something)*
fare colazione to have breakfast
finito/a *(p.p. of* **finire***)* finished, ended
lavorare to work
mettere° *(p.p.* **messo***)* to put, place
sentire to hear
andare°/venire° a sentire to inquire
stato/a *(p.p. of* **essere***)* been

Altri vocaboli

adesso now
appena just
dietro (a) behind
domani tomorrow
domani pomeriggio tomorrow afternoon
fino a till, up to
lì there
soprattutto above all
stamattina this morning

Espressioni

a casa at home
a cominciare da ... fino a ... starting from . . . up to . . .
bello caldo nice and hot
certo! sure!
che bello! how nice!
com'è andata? how did it go?
come al solito as usual
da portar via to go
ieri yesterday
ieri sera last night
magari perhaps
mica male not bad
per più tardi for later

- The combination of the adverb **molto** *(very)* + *adjective* can also be expressed by adding **-issimo/a** to the adjective after dropping its final vowel: **Questa casa è** *grandissima. (This house is very [extremely] big.)* For phonetic reasons, adjectives like **fresco** and **lungo** add an **h**: freschissimo, lunghissimo.
- To express the flavor, sauce or style of a particular food, Italian uses the preposition **a** + *definite article:*

  Mi piace il gelato **alla vaniglia.**
  *I like **vanilla** ice cream.*

  Gli spaghetti **al pomodoro** sono buonissimi.
  *Spaghetti **with tomato sauce** is delicious (very good).*

- The **bar** or **caffè** is a true Italian institution. Italians go to the bar to have breakfast, drink their mid-morning or after-lunch coffee or to have a quick snack in the afternoon. There are several types of bars; those in historical centers might or might not have tables and waiters. They can range from the **bar gelateria** *(ice cream parlor)* to the **bar pasticceria** *(bar and pastry shop)* to the simple **degustazione,** in which patrons eat or drink standing and where emphasis is placed on high coffee quality. Neighborhood cafés, on the other hand, have a predominantly male clientele, as the men of the neighborhood often gather there to play cards or watch favorite soccer games on TV.
- Italian **espresso,** simply **caffè** in Italian, comes in a variety of ways. You can order it **lungo** *(lighter)*, **ristretto** *(strong)*, **macchiato** *(with milk)*, or **corretto** *("corrected" with a cordial).* Coffee is never served with a lemon peel; creaminess and aroma determine quality.
- A typical Italian breakfast at home might consist of **caffellatte** *(coffee and milk)*, **panini** *(breads, rolls)* **dolci o salati,** or a few cookies. Although in recent years cereals like cornflakes have reached the Italian table for dietetic reasons, breakfast is still a very light meal that does not include eggs or bacon.

I gelati italiani sono buonissimi.

La colazione in un albergo.

Grammatica

I. Il participio passato
(The past participle)

The past participle of regular verbs is formed by dropping the infinitive ending and adding to the stem: **-ato** for verbs in **-are**, **-uto** for verbs in **-ere**, and **-ito** for verbs in **-ire**.

parl-**are** → parl-**ato**

ripet-**ere** → ripet-**uto**

cap-**ire** → cap-**ito**

Many verbs, especially those in **-ere**, have irregular past participles. Some common irregular past participles are:

aprire	*to open*	aperto	*opened*
leggere	*to read*	letto	*read*
prendere	*to take*	preso	*taken*
scrivere	*to write*	scritto	*written*
rispondere	*to answer*	risposto	*answered*
vedere	*to see*	visto, veduto	*seen*
venire	*to come*	venuto	*come*

When the past participle is used as an adjective, it agrees in number and gender with the noun it modifies:

Il mio colore **preferito** è il rosso.	*My favorite (preferred) color is red.*
La lezione è appena **finita**.	*The class has just ended (finished).*
Le istruzioni sono **scritte** in italiano.	*The instructions are written in Italian.*

II. Il passato prossimo
(The present perfect)

The present perfect is used to express an action or event completed in the recent past. It consists of the present indicative of the auxiliary verb **avere** *(to have)* or **essere** *(to be)*, and the past participle of the verb.

In Italia **abbiamo parlato** italiano ogni giorno.	*In Italy **we spoke** Italian every day.*
Avete appena **comprato** una casa in periferia, vero?	*You **have just bought** a house in the suburbs, haven't you?*
Non **ha** ancora **finito** di cucinare?	*Hasn't he finished cooking yet?*

1. In general, transitive verbs are conjugated with **avere**. Transitive verbs express an action that carries over from the subject to the direct object: e.g., *The teacher **explains** the lesson.*

Passato prossimo di **parlare**	
ho parlato	abbiamo parlato
hai parlato	avete parlato
ha parlato	hanno parlato

When the past participle of a verb conjugated with **avere** is preceded by the third person direct object pronouns **lo, la, le,** or **li**, the past participle agrees with the preceding direct object pronoun in gender and number. The past participle may agree with the direct object pronouns **mi, ti, ci, vi** when these precede the verb, but the agreement is not mandatory.

Ho mangiato la frittata.	*I have eaten the omelette.*
L'ho mangia**ta**.	*I have eaten it.*
Ho comprato **il sale e il pepe**.	*I bought the salt and pepper.*
Li ho compra**ti**.	*I bought them.*
Ci hanno **visto** (**visti**).	*They saw us.*

2. Many intransitive verbs (those that cannot take a direct object), especially those expressing motion, are conjugated with the auxiliary verb **essere** *(to be)*, and their past participles always agree with their subjects in gender and number:

andare	*to go*	restare	*to stay, remain*
arrivare	*to arrive*	(ri)tornare	*to return*
entrare	*to enter*	uscire	*to go out*
partire	*to depart*	venire	*to come*

Passato prossimo di **arrivare**	
sono arrivato/a	siamo arrivati/e
sei arrivato/a	siete arrivati/e
è arrivato/a	sono arrivati/e

Siamo tornati alle due.	*We came back at two.*
Antonio, le tue amiche **sono arrivate.**	*Antonio, your friends **have arrived.***
Marco e Riccardo? **Sono** appena **partiti!**	*Marco and Riccardo? They just **left!***
Carlo **non è andato** via l'estate scorsa. **È rimasto** in città.	*Carlo **did not go away** last summer. **He stayed** in town.*

III. Il passato prossimo di *avere* e *essere*

Passato prossimo di **avere**	
ho avuto	abbiamo avuto
hai avuto	avete avuto
ha avuto	hanno avuto

Non ho avuto tempo di studiare.	*I **did not have** time to study.*
Avete avuto la lezione d'italiano oggi?	***Did** you **have** the Italian lesson today?*
Ieri **abbiamo avuto** una riunione.	*Yesterday **we had** a meeting.*

Passato prossimo di **essere**	
sono stato/a	siamo stati/e
sei stato/a	siete stati/e
è stato/a	sono stati/e

Siamo stati a Londra, ma **non siamo mai stati** a Parigi.	*We **have been** to London, but **we have never been** to Paris.*
Ieri **sono stato** in ufficio tutto il giorno.	*Yesterday, **I was** at the office all day.*
È stata una gita molto interessante.	***It was** a very interesting trip.*

IV. Avverbi di tempo
(Adverbs of time)

In a compound tense, certain adverbs of time such as **già** *(already)*, **mai** *(ever, never)*, **ancora** *(yet, still)*, and **sempre** *(always)* are placed between the auxiliary verb and the past participle.

Il caffè è **già** pronto.	*The coffee is **already** ready.*
Non hanno **mai** assaggiato questo formaggio.	*They have **never** tasted this cheese.*
Non sono **ancora** arrivati?	*Haven't they arrived **yet**?*
Sono **sempre** venuti in ritardo.	*They **always** came late.*

V. I mesi dell'anno; le date
(The months of the year; dates)

gennaio	*January*	luglio	*July*
febbraio	*February*	agosto	*August*
marzo	*March*	settembre	*September*
aprile	*April*	ottobre	*October*
maggio	*May*	novembre	*November*
giugno	*June*	dicembre	*December*

Oggi è **il primo** (**di**) giugno.
Domani è **il due** (**tre, quattro,**
ecc.) (**di**) novembre.

*Today is **the first** of June.*
*Tomorrow is **the second** (**third,**
fourth, etc.) of November.*

Note that the preposition **di** is optional, and that, except for the first day
of the month, which is an ordinal number, the other days are expressed
with cardinal numbers.

ESERCIZI

A. Give the past participle of each of the following infinitives.

guardare	continuare	vedere *visto*	abitare	parlare
avere	vendere	occupare	finire	preferire

B. Give the infinitive of each of the following past participles.

conosciuto	partito	mangiato	invitato	costato
ritornato	dormito	pagato	capito	squillato

C. Answer the following questions as indicated.

Esempio: Ha pagato Giovanni? (io) →
           No, ho pagato io.

1. Ha cominciato Giovanni? (noi)
2. Ha lavorato Giovanni? (Anna)
3. Giovanni ha parlato? (loro)
4. Giovanni ha trovato gli appunti? (io)
5. Giovanni ha cominciato a parlare? (io e Anna)
6. Giovanni ha preso il pesce? (Anna e Michele)
7. Giovanni ha occupato questo tavolo? (tu)
8. Giovanni ha visto quel bell'edificio? (voi)

D. Answer the questions in complete sentences, as in the example.

Esempio: Studi? →
           No, non studio perché ho studiato molto ieri.

1. Studiate?	4. Parlate?
2. Mangiamo?	5. Lavori?
3. Dormi?	6. Lavoro io?

E. Ask your husband (wife) if he (she) has done certain things while you
were out of town. Answer in the affirmative.

Esempio: —Hai comprato il pane dal fornaio?
           —Sì, l'ho comprato.

1. Hai invitato i Rossi alla festa di domenica?
2. Avete mangiato la frutta che ho comprato?
3. Mario e Daniela hanno finito i compiti?
4. Hai chiamato il veterinario *(veterinarian)*?
5. Avete pagato le bollette della luce e del telefono *(the electricity and phone bills)*?
6. I bambini hanno preso le vitamine come al solito?
7. Hai scritto la lettera al professore di Carmine?
8. Hai preso l'appuntamento *(make an appointment)* dal dentista?
9. Hai portato l'auto dal meccanico?

F. Where did these people go yesterday? Follow the model, using the verb **andare**.

> *Esempio:* Antonio e Luca / al ristorante Bell'amico. →
> Antonio e Luca sono andati al ristorante Bell'amico.

1. la signora Bennato / al supermercato
2. tu / a fare compere in centro
3. io / a fare colazione al bar
4. Io e Francesca / all'agenzia Universo
5. i signori Tornatore / a casa della figlia Marina
6. Francesca e Loretta / a scuola
7. tu e Luciano / a comprare la carne dal macellaio
8. Carmine / al concerto di Pavarotti

G. **Com'è stata la festa?** Answer your father's questions about last night's party.

1. Dove sei stato/a ieri sera?
   (a casa di Marcello/a)
2. E dove sono andate Loretta e Maria?
   (anche loro alla festa)
3. A che ora siete arrivati/e? (21.30)
4. Chi altro *(who else)* è venuto?
   (molti amici e amiche di Marcello/a)
5. Quando è finita la festa? (24.00)
6. A che ora siete ritornati/e a casa? (2.00)
7. Dove siete stati/e fra mezzanotte e le due? (al Savoy)
8. Cosa avete ordinato al Savoy?

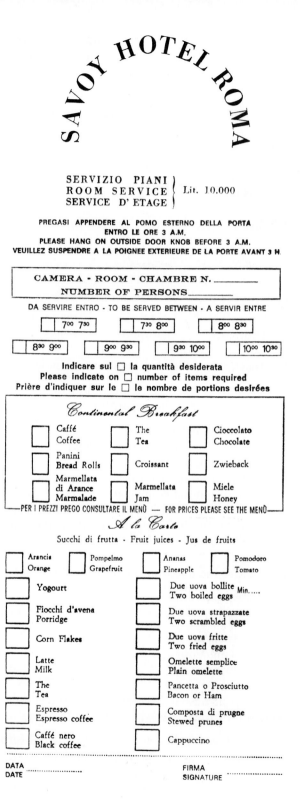

SAVOY HOTEL ROMA

SERVIZIO PIANI ⎫
ROOM SERVICE ⎬ Lit. 10.000
SERVICE D' ETAGE ⎭

PREGASI APPENDERE AL POMO ESTERNO DELLA PORTA
ENTRO LE ORE 3 A.M.
PLEASE HANG ON OUTSIDE DOOR KNOB BEFORE 3 A.M.
VEUILLEZ SUSPENDRE A LA POIGNEE EXTERIEURE DE LA PORTE AVANT 3 H.

CAMERA - ROOM - CHAMBRE N. _____
NUMBER OF PERSONS_____

DA SERVIRE ENTRO - TO BE SERVED BETWEEN - A SERVIR ENTRE

| 7⁰⁰ 7³⁰ | 7³⁰ 8⁰⁰ | 8⁰⁰ 8³⁰ |

| 8³⁰ 9⁰⁰ | 9⁰⁰ 9³⁰ | 9³⁰ 10⁰⁰ | 10⁰⁰ 10³⁰ |

Indicare sul ☐ la quantità desiderata
Please indicate on ☐ number of items required
Prière d'indiquer sur le ☐ le nombre de portions desirées

Continental Breakfast

	Caffé Coffee		The Tea		Cioccolato Chocolate
	Panini Bread Rolls		Croissant		Zwieback
	Marmellata di Arance Marmalade		Marmellata Jam		Miele Honey

— PER I PREZZI PREGO CONSULTARE IL MENÙ — FOR PRICES PLEASE SEE THE MENÙ —

A la Carte

Succhi di frutta - Fruit juices - Jus de fruits

	Arancia Orange		Pompelmo Grapefruit		Ananas Pineapple		Pomodoro Tomato
	Yogourt				Due uova bollite Min..... Two boiled eggs
	Fiocchi d'avena Porridge				Due uova strapazzate Two scrambled eggs
	Corn Flakes				Due uova fritte Two fried eggs
	Latte Milk				Omelette semplice Plain omelette
	The Tea				Pancetta o Prosciutto Bacon or Ham
	Espresso Espresso coffee				Composta di prugne Stewed prunes
	Caffé nero Black coffee				Cappuccino

DATA
DATE ....

FIRMA
SIGNATURE ....

H. Che cosa hai fatto recentemente? *(What have you done recently?)* Ask another student questions. Follow the example. The student questioned should answer in the affirmative and provide original details.

> *Esempio:* giocare a carte →
> —Hai giocato a carte recentemente?
> —Sì, ho giocato a carte ieri con Mario.

1. comprare abiti nuovi
2. mangiare in un buon ristorante
3. andare a Parigi
4. cambiare *(change)* lavoro
5. vedere l'ultimo film di Martin Scorsese
6. rispondere a molte lettere
7. leggere dei buoni libri
8. conoscere persone interessanti
9. avere degli esami difficili
10. essere all'estero *(abroad)*
11. uscire con altri studenti
12. ritornare a casa dopo la lezione

Now alternate roles. Answer the same questions in the negative, telling what you did instead.

> *Esempio:* giocare a carte →
> —Hai giocato a carte recentemente?
> —No, non ho avuto tempo. Ho studiato molto.

I. Domande. Answer the following questions.

1. Che data è oggi?
2. Che data è domani?
3. Quali sono i mesi dell'inverno?
4. Quali sono i mesi della primavera?
5. Quanti giorni ci sono in febbraio?
6. Quanti giorni ci sono in giugno?
7. Quanti giorni ci sono in un anno?
8. Quale stagione preferisce Lei? Perché?

Come si dice?

Expressing admiration, surprise, or regret

A common way to express admiration, surprise, or regret is with an exclamation containing an adjective or a noun. To form exclamations you can use the word **Che** + *adjective* or *noun.*

Che bello!	*How beautiful!*
Che brutto!	*How ugly!*
Che peccato! (Peccato!)	*What a shame / pity!*
Che sorpresa!	*What a surprise!*
Che fortuna!	*What luck! How lucky!*
Che noia!	*What a bore! How boring!*
Che bella città!	*What a beautiful city!*
Che signore simpatiche!	*What nice ladies!*

Come and **Quanto** are immediately followed by a verb:

Com'è (Quant'è) lungo questo viaggio!	*What a long trip!*
Come (Quanto) sono noiosi!	*How boring they are!*

Descrizioni. Describe the following pictures, using **Che** + *noun!* You might want to choose from the following nouns: **il caldo, la fame, il freddo, la fretta, la noia, la paura** *(fear),* **la sete, il sonno, la sorpresa.**

Esempio:

Che noia!

1. <u>che caldo</u>

2. <u>che fretta</u>

3. <u>che fame</u>

4. <u>che sonno</u>

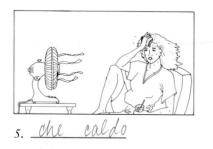

5. <u>che caldo</u>

6. <u>che fretta</u>

7. <u>che paura</u>

8 BUON COMPLEANNO!

Paolo e Angela sono fratello e sorella. Hanno quasi la stessa età ed alcuni amici in comune. Oggi è domenica e Angela sta per uscire per andare a una festa. Paolo invece sta a casa a studiare.

Paolo: Che bella giornata!

Angela: Sì, è ideale per una festa all'aperto.

Paolo: Quale festa?

Angela: Oggi è il compleanno di Carmine. Andiamo con alcuni amici a casa di Giuseppe, alla casa di campagna che ha a Poggibonsi.

Paolo: Chi viene?

Angela: Il solito gruppo: Gianni, Carlo, Luisa ed altra gente.

Paolo: Andate con la tua macchina?

Angela: No, Carlo porta la sua; è più grande. E tu che fai? Vuoi venire?

La campagna toscana.

Paolo:	No, sto per andare in pasticceria per la mamma; dopo resto a casa. Il professor Tucci ha dato un sacco di lavoro per domani.
Angela:	Ma dai! Oggi è domenica, non è mica una giornata da studiare. A proposito, hai visto i miei occhiali?
Paolo:	Quali occhiali?
Angela:	Quelli da sole.
Paolo:	Se non li trovi, ti do i miei.
Angela:	Scherzi? Figurati se mi metto i tuoi occhiali! Ah, eccoli! Sono qua nella mia borsetta.
Paolo:	Buon divertimento, allora. Fa' gli auguri di buon compleanno a Carmine da parte mia.

DOMANDE

1. Che cosa hanno in comune Paolo e Angela?
2. Che giorno è oggi?
3. Perché oggi è ideale per una festa all'aperto?
4. Dove si trova la casa di Giuseppe?
5. Chi partecipa alla festa?
6. Che tipo di festa è?
7. Perché non va alla festa Paolo?
8. Angela trova i suoi occhiali o si mette quelli di Paolo?

Vocabolario

Sostantivi

l'**augurio**   wish
  fare gli auguri   to offer one's best wishes
la **borsetta**   purse, handbag
la **campagna**   countryside
il **compleanno**   birthday
l'**età**   age
la **festa**   party
il **fratello**   brother
la **gente** *(s.)*   people
la **giornata**   day *(descriptive)*
il **gruppo**   group
il **lavoro**   work
la **macchina**   car, automobile
gli **occhiali**   glasses
  occhiali da sole   sunglasses
la **sorella**   sister

Aggettivi

ideale   ideal
stesso   same

La famiglia e gli amici festeggiano il compleanno di Michele.

Verbi

dare° *(irr.)* to give
festeggiare to celebrate
partecipare (a) to participate (at/in)
portare (a) to take (to); to bring (to)
restare (a) to remain (at/in)
scherzare to joke
stare° *(irr.)* to stay; to remain
trovare to find

Altri vocaboli

invece instead
qua here
quasi almost

Espressioni

all'aperto in the open
a proposito by the way
buon divertimento! have fun!
buon compleanno! happy birthday!

da parte [mia] on [my] behalf
fa' gli auguri a ... da parte mia wish [him/her] ... for me
figurati se mi metto... no way I'll wear . . .
in comune in common
ma dai! come on!
mica at all
un sacco di *(colloquial)* a lot of

NOTE LINGUISTICHE E CULTURALI

- The idiomatic expression **stare per** + *infinitive* means *to be about to*: *Stanno per partire* per l'Italia. *(They are about to leave for Italy.)* (Refer to p. 104 for the irregular conjugation of **stare**.)
- Personal holidays not only include the celebration of birthdays and anniversaries but also the **onomastico**, or one's name day. For example, a person named Lorenzo or Lorenza will celebrate the **onomastico** on August 10, the day on which **San Lorenzo** *(Saint Lawrence)* is honored. On Father's or Mother's Day (**il giorno del papà, il giorno della mamma**), cards and presents are given only to the person to whom the holiday is dedicated. For example, on Valentine's Day (**il giorno di San Valentino**) presents are exchanged only between couples and lovers.

Grammatica

I. Aggettivi e pronomi possessivi
(Possessive adjectives and pronouns)

	Singolare		Plurale		
	Maschile	*Femminile*	*Maschile*	*Femminile*	
	il mio	la mia	i miei	le mie	*my, mine*
	il tuo	la tua	i tuoi	le tue	*your, yours (familiar, s.)*
	il suo	la sua	i suoi	le sue	*his, her, hers, its*
	il Suo	la Sua	i Suoi	le Sue	*your, yours (formal, s.)*
	il nostro	la nostra	i nostri	le nostre	*our, ours*
	il vostro	la vostra	i vostri	le vostre	*your, yours (familiar, pl.)*
	il loro	la loro	i loro	le loro	*their, theirs*
	il Loro	la Loro	i Loro	le Loro	*your, yours (formal, pl.)*

As shown in the preceding chart, the forms for the possessive pronouns and adjectives are identical.

1. Possessive adjectives and pronouns are usually preceded by the definite article and agree in gender and number with the object *possessed*—not, as in English, with the *possessor.*

Anna ama **i suoi nonni.**	*Ann loves **her grandparents.***
Io porto **i miei cugini** e tu porti **i tuoi.**	*I'll bring **my cousins** and you will bring **yours.***
Noi preferiamo **il nostro giardino** e voi preferite **il vostro.**	*We prefer **our garden** and you prefer **yours.***

2. The definite article that precedes possessive adjectives is omitted before a singular, unmodified noun denoting family relationship, except for **mamma** *(mom),* **papà** *(dad),* and **babbo** *(daddy),* and often also **nonno** *(grandfather),* **nonna** *(grandmother),* **bisnonno** *(great-grandfather),* and **bisnonna** *(great-grandmother).*

Sua zia si chiama Adele.	*His aunt's name is Adele.*
È **tuo fratello** Marco!	*It's your brother Marco!*
La mia mamma è giovane.	*My mom is young.*

Il **tuo nonno** è simpatico.	*Your grandfather is charming.*
Vedi **le mie cugine** laggiù?	*Can you see my cousins over there?*
Anna resta **coi suoi fratelli.**	*Anna is staying with her brothers.*

With the possessive **loro**, the article is never omitted.

Conosco **il loro zio.**	*I know their uncle.*

3. Possessive adjectives are usually repeated before each noun to which they refer.

La tua camicia e la tua cravatta sono sulla sedia.	*Your shirt and tie are on the chair.*

4. To avoid ambiguity, instead of saying **il suo libro,** *his (her) book,* one may say **il libro di lui (lei),** *the book belonging to him (her).*

Prendiamo l'ombrello **di lei,** non **di lui.**	*We are taking **her** umbrella, not **his.***

II. Gli aggettivi e pronomi interrogativi *quanto* e *quale*

1. **Quanto?** means *How much? How many?* Both the adjective and the pronoun have these forms: **quanto, quanta, quanti, quante.**

Quanto pane vuole?	*How much bread do you want?*
Quanta carne compro?	*How much meat shall I buy?*
Quanti pomodori desidera?	*How many tomatoes would you like?*
Compro delle mele.	*I will buy some apples.*
—**Quante?**	—*How many?*
Quanto costa (costano)?	*How much does it (do they) cost?*

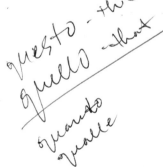

2. **Quale?** means *Which one? Which ones?* Both the adjective and the pronoun have these forms: **quale, quali.**

Quale zio è in Italia?	*Which uncle is in Italy?*
Quale automobile preferisce?	*Which car do you prefer?*
Quali occhiali vuole?	*Which eyeglasses do you want?*
Quali libri sono?	*Which books are they?*

Before è *(is)*, **quale** usually drops the **e.** The apostrophe is not used.

Qual è la pronuncia corretta?	*Which (What) is the correct pronunciation?*

III. Il partitivo, *continuazione*

As we saw in Chapter 5, the partitive concept expressed by *some* or *any* in English may be rendered by **di** + *definite article* in Italian. It may also be expressed as follows:

1. By **alcuni/e**, which is always used in the plural.

> Ho **alcune cugine** e **alcuni cugini**, ma non molti.
> *I have **some cousins**, but not many.*

> Oggi è mezza festa e **alcuni negozi** sono chiusi.
> *Today is a half-holiday and **some stores** are closed.*

2. By **qualche**, which is always followed by the singular form of the noun.

> Ogni giorno scrivo **qualche lettera**.
> *Every day I write **some letters**.*

> Ha comprato **qualche cravatta**.
> *He bought **a few ties**.*

NOTE   Both **alcuni** and **qualche** may be used only when *some* or *any* stands for *several, a few*.

3. By **un po' di** when *some* and *any* mean *a little, a bit of*.

> Vorrei **un po' di pane** e **un po' di burro**, per favore.
> *I would like **some bread** and **some butter** please.*

> Mi dai **un po' di latte** caldo?
> *Would you give me **some hot milk**?*

NOTE   Only **alcuni/e** and **un po'** can be used as pronouns.

> Quante persone ci sono in banca? —**Alcune**.
> *How many people are there in the bank? —**Some**.*

> Parla inglese tuo padre? —**Un po'**.
> *Does your father speak English? —**Some**.*

IV. Presente indicativo di *dare* e *stare*

The verbs **dare** and **stare** are irregular in the present indicative.

Dare *to give*	Stare *to stay*
do	sto
dai	stai
dà	sta
diamo	stiamo
date	state
danno	stanno

Oggi **do** una festa.   *Today **I am giving** a party.*
Sto a casa tutto il giorno.   *I **stay** at home all day.*

ESERCIZI

A. **È tua questa gonna?** *(Is this skirt yours?)* Say whose the following things are by choosing the appropriate possessive pronoun. Follow the example.

> *Esempio:* È tua questa gonna? (la mia, il mio) →
> Sì, è la mia.

1. Sono di tua madre questi sandali? (le sue, ~~i suoi~~)
2. È di Luigi questa camicia? (la sua, ~~il suo~~)
3. Sono dei bambini queste biciclette? (le loro, ~~i loro~~)
4. È di Luisa questo maglione? (la sua, ~~il suo~~)   → *masculine*
5. È di Alessandro questa valigia *(suitcase)*? (la sua, il suo)
6. Sono vostri questi biglietti? (le nostre, ~~i nostri~~)
7. Sono miei questi libri? (le tue, ~~i tuoi~~)
8. Sono tue queste scarpe? (~~le mie~~, i miei)

B. Answer the following questions in the first person singular. Use both the possessive adjective and the possessive pronoun.

> *Esempio:* Sono gli amici di Marina? →
> No, non sono i suoi amici. Sono i miei.

1. È l'appartamento di Paolo?   *No, non è il suo. È il mio*
2. È la scuola di Angela?   *No, non è la sua. È la mia*
3. È la città di Loredana e di Francesca?   *No, non è la loro. È la mia*
4. È il macellaio della signora Bertolini?   *No, non è il suo. È il mio*
5. Sono le idee di Luisa?   *No, non sono le sue. Sono le mie.*
6. Sono gli occhiali dei tuoi amici?   *No, non sono i tuoi.*

C. Following the example, form questions making all the necessary changes.

> *Esempio:* figlio →   *↗ no article → singular, unmodified family noun.*
> Hai conosciuto suo figlio?

1. figlia
2. figlie   *le sue figlie*
3. zii   *i suoi zii*
4. zia   *sua zia*
5. padre
6. giovane fratello   *il suo*

7. fratelli
8. nonno
9. mamma   *la sua mamma*
10. vecchio zio   *il suo vecchio zio*
11. papà   *il suo papà*
12. sorella   *~~la~~ sua sorella.*

D. Form sentences using the words listed and the appropriate form of the possessive adjective **mio**.

> *Esempio:* agenzia di viaggi →
> È la mia agenzia di viaggi.

1. appartamento *è il mio appartamento*   6. famiglia *è la mia*
2. compagne di scuola *è il mio*   7. figlie *è la mia*
3. madre *è la mia madre*   8. automobile *è le mie*
4. occhiali *è i miei*   9. sorella *è la mia*
5. fratello *è il mio*   10. cara bisnonna *è la mia*

E. Che cosa hanno fatto ieri? *(What did they do yesterday?)* Change the following sentences using another form of the partitive.

Esempio: Abbiamo comprato dei libri interessanti. →
Abbiamo comprato alcuni libri interessanti.
(Abbiamo comprato qualche libro interessante.)

1. Loredana ha scritto qualche lettera. *alcune lettere , delle*
2. Il signor Cossutta ha comprato alcuni vestiti. *qualche vestito , dei*
3. La signora Adele ha visitato alcuni negozi. *qualche negozio , dei*
4. Io ho comprato del pane dal fornaio. *qualche pane ; alcuni pani*
5. Mia sorella ha comprato qualche mela e alcuni zucchini dal *Alcune mele* fruttivendolo.

F. Al supermercato. You work at an Italian supermarket and always have to ask your customers to be more specific about the things they want.

Ask them . . .

1. what type of (**tipo di**) meat they want
2. how many green beans they wish to buy
3. how many apples they wish to buy
4. which vegetables they want
5. which bananas they wish to see

In return, your customers ask . . .

6. how much do these pears cost
7. which pastries are fresh
8. which tomatoes cost less
9. how much is it altogether

G. Oggi faccio la spesa; vorrei... *(Today I am buying groceries; I would like . . .)* Pretend that you are buying groceries. Form sentences using words from the two columns below and vocabulary from the drawings. Add elements of your own.

Esempio: Antonio, oggi prendo solamente alcune pere.

desidero	un po' di
compro	alcuni/e
prendo	qualche
vorrei	del / dello / della / degli / delle

Gli alimentari *(groceries)*

La carne e i salumi *(meat and cold cuts)*

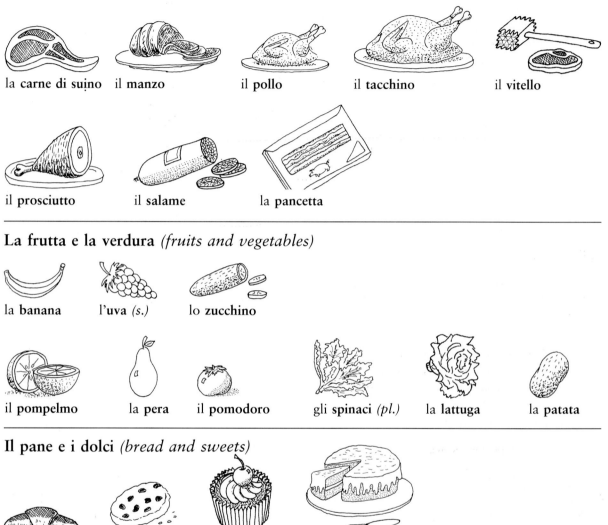

la **carne di suino**   il **manzo**   il **pollo**   il **tacchino**   il **vitello**

il **prosciutto**   il **salame**   la **pancetta**

La frutta e la verdura *(fruits and vegetables)*

la **banana**   l'**uva** *(s.)*   lo **zucchino**

il **pompelmo**   la **pera**   il **pomodoro**   gli **spinaci** *(pl.)*   la **lattuga**   la **patata**

Il pane e i dolci *(bread and sweets)*

il **panino**   il **biscotto**   la **pasta**   la **torta**

I latticini *(dairy products)*

il **formaggio**   l'**uovo** *(pl.* le **uova***)*   lo **yogurt**   il **latte**   il **burro**

H. Complete the following sentences with the correct partitive expression, without making any other changes.

1. Oggi preferisco _____ vino.
2. Abbiamo _____ lezioni nell'edificio nuovo.
3. Vuole _____ pomodori o _____ fagiolini?
4. Grazie. Preferisco comprare _____ fragole.
5. _____ studenti non rispondono.

I. **Domande.** Working in pairs, ask another student the following questions. Alternate roles and report your findings to the class.

Domandate ...

1. come si chiamano sua madre e suo padre
2. se ha dei fratelli o delle sorelle e quanti anni hanno
3. dove abitano i suoi nonni e come si chiamano
4. a che ora fa colazione
5. a che ora esce di casa per andare all'università o al lavoro
6. se esce spesso la sera e che cosa fa
7. a che ora e in quali giorni fa la spesa di solito (usually)
8. che cosa compra e dove
9. quali ingredienti o cibi (foods) compra di solito per una festa
10. se fa la spesa in un supermercato o se la fa in piccoli negozi

Come si dice?

Inquiring about someone's age

To ask how old a person is, you might say:

Quanti anni hai?   *How old are you?*

Expressing best wishes

Useful expressions related to birthdays or anniversaries are the following:

Quand'è il tuo compleanno?   *When is your birthday?*
Il mio compleanno è in [aprile].   *My birthday is in [April].*
Buon compleanno!   *Happy birthday!*
Tanti auguri!   *Many best wishes!*
Buon onomastico!   *Happy name day!*
Felice anniversario!   *Happy anniversary!*
Oggi festeggiamo il nostro   *Today we are celebrating our*
    primo anniversario di   *first wedding anniversary.*
    matrimonio.
Salute!   *Cheers!*

Situazioni

1. Il Suo compagno (la Sua compagna) di stanza festeggia il suo ventunesimo compleanno oggi. Che cosa dice Lei?
2. All'anniversario di matrimonio dei Suoi genitori gli invitati *(guests)* cominciano a brindare *(toast)* e dicono ...
3. Il 19 marzo è il giorno di San Giuseppe. Lei chiama Suo cugino Giuseppe e dice ...

Che bella giornata! È ideale per una passeggiata sulla marina.

LA CUCINA ITALIANA

La cucina italiana è conosciuta° e apprezzata° in tutto il mondo° perché i suoi piatti° sono sani° e saporiti.° Chi non ha gustato° il risotto alla milanese, le tagliatelle alla bolognese, la pizza napoletana, o i cannoli siciliani? Ogni° regione ha le sue specialità tipiche, e ingredienti o metodi° di preparazione variano° persino° da città a città. Per esempio, i cibi tradizionali del nord includono carni, pasta e salse° piuttosto robuste.° Il centro° e il sud, invece, usano prodotti° tipici della dieta mediterranea, come l'olio d'oliva,° il pomodoro, la pasta e il pesce.

In Italia ci sono tre pasti° principali: la prima colazione, la colazione o pranzo° e la cena. Il pranzo è il pasto principale mentre la cena è più leggera.° Con i due pasti principali quasi tutti bevono° vino bianco o rosso e acqua.° Di solito, molti italiani finiscono il pranzo e la cena con formaggio e frutta e, naturalmente, il solito caffè.

known / appreciated / world
dishes / wholesome / tasty / tasted

Each / methods
vary / even
sauces / robust / center
products / l'olio...olive oil

meals
lunch / lighter
drink / water

«A tavola non s'invecchia»
dice un proverbio italiano.

Esercizi di comprensione

A. **Vero o falso?**

_____ 1. Il nord e il centro usano prodotti tipici della dieta mediterranea.
_____ 2. Ogni città ha specialità tipiche, ma i metodi di preparazione sono gli stessi.
_____ 3. Per cena gli italiani non mangiano molto.
_____ 4. Formaggio e frutta sono solamente per la prima colazione.
_____ 5. Molti piatti della cucina italiana sono sani e saporiti.
_____ 6. Ingredienti tipici della cucina italiana sono l'olio d'oliva, il pomodoro, la pasta, e carni di diverso tipo.

B. Bring in and share with the class a family (Italian) recipe. Of course, the recipe should be written out in Italian.

Buon Appetito, Italia

RIPETIZIONE II

A. Change the following sentences according to the example. Add the word **anche**.

Esempio: Loro mi vedono →
   Anch'io li vedo.

1. Io ti conosco bene.
2. Vi capiamo sempre.
3. Li invito a colazione.
4. Voi ci guardate.

5. Lei li conosce.
6. Lui ci vede.
7. Tu mi inviti la domenica.

B. Complete the following paragraph with the correct form of the **passato prossimo**.

Ieri Vanna e Marina _sono andate_ (andare) in centro. In via Verdi _hanno incontrato_ (incontrare) Gianni. Gianni, Vanna e Marina _sono arrivati_ (arrivare) alla Rinascente. Vanna e Marina _sono entrate_ (entrare). Gianni _è restato_ (restare) nella via. Le ragazze _hanno comprato_ (comprare) un paio di scarpe. Alle quattro _sono uscite_ (uscire) ma non _hanno trovato_ (trovare) Gianni. Marina _ha preferito_ (preferire) andare a casa. Vanna _è restata_ (restare) alla Rinascente.

C. Answer the following questions, making the suggested changes.

Esempio: Visitate quel museo? →
   No, l'abbiamo visitato ieri.

1. Compri le fragole?   No, ho le comprate ieri
2. Mangiate i fagiolini?   No, li abbiamo mangiati ieri.
3. Guardate la televisione?   No, la abbiamo guardata ieri
4. Porti la macchina?   No, ho la portato ieri

5. Lei prende il pesce e l'insalata? *preso* No, li hanno presi ieri.
6. Comprate le carote? No, le abbiamo comprate ieri.
7. Hai visto il signor Moretti? Sì, lo ho visto ieri.

D. Complete the following sentences with the appropriate form of the possessive adjective.

Esempio: Ho degli appunti. Sono _i miei_ appunti. →
Sono i miei appunti.

1. Carlo e Marina hanno degli amici. Sono _i loro_ amici.
2. Anche tu hai dei vestiti. Sono _i tuoi_ vestiti.
3. La signora Borghini è una cliente di Giacomo. È _la sua_ cliente.
4. Abbiamo ordinato del caffè. È _il nostro_ caffè.
5. Milena ha molti vestiti. Sono _i suoi_ vestiti.
6. Ho due zii. Sono _i miei_ zii.
7. Avete un negozio in periferia. È _il vostro_ negozio.
8. I signori Fassi hanno due figlie. Sono _le loro_ figlie.

E. Complete the following sentences with the correct partitive form without making any other changes.

1. Ho _alcuni_ amici inglesi.
2. Buon giorno, Giacomo! Desidero _delle_ fragole surgelate e _alcuna_ _qualche_ frutta fresca.
3. _Qualche_ agenzia di viaggi non ha gite a Londra.
4. Ha dormito _alcune_ ore.
5. Come al solito, vuole _del_ caffè bello caldo.
6. Ho _qualche_ vestito nuovo ma non ho scarpe.
7. Vuole _del_ altro libro?

F. Answer in complete sentences.

1. Che cosa ha comprato Lei ieri?
2. Preferisce fare delle compere o studiare?
3. Quando scrive delle lettere, a chi scrive?
4. Conosce il caffè italiano? Preferisce il caffè italiano o quello americano?
5. È già andato/a in Italia Lei? Quando? Quali città ha visto?
6. Ha visto qualche film italiano? Quale? Quale attore (attrice) italiano(a) preferisce?

G. **Dialogo.** Complete the dialogue between Angela and her mother the day after the party at Giuseppe's house.

Mamma: Com'è andata la festa a casa di Giuseppe ieri sera?
Angela: _____
Mamma: Quando siete ritornati a casa?
Angela: _____

Mamma:	Ecco il caffè; vuoi anche del latte?
Angela:	_____
Mamma:	Ho comprato anche qualche pasta, se hai fame.
Angela:	_____
Mamma:	Nel frigorifero *(refrigerator)*. Siete andati con la tua macchina?
Angela:	_____
Mamma:	Bene. Adesso vado, oggi ho un sacco di lavoro in ufficio, ed è già tardi.
Angela:	_____

III   LE CITTÀ ITALIANE

Culture
- Venice's main points of interest
- Florence and the Renaissance
- Rome's legendary origins
- Sicily's historical heritage
- Outline of Italian history

Communication
- Expressing incomprehension
- Expressing likes and dislikes
- Asking for information (about transportation)
- Expressing disbelief

LA CITTÀ DEI CANALI

Due americani, il signor e la signora Wheaton, sono andati in Italia in vacanza. Sono arrivati a Venezia ieri sera e in questo momento il signor Wheaton entra in un'agenzia di viaggi.

Impiegato:	Buona sera, desidera?
Signor Wheaton:	Vorrei qualche informazione; desidero fare un giro della città.

*Venezia: Una regata sul
Canal Grande.*

Impiegato:	C'è un ottimo giro turistico domani. Comincia alle nove di mattina e finisce alle quattro del pomeriggio. *(Dà una pianta al signor Wheaton.)* Ecco, se guarda sulla pianta vede qui Piazza San Marco. Il giro comincia qui a piedi perché facciamo prima una visita alla Basilica di San Marco e al Palazzo Ducale.
Signor Wheaton:	E il Campanile?
Impiegato:	No, mi dispiace, il Campanile non è mai incluso in quest'escursione. Poi con il vaporetto da Piazza San Marco andiamo all'isola di Murano. Lì visitiamo una vetreria e poi pranziamo. Dopo pranzo, sempre in vaporetto, andiamo al Lido.
Signor Wheaton:	Ah bene, bene.
Impiegato:	Al Lido, se fa bel tempo, facciamo una passeggiata sulla spiaggia.
Signor Wheaton:	E se fa cattivo tempo?
Impiegato:	In estate non fa quasi mai cattivo tempo, però se piove o tira vento, il gruppo torna invece direttamente a Piazza della Stazione, e da lì a San Marco sul Canal Grande in vaporetto o in gondola.
Signor Wheaton:	Molto bene.
Impiegato:	Allora, desidera un biglietto?
Signor Wheaton:	Due biglietti, per favore, perché viene anche mia moglie.

DOMANDE

1. Perché sono andati in Italia i signori Wheaton?
2. Quando sono arrivati a Venezia?
3. Perché il signor Wheaton va in un'agenzia di viaggi?
4. Quando comincia e quando finisce il giro turistico?
5. Il giro comincia in gondola o in autobus?
6. Come vanno all'isola di Murano i turisti?
7. Se fa bel tempo cosa fanno al Lido?
8. E se piove o tira vento cosa fa il gruppo?

Vocabolario

Sostantivi

il **biglietto**   ticket
il **campanile**   belfry
il **canale**   canal
la **chiesa**   church
il **giro**   tour

l' **impiegato**, l' **impiegata** employee
l' **informazione** *(f.)*   an item of information
l'**isola**   island
il **momento**   moment
il **palazzo**   palace
la **pianta**   map

la **piazza**   square
il **pomeriggio**   afternoon
il **pranzo**   lunch
la **spiaggia**   beach
la **stazione**   station
il **vaporetto**   ferryboat
la **vetreria**   glassworks

Aggettivi

incluso included
ọttimo very good, excellent
turịstico touristic

Verbi

entrare to enter
piọvere to rain
pranzare to have lunch
visitare to visit; to sightsee

Altri vocạboli

direttamente directly
più more
precisamente precisely
prima first

Espressioni

da lì from there
desịdera? what can I do for you?

fa cattivo tempo the weather is bad
fare un giro to tour, take a tour
fare vịsita a to visit, to pay a visit to
in vacanza on vacation
mi dispiace I'm sorry
tira vento the wind is blowing
vorrẹi I would like

NOTE LINGUỊSTICHE E CULTURALI

- The **Canal Grande**, Venice's main canal, offers a view of patrician palaces of various styles. At its end is St. Mark's Square (**Piazza San Marco**), with its unique basilica, numerous cafés and luxury shops. The **Palazzo Ducale** *(Doges' Palace),* located at one end of the square, was the seat of government of the old Republic of Venice.
- At the end of the seventh century, some of the inhabitants of the mainland sought refuge in the lagoon to protect themselves from the incursions of the barbarians. These mainlanders were Venice's first settlers. Today the city is built on 117 islands, separated by 150 canals, and connected by 400 bridges.

Il Carnevale a Venezia.

Grammatica

I. Espressioni negative

1. As you know, an Italian verb is made negative by placing **non** *(not)* before it.

Capisco.	*I understand.*
Non capisco.	*I don't understand.*

2. The following words usually come after the verb and require **non** before the verb:

(non)	**mai**	*never*
(non)	**niente**	*nothing, anything*
(non)	**nulla**	*nothing, anything*
(non)	**nemmeno**	*not even*
(non)	**neanche**	*not even*
(non)	**nessuno**	*no one*
(non)	**né ... né**	*neither . . . nor*

Non siete **mai** stati a Londra?	*You have **never** been to London?*
Nel traghetto **non** c'è **nessuno**.	*There is **no one** on the ferryboat.*
Non sa **mai nulla**.	*She **never** knows **anything**.*
Non conoscono **né** Anna **né** Gina.	*They know **neither** Anna **nor** Gina.*

In Italian, the double negative represents the standard format. If the negative word precedes the verb, however, then **non** is omitted:

Neppure lui ha chiamato.	*He didn't call either. (**Not even** he called.)*
Nessuno è venuto.	*No one came.*

3. Note these three common negative expressions:

non ... ancora	*not yet*
non ... affatto	*not at all*
non ... più	*no more, no longer*

Non è **affatto** vero.	It *isn't true at all.*
Non sono **ancora** arrivati.	They *haven't arrived yet.*
Non scrive **più**.	She *no longer writes.*

Note that **non ... più** is the equivalent of *no (not any) more, no (not any) longer* in English.

Non c'è **più** vino.	There is **no more** wine.
Non ạbitano **più** a Pạdova.	They do **not** live in Padova **any longer.**

4. The English *any* is generally not translated in negative or interrogative sentences when the Italian noun is in the plural (see Chapter 5, III).

Hanno invitati?	Do you have (any) guests?
Non ho sorelle.	I do not have (any) sisters.

BUT

Ha **del pane**?	Do you have any bread?
Non ho **nessuna sorella.**[1]	I do not have a(ny) sister(s).

II. Presente indicativo di *dire* e *fare*

Both **dire** and **fare** are irregular in the present tense.

Dire *to say, tell*	**Fare** *to do, make*
dico	faccio
dici	fai
dice	fa
diciamo	facciamo
dite	fate
dịcono	fanno

Dice che Venezia è una città molto romạntica.	She says that Venice is a very romantic city.
In questa pasticcerịa **fanno** della paste deliziose.	In this pastry shop they make delicious pastries.

1. There are many idioms with **fare**, for example:

fare una domanda	to ask a question
fare un viaggio	to take a trip
fare una passeggiata	to take a walk
fare una fotografịa (a/di)	to take a picture (of)
fare dụe passi	to take a stroll
fare colazione	to have breakfast

---

[1] As a modifier of a noun, **nessuno** has the same forms as the indefinite article: **nessun libro, nessuno zịo, nessuna casa, nessun'amica.**

fare caldo	to be warm (weather)
fare freddo	to be cold (weather)
fare il bagno	to take a bath
fare la doccia	to take a shower

Non **faccio** mai **colazione** tardi.	I never have breakfast late.
Fanno sempre **una passeggiata** dopo cena.	They always take a walk after dinner.
Quando sono in vacanza, **faccio** sempre molte **fotografie**.	When I'm on vacation, I always take many pictures.

2. **Dire** and **fare** have irregular past participles: **detto, fatto.**

Ha detto di no.	He said no.
Hanno fatto molte passeggiate.	They took many walks.

III. Il tempo
(The weather)

1. The verb **fare** is used in many expressions relating to the weather.

Che tempo **fa**?	How is the weather?
Fa bel tempo.	The weather is nice.
Fa cattivo (brutto) tempo.	The weather is bad.
Ha fatto caldo (molto caldo).	It has been warm (hot).
Qui **fa** sempre freddo.	It's always cold here.
In primavera **fa** sempre fresco.	In spring it's always cool.

NOTE In the preceding examples, *it* is an impersonal subject and is not translated into Italian.

Il tempo oggi

VARIABILE

DA POCO NUVOLOSO

A NUVOLOSO

ANNUVOLAMENTI
INTERMITTENTI

AERONAUTICA MILITARE
SERVIZIO METEOROLOGICO

tempo previsto: sulle regioni settentrionali condizioni di variabilità con possibilità di occasionali e brevi piogge o temporali sul settore orientale e schiarite più ampie sul settore occidentale. Al Sud annuvolamenti intermittenti con qualche precipitazione più probabile sui versanti adriatico e ionico.

temperatura: in lieve aumento al Centro Nord e sulla Sardegna; senza variazioni sulle altre zone.

venti: sulle regioni centro settentrionali e sulla Sardegna deboli o temporaneamente moderati di direzione variabile. Sulle altre zone deboli o moderati intorno a Nord.

città italiane

Bolzano	10	26	Pescara	11	25
Verona	12	26	Roma	15	25
Trieste	18	24	Campobasso	12	20
Venezia	14	27	Bari	16	24
Milano	11	26	Napoli	13	27
Torino	11	27	Potenza	12	18
Cuneo	13	21	S. M. di Leuca	17	26
Genova	16	25	R. Calabria	20	26
Bologna	15	27	Messina	23	28
Firenze	10	31	Palermo	22	25
Pisa	11	25	Catania	15	28
Ancona	12	23	Alghero	13	25
Perugia	15	23	Cagliari	15	28

città estere

Amsterdam	9	18	sereno	Lisbona	15	28	sereno
Atene	18	28	sereno	Londra	10	20	sereno
Beirut	23	29	sereno	Los Angeles	24	32	sereno
Belgrado	12	18	nuvoloso	Madrid	15	32	sereno
Berlino	13	18	nuvoloso	C. del Messico	13	24	sereno
Bruxelles	8	16	sereno	Montreal	16	24	sereno
Buenos Aires	9	16	sereno	Mosca	11	22	sereno
Il Cairo	21	34	sereno	New York	16	35	sereno
Copenaghen	13	18	sereno	Oslo	12	15	sereno
Dublino	10	16	nuvoloso	Parigi	10	17	sereno
Francoforte	10	19	pioggia	Pechino	17	27	sereno
Ginevra	6	22	sereno	Rio de Janeiro	18	28	pioggia
Helsinki	13	15	nuvoloso	Stoccolma	12	17	nuvoloso
Hong Kong	27	31	nuvoloso	Sydney	13	24	sereno

FENOMENI — nebbia, rovesci, pioggia, temporali, nevicate, grandine
MARE — quasi calmo, poco mosso, mosso, molto mosso, agitato, molto agitato
VENTO — moderato (10 - 20 nodi = forza 4-5), forte (21-33 nodi = forza 6-7), molto forte (34-47 nodi = forza 8-9)

Bollettino meteorologico

2. Other verbs and expressions that denote weather conditions are

piovere	to rain	Piove.	It is raining.
nevicare	to snow	Nevica.	It is snowing.
tirare vento	to be windy	Tira vento.	It is windy.
grandinare	to hail	Grandina.	It is hailing.
lampeggiare	to flash lightning	Lampeggia.	It is lightning.
tuonare	to thunder	Tuona.	It is thundering.

With the exception of **tirare vento**, these verbs may be conjugated with either **essere** or **avere**.

È (**Ha**) piovuto.   *It rained.*
È (**Ha**) nevicato.   *It snowed.*

Tirare vento, however, requires the auxiliary **avere:**

Ha tirato vento.   *It was windy.*

ESERCIZI

A. **Che cosa ha fatto a Venezia?** Rispondete alle domande seguendo (*following*) l'esempio.

Esempio: Ha fatto molte fotografie a Venezia? →
No, non ho fatto nessuna fotografia.

[handwritten: always singular]

1. Avete visto molti palazzi moderni? *No, non abbiamo visto nessun palazzo moderno*
2. Ha conosciuto molti italiani? *No, non ho conosciuto nessun italiano.*
3. Avete comprato molti souvenir? *nessun souvenir*
4. Avete fatto molte escursioni? *nessun' escursione.*
5. Ha comprato oggetti di vetro (*glassware*) a Murano? *nessun oggetto di vetro a Murano*
6. Ha visto molte macchine a Venezia? *No, non visto nessuna macchina*

B. **Personalità opposte.** Carlo e Ugo hanno personalità opposte. Completate le frasi (*sentences*) nella forma negativa, seguendo l'esempio.

Esempio: Carlo viaggia sempre. Ugo invece ... →
Carlo viagga sempre, Ugo invece non viaggia mai.

1. Al lavoro Carlo conosce tutti gli impiegati, Ugo invece *non conosce nessun.*
2. Carlo ha già finito la tesi (*dissertation*), Ugo invece ... *non ha ancora finito.*
3. Carlo parla francese e spagnolo, Ugo invece ... *non parla ne francese ne spagnolo*
4. Nel quartiere (*neighborhood*) Carlo saluta tutti, Ugo invece ... *non saluta nessuni*
5. Il venerdì sera Carlo vuole sempre fare qualcosa, Ugo invece ... *non vuole fare niente.*
6. Carlo conosce molte ragazze, Ugo invece ... *non conosce nessuna.* *mai*
7. Carlo abita ancora in centro, Ugo invece ... *non abita ancora in centro*
8. Carlo esce quasi tutte le domeniche pomeriggio, Ugo invece ... *non esce mai le domeniche pomeriggio.*

C. **Paragoni** (*Comparisons*). Paragoni (*compare*) sé stesso/a (*yourself*) a un amico o un'amica in almeno (*at least*) tre frasi, usando (*using*) espressioni negative e affermative.

Esempi: Il mio amico Giovanni lavora sempre fino alle sette di sera.
Io, invece, lavoro solamente fino alle cinque.

La mia amica Lucia compra un abito nuovo ogni settimana.
Io, invece, non compro mai nulla.

D. Cambiate i verbi di ciascuna frase seguendo le indicazioni date.

1. Se tu fai la domanda, io do la risposta.
   (voi / noi; io / tu; lui / Lei)
2. Quando noi diciamo una parola, loro la ripetono.
   (io / tu; lei / voi; loro / Alberto)
3. Quando stiamo bene, facciamo due passi insieme.
   (loro; tu e Alberto; io e Carla)

E. In italiano, domandate a un'altra persona nella classe se lui o lei ...

1. asks many questions in class
2. has breakfast at home
3. prefers to go for a stroll or watch television
4. shops at the supermarket
5. takes many pictures
6. has taken a trip to Venice
7. usually takes a shower or a bath

F. Quali sono le domande per queste risposte?

1. No, qui fa sempre caldo.
2. Sì, di solito faccio colazione a casa.
3. No, non facciamo mai una passeggiata prima di cena.
4. No, non ho mai visitato una vetreria.
5. Di solito facciamo la spesa al supermercato.

G. **Intervista.** Fate le seguenti domande a una persona
di vostra scelta *(choice).*

1. Che tempo fa oggi?
2. Che tempo ha fatto ieri?
3. Che tempo fa qui in estate?

a.

b.

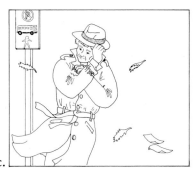

c.

d.

4. In che stagione fa freddo in Alaska; ad Acapulco?
5. In che stagione fa caldo in Argentina?
6. In quali mesi è primavera in Brasile? Quando è autunno?
7. A che ora fa colazione Lei di solito?
8. Fa la doccia la mattina o la sera?
9. Quando fa fotografie?
10. Ha fatto un viaggio interessante? Dove? Quando?

Come si dice?

Expressing incomprehension

In a foreign language, when you don't understand, you need to be able to stop the speaker and ask for clarification:

Cosa ha (hai) detto?	*What did you say?*
Come ha (hai) detto?	*How's that?*
Come?	*What?*
Non ho capito.	*I didn't understand.*
Può (puoi) ripetere, per favore?	*Could you repeat that, please?*
Scusi? (Scusa?)	*I beg your pardon?*

If you want the person to slow down, you can say:

Più piano, per favore.	*Slower, please.*

A. **Un momento, per favore.** You don't understand what is being said. Interrupt the speaker and ask for clarification.

> *Esempio:*   Il volo da Caracas arriva alle tre e un quarto. →
> Come? Che cosa arriva da Caracas? Può ripetere, per favore?

1. Se fa bel tempo facciamo una passeggiata sulla spiaggia.
2. Il numero di telefono dell'agenzia è 051-357942.
3. L'escursione costa trentamila a persona e dura dalle nove e trenta alle cinque del pomeriggio.
4. La visita alla città include le Gallerie dell'Accademia, Santa Maria della Salute e la Chiesa di San Giorgio Maggiore.

B. **Situazione.** Role-play the following situation: You are in St. Mark's square when someone comes up to you and asks where the famous Bridge of Sighs (**Ponte dei Sospiri**) is. You don't understand at first and ask for clarification. She explains, but you say you don't know. Then you ask her what time it is. She tells you, but you don't hear at first. So you ask her to repeat it more slowly. You thank her and say good-bye.

10 IN ALBERGO A FIRENZE

Ieri i signori Wheaton hanno noleggiato una Fiat e, in macchina, sono andati a Firenze dove pensano di restare per un paio di giorni. Hanno trovato un albergo che gli piace molto, specialmente perché la loro camera dà sull'Arno.

Portiere: Buon giorno, signora, ha già fatto colazione così presto?

Signora: Sì, stamattina vogliamo visitare gli Uffizi, e nel pomeriggio il Duomo. Ma prima devo imbucare queste cartoline. Sa dov'è la posta?

Portiere: Non Le consiglio di andare all'ufficio postale: è lontano. E poi adesso è ancora chiuso. Vendono francobolli anche qui all'angolo, alla tabaccheria.

Signora: Benissimo! Sa se sono già aperti?

Portiere: Sì, sì. A quest'ora sono già aperti.

Alla tabaccheria

Commesso: Desidera, signora?

Signora: Dieci francobolli per posta aerea per gli Stati Uniti.

Firenze: Una veduta del fiume Arno e del Ponte Vecchio.

Commesso:	Per lettera o per cartolina?
Signora:	Per cartolina, per piacere. Che bei francobolli!
Commesso:	Sono nuovi. Le piacciono?
Signora:	Molto. Non ho spiccioli. Va bene se Le do un biglietto da cinquantamila lire?
Commesso:	Sì, fa lo stesso. EccoLe il resto. ArrivederLa signora.

DOMANDE

1. Come sono andati a Firenze i signori Wheaton?
2. Perché gli piace l'albergo?
3. Cosa desidera la signora?
4. Cosa domanda la signora al portiere dell'albergo?
5. Dov'è la posta?
6. Perché la signora dà cinquantamila lire al commesso della tabaccheria?
7. Che tipo di francobolli compra?
8. Lei scrive molte cartoline? Lettere? A chi? Quando?

Vocabolario

Sostantivi

l'**albergo** (*pl.* **alberghi**)   hotel
il **biglietto** (**da** + *amount*) (*denomination*) banknote
il **commesso**, la **commessa** salesperson, clerk
il **duomo**   cathedral
il **francobollo**   postage stamp
il **portiere**   hotel desk clerk
la **posta**   mail; post office
il **resto**   change
gli **spiccioli** (*pl.*)   small change
gli **Stati Uniti**   United States
la **tabaccheria**   tobacco store
l'**ufficio postale**   post office

Aggettivi

aereo   air (*adj.*)
aperto   open
chiuso   closed
lontano (*adj.* and *adv.*)   far
nuovo   new

Posti seduti	TIPO VETTURA	Gruppo	dal 1° al 3° gg. 1ST TO 3RD days per giorno/per day	giorno extra extra day	7 giorni 1 week	WEEK END *	30 GIORNI
5	FIAT PANDA	A	98.000		520.000		
5	PEUGEOT 205 FIAT UNO OPEL CORSA	B	120.000	77.000	600.000	108.000	1.090.000
5	RENAULT CLIO 1.2 FIAT TIPO 1.1. FORD FIESTA 1.1	C	138.000	87.000	690.000	119.000	1.320.000
5	FIAT TIPO 1.4. OPEL VECTRA	D	150.000	92.000	810.000	138.000	1.480.000
5	FIAT TEMPRA OPEL KADETT SW	E	165.000	106.000	860.000	147.000	1.690.000
5	CROMA 2.0. AC DEDRA 1.8. AC OPEL OMEGA PEUGEOT 405 AUT.	F	195.000	115.000	1.020.000	162.000	1.880.000
5	RENAULT NEVADA AC	G	210.000	145.000	1.200.000	190.000	2.250.000
9	DUCATO MINIBUS	H	235.000	150.000	1.280.000	205.000	2.500.000
				190.000		290.000	2.750.000

Rent a car
TROPEA

Altri Servizi:
Noleggio Furgoni

Servizio con Autista
Chauffeur Driven Service

Tempo minimo di noleggio: 1 giorno.
Per tutte le tariffe si applica una tolleranza di 59 minuti, Oltre la quale si applica la tariffa di un giorno intero.
For all rates there is a tolerance of 59 minutes, and after it will be calculated a whole day.
* La tariffa week-end parte dal venerdì ore 16.00 al lunedì successivo entro le ore 09.00.
* The week-end rate applies from friday at 16.00 p.m. to monday at 09.00 a.m.

Verbi

consigliare (**di** + *inf.*) to advise *(doing something)*

imbucare to mail, drop into the mail box

noleggiare (**una macchina**) to rent (a car)

pensare to think
  pensare (**di** + *inf.*) to think *(of doing something)*

piacere° *(irr.)* to enjoy; to like

Espressioni

dare su to look out on, face *(for a place)*

in macchina by car

per piacere, per favore please

fa lo stesso it doesn't matter; no problem

specialmente especially

va bene se... ? is it all right if . . . ?

NOTE LINGUISTICHE E CULTURALI

- To specify the value or cost of an item, Italian uses the preposition **da**: Vorrei un francobollo *da 300 lire. (I'd like a 300-lira stamp.)* Prendo il macinato *da duemila lire l'etto. (I'll take the ground beef that costs 200 liras a hectogram.)*

- To express *by car, by train, by boat, by airplane,* use the preposition **in**: in macchina, in treno, in nave, in aereo.

- Among Florence's most admirable monuments are the Cathedral of Santa Maria del Fiore, the Baptistry (**il Battistero**), and Giotto's Bell Tower (**il Campanile di Giotto**). With its geometrical decorations and the white, green, and pink marbles, this architectural group embodies the Florentine artistic tradition from the Middle Ages to the Renaissance, the city's most splendid era. The **Galleria degli Uffizi** houses works portraying the evolution of Italian art from its beginning to the seventeenth century. The superb collection, assembled by various members of the **Medici** family, makes the Uffizi one of the finest museums in the world.

Una tabaccheria a Termoli.

- Besides selling typical products for smokers, a **tabaccheria** stocks toiletry items, stationery and gift articles (such as candy, games, and perfumes) as well as bus and metro tickets and stamps. Tobacco shops don't close for lunch and remain open until eight or nine in the evening.

Grammatica

I. Pronomi personali come complementi di termine
(Indirect object pronouns)

The indirect object pronoun replaces the indirect object noun of a sentence. For example:

I am writing **to Mary** *(indirect object noun)*.
I am writing **to her** *(indirect object pronoun)*.
He is writing **Mary** *(indirect object noun)* a letter.
He is writing **her** *(indirect object pronoun)* a letter.

1. Like direct object pronouns, indirect object pronouns are used in conjunction with verbs and are called *conjunctive pronouns*. (Refer to Chapter 6, I for the discussion of direct object pronouns.) Italian has the following indirect object pronouns.

INDIRECT OBJECT PRONOUNS

Singolare		*Plurale*	
mi	*to me*	**ci**	*to us*
ti	*to you* (familiar)	**vi**	*to you* (familiar)
gli	*to him, to it* (m.)	**loro**	*to them* (m./f.)
le	*to her, to it* (f.)	**Loro**	*to you* (formal, m./f.)
Le	*to you* (formal, m./f.)		

Mi, ti, vi may drop the vowel before another vowel or an **h,** and replace it with an apostrophe: **m', t', v'. Ci** may drop the vowel only before an **i** or an **e** (**c'**). Like the direct object pronouns, the indirect object pronouns generally precede the verb; **loro (Loro),** however, always follows it. It should be noted that in modern usage **gli** often replaces **loro (Loro).**

Gli parlo in sala d'aspetto.	*I am speaking **to him** in the waiting room.*
Mi ha presentato sua zia.	*He introduced his aunt **to me.***
Mi hanno scritto due cartoline.	*They wrote **me** two postcards.*
Le ho mandato un espresso da Palermo.	*I sent **her** a special delivery letter from Palermo.*
Ci (C') insegna la strada.	*She is showing **us** the way.*
Portiamo **loro** (**Gli** portiamo) dei libri.	*We are taking **them** some books.*
Maria ha telefonato **Loro** (**gli** ha telefonato) ieri.	*Maria telephoned **you** yesterday.*

2. Like direct object pronouns, indirect object pronouns generally follow and are attached to dependent infinitives.

È andato a parlar**gli**.	*He went to talk **to him**.*
Desidero telefonar**le**.	*I wish to phone **her**.*

3. Certain Italian verbs, such as **consigliare, mandare, scrivere, insegnare,** and **telefonare** take an indirect object when they indicate that the action is done *for* or *to* a person. Here are a few examples with **comprare, dare, dire, fare, scrivere,** and **rispondere.**

Gli ho comprato un libro.	*I bought **him** a book.*
Le ho dato l'indirizzo.	*I gave **her** the address.*
Le abbiamo detto che non ci piace.	*We told **her** that we do not like it.*
Mi fa un favore?	*Will you do **me** a favor?*
Gli scrivo subito una lettera.	*I'll write **him** a letter at once.*
Non **gli** hanno mai risposto.	*They never answered **him**.*

II. Il verbo *piacere*

Piacere is used to translate the English verb *to like*. However, it is essential to remember that since the English verb *to like* is transitive, it carries the action to the direct object: *I* (subject) *like beer* (direct object). In Italian, however, the verb **piacere** is intransitive and requires the indirect object, so that "*I like beer*" is translated as "*Beer **is pleasing** to me*." Study the following examples:

Mi piace questa veduta.	*I **like** this view.*
Ti piace la musica italiana?	*Do you **like** Italian music?*
Vi piace la verdura?	*Do you **like** vegetables?*
Questa borsetta **non ti piace**?	*You don't **like** this purse?*
Mi piacciono molto i dolci.	*I **like** sweets a lot.*
Nemmeno queste paste **gli piacciono**?	*He doesn't even **like** these pastries?*

1. The verb **piacere** is conjugated with **essere** in all compound tenses. The past participle of **piacere** is **piaciuto.** Note also that when the indirect object is a noun, the preposition **a** is needed.

Le è piaciuto quel film?	*Did you **like** that film?*
A Tina non **è piaciuta** la scultura.	*Tina did **not like** the sculpture.*
Ai miei genitori sono piaciuti i vini italiani.	*My parents **liked** Italian wines.*

2. In negative sentences, **non** precedes the indirect object pronoun:

Non mi piacciono questi libri.	*I do **not like** these books.*
Non vi piace Firenze?	*Don't you **like** Florence?*

3. The third person singular form of **piacere** is used when **piacere** is followed by an infinitive, because the infinitive functions as a singular noun. **Piacere** remains singular even if followed by more than one infinitive.

Le **piace nuotare**.	*She likes to swim.*
A loro **piace nuotare** e **giocare** a tennis.	*They like to swim and play tennis.*
Ci **piace viaggiare** all'ẹstero.	*We like to travel abroad.*

4. The verb **piacere** is irregular in the present indicative.

Piacere *to like*	
piaccio	piacciamo
piaci	piacete
piace	piạcciono

Mi piaci molto.	*I like you a lot.*
Non **ti piaccio**?	*Don't you like me?*

The verb occurs most frequently in its third person singular and plural forms.

5. Where English often uses the verb *to love,* Italian uses **piacere**, especially with food.

Mi piace molto il gelato.	*I love ice cream.*
Mi piace molto il cioccolato.	*I love chocolate.*

III. Verbi come *piacere*

Other verbs that function like **piacere** are **mancare** (*to be lacking*), **interessare** (*to interest; to be interested in*), and **sembrare** (*to seem, appear*).

Ti interessa la mostra dei Carracci?	*Are you interested in the Carracci exhibit?*
Non **ci interessano** i film dell'orrore.	*We are not interested in horror films.*
Mi manca lo zụcchero per fare la torta.	*I'm out of sugar to make the cake.*
Queste scarpe **mi sẹmbrano** un po' care!	*These shoes seem a bit expensive to me!*

IV. Presente indicativo di *sapere*

Sapere *to know*	
so	sappiamo
sai	sapete
sa	sanno

CHE COSA NE SAI ?

AIDS

se lo conosci lo eviti

COMMISSIONE NAZIONALE PER LA LOTTA CONTRO L'AIDS
Ministero della Sanità

Sapete dove abita Marisa?	*Do you know where Marisa lives?*
Sai l'italiano?	*Can you speak Italian? (Do you know [how to speak] Italian?)*

Whereas **conoscere** means *to know a person, to be acquainted with, to meet,* **sapere** means *to know a fact, to know how (to do something).*

La conosco molto bene, **l'ho conosciuta** a Roma.	*I know her very well, I met her (became acquainted with her) in Rome.*
Mia madre **non conosce** Genova.	*My mother is not familiar with Genoa.*
Sa quando parte?	*Do you know when she is leaving?*
Non so guidare.	*I do not know how to drive.*

V. Presente indicativo di *volere*

Volere	*to want*	
voglio		vogliamo
vuoi		volete
vuole		vogliono

Vuole una camera doppia o una singola?	*Do you want a double or a single room?*
Vogliono andare in Italia la prossima estate.	*They want to go to Italy next summer.*

ESERCIZI

A. Riscrivete ogni frase sostituendo *(substituting)* alle parole in corsivo *(italics)* la forma corretta del pronome.

> *Esempio:* Scrivo *a Maria.* →
> *Le* scrivo sempre.

1. Rispondo *a mio marito.*
2. Giacomo parla *ai clienti.*
3. Il signor Wheaton telefona *a sua moglie.*
4. Gli impiegati danno informazioni *ai turisti.*
5. Il professore dà un sacco di lavoro *a quella studentessa.*
6. Il commesso dà il resto *ai due signori.*

B. Riscrivete ogni frase seguendo le indicazioni date nell'esempio.

> *Esempio:* Ha dato i biglietti. (ci) →
> Ci ha dato i biglietti.

1. Anche lui ha scritto molte cartoline. (vi)
2. Chi ha telefonato? (ti)
3. Quando ha risposto? (vi)
4. Ha dato i biglietti. (loro)
5. Ha dato il resto. (gli)
6. Ieri sera ho telefonato. (le)

C. Rispondete alle domande seguenti nella forma negativa.

Esempio: Avete scritto a Graziella? →
            No, non le abbiamo ancora scritto.

1. Hai scritto a quei tuoi amici?   5. Ci avete scritto?
2. Mi hai scritto?   6. Vi abbiamo scritto?
3. Avete scritto a Gianni?   7. Ti abbiamo scritto?
4. Ho scritto a Marina e Tina?   8. Hai scritto a Marina?

D. Riscrivete le frasi seguenti al passato prossimo sostituendo alle parole in corsivo la forma corretta del pronome.

Esempi: Diamo le informazioni *a questo signore.* →
            Anche ieri *gli* abbiamo dato le informazioni.

            Diamo *le informazioni* a questo signore. →
            Anche ieri *le* abbiamo date a questo signore.

1. Do *gli spiccioli* all'impiegato.
2. Il commesso vende i francobolli *alla turista.*
3. I genitori scrivono *la cartolina* alle ragazze.
4. Lui scrive una cartolina *alla moglie.*
5. Il portiere dà *le informazioni* alla signora.
6. Bruno raccomanda *(recommends)* l'albergo *agli amici.*
7. La mamma compra *le scarpe* per Lorena.

E. **Ti piace?** Domandate a un'altra persona nella classe se le cose seguenti piacciono. Seguite l'esempio.

Esempio: —Ti piace il pesce?
            —Sì, mi piace. (No, non mi piace.)

1. il gelato al cioccolato
2. i bignè alla crema
3. la verdura cotta *(cooked)*
4. i vini californiani
5. le automobili della Ferrari
6. il Messico
7. leggere romanzi d'amore *(romantic novels)*
8. gli hamburger
9. mangiare fuori *(out)*
10. viaggiare

Ora fate le stesse domande all'insegnante.

LA SIGARETTA?
Mi piace da morire!!

F. E allora cosa ti piace? Paolo e Luca sono molto pignoli *(particular)* quando si tratta di mangiare *(in matters of eating)*. Date le risposte di Luca, seguendo l'esempio.

> *Esempio:* Perché non mangi la frutta? →
> Perché non mi piace.

1. Perché non mangi l'insalata?
2. Perché non mangiate le uova?
3. Perché non mangiate il dolce?
4. Perché non mangi gli spaghetti?
5. Perché non bevi *(drink)* il latte?
6. Luca, perché Paolo non mangia il filetto *(filet)*?
7. Paolo, perché Luca non mangia le fragole?

G. Mi manca ... Quali ingredienti mancano alle persone seguenti? Formulate frasi complete usando il verbo **mancare** e le indicazioni date.

> *Esempio:* a te / il formaggio / la pasta →
> Ti manca il formaggio per la pasta.

1. a Paola / le uova / il dolce
2. a noi / il pomodoro / la salsa *(sauce)*
3. a voi / le verdure / il minestrone
4. a Lei / la carne / gli hamburger

H. Brevi scambi. Completate i seguenti scambi con la forma corretta di **sapere** o **conoscere**.

> *Eva:* I tuoi genitori _____ l'inglese?
> *Renato:* No, ma _____ Londra molto bene.

> *Gigi:* _____ (tu) Carlo Del Monte?
> *Donata:* No, però _____ chi è.

> *Filippo:* (Loro) _____ che siamo in centro?
> *Teresa:* No, non lo _____ .

> *Lisa:* _____ (lui) dove abita Manuela Morini?
> *Gigi:* No, non lo _____ . Non la _____ .

I. Intervista. Formulate le domande seguenti in italiano e chiedete a un altro di rispondere. Poi alternate i ruoli *(roles)*. Domandate ...

1. if he (she) knows how to play cards
2. if he (she) knows the new student from San Francisco
3. if his (her) father knows how to cook
4. if he (she) knows where the library is
5. if his (her) mother knows Mrs. Tilde Rossi
6. if his (her) sister knows how to swim
7. if he (she) knows how to make **spaghetti alla carbonara**

J. **Cosa vogliono?** Usando le indicazioni date, dite che cosa vogliono i clienti del ristorante Quattro Stagioni. Seguite l'esempio.

1. Chi vuole mangiare la pizza? *Io* la voglio mangiare.
   (tu; io e Emilia; Filippo; tu e Giacomo)
2. Chi vuole ordinare il pollo? *Noi* lo vogliamo ordinare.
   (io; Antonio e Cristina; Lei; Loro)

K. **Biglietteria Arcobaleno** *(Rainbow Ticket Office)*. Specificate che tipo di biglietti vogliono queste persone. Seguite l'esempio.

Esempio: Lei / il concerto di Madonna / il concerto di REM →
   —Vuole i biglietti per il concerto di Madonna?
   —No, voglio quelli per il concerto di REM.

1. Loro / il film *Novecento* / il film *L'ultimo imperatore*
2. tu / la partita di basketball / la partita di football americano
3. voi / il concerto dell'orchestra di Vienna / il concerto degli U2
4. Lei / la mostra di Magritte / la mostra di De Chirico

L. **Domande.** Rispondete alle domande seguenti con frasi complete.

1. Le piace fare passeggiate o preferisce andare in macchina?
2. Che cosa Le piace molto? Poco?
3. Conosce il nome di un'isola vicino a Venezia? Quale? E una piazza famosa di Venezia?
4. Ha mai noleggiato un'automobile? Che tipo?
5. Vuole andare in Italia? Dove?
6. Che cosa sa fare bene? (cucinare, guidare, parlare italiano, ecc.)

Come si dice?

Expressing likes

Mi piace (piacciono) ...	*I like . . .*
Mi piacerebbe[1] (+ *inf.*)	*I would like* (to do something)
Mi interessa (interessano) ...	*I am interested in . . .*
... è bello (interessante, ecc.)	*. . . is beautiful (interesting, etc.)*
... è buono (saporito, delizioso, ecc.)	*. . . is good (tasty, delicious, etc.)*

---

[1]The verb **piacerebbe** + *infinitive (would like to* + infinitive) is the third person singular of the verb **piacere** in the present tense of the conditional mode: **Vi piacerebbe noleggiare una macchina?** *(Would you like to rent a car?)* **Gli piacerebbe imparare il russo.** *(He would like to learn Russian.)* To learn more about the conditional mode, see Chapter 22.

Expressing dislikes

Non mi piace (piacciono) ... *I don't like ...*
Non mi piacerebbe (+ *inf.*) *I wouldn't like* (to do something)

Non m'interessa (interessano) ... *I am not interested in ...*
... è orribile (disgustoso, ecc.) *... is horrible (disgusting, etc.)*

Gusti *(Tastes)*. Domandate a un'altra persona che cosa gli piace. Usate le espressioni date o altre espressioni originali.

Esempi: —Ti piace giocare a carte?
—No, giocare a carte è noioso.

—Ti interessano i film di Scorsese?
—Sì, mi interessano molto.

il cioccolato
le arachidi *(peanuts)*
i dolci
la moda *(fashion)* italiana
portare vestiti eleganti
andare dal dentista
i film dell'orrore
i film di Fellini
la musica degli U2
la musica heavy metal

giocare a carte
giocare a golf
giocare a tennis
il calcio
il football americano
andare a fare compere
andare a fare la spesa
la neve *(snow)*
la pioggia *(rain)*
andare alla spiaggia

11   LA CITTÀ ETERNA

I signori Wheaton sono a Roma. Stamattina si sono svegliati molto presto; si sono vestiti alla svelta e sono usciti. Ora sono le dieci, e dopo una visita al Colosseo, dove hanno fatto molte fotografie, sono a una fermata dell'autobus e parlano con un vigile.

Signor Wheaton:	Scusi, è la fermata dell'autobus questa?
Vigile:	Sì. Dove devono andare?
Signor Wheaton:	A Piazza San Pietro.
Vigile:	Allora per Piazza San Pietro devono prendere il trentuno. Vanno a visitare il Vaticano?

*Messa a San Pietro
il giorno di Pasqua
(Easter Sunday).*

Signor Wheaton:	Sì. Vogliamo vedere gli affreschi di Michelangelo nella Cappella Sistina.
Vigile:	Vale proprio la pena. Sono opere magnifiche.
Signora Wheaton:	Ma quando arriva l'autobus? È in ritardo?
Vigile:	No, non è affatto in ritardo. Il trentuno passa alle dieci e mezzo, fra sette minuti.
Signor Wheaton:	Possiamo andare a piedi... o è lontano?
Vigile:	Eh sì, è un po' lontano. Ma con l'autobus bastano dieci minuti.
Signora Wheaton:	Allora mi siedo e mi riposo un po'. *(Si siede sulla panchina.)*
Signor Wheaton:	Ah, ecco l'autobus!
Vigile:	Sì, è proprio il trentuno. Buon divertimento!

DOMANDE

1. Quando si sono svegliati i signori Wheaton?
2. Con chi parlano alla fermata dell'autobus?
3. Dove sono gli affreschi di Michelangelo?
4. È in ritardo l'autobus?
5. Perché si siede la signora Wheaton?
6. Dove si siede la signora Wheaton?
7. Come va Lei a casa, in autobus?
8. Conosce le opere di Michelangelo? Quali?

Vocabolario

Sostantivi

l'**affresco** *(pl.* gli **affreschi)** fresco painting
l'**autobus** *(m.)* bus
la **cappella** chapel
  Cappella Sistina Sistine Chapel
il **Colosseo** Colosseum
la **fermata** stop
l'**opera** work
la **panchina** bench
la **Piazza San Pietro** St. Peter's Square
il **Vaticano** the Vatican
il/la **vigile** police officer

Aggettivi

eterno eternal
magnifico magnificent

Verbi

bastare to be enough, to be sufficient
dovere° *(irr.)* to have to, must
  devono you must *(formal, pl.)*
potere° *(irr.)* to be able, can
  possiamo we can
riposarsi to rest

sedersi° *(irr.)* to sit down
  mi siedo I sit down
svegliarsi to wake up
vestirsi to get dressed

Altri vocaboli

proprio exactly, really

Espressioni

alla svelta quickly
andare a piedi to go on foot
eh sì! yes indeed!
vale proprio la pena it is well worth it

- In Italian, the preposition **per** frequently indicates direction or destination *(to)*. **Finalmente l'autobus *per* Piazza San Pietro!** *(Finally, the bus to Saint Peter's Square!)* **Scusi, è questo il treno *per* Torino?** *(Excuse me, is this the train to [for] Turin?)*
- In time expressions, the preposition **fra (tra)** means *in*. **Ti richiamo *fra* (tra) dieci minuti.** *(I'll call you back in ten minutes.)*
- Rome experienced tremendous population growth in the past century due to a continuous influx of people from the neighboring regions of Lazio, Abruzzi, Marche, and the southern areas of the country. When Rome became the country's capital in 1870, it had 200,000 inhabitants. Today it has almost three million people and is one of Italy's most populous cities. Tourism is not only tied to Rome's artistic heritage but virtually inseparable from the religious presence of the Vatican, located in the heart of Rome.
- According to Rome's legendary origins, recounted in the *Aeneid* by the poet Virgil, Aeneas, son of the goddess Venus, escaped the destruction of Troy and later founded the town of Lavinium at the mouth of the river Tiber. His son, Ascanius, subsequently founded Alba Longa where the Vestal Rhea Silvia gave birth to the twins Romulus and Remus from a union with the god Mars. Abandoned on the Tiber, the infants were miraculously saved and nursed by a wolf and later became the mythical "founding fathers" of the Eternal City.

*Roma:
Piazza San Pietro.*

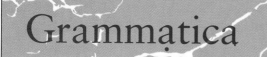

Grammatica

I. Forme riflessive
(Reflexive forms)

In a reflexive sentence the action of the verb reverts to the subject, as in the following examples: *I wash **myself**. They enjoy **themselves**.* In reflexive sentences, Italian verbs, like English verbs, are conjugated with reflexive pronouns.

1. Italian has the following reflexive pronouns (**pronomi riflessivi**):

REFLEXIVE PRONOUNS

Singolare		Plurale	
mi	*myself*	ci	*ourselves*
ti	*yourself*	vi	*yourselves*
si	*himself, herself, itself*	si	*themselves*
	yourself (formal)		*yourselves* (formal)

Mi, ti, si, and **vi** may drop the **i** before another vowel or an **h** and replace it with an apostrophe. **Ci** may drop the **i** only before an **i** or **e**.

Si lava tutti i giorni.	*He washes **himself** every day.*
Ci divertiamo molto qui.	*We enjoy **ourselves** a lot here.*
A casa, **m'**annoio.	*At home, I get bored.*

2. The infinitive form of an Italian reflexive verb ends in **-si** (alzar**si**, seder**si**, vestir**si**, etc.) When the verb is conjugated, **-si** is replaced by the appropriate reflexive pronoun, which is usually placed *before* the verb.

Domani **s'**alzano alle nove.	*Tomorrow **they**'ll get up at nine o'clock.*
Ti vesti?	*Are **you** getting dressed?*
Ci siamo seduti laggiù in fondo.	*We sat down over there in the back.*

3. The present indicative of a reflexive verb is as follows:

Divertirsi *to enjoy oneself*	
mi diverto	ci divertiamo
ti diverti	vi divertite
si diverte	si divertono

La domenica **mi diverto** molto.	*On Sundays I enjoy myself.*
Anna **si diverte** allo zoo.	*Anna has a good time at the zoo.*

4. In general, when a verb is reflexive in English, it is also reflexive in Italian. Certain verbs, however, are reflexive in Italian, but not in English.

Mi metto il cappotto.	*I am putting on my coat.*
Ogni mattina **si sveglia** alle sette.	*Every morning he wakes up at seven.*
Ti preoccupi per nulla.	*You're worrying for nothing.*

5. In the compound tenses (we have studied only the present perfect so far), reflexive verbs always take the auxiliary **essere**; therefore, the past participle always agrees with the subject.

Mi sono **tolto/a** la giacca.	*I took my jacket off.*
Si sono **asciugati/e** subito.	*They dried themselves right away.*

6. In the **forma reciproca** *(reciprocal form)*, plural reflexive pronouns are used with the reciprocal meaning of *each other* or *one another*.

Maria e Carlo **si scrivono**.	*Maria and Carlo write to each other.*
Ci vediamo tutti i giorni.	*We see one another every day.*
Vi siete scambiati regali?	*Did you exchange (give each other) presents?*
Si sono visti la settimana scorsa.	*They saw one another last week.*

7. In a negative sentence, reflexive pronouns come between **non** and the verb.

Carlo **non si pettina** mai.	*Carlo never combs his hair.*
Non ci siamo divertiti.	*We did not have a good time.*

8. Reflexive pronouns are attached to the infinitive.

È troppo presto per **alzarsi**.	*It's too early to get up.*
Si sono telefonati per **parlarsi**.	*They called each other to speak to each other.*

II. Nomi e aggettivi femminili

Feminine nouns and adjectives ending in **-ca** and **-ga** end in **-che** and **-ghe** in the plural.

amica *(s.)*	*friend*	amiche *(pl.)*	*friends*
lunga *(s.)*	*long*	lunghe *(pl.)*	*long*

III. Presente indicativo di *sedersi*

Sedersi	*to sit down*
mi siedo	ci sediamo
ti siedi	vi sedete
si siede	si siędono

Io **mi siedo** a questo tąvolo.	*I'm going to sit at this table.*
Dove **ti siedi tu?**	*Where are you going to sit?*
Loro **si sono** già **seduti.**	*They already sat down.*

IV. Presente indicativo di *dovere* e *potere*

Dovere	*to have to, must*	Potere	*to be able, can, may*
devo		posso	
devi		puọi	
deve		può	
dobbiamo		possiamo	
dovete		potete	
dęvono		pọssono	

Dovere, potere, and **volere** are often called "servile" verbs in Italian (modal auxiliaries in English) because they "serve" other verbs by acting as helping verbs.

Se **vuọi fare** il bagnino, **devi imparare** a nuotare.	*If you **want to be** a lifeguard, you **must learn** how to swim.*
Mi dispiace, ma **devo andare.**	*I'm sorry, but **I must go.***
Devo scęndere alla stazione.	***I have to get off** at the station.*
Posso entrare?	***May I come in?***
Ha la febbre alta e **non può giocare** oggi.	*He has a high fever and **can't play** today.*

ESERCIZI

A. Formate nuove frasi seguendo le indicazioni nell'esempio.

Esempio: I signori Wheaton →
        I signori Wheaton si divęrtono molto a Roma.

1. anch'io
2. anche tu
3. i turisti

4. io e Salvatore
5. tu e la tua amica
6. quel signore

B. Formate nuove frasi seguendo le indicazioni nell'esempio.

Esempio: (noi) →
Quando arriviamo in Piazza San Pietro, ci riposiamo.

1. loro due
2. io
3. tu e la tua compagna di scuola
4. tutti noi
5. tu
6. questi turisti

C. Descrivete *(describe)* le attività *(activities)* di Daniela.

Esempio: svegliarsi / presto →
Daniela si sveglia presto.

1. alzarsi / alle 7.00

2. fare il bagno *fa il bagno*

3. asciugarsi i capelli
si asciuga i capelli

4. vestirsi

5. sedersi a tavola

6. fare colazione

7. alzarsi da tavola

8. lavarsi i denti

9. pettinarsi

10. andare al lavoro

D. Usate le parole date per rispondere alle domande seguenti. Seguite l'esempio.

> *Esempio:* Con che cosa ti lavi la faccia? →
> Mi lavo la faccia con acqua e sapone.

il **sapone**   l'**acqua**   il **dentifricio**   lo **sciampo**   il **pettine**   l'**asciugamano**

1. Con che cosa ti lavi i denti?
2. Con che cosa ti asciughi?
3. Con che cosa ti lavi i capelli *(hair)*?
4. Con che cosa ti lavi le mani *(hands)*?
5. Con che cosa ti pettini?
6. Ti lavi con acqua calda, fredda o tiepida?

E. Descriva le attività di una Sua giornata tipica (o non tipica) usando le espressioni dell'esercizio precedente ed altre espressioni originali.

> *Esempio:* La mattina normalmente mi alzo presto. Ma stamattina mi sono svegliato/a alle nove. Ho fatto la doccia, ma non mi sono lavato/a i capelli. Mi sono lavato/a la faccia con acqua fredda ...

F. Rispondete alle domande con frasi complete. Seguite l'esempio.

> *Esempio:* Vi parlate in italiano? →
> Sì, ci parliamo in italiano ogni giorno.

1. Vi scrivete?
2. Vi vedete?
3. Vi parlate?
4. Vi mandate cartoline?
5. Vi fate visita spesso?
6. Vi telefonate?

G. Cambiate le frasi seguenti usando la forma reciproca.

> *Esempio:* Vanna scrive a Gianni e Gianni scrive a Vanna. →
> Vanna e Gianni si scrivono.

1. Vanna guarda Gianni e Gianni guarda Vanna.
2. Carlo telefona a Maria e Maria telefona a Carlo.
3. Lidia ha fatto visita a Adriana e Adriana ha fatto visita a Lidia.
4. Il professore aspetta lo studente e lo studente aspetta il professore.
5. L'impiegato parla al turista e il turista parla all'impiegato.
6. Il portiere ha visto il signore e il signore ha visto il portiere.

H. Usate il passato prossimo per fare le vostre domande. Seguite l'esempio.

> *Esempio:* Ci telefoniamo quasi ogni giorno. →
> Vi siete telefonati anche ieri?

1. Ci vediamo quasi ogni giorno.
2. Ci scambiamo regali per il compleanno.
3. Ci scriviamo quasi ogni giorno.
4. Ci troviamo davanti alla chiesa quasi ogni giorno.
5. Ci aspettiamo quasi ogni giorno.
6. Ci parliamo quasi ogni giorno.

I. Completate il dialogo con la forma corretta di **volere, potere,** o **dovere.**

> *Lisa:* Leo, che cosa fai oggi pomeriggio?
> *Leo:* _____ andare in ufficio. Mio padre ha un sacco di lavoro.
> *Lisa:* _____ uscire prima dell'una?
> *Leo:* _____ provare *(try)*. Perché?
> *Lisa:* Io e Gabriella _____ noleggiare una macchina e fare una gita. _____ andare al mare, o se _____ , anche in montagna. _____ venire anche tu?
> *Leo:* Buon'idea! E _____ invitare anche Fabio!

J. Ipotesi e conclusioni *(Hypotheses and conclusions).* Per ogni frase formulate un'ipotesi o una conclusione usando i verbi **potere** e **dovere** nel tempo presente. Cercate di essere originali.

> *Esempi:* L'autobus non arriva. →
> Possiamo andare a piedi o prendere un tassì.
>
> Mario va al lavoro alle sei. →
> Si deve sempre alzare presto allora.

1. I Musei Vaticani sono chiusi oggi.
2. Vogliono fare colazione a casa, ma gli mancano il latte e il pane.
3. Non c'è acqua calda.
4. Il volo *(flight)* per Venezia partirà in ritardo.
5. Volete imbucare le cartoline ma non avete i francobolli.
6. Senza dubbio domani piove.
7. Franca ha fame ed è stanca.
8. Ci interessa molto la dieta mediterranea.

K. Domande. Rispondete alle domande seguenti con frasi complete.

1. A che ora si alza di solito? E stamattina?
2. È uscito/a domenica scorsa? Dov'è andato/a? Si è divertito/a?
3. Dove si siede quando va al parco?
4. Prende mai l'autobus? Quale?
5. È mai in ritardo? Quando?

6. Quali ingredienti deve comprare se vuole cucinare gli spaghetti al pomodoro?
7. Cosa dovete comprare se volete andare a vedere un film?
8. In quale tipo di negozio posso trovare francobolli e biglietti per la metropolitana?

L. Dialogo: Roma... che città magnifica! Completate il dialogo con espressioni appropriate.

Amica:	_____
Signora Wheaton:	Sì, la conosciamo molto bene. È una città magnifica.
Amica:	_____
Signora Wheaton:	L'abbiamo visitata nell'estate del 1992.
Amica:	_____
Signora Wheaton:	Sì, quando abbiamo visitato il Vaticano abbiamo visto gli affreschi di Michelangelo.
Amica:	_____
Signora Wheaton:	Naturalmente ci sono piaciuti moltissimo.
Amica:	_____
Signora Wheaton:	Sì, anch'io ho fatto molte fotografie.
Amica:	_____
Signora Wheaton:	Sì, abbiamo noleggiato una Lancia.
Amica:	_____
Signora Wheaton:	Ci siamo divertiti moltissimo!

QUAL È IL PROBLEMA PRINCIPALE DEL SUO COMUNE?	MILANO	VENEZIA	FIRENZE	BARI
L'INQUINAMENTO	25,7	21,5	10,5	4,0
LA VIOLENZA	10,2	6,2	11,5	44,8
LA DROGA	23,2	5,6	16,5	12,6
LA CASA	9,7	7,7	17,0	13,4
L'IGIENE	5,8	7,2	2,5	2,0
IL TRAFFICO	7,8	17,4	11,0	11,4
I TRASPORTI PUBBLICI	1,5	4,1	1,0	1,5
GLI IMMIGRATI	3,4	3,6	20,5	0
I SERVIZI SOCIALI	4,4	5,6	4,0	4,0
LE STRUTTURE SPORTIVE	0,5	1,5	0,5	0,5
LE STRUTTURE RICREATIVE	0,5	2,1	0	0
GLI OSPEDALI	4,9	11,3	3,0	1,5
ALTRO	1,5	3,6	2,0	2,5
NESSUNO	1,0	2,6	0	1,5

E nella Sua città come stanno le cose?

Come si dice?

Asking for information (about transportation)

These expressions are useful when taking the bus or other public means of transportation:

*ogni quanto
how often*

Scusi, che autobus devo prendere per [Piazza del Popolo]?	*Excuse me, what bus should I take to go to [Piazza del Popolo]?*
Quale autobus va a (passa per) [il Vaticano]?	*Which bus goes to (goes through to) [the Vatican]?*
Sa se la prossima fermata è [il Colosseo]?	*Do you know if the next stop is [the Colosseum]?*
Sono sull'autobus giusto? Devo andare [alla stazione].	*Am I on the right bus? I have to go [to the railway station].*
Ogni quanto passa il numero [tre]?	*How often does the (bus) number [three] come by?*
Passa ogni [dieci] minuti.	*It comes by every [ten] minutes.*
È occupato questo posto?	*Is this seat taken?*
Sì, è occupato.	*Yes, it's taken.*
No, è libero.	*No, it's not taken.*
Sa quanto tempo ci vuole per arrivare [al Vaticano]?	*Do you know how long it takes to get to [the Vatican]?*

Che cosa dice Lei? Date le espressioni appropriate per le situazioni seguenti.

1. You want to get off at Piazza Navona but don't know where the stop is.
2. You can't make out the bus schedule. Ask someone how often bus number 58 goes by.
3. You're on the vaporetto in Venice and want to sit down. Ask if anyone is sitting at one of the seats.
4. On your way from Milan to Bologna on a train, you ask your neighbor if the next stop is Parma or Modena.
5. You know that bus number 35 goes in the direction of the Vatican in Rome, but you are not sure if it stops at Castel Sant'Angelo, where you want to get off.
6. You have been in Rome for four days now and you are going back to see the Imperial Forum when the bus suddenly turns in a direction that you have not gone before. Ask another passenger if you are on the right bus, and what the next stop is.

Una fermata dell'autobus e del tramvai a Milano.

12 VIAGGIO DI NOZZE

anche se - even though

Franca e Antonio si sono fidanzati alcuni mesi fa, e hanno deciso di sposarsi il prossimo giugno. Anche se la data è ancora lontana, i futuri sposi fanno già progetti per la luna di miele. Al momento sono seduti in una nota agenzia milanese e stanno discutendo il loro itinerario con un agente di viaggio.

Agente: Ecco le tariffe. Includono l'albergo a mezza pensione, il trasporto in aereo con l'Alitalia e la macchina a noleggio per sette giorni.

Franca: A me piacerèbbe fare una crociera lungo il Nilo...

Agente: Se volete, ho un viaggio nei mesi di marzo, aprile e maggio. Dopo farà troppo caldo per l'Egitto.

Il giorno del matrimonio di Franca e Antonio.

Antonio:	E poi non coincide con la nostra data. Ci sposeremo verso la fine di giugno.
Agente:	In tal caso, vi raccomando la Sicilia: Siracusa, Palermo e molte altre località di notevole interesse. È senza dubbio un itinerario che vi permette più autonomia.
Antonio:	Il volo è diretto?
Agente:	Fa scalo a Napoli prima di arrivare a destinazione.
Antonio:	Che ne pensi, tesoro?
Franca:	Mi sembra un bel viaggio.
Antonio:	Dunque, Le possiamo lasciare un deposito adesso e pagare il resto dopo?
Agente:	Esatto. Vi spedirò la conferma trenta giorni prima della partenza. La lettera sarà la ricevuta della prenotazione. Comunque, vi devo avvertire che ci sono penali per la disdetta.

DOMANDE

1. Quando si sposeranno Franca e Antonio?
2. Dove vogliono andare in luna di miele?
3. Cosa fanno in una agenzia milanese?
4. Che cosa vuole fare Franca?
5. Cosa raccomanda invece l'agente?
6. Il volo da Milano a Palermo è diretto o fa scalo in un'altra città?
7. Che cosa lasciano Antonio e Franca?
8. I fidanzati riceveranno una conferma della prenotazione?

Vocabolario

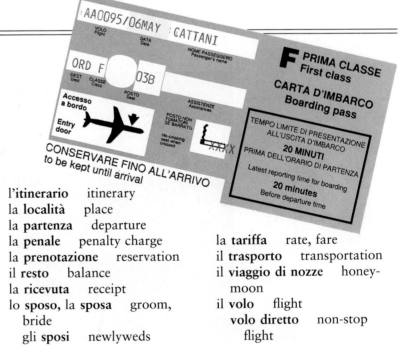

Sostantivi

l'**arrivo** arrival
l'**autonomia** independence, autonomy
la **conferma** confirmation
la **consegna** delivery
la **crociera** cruise
la **data** date
il **deposito** downpayment, deposito
la **destinazione** destination
la **disdetta** cancellation
il **dubbio** doubt
l'**Egitto** Egypt
il **fidanzato**, la **fidanzata** fiancé, fiancée
l'**interesse** (*m.*) interest

l'**itinerario** itinerary
la **località** place
la **partenza** departure
la **penale** penalty charge
la **prenotazione** reservation
il **resto** balance
la **ricevuta** receipt
lo **sposo**, la **sposa** groom, bride
gli **sposi** newlyweds

la **tariffa** rate, fare
il **trasporto** transportation
il **viaggio di nozze** honeymoon
il **volo** flight
volo diretto non-stop flight

Aggettivi

notevole   outstanding, great
prossimo   next

Verbi

coincidere (*p.p.* **coinciso**)   to coincide
fidanzarsi   to get engaged
includere (*p.p.* **incluso**)   to include
intendere (*p.p.* **inteso**) (+ *inf.*) to intend (*to do something*)
lasciare   to leave, leave behind
permettere (*p.p.* **permesso**) (**di** + *inf.*)   to allow (*to do something*)
raccomandare   to recommend
sembrare   to seem, appear
spedire (**isc**)   to mail, send
sposarsi   to get married

Altri vocaboli

comunque   however
dunque   so, therefore
esatto!   right! precisely!
lungo (*prep.*)   along
prima di   before
senza (**di**)   without

Espressioni

andare in luna di miele   to go on a honeymoon
che ne pensi?   what do you think (about it)?
fare progetti   to make plans
fare scalo a   to stop, to make a stopover (*airplanes and ships*)
in tal caso   in that case
macchina a noleggio   rental car
pensione   board
  a pensione completa including three meals
  a mezza pensione   including breakfast and dinner
mi piacerebbe fare   I would like to do
senza dubbio   without a doubt
stanno discutendo   are discussing
tesoro   darling

NOTE LINGUISTICHE E CULTURALI

- **Siracusa** *(Syracuse)* was colonized by the Greeks in the eighth century B.C. and soon became one of Magna Graecia's most prestigious cities. One of its famous citizens was the mathematician and inventor Archimedes, who was born there in 287 B.C. While defending his city from a Roman attack, Archimedes was able to burn the enemy's ships by directing the rays of the sun at them through a system of mirrors and lenses. Yet, Archimedes was so absent-minded and so absorbed in his calculations that one day, when the Romans eventually invaded **Siracusa,** he was caught by surprise and killed.
- **Palermo** was the capital of Saracen and Norman Sicily as well as the capital of the Autonomous Region of Sicily in the later Italian Republic. In the thirteenth century, Palermo was the center of the Sicilian school of poetry, which gave birth to Italian literature. Its royal palace boasts the **Cappella Palatina** with its outstanding mosaics that date back to A.D. 1130.

Veduta delle rovine (ruins) *a Taormina.*

Grammatica

I. Il futuro
(The future tense)

The future tense of regular verbs is formed by adding the future endings to the infinitive after dropping the final -e. Verbs of the first conjugation change the **a** of the infinitive ending (-**are**) to **e** (parl**a**re → parl**e**rò). The future endings are identical for all three verb conjugations, regular and irregular.

Parlare	Rispondere	Capire
parler-ò	risponder-ò	capir-ò
parler-ai	risponder-ai	capir-ai
parler-à	risponder-à	capir-à
parler-emo	risponder-emo	capir-emo
parler-ete	risponder-ete	capir-ete
parler-anno	risponder-anno	capir-anno

Domani **parlerò** con l'avvocato.	*Tomorrow, **I'll talk** to the lawyer.*
Ripeteremo la lezione.	***We'll repeat** the lesson.*
Un giorno **capirai**...	*One day, **you'll understand** . . .*

1. Verbs ending in -**care** and -**gare** add an **h** to the stem of all persons to retain the hard sound: **dimenticare** → **dimenticherò, pagare** → **pagherò.**

Mi **dimenticherai** in fretta.	***You'll forget** me in a hurry.*

2. Verbs ending in -**ciare** and -**giare** drop the -**i** of the stem: **cominciare** → **comincerò, mangiare** → **mangerò.**

Non hanno fame? **Mangeranno** più tardi!	*They're not hungry? **They'll eat** later!*

II. Uso idiomatico del futuro

1. The future tense may be used to express conjecture or probability in the present.

Dove sarà?	*Where can he be?*
Sarà americano.	*He is probably an American.*
Che ora sarà?	*I wonder what time it is.*
Saranno le dieci.	*It's probably ten o'clock.*

2. When the future tense is used in the main clause, and the subordinate clause begins with **se, appena,** or **quando,** the future should also be used in the subordinate clause.

Se visiterò il Colosseo, visiterò anche il Foro.

Quando arriveranno, pranzeremo.

Appena ritornerà, telefonerò.

If I visit the Colosseum, I will also visit the Forum.

When they arrive, we will dine.

As soon as she returns, I'll telephone.

3. The future is used to translate the English progressive present of *to go* when denoting futurity but no immediate action.

Quando **partirete?**

When are you going to leave?

4. The English future is often rendered in Italian by the present when the action is about to take place.

Lo compro io, se tu non lo vuoi.

I'll buy it, if you do not want it.

5. The English future, when used to make a suggestion, is rendered in Italian by the present.

Andiamo insieme?

Shall we go together?

III. Il futuro di
avere e *essere*

Avere	Essere
avrò	sarò
avrai	sarai
avrà	sarà
avremo	saremo
avrete	sarete
avranno	saranno

Sì, la prossima settimana **avrò** tempo.

Sarà all'aeroporto.

Yes, I'll have time next week.

He'll be at the airport.

IV. Il futuro di
alcuni verbi
irregolari

Some verbs have an irregular future stem, but regular endings. Here are some of them:

andare   andrò, andrai, andrà, andremo, andrete, andranno
dare   darò, darai, darà, daremo, darete, daranno
fare   farò, farai, farà, faremo, farete, faranno
dovere   dovrò, dovrai, dovrà, dovremo, dovrete, dovranno

potere	potrò, potrai, potrà, potremo, potrete, potranno
sapere	saprò, saprai, saprà, sapremo, saprete, sapranno
vedere	vedrò, vedrai, vedrà, vedremo, vedrete, vedranno
venire	verrò, verrai, verrà, verremo, verrete, verranno
volere	vorrò, vorrai, vorrà, vorremo, vorrete, vorranno

Verrò in Italia in luglio.	*I'll come to Italy in July.*
Sapranno dove siamo andate?	*Will they know where we went?*
Vedrai... tornerà presto.	*You'll see . . . she'll come back soon.*

ESERCIZI

A. Riscrivete le frasi con il soggetto dato in parentesi, facendo i cambiamenti necessari.

Esempio: Quando arriveremo, manderemo una cartolina. (loro) →
Quando arriveranno, manderanno una cartolina.

1. Se studierò, capirò tutto.
(voi; anche tu; noi due; quegli studenti)
2. Non dimenticherete di pagare?
(tu; noi; il turista; le turiste)
3. Scenderemo dal tassì davanti al teatro.
(anche noi; tutti; tu; io; tutti voi; quel turista)
4. Se andrò, mi divertirò molto.
(anche loro; noi; tu e tua moglie; questo signore)

B. Completate le frasi seguenti con la forma corretta del futuro.

1. Sì, in quella discoteca __balleremo__ (ballare, *to dance*) anche noi.
2. Lui __arriverà__ (arrivare) in aereo.
3. Fra pochi minuti (voi) __passerete__ (passare) davanti all'aeroporto.
4. Che cosa __visiterai__ (visitare) quando arriverai a Capri?
5. Naturalmente, (noi) __mangeremo__ (mangiare) bene!
6. Forse quei turisti __scenderanno__ (scendere) a Piazza San Marco.
7. Dove __cenerai__ (cenare) tu?
8. Quando arriveremo, ci __riposeremo__ (riposarsi) a Taormina.
9. Sì, tutti si __riposeranno__ (riposarsi).
10. In discoteca, anche voi vi __divertirete__ (divertirsi).

C. Franca e Antonio. Completate le frasi seguenti con i verbi in parentesi al futuro.

Per il loro viaggio di nozze Franca e Antonio __andranno__ (andare) in Sicilia e __visiteranno__ (visitare) diverse località di notevole interesse. __Si divertiranno__ (divertirsi) molto, ma prima di partire,

Franca ___dovrà___ (dovere) fare tutti i preparativi (*arrangements*) per la cerimonia. Io e Tina non le ___permeteremo___ (permettere) di preoccuparsi troppo. Noi ___contatteremo___ (contattare, *to contact*) il proprietario del ristorante, ___prepareremo___ (preparare) la lista degli invitati, e ___spediremo___ (spedire) le partecipazioni (*invitations*). La data ___coinciderà___ (coincidere) con l'anniversario di matrimonio dei genitori di Antonio. Senza dubbio, anche loro ___decideranno___ (decidere) di fare un secondo viaggio di nozze per festeggiare l'occasione. ___sarà___ (essere) certamente una festa magnifica!

Silvano Filippi   *Antonella Nasi*

annunciano il loro matrimonio
che sarà celebrato
nella Chiesa Parrocchiale di Pantano
Sabato 24 Agosto 1991 alle ore 16

Via Pantano - Piagnola, 39   *Via Pomponazzi, 8*
Carpineti (RE)   *Coviolo (RE)*

dopo la cerimonia Silvano e Antonella
saranno lieti di salutare amici e parenti
al rinfresco che si terrà presso il
Ristorante «Mulino del Tasso» di Giandeto

D. **In vacanza.** I signori Del Monte andranno in vacanza fra un mese. La signora è impaziente e già prepara una lista delle cose che deve fare prima della partenza. Date le risposte del marito. Usate il futuro e seguite l'esempio.

Esempio: Tu e Giorgio avete già telefonato allo zio? →
                No, ma gli telefoneremo presto.

1. Abbiamo già pagato l'assicurazione (*insurance*) per il viaggio?   *ma la pagheremo*
2. Carlo, hai già ricevuto la conferma?
3. Leo e Paola hanno già trovato il numero di telefono dell'albergo?
4. Hai già spedito la lettera con il deposito?

riceverò

No, ma le riceveremo

5. Abbiamo già ricevuto informazioni sulle escursioni locali?
6. Hai già lasciato le chiavi alla nonna Patrizia? *No, ma le lascerò*
7. Hai già invitato i tuoi cugini per la festa prima della partenza? *No, ma li inviterò*
8. L'impiegata dell'agenzia ha già detto quando è la partenza? *No, ma lo dirà*

E. Riscrivete le frasi seguenti usando l'esempio come modello.

Esempio: No, oggi loro non pagano il tassì →
No, domani loro non pagheranno il tassì.

1. No, oggi non vado alla discoteca.
2. No, oggi tu non puoi nuotare.
3. No, oggi non piove.
4. No, oggi non possono fare fotografie.
5. No, oggi non ci ricordiamo nulla.
6. No, oggi non dimentico il biglietto.
7. No, oggi non dovete venire.
8. No, oggi non li vediamo.

F. Date l'equivalente in inglese.

1. Che ore sono? Non sono sicuro; saranno le quattro o le quattro e un quarto.
2. Dov'è Marina? Non sono sicuro; sarà all'agenzia.
3. Quanti anni ha Giacomo? Non sono sicuro; avrà cinquanta o cinquantacinque anni.
4. Che cosa mangia quel turista? Non sono sicuro; mangerà una pizza o un panino.
5. Chi è quella ragazza? Non la conosco, ma sarà italiana.
6. Quando i miei genitori arriveranno, faranno molte fotografie.
7. Appena finiremo questo esercizio, ci riposeremo.
8. Quando sarai in Italia, mi scriverai?

G. Rispondete alle domande seguenti in frasi complete.

1. Che cosa farà Lei domenica prossima? Resterà a casa o andrà da qualche parte *(somewhere)*?
2. A che ora si alzerà domani?
3. Dove andrà la prossima estate? Viaggerà? Resterà a casa? In tal caso, che cosa farà?
4. Quanti anni avrà Lei nell'anno 2000?
5. Che ore saranno adesso?
6. Dove sarà Sua madre in questo momento? Che cosa starà facendo? E Suo padre? E il Suo fidanzato (la Sua fidanzata)?

H. **Rielaborazione.** Date l'equivalente in italiano.

1. As soon as we arrive in Capri, I will have dinner (**cenare**).
2. Are you joking? He is probably fifty years old.
3. I will never go downtown by bus. I will take a cab.

4. Yes, you will have to take a cab.
5. If I visit Rome, I will see the Vatican.
6. How is the weather in Florence? I don't know; it's probably raining.

Come si dice?

Expressing disbelief

When you don't quite believe what you have just heard, you can say:

Sarà!	*Maybe so (but I doubt it)!*
Sarà vero?	*Do you think it's true?*
Non ci credo!	*I don't believe it!*
Stai (sta) scherzando!	*You're kidding!*
Mi prendi in giro?	*Are you kidding me?*
Ma va!	*Oh, come on!*
Impossibile!	*Impossible!*

A. Incredibile! *(Unbelievable!)* Reagite *(react)* a queste affermazioni *(statements)* incredibili, usando l'espressione appropriata.

Esempio: Roma non è una città molto interessante. →
         Mi prendi in giro?

1. Alberto Tomba è un giocatore di football americano.
2. Gabriella Sabatini è una tennista italiana.
3. Greg Luganis ha partecipato alle Olimpiadi di Barcellona per la nazione russa.
4. Muhammad Alì è stato battuto *(defeated)* almeno cinquanta volte durante la sua carriera.
5. Il tennista John McEnroe è sempre gentile e contento quando gioca partite al livello internazionale.
6. L'attrice Kim Basinger è stata la protagonista di *Via col vento (Gone with the Wind)*.

B. Ci credi o no? Fate delle affermazioni vere o false ai vostri compagni di classe. I membri della classe dovranno reagire a queste affermazioni.

Esempi: —Ieri ho ballato con Madonna.
         —Ma va. È impossibile!

         —Il venti aprile compio vent'anni.
         —Ci credo.

LE CITTÀ ITALIANE

Roma:
I Fori Imperiali.

La storia d'Italia è la storia di Napoli, Venezia, Roma, Genova, Milano e di tutte le altre città. L'Italia come la conosciamo oggi, cioè° come una nazione unita° e indipendente, ha una storia piuttosto breve.° Infatti, la storia dell'Italia moderna comincia nel 1861 (mille ottocento sessantuno). Prima di questa data e per circa undici secoli,° l'Italia era divisa° in piccoli stati, repubbliche marinare° e territori feudali. Dopo la caduta° dell'Impero Romano e durante° il periodo medievale, il comune° e la repubblica erano° le due forme di governo° di molte città italiane. Anche durante il Rinascimento° e fino al secolo scorso,° la penisola non ha mai avuto un governo centrale. Questo ha dato al paese una diversità eccezionale.

namely
united / brief

centuries / was divided
maritime / fall
during / city-state / were
government / Renaissance
last

Roma, la capitale moderna e anche la capitale dell'antico Impero Romano, è nell'Italia centrale, sul fiume Tevere. Le altre grandi° città sono al nord e al sud di Roma. E poi ci sono molte piccole città pittoresche, specialmente sulle colline° e lungo le coste:° Siena, Perugia, Orvieto, Salerno, Ragusa, Taormina, San Remo e molte altre.

big

hills / coasts

Le città italiane sono costruite di pietra,° hanno molte piazze, e le vie sono strette.° Una delle caratteristiche delle città italiane, grandi e piccole, è la varietà, e questo è vero anche del paesaggio,° dei costumi,° dei dialetti° e dei tipi etnici.°

stone
narrow
landscape / customs / dialects
ethnic

ESERCIZI DI COMPRENSIONE

A. Vero o falso?

_____ 1. L'Italia è un paese con una lunga storia.

_____ 2. L'Italia è stata una nazione unita per circa undici secoli.

_____ 3. La penisola ha avuto un governo centrale durante il Rinascimento.

_____ 4. Il comune e la repubblica erano tipiche forme di governo dell'Impero Romano.

_____ 5. Le città italiane non hanno un carattere uniforme.

B. Rispondete in modo completo.

1. Sa il nome di cinque città italiane? Quali sono?
2. Perché è breve la storia dell'Italia moderna?
3. Quando non ha avuto un governo centrale l'Italia?
4. Dove ci sono molte piccole città pittoresche?
5. Che cosa notano gli stranieri in Italia?
6. Quale città italiana è chiamata la Città Eterna? Perché?

RIPETIZIONE III

A. Formate domande e risposte seguendo le indicazioni date nell'esempio.

Esempio: fare delle passeggiate recentemente →
—Hai fatto delle passeggiate recentemente?
—No, non ho fatto nessuna passeggiata.

1. visitare località d'interesse
2. vedere le nuove tariffe per il Kenya
3. fare progetti per quest'estate
4. chiedere informazioni per qualche escursione
5. ricevere la conferma per il volo
6. conoscere degli studenti italiani

B. Formate domande e risposte seguendo l'esempio.

Esempio: i francobolli / Maria →
—Hai dato i francobolli a Maria?
—No, non le ho dato i francobolli perché non l'ho vista.

1. gli spiccioli / Bruno e Vanna
2. la lettera con la conferma / gli zii
3. le fotografie / gli amici della mamma
4. il denaro / tuo fratello
5. i compiti / l'insegnante *(f.)* di francese
6. i biglietti / le signore
7. il deposito / l'agente di viaggio
8. gli appunti / Lucia

C. Formate domande e risposte usando i pronomi complemento oggetto indiretto, come nell'esempio.

Esempi: il vino *(wine)* / la Coca-Cola →
              —Ti piace il vino?   *indirect object*
              —No, non mi piace. Preferisco la Coca-Cola.

              ballare / ascoltare la musica →
              —Ti piace ballare?
              —No, non mi piace. Preferisco ascoltare la musica.

1. fare una crociera / viaggiare in aereo
2. il vaporetto / la gondola
3. andare a piedi / prendere l'autobus
4. l'ultimo modello della Maserati / l'ultimo modello della Ferrari
5. viaggiare in gruppo / viaggiare da solo/a *(by yourself)*
6. la carne di suino / la carne di pollo

D. Formate nuove frasi seguendo le indicazioni nell'esempio.

Esempio: quegli edifici / io →
               Quegli edifici? No, purtroppo non mi sono piaciuti.

1. le fragole / noi
2. questi affreschi / il signor Wheaton
3. andare in gondola / io
4. il Lido di Venezia / gli studenti
5. visitare le vetrerie / voi
6. questo pranzo / mia zia

E. Date il contrario delle frasi seguenti usando le forme appropriate del doppio negativo.

Esempio: Il numero trentuno è già passato. →
               Il numero trentuno non è ancora passato.

1. Quell'autobus arriva sempre presto.
2. Vale proprio la pena.
3. Ci riposeremo ancora.
4. I tuoi cugini sono già arrivati.
5. Quel ristorante è un po' lontano.

Esempio: (voi) → Dove vi riposerete?

1. loro due
2. il vigile
3. tutti noi
4. tu e tua cugina
5. i tuoi amici
6. io e la zia

G. Formate nuove frasi seguendo l'esempio.

Esempio: io / il Colosseo →
Se avrò tempo, visiterò il Colosseo e farò delle fotografie.

1. noi / Pompei
2. anche loro / l'isola di Murano
3. tu e Luisa / il Vaticano
4. tu / la Basilica di San Pietro
5. mio padre / la città di Palermo

Situazione pratica

Progetti per una domenica d'inverno. Domani è domenica e siamo in inverno. Quali sono i Suoi progetti? Che cosa farà? Chi vedrà? Come andranno le cose? Ci spieghi.

IV IL TEMPO LIBERO

Culture
- Forms of entertainment
- Popular sports
- Soccer as national pastime
- The **Totocalcio**

Communication
- Expressing agreement or disagreement
- Talking about sports
- Encouraging someone
- Rejoicing and expressing relief

13 ANDIAMO AL CINEMA?

Oggi all'Ambra danno un film in prima visione di un giovane regista italiano. Adriana e Lorenzo fanno la coda al botteghino.

Adriana: Quanto tempo sarà che non ci vediamo?
Lorenzo: Almeno due mesi. Sai che stai molto bene?
Adriana: Veramente è un maglione che ho comprato uno o due anni fa.
Lorenzo: Senti, sei sicura che sarà un bel film? I protagonisti sono tutti sconosciuti.

Cosa vogliamo andare a vedere?

Adriana: Ho letto un'ottima recensione ieri sera sulla *Repubblica*. La trama sembra interessante, è ambientato in Sicilia, verso il 1848. È un film drammatico e gli attori, compreso il regista, sono tutti italiani. Dai, vedrai che ti piacerà. Alcune mie amiche hanno detto che è stupendo.

[handwritten: Come on, you'll see that you'll like it!]

Lorenzo: Sarà! Sai che io generalmente sono più appassionato dei grandi maestri del cinema italiano: Visconti, Antonioni...

Ragazza: *(allo sportello)* Quanti biglietti vogliono? In platea è esaurito.

Lorenzo: Due in galleria allora.

Adriana: Finalmente escono.

Lorenzo: Dove ci sediamo?

Adriana: Se c'è posto, nelle prime file. Ho dimenticato gli occhiali a casa.

DOMANDE

1. Che cosa danno oggi al cinema Ambra?
2. Quando ha comprato il maglione Adriana?
3. Lorenzo sa chi sono i protagonisti del film?
4. Che cosa ha letto Adriana sulla *Repubblica*?
5. Che tipo di film è?
6. Lei pensa che il film piacerà a Lorenzo?
7. Quale sezione del cinema è esaurita?
8. Perché vuole sedersi nelle prime file Adriana?

Vocabolario

Sostantivi

l'**attore**, l'**attrice** actor, actress
il **botteghino** ticket booth
la **fila** row
la **galleria** balcony
la **platea** stalls, parterre
il **posto** seat; space
la **recensione** review
il/la **regista** director
la **sezione** section
lo **sportello** ticket window; counter
la **trama** plot

Aggettivi

appassionato (di) keen (on)
drammatico dramatic

sconosciuto unknown
sicuro sure
stupendo stupendous

Verbi

comprendere (*p.p.* **compreso**) to include
dimenticare (**di** + *inf.*) to forget (*to do something*)
essere ambientato (**in/a**) take place (in)

Altri vocaboli

almeno at least
esaurito sold out
fa ago

finalmente finally, at last
generalmente generally
veramente to tell you the truth; really
verso around; towards

Espressioni

dare un film to show a movie
fare la coda to wait in line
prima (seconda) visione first (second) release
quanto tempo how long
senti! listen!
se c'è posto if there is space
stare bene to look well

NOTE LINGUISTICHE E CULTURALI

- When reacting to a compliment, instead of thanking the person who made it, Italians tend to downplay the compliment. In this case, Adriana softens Lorenzo's observation by implying that she is actually wearing an old item. If Adriana thanked Lorenzo, she would seem rather immodest to Italians.
- A movie is **in prima visione** when it has just been released. Movies **in seconda visione** are shown later than their initial release and at lower admission prices.

PRIME VISIONI A MILANO

AMBASCIATORI c. V. Emanuele 30. **Il principe delle maree.** Or.: 15; 17,30; 20; 22,30.

ANGELICUM p. S. Angelo 2. **Ombre e nebbia** (film lingua orig.). Or.: 17.

ANTEO v. Milazzo 9. **Il ladro dei bambini.** Orario: 15,30; 17,50; 20,10; 22,30.

APOLLO Galleria De Cristoforis. **Analisi finale.** Orario: 15; 17,30; 20; 22,30.

ARCOBALENO v. Tunisia 11. **Il principe delle maree** (film in lingua originale) Or.: 14,30; 17; 19,30; 22.

ARISTON Galleria del Corso. **Il padre della sposa.** Orario: 15; 17,30; 20; 22,30.

ARIOSTO via Ariosto 16. **Paura d'amare.** Ore 20,15; 22,30.

ARLECCHINO Gall. del Corso. **Belli e dannati.** Or.: 15; 16,50; 18,30; 20,30; 22,30.

ASTRA c. V. Emanuele 11. **Mediterraneo.** Orario: 15,15; 17,40; 20,05; 22,30.

CAVOUR p. Cavour 3. **Vite sospese.** Or.: 15; 17,30; 20; 22,30.

CENTRALE 1 via Torino 30. **Delicatessen.** Orario: 16; 19; 22.

CENTRALE 2 via Torino 30. **Thelma & Louise.** Orario: 16; 18,10; 20,20; 22,30.

MAESTOSO c. Lodi 39. **J.F.K.** Or.: 15; 18,30; 22.

MANZONI via Manzoni 40. **Detective col tacchi a spillo.** Orario: 15; 16,50; 18,40; 20,30; 22,30.

MEDIOLANUM c. V. Emanuele 24. **Beethoven.** Or.: 15,30; 17,50; 20,10; 22,30.

METROPOL. Il silenzio degli innocenti. Orario: 15,15; 17,40; 20,05; 22,30.

MIGNON Galleria del Corso 4. **Cape Fear.** Or.: 16,30; 19,30; 22,30.

NUOVO ARTI v. Mascagni, 8. **Biancaneve e i sette nani.** Or.: 15,10; 17; 18,50; 20,40; 22,30.

NUOVO ORCHIDEA v. Terraggio 3. **Tacchi a spillo.** Or.: 16; 17,10; 20,20; 22,30.

ODEON SALA 1 via S. Radegonda 8. **Priorità assoluta.** Or.: 15,30; 17,50; 20,10; 22,35.

ODEON SALA 2 v. S. Radegonda 8. **Il silenzio degli innocenti.** Or.: 15,10; 17,40; 20,10; 22,35.

ODEON SALA 3 via S. Radegonda 8. **L'amante.** Or.: 15,20; 17,45; 20,10; 22,35.

ODEON SALA 4 via S. Radegonda 8. **Obiettivo indiscreto.** Orario: 15; 16,45; 18,30; 20,30; 22,35.
nebbia. Orario: 16,30; 19,40; 22,30.

SEMPIONE via Pacinotti 6. **Jungle Fever.** Or.: 20; 22,15.

SPLENDOR via Gran Sasso 28. **Beethoven.** Or.: 15; 17; 18,50; 20,40; 22,30.

TIFFANY c. B. Aires 39. **Assolto per aver commesso il fatto.** Or.: 20,10; 22,30.

VIP via Torino 21. **Toto le héros.** Orario: 17; 18,50; 20,40; 22,30.

TEATRI A MILANO

ALLA SCALA piazza della Scala. Riposo.

CONSERVATORIO via Conservatorio 12. **Concerto.** Ore 21.

SMERALDO piazza XXV Aprile 10. **Spettacolo benefico.** Ore 21.

SAN BABILA corso Venezia 2. **Et moi...Et moi!** Ore 21.

FILODRAMMATICI (via Filodrammatici 1; tel. 86.93.659): (Compagnia Stabile): **Emma B. vedova Giocasta.** Ore 21.

NAZIONALE piazza Piemonte 12. **Pipino il breve.** Ore 21.

OUT OFF (via Duprè 4): **Sogni pirandelliani.** Ore 21,30.

Grammatica

I. Il futuro anteriore
(The future perfect)

The future perfect is formed with the future of **avere** or **essere** plus the past participle of the main verb.

FUTURO ANTERIORE

Verbi come **parlare**	
avrò ⎫	avremo ⎫
avrai ⎬ parlato	avrete ⎬ parlato
avrà ⎭	avranno ⎭

FUTURO ANTERIORE

Verbi come **andare**	
sarò ⎫	saremo ⎫
sarai ⎬ andato/a	sarete ⎬ andati/e
sarà ⎭	saranno ⎭

1. The future perfect is used to describe a future action that will take place *before* some other future action.

Gli **avrò parlato** prima di lunedì.	*I will have spoken to him before Monday.*
Domani mattina **sarete** già **arrivati** a Madrid.	*Tomorrow morning you will already have reached Madrid.*
Gli darò il libro quando l'**avrò finito**.	*I will give him the book when I have finished it.*

2. Just as probability in the present is expressed by the simple future, probability in the past is expressed by the future perfect.

| **Sarà partito** di mattina. | *He probably left in the morning.* |
| **L'avranno letto** sul giornale. | *They must have read it (they probably read it) in the newspaper.* |

II. Futuro anteriore di *avere* e *essere*

FUTURO ANTERIORE

Avere *to have*		Essere *to be*	
avrò		sarò	
avrai		sarai	stato/a
avrà	avuto	sarà	
avremo		saremo	
avrete		sarete	stati/e
avranno		saranno	

Ne **avrò avuto** abbastanza.	*I will have had enough.*
Quando Maria arriverà a Venezia, io ci **sarò** già **stato** una settimana.	*When Maria gets to Venice, I will already have been there a week.*
Avrà avuto abbastanza tempo?	*Will he have had enough time?*
Saranno stati puntuali?	*Could they have been on time?*

III. Date, *continuazione*

1. The expression *What's today's date?* is rendered by **Quanti ne abbiamo oggi?** The answer is either **Oggi ne abbiamo ...** or **Oggi è il ...**

Oggi ne abbiamo tre. (Oggi è il tre.)	*Today is the third.*
Domani è il cinque aprile.	*Tomorrow is the fifth of April.*

2. In Italian a date that includes the month, day, and year is expressed in the order: *day, month, year.* Remember that, except for the first day of the month, which is always **il primo**, the other days are expressed with cardinal numbers (see Chapter 7, V). The English *on* is not translated, but the definite article is always used.

Siamo partiti **il primo luglio,** mille novecento ottanta.	*We left on July 1, 1980.*
L'anno scolastico è finito **il trenta giugno.**	*The school year ended on June 30.*

3. The definite article also always accompanies the year. In dates, **mille** is used for *one thousand.*

il mille novecento cinquantasette	*1957*
nel mille trecento ventuno	*in 1321*

IV. Gli avverbi e la loro formazione

An adverb is a word used to modify an adjective, a verb, or another adverb; for example, "It is a *very* beautiful book," "He always sings *well.*" We have already learned such adverbs as **bene** *(well)*, **male** *(badly)*, **molto** *(very)*, and **poco** *(not very)*. Most Italian adverbs, however, are formed by adding **-mente** (equivalent to the English *-ly*) to the feminine singular of the adjective.

Adjective		Adverb	
chiaro	*clear*	chiaramente	*clearly*
vero	*true*	veramente	*truly*
recente	*recent*	recentemente	*recently*

Parla **chiaramente**.   *She speaks **clearly**.*
È un uomo **veramente** sensibile.   *He is a **truly** sensitive man.*

If the last syllable of the feminine adjective is -**le** or -**re** and it is preceded by a vowel, then the final -**e** is dropped before -**mente** is added.

facile   *easy*   facilmente   *easily*
regolare *regular*   regolarmente *regularly*

Leggeva **facilmente** un libro in   *He **easily** read a book in two*
due ore.   *hours.*
Paghiamo l'affitto **regolarmente**.   *We pay the rent **regularly**.*

V. Costruzione idiomatica con gli aggettivi possessivi

The Italian equivalent of phrases such as *a . . . of mine* and *some . . . of yours* are **un mio...** and **alcuni tuoi ...**

Un mio cugino.   *A cousin **of mine**.*
Due suoi parenti.   *Two relatives **of his**.*
Alcuni nostri amici.   *Some friends **of ours**.*

Note that in this construction, the definite article is not needed before the possessive adjective.

VI. Uso idiomatico del presente

The present indicative can be used to indicate an action or a condition that began in the past and is still going on in the present when accompanied by the preposition **da** + *expression of time.*

The interrogative forms of this construction are **Da quanto tempo? Da quanti mesi / giorni?** *(How long? How many months / days?)*, and **Da quando?** *(Since when?)*

—**Da quanto tempo** studi il   —*How long have you been*
francese?   *studying French?*
—Lo studio **da due anni**.   —*I have been studying it **for***
                                         ***two years**.*

—**Da quanti mesi** è in Svizzera   —*How many months has*
Barbara?   *Barbara been in Switzerland?*
—È in Svizzera **da tre mesi**.   —*She has been in Switzerland*
                                         ***for three months**.*

—**Da quando** non vi vedete?   —*How long has it been since*
                                         you've seen each other?
—Non ci vediamo **da settembre**.   —*We haven't seen each other*
                                         ***since September**.*

—**Da quando** abiti qui?	—*How long have you lived here?*
—**Dall'anno scorso.**	—*Since last year.*

ESERCIZI

A. Formate nuove frasi usando il futuro anteriore. Fate tutti i cambiamenti necessari.

> *Esempio:* La lettera? La leggerò. →
> L'avrò letta prima di domani.

1. I vostri amici? Li vedremo.
2. I romanzi? Li finiremo.
3. Il dolce? Lo farò.
4. L'esercizio? Lo scriveremo.
5. Il telegramma? Lo riceverà.
6. I biglietti? Li comprerà.

B. Che cosa sarà stato? Seguite l'esempio.

> *Esempio:* La gente non esce; forse il film non è ancora finito. →
> Il film non sarà ancora finito.

1. Forse la trama non è stata interessante.
2. Forse gli attori non sono stati bravi.
3. Forse la gente non ha capito il significato *(meaning)* del film.
4. Forse non gli sono piaciuti gli attori.
5. Forse non hanno letto il libro prima di vedere il film.
6. Forse Lorenzo non è d'accordo con la filosofia del regista.

C. Probabilità. Spiegate che cos'è probabilmente accaduto *(happened)* nelle situazioni seguenti. Formate almeno tre frasi per ogni affermazione.

> *Esempio:* Antonio e Luca aspettano Carmine davanti al cinema, ma Carmine non arriva. →
> —Avrà dimenticato l'appuntamento.
> —Sarà uscito con la fidanzata.
> —Non avrà avuto tempo.

1. Beatrice non ha superato *(passed)* l'esame di latino.
2. Alberto non arriva, e voi lo aspettate al bar Florian.
3. Lei è il regista di un film che non ha avuto molto successo.

D. Popolazione. Quanti abitanti ci sono nelle province di queste città italiane?[1] Seguite l'esempio.

> *Esempio:* Roma / 3.000.000 →
> —Quanti abitanti ci sono a Roma?
> —Ci sono tre milioni di abitanti.

---

[1]*La Nuova Enciclopedia Universale Garzanti* (Milan: Garzanti Editore, 1989), pp. 732–33. The numbers have been rounded off for the purposes of the exercise.

1. Venezia	825.000	5. Napoli	2.900.000
2. Genova	1.000.000	6. Palermo	1.200.000
3. Bologna	925.000	7. Milano	4.000.000
4. Siena	250.000	8. Pisa	380.000

E. **La data.** Esprimete queste date in italiano.

1. February 6, 1961
2. July 30, 1843
3. October 12, 1492
4. April 25, 1945
5. June 27, 1632
6. March 15, 2003
7. November 1, 1928
8. March 9, 1078

F. **Domanda e risposta.** Domandate a un'altra persona nella classe ...

1. qual è la data di oggi
2. quanti ne abbiamo domani
3. in che anno siamo
4. in che anno riceverà il diploma di laurea
5. quando è il suo compleanno
6. quanti anni avrà nell'anno 2025

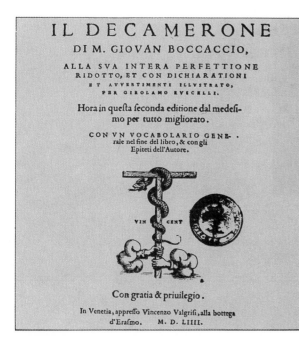

Da sette secoli
un formaggio unico al mondo

Parmigiano-Reggiano, il classico e prestigioso formaggio italiano noto ed apprezzato in tutto il mondo per le sue peculiarità inimitabili, ha origini antichissime.

Fonti bibliografiche di epoca romana (Columella, Varrone, Marziale), confermano infatti l'esistenza, già a quei tempi, ossia all'inizio dell'era cristiana, di un formaggio di provenienza parmigiana con caratteristiche molto prossime a quelle dell'attuale Parmigiano-Reggiano.

La testimonianza più nota e più precisa è comunque quella del Boccaccio che nel suo Decamerone, scritto intorno al 1350, cita il Parmigiano descrivendone un impiego tuttora attualissimo (condire maccheroni e ravioli).

G. Completate le frasi seguenti con l'avverbio che corrisponde all'aggettivo fra parentesi.

Esempio: *(chiaro)* →
Il professore ha parlato chiaramente.

1. (libero)   Quello studente risponde sempre ____ .
2. (recente)   Siamo andati al cinema ____ .
3. (aperto)   Il dottor Centrini parlerà molto ____ .
4. (regolare)   Gli italiani prendono il tram ____ .
5. (sicuro)   Troveranno posto ____ .

H. Domande. Rispondete alle domande seguenti con frasi complete.

1. Da quanto tempo studia l'italiano?
2. Da quanto tempo abita a ____ ?
3. Da quando è fidanzato/a (sposato/a)?
4. Da quanti giorni (mesi) non ha visto Sua madre? E Suo padre?
5. Da quando è appassionato/a di musica rock (country / classica / pop)?

Ti piace questa canzone (song)?

Come si dice?

Expressing agreement

When you want to agree with someone, you can say:

Esatto. / Esattamente.	*Precisely.*
Penso di sì.	*I believe / think so.*
È così.	*It is so.*
È vero.	*It is true.*
Hai perfettamente ragione.	*You're perfectly right.*
Sono pienamente d'accordo.	*I fully agree.*

Expressing disagreement

When you disagree with someone, you can use some of these expressions:

Non è affatto vero.	*It's not at all true.*
Non sono d'accordo.	*I don't agree.*
Al contrario ...	*On the contrary . . .*
Non è vero.	*It's not true.*

Lavorate in coppie. Uno afferma una cosa e l'altro dice se è d'accordo o no.

Esempi: —Cinema Paradiso è un film bellissimo.
          —Sono pienamente d'accordo con te.

          —In Italia il divorzio non è legale.
          —Non è vero!

You may choose your own topics or elaborate on some of those listed below.

i trasporti pubblici nella città
l'arte postmoderna
la squadra *(team)* di football dell'università
lo sport
le lezioni di matematica (storia, fisica, ecc.)
gli esami d'italiano
l'estate e le vacanze

il femminismo
il maschilismo *(male chauvinism)*
il film di ...
il libro di ...
le canzoni di ...
l'attore ... / l'attrice ...
il divorzio negli Stati Uniti
la mafia in Italia

14   IN MONTAGNA

Ieri, così, all'improvviso Gianni e Franco hanno deciso di andare a sciare all'Abetone. Erano le sette di mattina quando sono partiti da Firenze, e alle nove erano già sulla sciovia per passare una piacevole giornata sui campi di sci. Dopo l'ultima discesa, mentre si levavano gli scarponi, parlavano e si riscaldavano davanti a un allegro fuoco nel caminetto dell'albergo.

Gianni: Abbiamo smesso presto; eri stanco?
Franco: No, ma avevo fame.
Gianni: C'era troppa gente sulle piste, non credi?
Franco: Sì, era quasi difficile sciare.
Gianni: E la sciovia non funzionava troppo bene.
Franco: Già, infatti quando siamo venuti via non funzionava affatto.

Lo sciatore e campione del mondo Alberto Tomba.

Gianni:	Non importa. Io mi sono veramente divertito. Lo sci è il mio sport preferito.
Franco:	A proposito, dove hai imparato a sciare così bene?
Gianni:	Vicino a casa mia, in montagna. Quando ero piccolo mio padre mi portava a sciare tutti gli inverni.
Franco:	Ora capisco; non lo sapevo.
Gianni:	Mio padre era un ottimo maestro.
Franco:	E tu, evidentemente eri un ottimo studente.
Gianni:	Non esageriamo. Vieni, ti offro qualcosa da mangiare.

Più tardi...

Franco:	Be', torniamo a Firenze?
Gianni:	Io sono pronto.
Franco:	Benissimo, ma prima facciamo il pieno di benzina qui alla stazione di servizio.

DOMANDE

1. Quando hanno deciso di andare a sciare Gianni e Franco?
2. Dove erano alle nove?
3. Dove si riscaldavano dopo l'ultima discesa?
4. Perché hanno smesso presto?
5. Perché era quasi difficile sciare?
6. Quando ha imparato a sciare Gianni?
7. Il padre di Gianni sciava bene?
8. Cosa fanno i due amici prima di partire per Firenze?

Vocabolario

Sostantivi

il **caminetto**   fireplace
il **campo**   field
  campo di sci   skiing slopes
la **discesa**   downhill run
il **fuoco**   fire
il **maestro**   teacher
la **montagna**   mountain
  in montagna   in the mountains
la **pista**   ski run
lo **scarpone**   boot
la **sciovia**   ski lift
la **stazione di servizio**   service station

Aggettivi

allegro   cheerful
piacevole   pleasant
preferito   favorite

Verbi

credere (a/in + *noun;* **di** + *inf.*) (*p.p.* **creduto**)   to believe, think
divertirsi   to have a good time
esagerare   to exaggerate
funzionare   to function, to work

imparare (a + *inf.*)   to learn (*how to do something*)
levarsi   to take off (*something*)
offrire (*p.p.* **offerto**)   to offer
ringraziare   to thank
riscaldarsi   to warm up
sciare   to ski
smettere (di + *inf.*) (*p.p.* **smesso**)   to quit, stop

Altri vocaboli

evidentemente   evidently

Espressioni

a casa mia   at (to) my house
all'improvviso   all of a sudden

da piccolo/a   as a child
fare il pieno (di benzina)   to fill up (with gasoline)
non importa   it doesn't matter

ti offro ...   I'll buy you . . .
venire via   to come away, to leave
vieni!   come (*familiar, s.*)

NOTE LINGUISTICHE E CULTURALI

- When you wish to do something with one or more persons, use the first person plural of the present indicative. This translates the English *Let's + infinitive!*

  > **Andiamo a sciare** domani!
  > *Let's go skiing tomorrow!*

  > **Non esageriamo!**
  > *Let's not exaggerate!*

- **Qualcosa (niente) da** + *infinitive* corresponds to the English expression *something (anything, nothing)* + *infinitive*.

  > Ho fame. Vorrei **qualcosa da mangiare.**
  > *I'm hungry. I'd like **something to eat.***

  > C'è **nient'altro da lavare?**
  > *Is there **anything else to wash?***

- Skiing is a favorite winter sport among Italians: almost 39% of the national territory is mountainous, and resorts are relatively accessible from major cities. Among the most renowned locations are **Cortina d'Ampezzo, Sestriere,** and **Madonna di Campiglio** in the Alps; and **Abetone, Terminillo,** and **Campo Imperatore** in the Appennines. Numerous skiing clubs as well as schools organize weekend trips throughout the season. **Fare la settimana bianca** means to go on a skiing trip of at least four to five days.

- Other sports popular in Italy (besides the national passion, soccer) are tennis, boxing, basketball, and car and bicycle racing. Every year the **Giro d'Italia** (*Tour of Italy*) attracts cyclists from all over the world and parallels the Tour de France. Formula One car racing ignites national interest for Ferrari, the legendary car line.

LA GUIDA DEL
GIRO '91

SPECIALE DI **BS** BICISPORT

Supplemento al n. 5
di Bicisport
maggio 1991
L. 5.000

Percorso • tappe • montagne • chilometri e protagonisti del Giro '91

compagnia *editoriale*

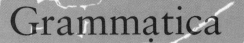

Grammatica

I. L'imperfetto
(The past descriptive tense)

This tense, which is also called the imperfect, expresses the duration or the frequent repetition of an action in the past. The past descriptive is formed by adding the personal endings to the stem of the infinitive.

IMPERFETTO

Parlare	Ripetere	Capire
parl-**avo**	ripet-**evo**	cap-**ivo**
parl-**avi**	ripet-**evi**	cap-**ivi**
parl-**ava**	ripet-**eva**	cap-**iva**
parl-**avamo**	ripet-**evamo**	cap-**ivamo**
parl-**avate**	ripet-**evate**	cap-**ivate**
parl-**avano**	ripet-**evano**	cap-**ivano**

Ripetevo sempre le stesse cose.

Parlava a Maria **ogni giorno**.

Quando **parlava** in fretta, **non lo capivo.**

I always repeated the same things.

She used to talk to Maria every day.

When he talked fast, I could not understand him.

II. L'imperfetto di
avere e *essere*

Avere	Essere
avevo	ero
avevi	eri
aveva	era
avevamo	eravamo
avevate	eravate
avevano	erano

Quando **ero** piccola **avevo** i capelli neri.
La mattina **erano sempre** a casa.

*When I was little I **had** (**used to have**) black hair.*
*They **were always** at home in the morning.*

III. L'imperfetto di *dire* e *fare*

Dire	Fare
dicevo	facevo
dicevi	facevi
diceva	faceva
dicevamo	facevamo
dicevate	facevate
dicevano	facevano

Cosa **dicevi?**
Dicevo che l'Italia è un bel paese.
Ogni volta che andavano a Firenze **faceva brutto tempo.**

*What **were you saying?***
*I **was saying** that Italy is a beautiful country.*
Every time they went to Florence, **the weather was bad.**

IV. Uso dell'imperfetto

Like the present perfect, the past descriptive indicates a past action. However, while the present perfect always indicates an action completed in the past *(what actually did happen)*, the past descriptive indicates what *was happening*. It is used as follows:

1. To describe or express a state of being (physical or mental) in the past (not what happened, but what *was*).

Era una bella giornata.
Era giovane.
Eravamo felici.

*It **was** a beautiful day.*
*She **was** young.*
*We **were** happy.*

2. To express an action going on in the past, in progress (not what happened, but *what was happening*) when another action took place.

Imbucava una lettera quando l'ho visto.
Studiavamo quando è arrivato tuo zio.

*He **was mailing** a letter when I saw him.*
*We **were studying** when your uncle arrived.*

3. To express a habitual or regularly recurring action in the past (not what happened, but *what used to happen* or *would happen regularly*).

Andavo a scuola alle otto.
Se era tardi, restavo in pensione.

Leggeva il giornale **ogni giorno.**
Quando faceva bel tempo, studiavo in giardino.

*I **used to go** to school at eight.*
*If it was late, I stayed (**used to stay**) in the boarding house.*
*He read the paper **every day.**
*When the weather was nice, I **would study** in the garden.*

4. To express the time of day in the past, the weather, and age.

Erano le sette.   *It was seven o'clock.*
Faceva caldo.   *It was warm.*
Avevo dodici anni.   *I was twelve years old.*

Like the present tense, the imperfect followed by the preposition **da** is used to indicate that an action or condition which had begun in the past was still going on at a certain time in a more recent past.

Quando l'ho conosciuto, **studiava** l'italiano **da un anno.**   *When I met him, **he had been studying** Italian **for one year.***

V. Paragone dei tempi passati
(Comparison of past tenses)

To compare the use of the present perfect and the past descriptive, study the following examples:

Stamattina è arrivato alle otto.   *This **morning** he arrived at eight o'clock.*

Tutte le mattine arrivava alle otto.   *Every **morning** he used to arrive at eight o'clock.*

Ieri sono andato al cinema.   *Yesterday I went to the movies.*
Ogni sabato andavo al cinema.   *Every Saturday I used to go to the movies.*

Ho studiato **tutto il giorno.**   *I studied **all day long.***
Al liceo studiavo solo un paio d'ore al giorno.   *In **high school** I used to study only a couple of hours a day.*

Ieri ha fatto molto caldo.   *Yesterday it was very hot.*
Faceva **sempre** caldo in Sicilia.   *It was **always** hot in Sicily.*

Quest'anno sono rimasti in città.   *This year they stayed in town.*
Tutti gli anni andavano in ferie a Cortina.   *Every year they used to vacation in Cortina.*

ESERCIZI

A. **In vacanza.** Che cosa faceva la Sua famiglia quando andava in vacanza? Seguite l'esempio e usate l'imperfetto.

Esempio: mio fratello e sua moglie / andare a sciare →
           Mio fratello e sua moglie andavano a sciare.

1. mio padre / riscaldarsi vicino al caminetto
2. mia madre / preparare i panini per il pranzo
3. io / dormire fino a tardi
4. tu e lo zio / smettere di sciare presto
5. io e Marco / avere sempre fame
6. tutti / divertirsi molto
7. tu e la mamma / non sciare quasi mai

B. Rispondete alle domande seguenti usando la forma corretta dell'imperfetto.

> *Esempio:* Mangi la pizza? →
> No, ma la mangiavo ogni giorno in Italia.

1. Compri i gettoni?
2. Parlerete italiano?
3. Visitate molti musei?
4. Prendo l'autobus, io?
5. Farai due passi domani?

C. Completate con un'espressione scelta secondo il contesto *(in keeping with the context)*.

> *Esempio:* Bruno non è andato a sciare perché ... →
> Bruno non è andato a sciare perché non aveva soldi.

1. La signora non ha imbucato la lettera perché ...
2. Non abbiamo mangiato molto perché ...
3. Si sono levati gli scarponi perché ...
4. Lui ha imparato a sciare perché ...
5. Non mi è piaciuto quel film perché ...
6. Sono tornati a Firenze perché ...
7. Abbiamo dovuto fare la coda al botteghino perché ...
8. Ha pagato la penale perché ...

D. **Che cosa facevano ieri queste persone?** Usate l'imperfetto e seguite l'esempio.

> *Esempio:* io, sciare / lui, dormire →
> Io sciavo mentre lui dormiva.

1. tu, guidare / tua sorella, riposarsi
2. noi, fare la coda / Lidia parcheggiare *(to park)* la macchina
3. mio padre e mia madre, visitare i musei / voi due, sciare a Cortina
4. tu, aspettare / lui, comprare i francobolli
5. Franco, fare il pieno di benzina / Gianni, parlare con l'impiegato

E. Completate le frasi seguenti con la forma corretta dell'imperfetto o del passato prossimo, secondo il contesto.

1. Ogni estate i signori Wheaton _____ (andare) in Italia.
2. Ieri Bruno _____ (ritornare) molto tardi.
3. Mentre la signora _____ (scrivere) delle lettere, suo marito _____ (andare) a comprare i francobolli.
4. Alcuni miei amici _____ (essere) a Firenze una settimana.
5. Franco _____ (restare) all'Abetone solamente un giorno.
6. Ieri tutti _____ (imparare) la lezione.
7. Nessuno _____ (sapere) dov'è il Vaticano?
8. Perché tu non _____ (capire) mai niente?

F. La settimana bianca. Dite che cosa è accaduto quando Gianni e Franco sono andati a Cortina. Completate le frasi con il verbo in parentesi. Usate l'imperfetto o il passato prossimo, secondo il contesto.

Quando Gianni e Franco _____ (arrivare) a Cortina _____ (essere) molto tardi. Mentre Gianni _____ (fare) il pieno e _____ (parcheggiare) la macchina, Franco _____ (entrare) nell'albergo e _____ (chiedere) delle informazioni all'impiegata della recezione. Gianni, purtroppo, _____ (essere) molto stanco e _____ (decidere) di andare a dormire presto. Mentre Gianni _____ (dormire), Franco _____ (cambiarsi, *to change*) ed _____ (uscire) da solo. _____ (desiderare) visitare il paese. Vicino alla discoteca, _____ (incontrare) Paola Vergnani, una ragazza che _____ (conoscere) ai tempi dell'università di Padova. I due _____ (parlare) tutta la notte, e il giorno dopo, mentre Gianni _____ (vestirsi), Franco e Paola _____ (fare) colazione al bar dell'albergo.

G. Domanda e risposta. Fate le seguenti domande a un'altra persona nella classe. Cercate di essere originali nelle risposte.

Espressioni utili:

andare in campagna	*(to the countryside)*
in campeggio	*(camping)*
al circo	*(to the circus)*
a fare un picnic	*(on a picnic)*
al luna park	*(to the amusement park)*
al mare	*(to the seaside)*
in montagna	*(to the mountains)*
allo zoo	*(to the zoo)*

Domandate: quando aveva dieci anni ...

1. dove abitava
2. con chi giocava
3. dove andava il weekend con i genitori
4. se andava a sciare in inverno, se no cosa faceva
5. se andava in campagna d'estate
6. che cosa preferiva mangiare
7. se voleva andare a scuola

Il Lago di Garda.

H. Vai a sciare spesso? Completate il dialogo seguente con espressioni appropriate al contesto.

Mario: Ti piace sciare?

Maria: Sì, mi piace sciare.

Mario: Vai a sciare spesso.

Maria: No, non vado a sciare molto spesso.

Mario:	Vado a sciare ~~tante~~ *cosi* volte ~~che~~ come posso.
Maria:	Lo sci è uno sport molto caro, non lo sai? E tu, sei un bravo sciatore?
Mario:	Me la cavo bene.
Maria:	Come erano le piste ieri?
Mario:	Mica male. Ma oggi è ~~gi~~ ~~nevica~~ piovando è non è bene per sciare
Maria:	Peccato! Ma ti sei divertito?
Mario:	~~Mi divert~~ Sì, misono molto divertito.
Maria:	Be', allora valeva la pena andare.

Come si dice?

Talking about sports

To inquire if you share the same interests in physical activities with others, or to find out what types of sports your interlocutor likes doing, use these idiomatic expressions:

Che sport fai / pratichi? (*from* **praticare**)	*What sport activities do you engage in?*
Che attività sportiva ti (Le) piace fare?	*What sport do you like to play?*
Che sport facevi da piccolo/a?	*What sports did you use to do when you were little?*

To answer these questions, here are some appropriate expressions:

Faccio [ginnastica] due volte alla settimana.	*I do [gymnastics] twice a week.*
Gioco spesso a [pallacanestro].	*I often play [basketball].*
Facevo [equitazione e pattinaggio].	*I used to [ride horses and skate].*
Pratico molto (poco) sport.	*I play many (few) sports.*
Sì, adesso faccio molto moto.	*Yes, now I exercise a lot.*

As you can see, the verbs **fare** and **giocare** are very important when talking about sports. Here are some of the most common sports:

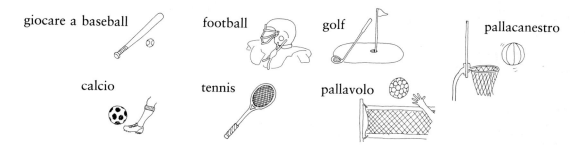

giocare a baseball   football   golf   pallacanestro

calcio   tennis   pallavolo

fare sollevamento pesi (pesistica)

alpinismo

ciclismo

ginnastica

pattinaggio

footing (jogging)

A. Domanda e risposta. Domandate a un'altra persona nella classe quali sport praticava da piccolo/a, e se adesso fa molto moto e quali sport preferisce. Fate almeno tre domande. Alternate i ruoli.

Esempi: —Che sport facevi quando eri piccola?
—Facevo nuoto *(swimming)* e pattinaggio.

—E adesso fai molto moto?
—Sì, faccio ginnastica una volta alla settimana.

—Quali altri sport ti piace fare?
—Mi piacciono la pallacanestro e la pallavolo.

B. L'anno nuovo. Inizia l'anno nuovo e decidete di rimettervi in forma *(to get back into shape)*, ma non sapete quale sport praticare. Scrivete un dialogo secondo le indicazioni date.

STUDENTE A	STUDENTE B
You say you would like to try weight lifting. Ask your friend what he (she) likes to do.	You say you would prefer playing volleyball, but the university doesn't have a team (**la squadra**) and you don't know where to go to play volleyball.
Say that when you were 14 you started playing volleyball and then quit because you weren't good at it.	Your favorite sport is actually mountain climbing. When you were little your parents used to take you to the mountains. Your dad was a great teacher.
Say that mountain climbing is very dangerous. Ask why he (she) quit.	Say that once (**una volta**) you almost fell (**cadere**, *p.p.* **caduto**), and now you are very afraid.

15 UN INCONTRO DI CALCIO

Agli italiani piacciono molti sport: le corse, il ciclismo, il pugilato, il tennis, lo sci, la pallacanestro e tanti altri. Ma il calcio è senza dubbio lo sport preferito, e ogni domenica milioni di tifosi seguono le partite allo stadio o alla televisione. Oggi Mario e Michele guardano la trasmissione in diretta dell'incontro fra il Milan e la Fiorentina.

Michele: Questa partita mi fa star male: l'arbitro è proprio un cretino!

 Mario: È chiaro che i nostri calciatori non gli sono simpatici!

Michele: È tutta invidia perché i nostri sono in forma. L'allenatore ha fatto un ottimo lavoro quest'anno.

 Mario: Ecco Donadoni; bravo Donadoni, forza!

Chi farà goal?

Michele:	Dai, bravo! Evviva, ha segnato!
Mario:	Ora siamo due a due.
Michele:	Ricordi quando la nostra squadra ha vinto in Spagna?
Mario:	Come no! Volevo andare a fare il tifo, ma il viaggio era troppo caro.
Michele:	Ma che fa Parducci? Dove ha imparato a giocare?
Mario:	Gli ultimi minuti sono sempre lunghi.
Michele:	Se continuano a giocare così, perdiamo.
Mario:	Finalmente! La partita è finita.
Michele:	Be', meglio un pareggio che una sconfitta.

DOMANDE

1. Dov'è popolare il calcio?
2. Dove seguono le partite di calcio gli italiani?
3. Quali altri sport piacciono agli italiani?
4. Chi segue l'incontro fra il Milan e la Fiorentina? Dove, allo stadio?
5. Chi vince l'incontro?
6. L'arbitro è simpatico a Michele?
7. L'allenatore della squadra di Michele e Mario è stato bravo quest'anno? Perché?
8. Ricorda in quale anno la squadra nazionale italiana ha vinto in Spagna?

Vocabolario

Sostantivi

l'**allenatore**   coach
l'**arbitro**   referee
il **calciatore**   soccer player
il **calcio**   soccer
la **corsa**   race
il **cretino**, la **cretina**   idiot, fool
la **forma**   form, shape
l'**incontro**   match
l'**invidia**   envy
il **minuto**   minute
il **pareggio**   tie
il **pugilato**   boxing
la **sconfitta**   defeat
la **Spagna**   Spain
la **squadra**   team

lo **stadio**   stadium, arena
il **tifoso**   sports fan
la **trasmissione**   telecast

Aggettivi

chiaro   clear, evident
simpatico   likeable

Verbi

perdere° (*p.p.* **perso**)   to lose
ricordare   to remember
segnare   to score
vincere (*p.p.* **vinto**)   to win

Altri vocaboli

fra   between, among
male   badly; ill

Espressioni

come no!   of course!
essere in forma   to be in (good) shape; to look sharp
evviva!   hurrah!
fare il tifo   to cheer (*as a fan*)
forza!   keep it up! go to it! go!
in diretta   live
mi fa star male   it's making me sick
non gli sono simpatici   he doesn't like them

- The expression **star(e) male,** or **sentirsi male,** means *to be not well, to be (feel) sick:*

  Sto male!
  I'm not well!
  Improvvisamente si è sentita male.
  Suddenly, she felt sick.

  To express a sense of guilt, use the expression **sentirsi in colpa** *(to feel guilty / bad):*

  Non l'ho aiutato e adesso mi sento in colpa.
  I didn't help him, and now I feel guilty.

- The idioms **essere simpatico** and **essere antipatico** indicate that a person is or is not pleasant.

  Mi è davvero antipatica.
  I really don't like her. (I find her disagreeable.)
  Gli sono simpatici.
  He likes them. (He finds them congenial.)

- **Totocalcio** is a nationwide weekly lottery directly tied to thirteen major league soccer matches. To play one must fill out a computer card (**schedina**) and guess the final score of each of the thirteen games. From the high school student to the company executive, just about everyone has purchased a card at one time or another, and for good reason: cash prizes are determined by the revenues generated through the sales of the cards and the total number of winners. **Fare tredici,** that is guessing all thirteen scores, can earn you as much as a million dollars.

- **Il Milan** and **la Fiorentina** are, respectively, Milan's and Florence's soccer teams. Note the use of the definite article in front of the name of each team.

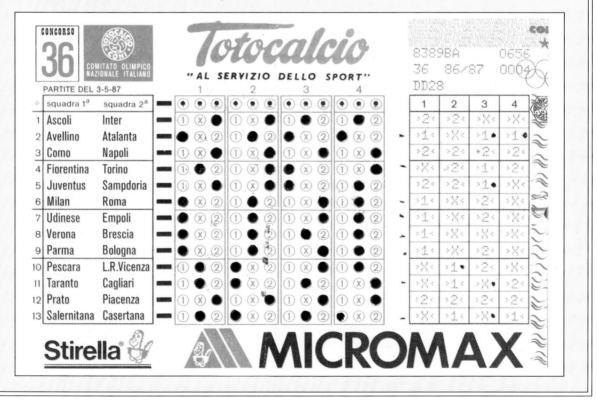

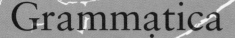

Grammatica

I. Uso idiomatico dell'articolo determinativo

1. Contrary to English usage, the definite article is required in Italian before a noun used in a general or abstract sense. (See also Chapter 4.)

Preferisco **la lotta al pugilato.**	*I prefer **wrestling to boxing.***
La cucina italiana è sana.	*Italian **cuisine** is healthy.*

2. In Italian, the definite article is used before the names of languages, unless they are preceded by the prepositon *in* or are used with the verb **parlare.**

Le piace **l'italiano,** ma ha studiato anche **il francese.**	*She likes **Italian,** but she has also studied **French.***

BUT

Parla italiano bene.	*He speaks **Italian** well.*
Come si dice ... **in inglese?**	*How do you say . . . **in English?***

3. The name of a continent, country, region, or large island is always preceded by the definite article.

L'Italia è una nazione.	***Italy** is a nation.*
L'Europa ha molti paesi.	***Europe** has many countries.*
Vuole visitare **la Sicilia.**	*He wants to visit **Sicily.***
Sono venuti **dall'Inghilterra.**	*They came from **England.***
i laghi **della Svizzera**	*the lakes of **Switzerland***
gli Stati Uniti	*the **United States***

The article, however, is dropped when the name of an *unmodified* feminine continent, country, region, or large island is preceded by the preposition **in,** which means both *in* and *to*.

L'Italia è **in Europa.**	*Italy is **in Europe.***
Andiamo **in America.**	*We are going **to America.***
Mosca è **in Russia.**	*Moscow is **in Russia.***

BUT

Roma è **nell'Italia centrale.**	*Rome is **in central Italy.***
I miei amici andranno **nell'America Latina.**	*My friends will go to **Latin America.***

When the name of a country, region, or island is masculine, the article is usually retained after *in*.[1]

---

[1]For phonetic reasons, the article is *always* retained with the name of the two Italian regions of **Veneto** and **Lazio:** Venezia è **nel Veneto;** Roma è **nel Lazio.**

Acapulco è **nel Messico (in Messico).**	*Acapulco is **in Mexico.***
Siamo stati **nel Giappone.**	*We have been **to Japan.***
Torino è **nel Piemonte (in Piemonte).**	*Turin is **in Piedmont.***

BUT Sono **in Egitto.**   *They are **in Egypt.***

II. Pronomi relativi
(Relative pronouns)

1. The relative pronoun replaces a noun or a pronoun. It relates to an antecedent and adds a modifying clause; for example, "I bought a book *that* has many illustrations." The Italian relative pronouns are **che, cui, quale,** and **chi.** In Italian, the relative pronoun may never be omitted.

a. **che** *(who, whom, that, which)* is invariable, and is never used with prepositions.

Il ragazzo **che** gioca a scacchi è italiano.	*The boy **who** is playing chess is Italian.*
La signorina **che** abbiamo incontrato è studentessa.	*The young lady **(whom)** we met is a student.*
Gli sci **che** abbiamo comprato sono usati.	*The skis **(that)** we bought are used.*

b. **cui** *(whom, which)* replaces **che** after a preposition. Like **che,** it is invariable.

Quella è la ragazza di **cui** ti ho parlato.	*That is the girl **about whom** I spoke to you.*
È il corso **a cui** mi sono iscritto.	*This is the course **in which** I enrolled.*
Sono gli studenti **con cui** ho studiato.	*They are the students **with whom** I studied.*

c. **quale** *(who, whom, that, which)* is variable and is always preceded by the definite article **il (la) quale, i (le) quali.** This form is not common in speech, but it is occasionally used to replace **che** and **cui** to avoid ambiguity. The article that accompanies **quale** must agree with its antecedent in number and gender. This agreement makes **quale** desirable when word order and sentence complexity may create confusion. Being more specific and more formal, **quale** is also more emphatic.

La signorina **con la quale** sono andato allo stadio fa il tifo per il Milan.	*The young lady **with whom** I went to the stadium cheers for the Milan team.*
È la cugina di Mario, **la quale** va al liceo.	*She is Mario's cousin, **who** is in high school.*

d. **chi,** which is also an interrogative pronoun, is invariable and translates *he who, the one who, whoever.* The relative pronoun **chi** does not require an antecedent like **che, cui,** and **quale.**

Chi studia, impara.	*He who studies, learns.*
Chi dorme, non piglia pesci.	*The early bird catches the worm.* (lit., "**He who** sleeps, catches no fish.")
Ho dato i pattini **a chi** ha finito prima.	*I gave the skates to the one who finished first.*
Risponderà **a chi** le scriverà.	*She will reply to whoever writes her.*

2. *What*, with the meaning of *that which*, is expressed by **quello che** (or its shortened form **quel che**) and also by **ciò che. Quello che**, like **chi**, does not require an antecedent.

È **quello che (ciò che)** le ho detto.	*That's what I told her.*
Puoi comprare **quello che** vuoi.	*You can buy what you want.*

III. La preposizione *a* con l'infinito

Certain verbs that indicate motion or the beginning or continuation of an action, such as **andare, continuare, imparare, (in)cominciare, invitare, insegnare, portare,** and **venire,** require the proposition **a** before an infinitive.

Voglio **imparare a parlare** italiano.	*I want to learn to speak Italian.*
Sono **venuti a vedere** Giovanni.	*They have come to see Giovanni.*
Incomincia a piovere.	*It's starting to rain.*

IV. Plurale dei nomi e degli aggettivi con terminazione in *-co*

If a noun or an adjective ends in *-co* and the stress falls on the preceding syllable, it takes an **h** in the plural and retains the hard sound of the singular.

il fuoco	i fuochi	*fire(s)*
l'affresco	gli affreschi	*fresco(s)*
il rinfresco	i rinfreschi	*refreshment(s)*
bianco	bianchi	*white*
poco	pochi	*little, few*
ricco	ricchi	*rich*

Nouns and adjectives that are not stressed on the second-to-the-last syllable usually end in *-ci* in the plural.

il medico	i medici	*physician(s)*
il meccanico	i meccanici	*mechanic(s)*
magnifico	magnifici	*magnificent*
simpatico	simpatici	*likeable*

There are, however, a few exceptions to this rule, the most common of which are **amico** *(friend),* **nemico** *(enemy),* and **greco** *(Greek),* whose plurals are **amici, nemici, greci.**

V. Plurale dei nomi e degli aggettivi con terminazione in -go

Nouns and adjectives ending in **-go** usually take an **h** to retain the hard sound of the **g**.

l'albergo	gli alberghi	*hotel(s)*
l'obbligo	gli obblighi	*obligation(s)*
lungo	lunghi	*long*
largo	larghi	*wide*

There are a few exceptions, among them nouns ending in **-ologo** that refer to scientists:

il geologo	i geologi	*geologist(s)*
il radiologo	i radiologi	*radiologist(s)*

BUT

il catalogo	i cataloghi	*catalogue(s)*
il dialogo	i dialoghi	*dialogue(s)*

ESERCIZI

A. Completate le frasi seguenti con la forma appropriata dell'articolo quando è necessario.

1. Agli italiani piace molto _il_ calcio.
2. _I_ calciatori italiani sono molto bravi.
3. _Lo_ sci è uno sport caro.
4. Visiterai _l'_ America Latina.
5. _I_ signori Saraceno hanno visitato anche _la_ Svizzera.
6. Come sta Lei oggi, _____ signora Romani?
7. _La_ Sicilia è un'isola.
8. Non capisco _il_ calcio.

Roma:
La Fontana di Trevi.

B. Completate le frasi seguenti con la forma appropriata della preposizione.

1. Andrete ___a___ Taormina.
2. So che loro sono ___all'___ Italia ma non so se sono ___a___ Roma.
3. No, Napoli non è ___nell'___ Italia centrale.
4. Voglio andare ___in___ Europa e precisamente ___nell'___ Europa centrale.
5. Mia nipote abitava ___a___ Sicilia; mio nipote, invece, abitava ___a___ Capri, una piccola isola vicino a Napoli.
6. ___In___ Italia ci sono molti laghi.

C. Formate delle domande seguendo le indicazioni nell'esempio.

Esempio: tu *(f.)* / Italia → Sei mai stata in Italia?

1. voi *(m.)* / Cortina
2. tu *(m.)* / Africa
3. loro *(m.)* / Canadà
4. lei / America
5. lui / America Latina
6. loro / Spagna
7. tu *(f.)* / Stati Uniti
8. Lei *(m.)* / Inghilterra

D. Formate nuove domande usando il verbo riflessivo **chiamarsi** e il pronome relativo **che.**

Esempio: Ho conosciuto un signore americano. →
Come si chiama il signore americano che hai conosciuto?

1. A Roccaraso abbiamo incontrato degli sciatori canadesi.
2. Sul lungomare *(seafront)* ho visto un amico francese.
3. Sulla pista dell'Abetone abbiamo conosciuto un italo-americano *(Italian-American)*.
4. Ho trovato una discoteca vicino al Colosseo.
5. Ammiro gli affreschi.

E. Date nuove risposte alle domande **Chi è? Chi sono?** seguendo l'esempio.

Esempi: italo-americana →
È l'italo-americana di cui (della quale) ti parlavo ieri.

amici →
Sono gli amici di cui (dei quali) ti parlavo ieri.

1. circolo *(club)*
2. arbitri
3. squadre
4. albergo
5. corsa di Formula Uno
6. film
7. campi di sci
8. giocatori

F. Inserite la forma corretta del pronome relativo. Usate una sola parola.

1. Questa è la sciovia ___che___ tutti preferiscono.
2. Questo è il bar nel ___cui___ servono un ottimo cappuccino.
3. Questa è la ragazza con ___cui___ giocherò a tennis.

4. Questi sono i posti _che_ dovete visitare.
5. Questo è il vigile al _cui_ ho fatto una fotografia.
6. _Chi_ dorme in classe non impara molto.

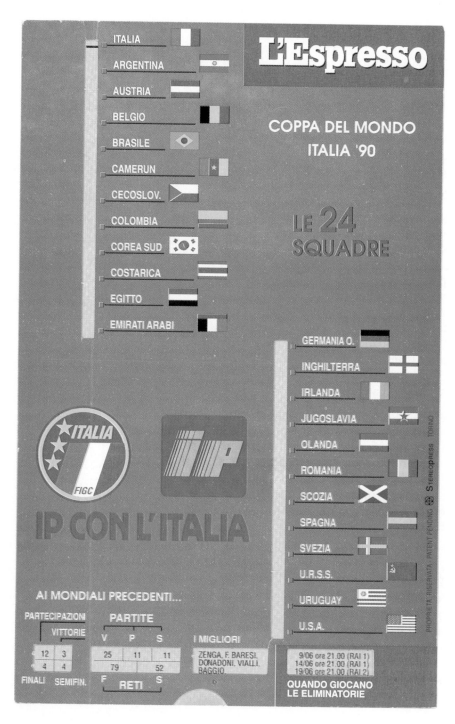

G. Completate le frasi seguenti con il pronome relativo **cui** e un'espressione appropriata al contesto.

> *Esempio:* Ecco gli sciatori con ... →
> Ecco gli sciatori con cui ho fatto colazione.

1. Ecco il bar in ...
2. Ecco l'Università di ...
3. Ecco il caminetto davanti a ...
4. Ecco la ragazza simpatica con ...
5. Ecco gli amici a ...
6. Ecco la professoressa con ...

H. Volgete le frasi seguenti al plurale o al singolare, secondo il caso.

> *Esempio:* Il lago è molto grande. →
> I laghi sono molto grandi.

1. A Fattori è piaciuto il rinfresco.
2. Questo campo è magnifico.
3. Questa verdura è fresca.
4. Questo meccanico è di Napoli.
5. Qui non ci sono alberghi.
6. Quel catalogo è troppo lungo.
7. Quegli affreschi erano davvero magnifici.
8. I medici non scherzavano.
9. Il dialogo di questo capitolo parla degli sport in Italia.
10. Perché gli arbitri non sono simpatici ai calciatori?
11. Questo radiologo è famosissimo.

I. **Ah, la vita!** Volgete il paragrafo seguente in italiano.

Life is not always easy (**facile**). Ada is seventeen years old and lives in Italy. Last year in Capri she met an attractive German guy, Helmut, who lives in Frankfurt. Ada's parents come from Switzerland. Now they live in Turin, a city in Piedmont. Ada's parents never taught Ada to speak German. She only speaks Italian. Since she met Helmut, she keeps asking her mother: "How do you say . . . in German?" Helmut wants to learn to speak Italian and has already started to write some letters. Ada is very sad (**triste**) because they will have to wait until next summer.

J. **Domande.** Rispondete alle domande seguenti in frasi complete.

1. Chi è la persona con cui Lei esce spesso?
2. Qual è la materia *(subject)* che studia di più?
3. Chi è la persona con cui studia spesso?
4. Qual è il regista che preferisce?
5. Qual è lo sport che Le piace fare?
6. Chi è la persona con cui vuole passare le vacanze?

K. Intervista. Formulate le domande seguenti in italiano e chiedete a un'altra persona nella classe di rispondere. Domandate ...

1. what sports he (she) likes
2. which games or sports he (she) likes to watch on TV, and which one he (she) likes to play
3. if he (she) cheers for any team
4. who taught him (her) to play [...]
5. if he (she) will continue to study Italian and why so
6. if today he (she) is in good shape or must do some exercise

Come si dice?

Encouraging someone

When you want to encourage or exhort someone to do something, these expressions can be helpful:

Coraggio!	*Cheer up! Take heart!*
Forza!	*Go!*
Avanti!	*Come on! Keep it up! Keep moving!*
Su!	*Hurry up! Move!*
Dai!	*Come on!*

Rejoicing and expressing relief

If the person performs what you had been asking for, you can exclaim:

Era ora!	*About time!*
Finalmente!	*Finally!*
Evviva! Urrà!	*Hurrah!*
Che sollievo!	*What a relief!*
Meno male!	*Thank goodness!*

Che cosa dice Lei? What would you say in these circumstances?

1. La sua squadra perde. Lei fa il tifo per i giocatori.
2. È in ritardo per un appuntamento con l'allenatore di ginnastica di Sua figlia, ma Sua figlia non è pronta.
3. Cosa dice a Suo fratello (Sua sorella) che è depresso/a perché la sua squadra di hockey ha perso?
4. Una Sua amica, che non lavora da un anno, Le telefona e Le dice che avrà un colloquio *(interview)* all'Olivetti il giorno seguente.
5. Lei guarda un incontro di pugilato. Il pugile *(boxer)* per cui fa il tifo vince all'ultimo round.

LA VITA CITTADINA

Un bar gelateria in Piazza Bra a Verona.

Milano: Piazza del Duomo e entrata della Galleria.

Una delle parole italiane che ormai fa parte del vocabolario internazionale è *galleria* C'è una galleria a Roma, a Milano, a Napoli, a Genova e in molte altre città italiane. Un'altra parola italiana che è diventata° internazionale è *piazza*. Le grandi città hanno molte piazze ed alcune sono famose per la loro bellezza, come per esempio Piazza Navona a Roma, Piazza del Plebiscito a Napoli, Piazza dei Miracoli a Pisa, e tante altre.

    La piazza di solito è il centro del paese° o della città e, se la città è grande, la piazza è il centro di un quartiere.° Gli italiani «vivono», nel vero senso° della parola, nelle loro città. Le piazze e le strade° sono per gli abitanti° come un'estensione della loro casa. Nei paesi gli artigiani° portano il loro lavoro sulla strada. Nelle grandi città ogni piazza ha un caffè all'aperto° e i ristoranti spesso mettono i tavoli sui marciapiedi.° E tanto nelle grandi città come° nei piccoli paesi c'è sempre una piazza o una strada dove ha luogo° la passeggiata la sera o la domenica. Alla passeggiata s'incontrano gli amici di tutto il vicinato,° e perfino° della città stessa.° Mentre passeggiano, chiacchierano,° parlano di politica o di sport, e poi si fermano al caffè preferito per l'espresso o per l'aperitivo, e magari° per una pasta o per un gelato.

has become

town
neighborhood
meaning / streets
residents / artisans
in the open
sidewalks
tanto ... just as . . . so
ha ... takes place
neighborhood / even / itself
chat
perhaps even

ESERCIZI DI COMPRENSIONE

A. Vero o falso?

_____ 1. Piazza dei Miracoli e Piazza Navona sono famose per le loro gallerie.
_____ 2. L'elemento centrale di ogni città italiana è il quartiere.
_____ 3. La passeggiata, la sera o la domenica, ha luogo in una piazza o in una strada principale di un quartiere o di una città.
_____ 4. Agli italiani piace fermarsi al caffè. Qui chiacchierano, parlano di politica o prendono un aperitivo.
_____ 5. Generalmente gli italiani fanno la passeggiata per conoscere nuova gente.

B. Domande.

1. Quali parole italiane fanno parte del vocabolario internazionale oltre a **piazza** e **galleria**?
2. Conosce alcune piazze italiane famose? Quali?
3. In che senso gli italiani «vivono» nelle loro città?
4. Generalmente che cosa fanno durante la passeggiata?
5. Che cosa prendono quando si fermano al loro caffè preferito?

RIPETIZIONE IV

A. Rispondete alle domande seguendo le indicazioni date nell'esempio.

Esempio: C'è un affresco in questa chiesa? →
No, ma ci sono molti affreschi in quella là.

1. C'è un medico americano in questa città?
2. C'è un bar in questo piccolo paese?
3. C'è una buona discesa in questo centro invernale?
4. C'è una squadra di calcio in questo stato?
5. C'è un giocatore argentino in questa squadra?
6. C'è uno studente greco in questa classe?

B. Formate nuove frasi seguendo le indicazioni date nell'esempio.

Esempio: Spagna / noi *(m.)* →
In Spagna non ci siamo divertiti affatto.

1. Perugia / loro *(f.)*
2. Sicilia / voi *(m.)*
3. Ischia / Guido e Vanna
4. Africa equatoriale / io *(f.)*
5. Capri / tu *(m.)*
6. Egitto / noi *(f.)*

C. Usate il pronome relativo **che** e formate nuove frasi secondo l'esempio.

Esempio: Il signore parla. È italiano. →
Il signore che parla è italiano.

1. Le persone sono nello spogliatoio *(locker room)*. Giocheranno a golf.
2. La ragazza è appena entrata nella classe di tedesco. Si chiama Paola.
3. L'ingegnere ha invitato i due ragazzi. Gioca a pallacanestro.
4. L'avvocato ha chiamato ieri l'altro *(day before yesterday)*. Ha prenotato il campo *(court)* numero tre.

5. Quello era lo spogliatoio delle donne *(women)*. Aveva anche la sauna.

D. Completate con la forma appropriata del pronome relativo. Usate una sola parola.

Esempio: È l'arbitro a _____ la nostra squadra non è simpatica. →
È l'arbitro a cui la nostra squadra non è simpatica.

1. _____ gioca male non ha tifosi.
2. Questi sono gli sport _____ mi piacciono.
3. Ecco il paese nel _____ abita mia zia.
4. Ci riposeremo nell'albergo di _____ ci hai parlato.
5. Nessuno ha capito _____ che dicevi.
6. È la figlia di quel professore il _____ insegnava al liceo.

E. Volgete le seguenti frasi al plurale facendo tutti i cambiamenti necessari. Tenete conto *(keep in mind)* che il plurale di **uno** è il partitivo **dello**.

1. Là c'è una chiesa antica e immensa.
2. Quello è un albergo elegante e molto comodo.
3. Oggi la verdura è ottima perché è fresca.
4. La lezione non sarà né lunga né difficile.
5. La trasmissione della partita non è sempre brillante *(sharp, clear)*.

F. **Chi avete conosciuto?** Seguendo l'esempio, formulate nuove domande e risposte. Usate i seguenti verbi: **parlare, vedere, salutare, conoscere, incontrare.**

Esempio: due giocatori / giocano malissimo →
—Chi avete visto?
—Abbiamo visto due giocatori che giocavano malissimo.

1. due ragazzi / fanno il pieno di benzina
2. uno sciatore / scia davanti all'albergo
3. un arbitro / capisce poco
4. molti tifosi / si divertono molto
5. un farmacista / scherza sempre
6. due persone / aspettano allo sportello

G. Volgete il brano seguente al passato usando le forme appropriate dell'imperfetto o del passato prossimo. Cominciate con: *Ieri pomeriggio...*

Oggi io e Fulvio andiamo a una partita di calcio. Il tempo è splendido e c'è molta gente. I tifosi sono molto allegri perché i giocatori sono in forma e giocano proprio bene. Ci sediamo nella prima fila perché vogliamo vedere tutto. Nella nostra squadra ci sono due calciatori italo-americani. Fulvio non fa mai il tifo. Tutti e due, però, seguiamo il gioco perché è interessante. Ci ricordiamo di una partita vista in

Spagna e parliamo di quell'arbitro antipatico. La partita finisce alle cinque con un pareggio. Abbiamo freddo e andiamo a prendere un cappuccino bello caldo.

H. Rispondete alle domande seguendo l'esempio.

Esempio: Lei si entusiasma? (facile) →
Sì, mi entusiasmo facilmente.

1. Quando avete fatto la coda a un botteghino? (recente)
2. Come guida Guido? (splendido)
3. Ha imparato a giocare bene a tennis? (ultimo)
4. Dimentica mai gli occhiali? (generale)
5. Vi vedrete al cinema? (sicuro)

I. **Mia cugina Franca.** Franca, una cugina di Trieste, è appena arrivata alla stazione Termini. Formulate domande originali basate sulle informazioni date.

Esempio: —Franca, com'è stato il viaggio?
—Hai sete? Ti offro qualcosa da bere.

Franca è appena arrivata alla stazione Termini, a Roma. Il viaggio è stato lungo. Sul treno ha conosciuto un ragazzo di Pisa che frequenta l'università di Trieste. Ha parlato un po' con lui, ha letto un libro di Castellaneta e ha dormito. Ha mangiato un panino al prosciutto e ha bevuto una Coca-Cola nel vagone ristorante. I suoi sport preferiti sono il calcio e l'alpinismo. Recentemente ha iniziato a fare sollevamento pesi. Il suo fidanzato le ha anche insegnato a giocare a racketball, ma lo sport non le piaceva tanto, per questo ha smesso quasi subito. Adesso è contenta di essere a Roma ma è molto stanca.

J. **Domande.** Rispondete con frasi complete e originali.

1. Che cosa farà Lei subito dopo la lezione?
2. Che cosa ha mangiato stamattina?
3. Chi ha visto ieri?
4. Quando prende il caffè?
5. Quando Lei e i Suoi amici si incontrano, dove vanno?
6. Le piace scherzare? Le piacciono le persone che scherzano?
7. Le piace il pugilato?
8. È vero che Lei incomincia a parlare italiano?

V NOI E GLI ALTRI

Culture
- The job market
- **RAI:** Public television
- Banking and bank hours
- The **maturità,** or high school exit exam
- Italian and its dialects

Communication
- Telling a story
- Giving a speaker encouragement
- Talking about TV and TV programs
- Expressing spatial relationships
- Giving directions
- Apologizing
- Expressing forgiveness

16 IL MONDO DEL LAVORO

Federica e Antonio si sono diplomati in luglio. Dopo alcuni mesi si sono accorti che non è così facile trovare un posto di lavoro. Per la prima volta, oggi si sono incontrati all'ufficio di collocamento e stanno consultando la lista dei posti disponibili.

Federica: Senti, che ne pensi di questo posto? Corrispondente estero, ragazza dai 20–30 anni, bella presenza, conoscenza del francese e tedesco ed esperienza nel settore commerciale.

Antonio: Non mi sembra per te. Hai sempre detto che non volevi lavorare dietro a una scrivania.

Federica: Lo so, ma oggigiorno bisogna adattarsi. Le ditte che stanno assumendo sono poche. Fortunato te che almeno hai già avuto un colloquio alla banca di tuo padre... e con ottime referenze.

Antonio: Sì, ma voglio andare avanti da me... senza l'aiuto di lui.

Federica: Allora, se sei così orgoglioso va' al primo piano: stanno accettando domande per programmatori, architetti e commessi per le farmacie comunali.

Antonio: Mi stai prendendo in giro? Sai benissimo che non ho le qualifiche necessarie.

DOMANDE

1. Quando si sono diplomati Federica e Antonio?
2. Dove si sono incontrati oggi?
3. Che cosa stanno consultando?
4. Perché il posto per corrispondente estero non è per Federica?
5. Perché bisogna adattarsi oggigiorno?
6. Dove ha già avuto un colloquio Antonio?
7. Perché, secondo Lei, Antonio è orgoglioso?
8. Quali posti di lavoro sono disponibili all'ufficio di collocamento?

Vocabolario

Sostantivi

l'aiuto   help
l'architetto, l'architetta
   architect
la banca   bank
il colloquio   job interview;
   talk, conversation
il commesso, la commessa
   salesperson; clerk
la conoscenza   knowledge
il/la corrispondente estero/a
   foreign correspondent
la ditta   company
la domanda   application;
   question
l'esperienza   experience
la farmacia   pharmacy
la lista   list
il mondo   world
il piano   floor
il posto (di lavoro)   position,
   job
il programmatore   programmer
la qualifica   qualification
la referenza   reference
la scrivania   desk
il settore   field, sector
l'ufficio di collocamento
   employment agency
la volta   time, instance, occasion

Aggettivi

commerciale   commercial
comunale   municipal
disponibile   vacant, available
facile   easy
necessario   necessary
orgoglioso   proud

Verbi

accorgersi   to realize
adattarsi   to adapt
assumere (*p.p.* **assunto**)   to
   hire
bisognare (+ *inf.*)   to be
   necessary (*to do something*)
consultare   to consult
diplomarsi   to graduate (from
   high school)
incontrarsi   to meet with
   someone
succedere (*p.p.* **successo**)   to
   happen

Altri vocaboli

avanti   ahead
oggigiorno   nowadays

Espressioni

accettare una domanda   to
   take / accept an application
bella presenza   pleasant
   appearance
da me   by myself
fare domanda   to submit an
   application, apply
il mondo del lavoro   marketplace
prendere in giro   to make fun
   of (someone)
secondo [me, te, lui]   in [my,
   your, his] opinion

operai, autisti, fattorini

A.A. AZIENDA Italo Tedesca cerca 18/40-
enni ambosessi disponibili subito, milite-
senti, offresi professionalità e continuità.
Per colloquio presentarsi oggi in corso
Turati, 7/m Torino ore 9,30/12 - 15/18.
CARPENTERIA metallica ricerca autista
patente C per mansioni varie. Tel. 011
273.5088.
CERCASI pasticcere e aiutopasticcere au-
tomunito per stagione estiva. Telefonare allo 030 58.467.
DITTA impianti con sede in Alpignano assume autista magazziniere. Inviare curricu-
lum e referenze a: Publikompass 5105 -
10100 Torino.
FALEGNAMERIA cerca falegname plurien-
nale esperienza, passaggio diretto. Telefonare 812.7353.
IMPRESA impianti di sicurezza con sede
in Alpignano assume elettricisti e tubisti
industriali per ampliamento organico.
Tel. 967.3005.
OPERAIO aiuto magazzino, presenza
25/40enne libero. Presentarsi oggi ore
ufficio via Nizza 17 B presso Ape.
RISTORANTE in Moncalieri cerca cuo-
co/a fisso e cameriere/a solo sabato e
domenica. Tel. 605.1239.
RISTORANTE rinomato cerca 2 18enni, 1
cameriere e 1 aiuto cuoco-pizzaiolo nazionalità italiana. Tel. 901.6811.

COMMERCIALISTA assume incarichi responsabilità. 02-29.40.16.00.
DIRETTORE commerciale beni durevoli,
strumentali vasta esperienza Italia/e-
stero creazione, gestione reti vendita
dirette/indirette, marketing operati-
vo, ampia disponibilità viaggi, concreto, collaborerebbe per sviluppo solida
azienda. Corriere 416-H - 20100
Milano.
DIRIGENTE commerciale 30enne responsabile piccola filiale di multinazio-
nale U.S.A. triennale esperienza con-
duzione Srl ottimo inglese discreto
spagnolo esamina proposte. Tel. 02-
34.23.30.

STUDIO LEGALE
assume segretaria con esperienza
specifica ottima dattilografia a computer, buona stenografia, retribuzio-
ne interessante. Manoscrivere curri-
culum e referenze Corriere 437-H -
20100 Milano.

- Some masculine nouns ending in -ore form the feminine by adding the suffix -trice: **il direttore, la direttrice** *(director)*; **l'allenatore, l'allenatrice** *(coach)*; **il lettore, la lettrice** *(reader; lecturer)*.
- Where English uses the word *time*, Italian uses three different words: **ora** *(time of the day; proper time to do something)*; **volta** *(instance, occasion)*; **tempo** *(duration of time; time in the abstract)*.

È **ora** di andare a dormire.	*It's **time** to go to bed.*
Faccio ginnastica **tre volte** alla settimana.	*I exercise **three times** a week.*
Aspetta **da molto tempo**.	*He has been waiting **for a long time**.*

- **Primo piano** corresponds to the second floor. In Italy the first floor is called **il pianterreno** *(ground floor)*.
- **Prima** *(before)*, **dopo** *(after)*, and **senza** *(without)* require the preposition **di** before a pronoun: **prima di te** *(before you)*; **dopo di Lei** *(after you)*; **senza di me** *(without me)*.
- In Italy job security and steady income are a major concern in selecting a position. Overall, Italians might change jobs only once or twice in a lifetime, and a career change after forty is quite unusual.
- Italy ranks among the seven most industrialized countries in the world, but has an unemployment rate exceeding 10%, one of the highest in the European Community.

Due impiegate della SIP.

Grammatica

I. Pronomi personali in funzione di complemento: forme toniche
(Object pronouns: stressed forms)

The stressed forms of object pronouns are often called disjunctive pronouns.

DISJUNCTIVE PRONOUNS

Singolare		*Plurale*	
me	*me*	**noi**	*us*
te	*you* (familiar)	**voi**	*you* (familiar)
lui, lei	*him, her*	**loro**	*them*
Lei	*you* (formal, m./f.)	**Loro**	*you* (formal, m./f.)
sé	*himself, herself, itself, yourself* (formal)	**sé**	*themselves, yourselves* (formal)

These pronouns are used as follows:

1. After a preposition.

> Enzo canta **con me**. — *Enzo sings **with me**.*
> Lei ha molti amici **fra noi**. — *You have many friends **among us**.*
>
> Mario lo fa **per Lei**. — *Mario is doing it **for you**.*
> Parla spesso **di te**. — *He speaks often **of you**.*
> Luisa l'ha fatto **da sé**. — *Luisa did it **by herself**.*
> Studiano **da sé**. — *They study **by themselves**.*

2. In place of the other object pronouns for emphasis or contrast, or after the verb when it has two or more objects.

Conjunctive (unstressed) use:

> **Mi** vede — *He sees **me**.*
> **Ci** riconoscono. — *They recognize **us**.*
> **L**'inviterà. — *He will invite **her**.*

Disjunctive (stressed) use:

> Vede **me**. — *He sees **me**.*
> Riconoscono **noi** non **lui**. — *They recognize **us**, not **him**.*
> Inviterà **lei** e **me**. — *He will invite **her** and **me**.*

3. In exclamations.

Povera me! I biglietti sono esauriti.	**Poor me!** *The tickets are sold out.*
Fortunato te che vai in vacanza!	**Lucky you** *who are going on vacation!*

II. Numeri ordinali
(Ordinal numbers)

primo	1st	dodicesimo	12th
secondo	2nd	tredicesimo	13th
terzo	3rd	quattordicesimo	14th
quarto	4th	ventesimo	20th
quinto	5th	ventunesimo	21st
sesto	6th	ventiduesimo	22nd
settimo	7th	ventitreesimo	23rd
ottavo	8th	trentesimo	30th
nono	9th	centesimo	100th
decimo	10th	millesimo	1,000th
undicesimo	11th	milionesimo	1,000,000th

NOTE   After **decimo,** one can easily get any ordinal number merely by dropping the last vowel of a given cardinal number and adding -esimo. If a cardinal number ends in -tre *(three),* the final -e is retained. Ordinal numbers are adjectives and agree with the noun modified in gender and number.

la **prima** volta	the **first** time
le **prime** scene	the **first** scenes
il **quarto** programma	the **fourth** program
i **secondi** posti	the **second** places
il **primo** violinista	the **first** violinist
un biglietto di **seconda** classe	a **second**-class (coach) ticket
il **sesto** piano	the **sixth** floor

In Italian, ordinal numbers precede a noun and require the definite article. As in English, they follow the names of dignitaries but do *not* require the definite article.

Napoleone **Terzo**	Napoleon **the Third**
Pio **Nono**	Pius **the Ninth**

III. Plurale dei nomi e degli aggettivi con terminazione in -*cia* e -*gia*

Words that end in -**cia** and -**gia** drop the **i** in the plural unless the **i** is stressed in the singular.

l'arancia	le arance	*orange(s)*
la quercia	le querce	*oak(s)*
la valigia	le valige	*suitcase(s)*
marcia	marce	*rotten*
grigia	grige	*gray*

| | BUT | la farmacia
la bugia | le farmacie
le bugie | *drugstore(s)*
lie(s) |

IV. Il gerundio
(The gerund)

The gerund is used to express an action in progress. It is formed by adding **-ando** to the stem of the verbs of the first conjugation and **-endo** to the stem of the verbs of the second and third conjugations.

parl-are	**parl-ando**	*speaking*
ripet-ere	**ripet-endo**	*repeating*
cap-ire	**cap-endo**	*understanding*

It is used with **stare** to express an action in progress.

Zitti! **Sta parlando.**

Quando è arrivato, **stavamo
   guardando** la partita.

Stanno riposando.

*Quiet! **He's talking!***

*When he arrived, **we were
   watching** the game.*

They are resting.

ESERCIZI

A. Rispondete a ciascuna delle domande seguenti usando il pronome di forma tonica.

Esempio: Rossini? (noi) →
           Sì, parlavamo proprio di lui.

1. Adriana? (io)
2. Laura e Carmela? (Eugenia)
3. Tu e Adriana? (noi)
4. Tu? (io)
5. Tuo padre e tua madre? (noi)
6. Io e Carmela? (i suoi fratelli)

B. **Malintesi** (*Misunderstandings*). Seguite l'esempio e usate i pronomi tonici e l'imperfetto.

> *Esempio:* parlare / di / io / lui →
> —Parlavi di me?
> —No, parlavo di lui!

1. parlare / a / lei / tu
2. dire / a / io / loro
3. stare / con / noi / lui
4. parlare / di / io / loro
5. telefonare / a / noi / lei
6. pensare / a / lui / tu

C. Completate ciascuna delle frasi seguenti usando la forma appropriata del pronome tonico.

> *Esempio:* Mia cugina? Sì, vado spesso da _____ →
> Sì, vado spesso da lei.

1. I signori Wheaton? Sì, ho fatto due passi con _____ .
2. L'allenatore? Sì, abbiamo chiamato proprio _____ .
3. Parducci e Donadoni? Tutti parlano di _____ .
4. Sarai a Roma? Allora farò visita anche a _____ .
5. Il suo lavoro? Dovrà finirlo da _____ .
6. Non volete i biglietti per la partita? Ma se li ho comprati proprio per _____ !

D. **Per chi?** Completate ogni frase con un pronome appropriato.

1. Secondo _____, è difficile trovar lavoro oggigiorno?
2. Per _____ è facile imparare a parlare una lingua. Tu parli già svedese e russo, e lei parla francese.
3. Povera _____, tuo padre è già tornato a casa, ed è già mezzanotte.
4. Ieri il tuo capo *(boss)* ha dato il posto di corrispondente estero a _____ e non a _____ .
5. Antonio è un ragazzo orgoglioso e vuole trovare lavoro da _____ .
6. Paola ieri sera è stata da _____ fino alle undici.
   Mio marito è andato a dormire appena è andata via.
7. Dici che lo stai facendo per _____ ?

E. Formate domande e risposte usando le parole indicate.

> *Esempi:* mercoledì →
> Che giorno è mercoledì? È il terzo giorno della settimana.
>
> febbraio →
> Che mese è febbraio? È il secondo mese dell'anno.

1. sabato
2. lunedì
3. gennaio
4. domenica
5. agosto

6. giovedì
7. aprile
8. ottobre
9. martedì
10. dicembre

F. Una partita di pallamano *(handball)*. Completate le frasi con il numero ordinale indicato in parentesi.

Esempio: La _____ partita non mi è piaciuta. (1) →
La prima partita non mi è piaciuta.

1. Era il _____ incontro della stagione. (5)
2. La squadra ha perso per la _____ volta. (3)
3. Carlo era seduto nella _____ fila. (2)
4. Io sono stato/a la _____ persona che è entrata nello stadio. (1000)
5. Un mio amico americano ha visto la partita di pallamano per la _____ volta in vita sua. (1)
6. L'allenatore ha chiesto un time out per la _____ volta. (6)

G. Riscrivete le frasi seguenti al singolare. Rileggete ad alta voce.

Esempio: Quelle belle querce non sono vecchie. →
Quella bella quercia non è vecchia.

1. Le mie valige erano grandi e grige.
2. Purtroppo queste verdure sono marce.
3. Queste arance non mi sono piaciute.
4. Le bugie non sono facili.
5. Quelle case grige sono molto vecchie.
6. In quegli edifici c'erano delle farmacie.

H. Descrivete le posizioni degli studenti della classe d'italiano. Cominciate con: *Joan e Joel sono seduti nella prima fila. Joan è seduta al primo posto, Joel è seduto al secondo posto ...*

I. Suggerimenti *(Suggestions)*. Carlo ha ottimi suggerimenti per Andrea, ma Andrea non è sempre d'accordo. Formulate domande e risposte secondo l'esempio.

Esempio: studiare il russo →
—Perché non studi il russo?
—Perché sto già studiando il tedesco!

1. frequentare le lezioni del professor Aliota
2. leggere l'Odissea
3. telefonare a Maria per sabato sera
4. iscriversi *(to enroll)* all'Università di Padova
5. studiare per l'esame di biologia
6. leggere il capitolo per la lezione di filosofia

J. **La festa.** Che cosa stanno facendo gli invitati quando Giuseppe arriva a casa di Daniele? Formate frasi complete e usate il gerundio.

> *Esempio:* Michele e Daniele / guardare / la televisione →
> Michele e Daniele stanno guardando la televisione.

1. Luca / seguire la trasmissione in diretta da Las Vegas
2. le ragazze / preparare qualcosa da mangiare
3. tutti / divertirsi molto
4. tu e Francesca / chiacchierare *(to chat)* in un angolo della stanza
5. noi / fare il tifo per la Roma
6. tu / cercare di capire le regole *(rules)* del calcio
7. la Roma / perdere due a zero
8. loro / parlare dell'allenatore della squadra di pallavolo

K. **In un paese del Lazio.** Dite che cosa sta succedendo nel centro del paese. Formulate almeno una frase per ogni espressione data.

> *Esempio:* ufficio postale →
> All'ufficio postale l'impiegato sta vendendo francobolli e la signora D'Amato sta imbucando una lettera per sua figlia Maria.

1. liceo classico Virgilio
2. boutique Donna Fatale
3. fornaio Melli
4. Piazza Grande
5. stadio
6. fruttivendolo Giancarlo

Come si dice?

Telling a story

Here are some expressions that are often used in telling a story:

Indovina che cosa è successo [ieri]!	*Guess what happened [yesterday]!*
Sai che cosa è accaduto ad [Anna]?	*Do you know what happened to [Anna]?*
Mi viene in mente quando ...	*I remember when ... (It comes back to me that when ...)*
C'era una volta ...	*Once upon a time ...*
E sapevi che ...	*And did you know that ...*
Alla fine ...	*In the end ...*

Giving a speaker encouragement

When someone is telling a story, it's important to give the speaker some sort of response to show that you are listening and that you want to hear more. Here are some expressions that you can use:

E poi cosa ha detto (fatto)?	*And then, what did he say (do)?*
E dopo cosa è successo?	*And then what happened?*
Quanto tempo fa è successo?	*How long ago did it happen?*
Dai, racconta!	*Come on, say it! Go on!*
Dici sul serio?	*Are you serious?*
Davvero?	*Really?*

A. **Sai che ...** Tell another student a story about something that happened to you or someone you know. Your partner will ask questions and give encouragement using words and expressions learned in this chapter. Then change roles and have your partner tell a story.

B. **Il colloquio.** Marco is telling Fabio about a phone call he received yesterday. Put the dialogue in the proper sequence. Begin with Marco asking Fabio to guess what has just happened to him.

—E poi?
—E allora?
—Indovina cosa è successo!
—Dici sul serio?
—Che stanno cercando dei commessi per la farmacia comunale del quartiere Mantegazza.
—E poi non so. Vedrò lunedì al colloquio.
—Ma sì.
—E che cos'altro ti hanno detto?
—Hai vinto un miliardo alla lotteria.
—Dai, racconta!
—Non prendermi in giro. È successa una cosa straordinaria.
—Sai, due settimane fa sono andato all'ufficio di collocamento...
—Ieri mi ha chiamato un impiegato dell'ufficio personale del municipio. E ho un appuntamento per un colloquio lunedì.

Alcuni prodotti di una farmacia.

17 COSA C'È ALLA TV?

Carlo e Lisa sono una giovane coppia. Sposati da più di tre anni, hanno una figlia e sono occupatissimi dal punto di vista professionale. Lisa è veterinario provinciale a Mantova e Carlo è musicista. Quando Carlo non suona o non viaggia con l'orchestra aiuta la moglie e si dedica alla bambina e alle faccende di casa.

Quando uon viaggia, Carlo si dedica alla bambina.

Carlo:	Lisa... a tavola! È pronto.
Lisa:	Arrivo.

Si siedono a tavola. La televisione è accesa.

Carlo:	Sul TG3 hanno appena discusso il progetto ecologico della regione. Ne sai qualcosa?
Lisa:	Ah sì. L'amministratore Paglia me ne ha accennato qualcosa ieri l'altro: ma vedrai, come al solito non succederà niente.
Carlo:	Vuoi anche del pollo arrosto? Te l'ha portato tua madre.
Lisa:	No, non ne voglio, grazie. Mangio solo un po' di affettato. Dov'è il telecomando? Ti dispiace se cambio canale?
Carlo:	Affatto. Non stavo neanche prestando attenzione.
Lisa:	L'inquinamento, la disoccupazione, la caduta del governo... dopo una giornata come oggi ne ho abbastanza di crisi. Ho bisogno di rilassarmi.
Carlo:	Sul primo c'è l'ultima puntata di quello sceneggiato americano che ti piaceva...
Lisa:	«Colomba solitaria»! Quasi me ne dimenticavo. Accidenti, ed è anche iniziato mezz'ora fa.

DOMANDE

1. Chi prepara la cena?
2. Lisa sa niente del progetto ecologico della regione?
3. Carlo stava guardando la televisione con interesse?
4. Perché ha bisogno di rilassarsi Lisa?
5. Chi ha cucinato il pollo arrosto?
6. Dal punto di vista professionale che cosa fa Carlo? E Lisa?
7. Su quale canale è lo sceneggiato?
8. Che cosa fa Carlo quando non viaggia con l'orchestra?

Vocabolario

Sostantivi

l'**affettato**   cold cuts
l'**amministratore**, l'**amministratrice**   administrator
il **bambino**, la **bambina**   little boy, little girl
la **caduta**   fall
il **canale**   channel
la **colomba**   dove

la **coppia**   couple
la **crisi**   crisis
la **disoccupazione**   unemployment
le **faccende di casa**   household chores
il **governo**   government
l'**inquinamento**   pollution
il/la **musicista**   musician
l'**orchestra**   orchestra

la **puntata**   episode; installment
il **punto di vista**   point of view
la **regione**   region
lo **sceneggiato**   TV miniseries
il **telecomando**   remote control
il **veterinario** (*m./f.*)   veterinarian

Aggettivi

arrosto   roast, roasted
ecologico   ecological
giovane   young
inquinato   polluted
occupato   busy
professionale   professional
pronto   ready
provinciale   provincial; of the province
solitario   lonesome
sposato   married

Verbi

accendere° (*p.p.* **acceso**)   to turn on
accennare   to mention
aiutare (a + *inf.*)   to help (*to do something*)

cambiare   to change
dedicarsi (a)   to devote oneself (to)
discutere (*p.p.* **discusso**) (**di** + *noun*)   to discuss; to debate (about, over)
rilassarsi   to relax
spegnere (*p.p.* **spento**)   to turn off
suonare   to play (*an instrument*)
viaggiare   to travel

Altri vocaboli

abbastanza   enough
ieri l'altro   day before yesterday
mezz'ora fa   half an hour ago

Espressioni

accidenti!   darn it!
a tavola!   (come) to the table!
ne ho abbastanza di ...   I have had enough of . . .
preparare il pranzo / la cena   to fix lunch / dinner
prestare attenzione   to pay attention
sul primo (canale)   on channel one
ti dispiace se ...   do you mind if . . .

NOTE LINGUISTICHE E CULTURALI

- Italian public television is managed by RAI, Radiotelevisione Italiana, which is divided into three national networks: RAI UNO, RAI DUE, and RAI TRE, operating respectively the first, second and third channels. Compared to American commercial TV, the RAI broadcast day is much shorter, running from early morning to approximately midnight. Because operating revenues are generated by fees paid by all TV owners and government subsidies, advertising is strictly regulated and only broadcast in clusters between programs. Italian television strives for balance in representing the views of the major political parties as well as minority and special interest groups. For this reason, there is often heated public debate about who should sit on the RAI supervisory boards. TG3 is the abbreviation for the **telegiornale** (*news broadcast*) on RAI TRE.
- Surveys indicate that Italians don't watch much TV: only 129 minutes per day compared to 228 minutes in Great Britain, 207 in Spain and 178 in France.[1]

---

[1]*Millelibri* (Milan: Editoriale Giorgio Mondadori) No. 43, June 1991, pp. 6–7.

Grammatica

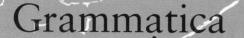

I. Plurale dei nomi e degli aggettivi, *continuazione*

1. Masculine nouns and adjectives ending in unstressed **-io** have only one **i** in the plural.

il figlio	i figli	*son(s)*
vecchio	vecchi	*old*

BUT

lo zio	gli zii	*uncle(s)*
pio	pii	*pious*

2. Masculine nouns ending in **-a** (there are not many) usually form the plural in **-i,** the typical masculine plural ending. Most of them are of Greek origin and exist in almost identical form in English.

il programma	i programmi	*program(s)*
il problema	i problemi	*problem(s)*
il poeta	i poeti	*poet(s)*
il pigiama	i pigiami	*pajama(s)*

BUT

il cinema	i cinema	*cinema(s)*
il vaglia	i vaglia	*money order(s)*

3. Several nouns, which usually refer to professions, end in **-ista** and are invariable in the singular. In the plural, the masculine form ends in **-i,** and the feminine in **-e.**

il pianista	i pianisti	*(male) pianist(s)*
la pianista	le pianiste	*(female) pianist(s)*

4. Certain common abbreviations do not change in the plural: **il cinema, i cinema** (*from* **cinematografo**); **la foto, le foto** (*from* **fotografia**); **l'auto, le auto** (*from* **automobile**), **la radio, le radio** (*from* **radiofonia**); **lo stereo, gli stereo** (*from* **stereofonico**).

5. Nouns ending in **-ie** and **-i** are also invariable, with the exception of **la moglie** *(wife)* whose plural is **le mogli.**

la serie	le serie	*series*
la crisi	le crisi	*crisis, crises*

To the above must be added family names, which are also invariable.

la signora Rossi	*Mrs. Rossi*
i signori Rossi	*Mr. & Mrs. Rossi*
i fratelli Recchia	*the Recchia brothers*

II. Il pronome congiuntivo *ne*

The pronoun **ne** is used:

1. When referring back to a noun preceded by the preposition **di**. Its meaning, therefore, is *of it, of him of her, of them.*

> Il professore ha parlato **della Divina commedia?**—Sì, **ne** ha parlato stamattina.

> *Did the professor speak **of the Divine Comedy?**—Yes, he spoke **of it** this morning.*

2. When referring back to a noun preceded by the partitive. Its meaning is, therefore, *of it, of them.*

> Avete **delle belle cravatte?** —Sì, **ne** abbiamo.

> *Do you have **any beautiful ties?** —Yes, we do (have **some**).*

> Vuole **un po' di formaggio?** —No, non **ne** voglio.

> *Do you want **some cheese?** —No, I do not want **any.***

3. When referring back to a number or an amount.

> **Quanti** dischi hai?—**Ne** ho **cinque.**

> *How many records do you have?—I have **five** (of them).*

> Vuole **un chilo** di carne?—No, ne voglio **mezzo chilo.**

> *Do you want **one kilogram** of meat?—No, I want **half a kilogram** (of it).*

Note that in English *of it, of them,* etc., is often not expressed. The Italian equivalent, **ne,** must always be expressed.

4. The position of **ne** in the sentence is the same as that of other object pronouns. Besides the examples given above, study the following:

> Mi piace la poesia moderna ma non desidero **parlarne** ora.
> *I like modern poetry, but I do not wish **to talk about it** now.*

5. When **ne** is used in a compound tense, such as the present perfect, in place of a direct object, the past participle agrees with the noun it replaces in number and gender.

> Quante **opere** hai visto? —Ne ho viste molte.

> *How many operas have you seen?—I have seen many.*

> Avete letto **i romanzi** di Moravia?—Ne abbiamo letti sei.

> *Have you read Moravia's novels?—We have read six (of them).*

III. I verbi con il doppio oggetto (*Verbs with double objects*)

When a verb has two conjunctive pronouns, the indirect object or reflexive pronoun comes before the direct object pronoun, and both precede or follow the verb according to the rules given for a single object pronoun. (See Chapters 6, 10 and 11).

1. When **mi, ti, si, ci, vi**, are followed by the direct object pronouns **lo, la, li, le, ne**, they change the final -i to -e and become, respectively, **me, te, se, ce, ve**.

Ci danno **il libro**.	*They give us the book.*
Ce lo danno.	*They give it to us.*
Mi parla **dell'Italia**.	*He speaks to me of Italy.*
Me ne parla.	*He speaks of it to me.*
Vi legge **la lettera**.	*He reads you the letter.*
Ve la legge.	*He reads it to you.*
Non c'è **pane**.	*There is no bread.*
Non **ce n'**è.	*There isn't any.*
Ci sono **molti libri**.	*There are many books.*
Ce ne sono molti.	*There are many (of them).*
Mi sono lavato **le mani**.	*I washed my hands.*
Me le sono lavate.	*I washed them.*
Si sono scritti **le lettere**.	*They wrote each other the letters.*
Se le sono scritte.	*They wrote them to each other.*

2. When **gli** and **le** are followed by the direct object pronouns **lo, la, li, le, ne**, they change to **glie** and combine with the pronoun that follows: **glielo, gliela, glieli, gliele, gliene**.

Gli parlo **dell'Italia**.	*I speak to him of Italy.*
Gliene parlo.	*I speak of it to him.*
Le scrivo **queste lettere**.	*I write her these letters.*
Gliele scrivo.	*I write them to her.*

3. **Loro** *(to you, to them)* always follows the verb.

Ne parlo **loro**.	*I speak of it to them.*
Ne parlo **Loro**.	*I speak of it to you.*

In modern Italian, especially in the spoken language, the use of **lo, la, li, le**, and **ne** with **loro** is frequently replaced by **glielo, gliela, glieli, gliele**, and **gliene**.

ESERCIZI

A. Volgete ciascuna delle frasi seguenti al singolare.

Esempio: Ecco dei bravi violinisti! →
Ecco un bravo violinista!

1. Ecco delle vere artiste!
2. Ecco dei programmi interessanti!

3. Ecco delle città italiane moderne!
4. Ecco due poeti famosi!
5. Ecco due bravi pianisti!
6. Ecco delle auto giapponesi *(Japanese)*!

B. **Dopo il concerto.** Di che cosa hanno parlato queste persone? Rispondete alle domande usando il pronome **ne.**

Esempio: di politica / loro →
—Hanno parlato di politica?
—Di politica? No, non ne hanno parlato.

1. di problemi sociali / voi
2. dell'inquinamento / tu
3. della disoccupazione in Italia / Adele e Franca
4. di quel famoso concerto / Franco
5. di cinema / io e mio fratello
6. dell'ultimo sceneggiato su RAI DUE / Loro

C. **Alternative.** Che alternative diamo ai nostri clienti se non abbiamo quello che cercano? Seguite l'esempio e usate il pronome **ne.**

Esempio: fragole al limone / alla panna *(whipped cream)*. →
—Avete delle fragole al limone?
—Mi dispiace, ne abbiamo solamente alla panna.

1. bignè alla crema / al cioccolato
2. spaghetti alla carbonara / al pomodoro
3. pizza alle quattro stagioni / al prosciutto
4. tortellini al ragù / alla panna
5. gelato al cioccolato / al limone
6. fettuccine al pomodoro / al burro
7. risotto alla milanese / alla marinara

D. **Intervista con il famoso sciatore Alberto Tomba.** Rispondete alle seguenti domande in modo originale, come farebbe Tomba la Bomba. Usate il pronome **ne** dove possibile.

Esempio: —Quanti agenti ha avuto?
—Da quando ho vinto alle Olimpiadi di Albertville ne ho avuti due.

1. Quante gare *(competitions)* ha già vinto?
2. Quante auto ha già comprato?
3. Quanti viaggi all'estero ha già fatto?
4. Quante interviste ha rilasciato (**rilasciare** *to give*)?
5. Quante ragazze ha conosciuto?
6. Quanti telegrammi ha ricevuto?

E. Formate nuove frasi seguendo le indicazioni date nell'esempio.

Esempio: La ragazza vende il biglietto a noi. →
   a. La ragazza lo vende a noi.
   b. La ragazza ci vende il biglietto.
   c. La ragazza ce lo vende.

1. No, non manderemo il telegramma a voi.
2. Dà gli spiccioli a me.
3. Il fornaio non ha venduto il pane alla cliente.
4. Il professore ha parlato di letteratura agli studenti.
5. Gianni offrirà una birra *(beer)* all'amico.
6. Michele spiegava a Francesca i problemi che aveva.

F. Formate nuove frasi usando la forma appropriata del pronome complemento indiretto, secondo le indicazioni.

Esempio: a me → I biglietti? Sì, me li ha dati.

1. a noi
2. a Bruno e a Vanna
3. a te
4. a te e tua madre
5. al dentista
6. a me e a te

G. **In ditta.** Armando è segretario in una ditta di import-export. Che cosa deve fare per il suo capo? Seguite l'esempio e usate i pronomi come indicato.

Esempio: —Può mandare il catalogo a questi clienti?
   —Certamente. Glielo mando subito.

1. Può dire al signor Varazzo di venire nel mio ufficio domani alle tre?
2. Può spiegare alla ditta Contarella di New York quali prodotti abbiamo?
3. Può prenotarmi due posti sul volo per Madrid di martedì prossimo?
4. Può controllare per me se gli stereo che abbiamo spedito a Londra sono arrivati?
5. Può imbucare queste lettere per via aerea?
6. Può farmi una prenotazione per la cena di domani sera?

H. **Souvenir.** Annamaria è ritornata da Londra e ha portato con sé alcuni souvenir. Seguite l'esempio usando i pronomi congiuntivi.

Esempio: un romanzo in inglese / a Michele →
   A Michele ha portato un romanzo in inglese.
   Gliel'ha portato.

1. una radio / a Rosa e Franca
2. del tè / alla sua farmacista
3. dei vecchi libri / a suo padre
4. delle foto della regina Elisabetta II / a sua madre
5. un poster del British Museum / a te e tua moglie
6. un maglione rosso / a me
7. un libro di Milton / a te

I. **Domande.** Rispondete con frasi complete.

1. Chi prepara la cena a casa Sua?
2. Chi fa le faccende di casa?
3. Quando ha bisogno di rilassarsi guarda la televisione? Altrimenti (*otherwise*) che cosa fa?
4. Quante ore al giorno guarda la televisione?
5. Quali canali preferisce?
6. Con gli amici parla mai di politica e del governo? Di che cosa parlano normalmente?
7. Lei è un tipo solitario o Le piace stare con la gente?
8. Quando non è a scuola a che cosa si dedica?
9. Quali sono i Suoi passatempi (*pastimes*) preferiti?

Come si dice?

Talking about TV and TV programs

When talking about TV or TV programs the following expressions can be helpful:

Puoi accendere (spegnere) la tele?	*Can you turn on (off) the TV?*
Puoi alzare (abbassare) il volume?	*Can you turn up (down) the volume?*
Su quale canale è [«Febbre d'amore»]?	*On which channel is [Love Fever]?*
Che trasmissione vuoi vedere?	*Which program do you want to watch?*
Sul secondo danno [*Casablanca*].	*On channel two they are showing [Casablanca].*
Guardo volentieri [il telegiornale].	*I like watching [the news].*
Guarderei volentieri [il telegiornale].	*I feel like watching [the news]. I'd like to watch [the news].*

Questi poster pubblicitari annunciano i concerti per l'estate.

LE TRASMISSIONI TELEVISIVE

il documentario *(documentary)*

il film *(film)*

il giallo *(detective story)*

lo sceneggiato *(miniseries)*

il telefilm *(film made for TV)*

la telenovela *(soap opera)*

la trasmissione
  d'attualità *(current affairs)*
  musicale *(musical)*
  religiosa *(religious)*

i cartoni animati *(animated cartoons)*

le previsioni del tempo *(weather forecast)*

la pubblicità *(advertising; commercials)*

il servizio speciale *(special report)*

il telegiornale *(newscast)*

il quiz *(quiz show)*

il talk show *(talk show)*

○ RAIUNO

MATTINO

Telegiornale: 7; 8; 9; 10; 11; 12,30; 13,30; 18; 20; 22,45; 24

6,55-10 Unomattina. Regia di Pasquale Satalia

7,30 Da Milano Tgr Economia

10,05 Unomattina Economia

10,15 Ci vediamo. Conducono Danila Bonito e Pino Bruno. Regia di Paolo Luciani. 1ª parte

11,05 Ci vediamo. 2ª parte

11,55 Che tempo fa

POMERIGGIO

12 — Pupi Avati presenta **E' proibito ballare: Romanzo rosa**

12,35 La signora in giallo

13,55 Telegiornale Uno - Tre minuti di...

14 — Joe e suo nonno

14,10 Sidekicks - L'ultimo cavaliere elettrico, telefilm

14,35 L'albero azzurro

15,05 Dse - Green. A cura di Sandro Lai - **Ragazze e ragazzi**

15,35 Dse - Caramella 3. Con Valeria Ciangottini e «Gli Specchio»

16,05 Big! Varietà per ragazzi. Regia R. Valentini

18,05 Vuol vincere?

SERA

18,20 Blue jeans, telefilm, *L'altalena*

18,50 Il mondo di Quark. A cura di Piero Angela. *Alle sorgenti del Nilo - Gli oranghi del Borneo* -

19,40 Il naso di Cleopatra

19,50 Che tempo fa

20,40 Festa della mamma, conduce Elisabetta Gardini con Massimo Ranieri

22,30 Zeus, Il mito di Prometeo

23,05 Mercoledì sport 1ª parte Automobilismo: **Rally di Corsica**

0,30 Appuntamento al cinema

0,40 Tgs Mercoledì sport. 2ª parte - Mezzanotte e dintorni - Roma. **Tennis: Internazionali d'Italia femminili** - Aiaccio. **Automobilismo: Rally di Corsica**

2,15 Masada, sceneggiato. Regia di Boris Sagal. Con Peter O'Toole, Peter Strauss

4,50 Telegiornale Uno Linea notte (r)

5,05 Divertimenti

5,55 Le affinità elettive, sceneggiato, 1a puntata

▽ RAIDUE

MATTINO

Telegiornale: 11,50; 13; 17,25; 19,45; 23,55

7-9,10 Piccole e grandi storie

— Curiosità, documentario

— Pimpa-Dungeons and dragons, cartoni

— Furia, telefilm

7,55 L'albero azzurro

— Lassie, telefilm

9,10 Dse - Caramella 3

9,35 Dse - Natura selvaggia

10 — Pronto... c'è una certa Giuliana per te (1967), film

POMERIGGIO

11,35 Segreti per voi - Mattina

11,55 I fatti vostri. Conduce Alberto Castagna

13,30 TG 2 - Economia

13,45-15,35 Supersoap

13,45 Segreti per voi - Pomeriggio

13,50 Quando si ama

14,45 Santa Barbara, serie tv

15,35 Tua - Bellezza e dintorni

15,45 L'avventuriero di Burma (1955), film

17,30 Spaziolibero. ANVV. Associazione Professionale Polizia Municipale

17,50 Rock café. Di Andrea Olcese

18,05 Tgs - Sportsera

SERA

18,20 Un giustiziere a New York, telefilm

19,10 Segreti per voi - Sera. Presenta F. Tessari

19,15 Beautiful, serie tv

20,15 TG 2 - Lo sport

20,30 RAIDUE presenta **Affari di famiglia** 1ª parte, Film tv in sei parti. Scritto e diretto da Marcello Fondato. Con Florinda Bolkan, Catherine Spaak, Horst Buchholz, Jean Sorel, Riccardo Cucciolla, Massimo Ciavarro, Georgia Lepore, Dagmar Lassander, Nino Castelnuovo, Gabriele Antonini, José Quaglio, Giorgio Giuliano

22,10 Aldo Bruno, Giovanni Minoli presentano **Mixer nel mondo**. Di Sergio De Santis. Produttore esecutivo B. Lanaro. *Nicaragua: La pace armata*. Regia di Marco Melega

23,15 TG 2 - Pegaso. A cura di M. Mangiafico

0,05 Rock café. Di Andrea Olcese

0,10 Appuntamento al cinema

0,20 Cinema di notte. **Verso la libertà** (1982), 2ª parte, film tv. Con Klaus Maria Brandauer

△ RAITRE

MATTINO

Telegiornale: 12,05; 14; 19; 19,30; 22,30; 0,45

10 — Tennis under 18 Da Salsomaggiore

11 — Ginnastica ritmica: Campionati assoluti

11,30 Tgs Mischia e Meta

POMERIGGIO

12-14 Dse - dal TV 2 di Milano **Il circolo delle 12**, rotocalco quotidiano d'informazione culturale. Un programma di Roberto Costa

14,30 Tg 3 - Pomeriggio

14,45 Dse - Ministero della Pubblica Istruzione - Rai-Dse presentano **La scuola si aggiorna** 14ª puntata

15,15 Roma. **Tennis: Internazionali d'Italia femminili**

18,45 La rassegna. Giornali e tv estere. A cura di Giancesare Flesca

SERA

19,55 Blob. Cinico Tv — Di tutto di più. Di E. Ghezzi, M. Giusti

20,10 Lisbona. **Calcio: Monaco-Werder Brema**. Coppa delle Coppe. Finale **Nell'intervallo: Una cartolina**, di Andrea Barbato

22,05 Blob. Di tutto di più. Di E. Ghezzi, M. Giusti

22,45 Porca miseria. Condotto da Fabio Fazio, Bruno Gambarotta e Patrizio Roversi. Regia di Paolo Macioti

23,45 Viaggio infinito. Documentario. 1ª puntata. *L'avventura stellare*. Di Georgann Kane e Lionel Friedberg

1,10 Fuori orario. Cose (mai) viste presenta **BlobCartoon**

1,35 Blob (r)

1,45 Una cartolina, replica

2 — Porca miseria (r)

2,55 Tg 3 - Nuovo giorno - Edicola (r)

3,15 La corsa della morte, film di R. Walsh. Con Alan Ladd

4,50 Tg 3 - Nuovo giorno - Edicola (r)

5,10 Bodymatters

5,40 Schegge

6,30 Oggi in edicola - Ieri in tv

A. **Buonasera, signore e signori!** Che tipo di trasmissioni sono le seguenti?
Combinate le trasmissioni della prima colonna con le categorie della
seconda.

1. «Che tempo fa?»		a.	quiz
2. «TG1 Notte»		b.	telegiornale
3. «OK il prezzo è giusto»		c.	documentario
4. «Spie senza volto»		d.	telenovela
5. «La ruota della fortuna»		e.	sceneggiato
6. «Maurizio Costanzo Show»		f.	attualità
7. «Blob: di tutto, di più»		g.	previsioni del tempo
8. «Colomba solitaria»		h.	talk show
9. «Messaggio dall'Africa»		i.	giallo

B. **Cosa c'è alla TV?** Esaminate i programmi di oggi a pagina 220. Fate
una lista delle trasmissioni di RAI UNO, RAI DUE e RAI TRE hanno i
temi seguenti:

1. intrattenimento *(entertainment)*
2. sport
3. musica
4. informazione / notizie / attualità
5. scienza *(science)*
6. previsioni metereologiche
7. educazione

18 | IN BANCA

A uno sportello della Cassa di Risparmio, Giulio sta servendo alcuni clienti. Ma ieri sera è rimasto fuori fino a tardi con gli amici, e oggi pomeriggio è stanco, di cattivo umore e non è in vena di parlare con nessuno.

Cliente 1: Buon giorno. Devo cambiare un assegno. Ho bisogno di contanti.

Giulio: Ha un conto qui da noi?

Cliente 1: Sì, certo.

Giulio: Lo firmi sul retro, per cortesia. Ma no, non scriva lì. Lo firmi qui... in cima.

Questa banca è situata in un edificio antico.

Cliente 1:	Ah... sì, scusi. Uhm, volevo anche accedere a una cassetta di sicurezza.
Giulio:	Vada attraverso quella porta, giri a sinistra e chieda alla guardia.
Giulio:	Desidera?
Cliente 2:	Sì. Ho bisogno di depositare questi assegni turistici, metà sul conto corrente e metà sul libretto di risparmio. È possibile?
Giulio:	Come no. Compili questo modulo e proceda direttamente alla cassa.
Giulio:	Tocca a Lei.
Cliente 3:	Senta, quant'è il cambio del dollaro oggi?
Giulio:	Chieda allo sportello Valute Estere.
Cliente 3:	Sa, per caso, se devo mostrare il passaporto?
Giulio:	Domandi allo sportello Valute Estere.
Cliente 3:	Va bene, va bene... Che modi!

DOMANDE

1. Perché è di cattivo umore Giulio?
2. In quale banca lavora Giulio?
3. Perché il primo cliente vuole cambiare un assegno?
4. Che altro vuole fare il primo cliente?
5. Dove vuole depositare gli assegni turistici il secondo cliente?
6. Che cosa deve compilare?
7. Che cosa vuole sapere l'ultimo cliente?
8. Giulio è cortese o scortese con i clienti?

Vocabolario

Sostantivi

l'**assegno** check
  l'**assegno turistico**
    traveler's check
il **bancomat** *(inv.)* ATM
il **cambio** exchange rate
la **cassa** cashier
la **cassetta di sicurezza** safe-deposit box
il/la **cliente** customer, client
i **contanti** cash
il **conto corrente** checking account
il **dollaro** dollar
la **guardia** guard

il **libretto di risparmio** passbook
il **modulo** form
il **retro** back
il **paese** town; country
il **passaporto** passport
la **valuta (estera)** (foreign) currency

Aggettivi

certo sure, certain
cortese polite
possibile possible
scortese rude

Verbi

accedere a to access
chiedere° to ask
compilare to fill out
depositare to deposit
firmare to sign
girare to turn
mostrare to show
procedere to proceed
rimanere (*p.p.* **rimasto**) to remain, stay
servire to serve; to help (*sales*)

Altri vocaboli

a destra / sinistra   to the
  right / left
attraverso   through
dentro   in(side)
fuori   out(side)
in cima   on top
sul retro   on the back

Espressioni

cambiare un assegno   to cash
  a check
che modi!   what manners!
essere di cattivo (buon) umore
  to be in a bad (good) mood

essere in vena (di + *inf.*)   to
  be in the mood *(to do something)*
per caso   by any chance
scusa! *(familiar)* **scusi!** *(formal)*
  I'm sorry! (excuse me!)
sì certo; ma certo!   of course;
  certainly!
tocca a Lei!   next!

NOTE LINGUISTICHE E CULTURALI

- The verb **cambiare** has several meanings:

  cambiare   *to change; to exchange;
  to get/give change (money):*

    Vorrei cambiare delle sterline.
    *I would like to exchange some pounds
      sterling.*

    Ci può cambiare un biglietto da
    diecimila lire?
    *Can you change (give us change for)
      a ten thousand-lira bill?*

  cambiarsi   *to change (clothes):*

    Ti sei già cambiata!
    You have already changed (your clothes)!

  cambiare *(intr.)*   *to become different, change:*

    Come sei cambiata!
    How you've changed!

- If you are standing in line and someone cuts in
  front of you, politely say:

    Scusi, ma tocca a me.
    Excuse me, but it's my turn.
    Ero prima di Lei.
    I was before you.

- Italian banks have short business hours and are
  generally open from 8 A.M. to 1:30 P.M. They
  are closed on Saturdays. In recent years, to
  accommodate customers' needs, some major
  banks like Cassa di Risparmio are open to the
  public for about an hour in the afternoon.
  Because Italians use public transportation or
  walk more often than North Americans do,
  drive-in services at banks as well as at other
  businesses are not needed.

- In Italy check writing is not as widespread as in
  North America. Usually, a bank will cash checks
  only for regular depositors, and retailers will
  accept checks only if they know the customer
  personally. Automated teller machines, called **il
  bancomat** *(from* [**banc(a aut)omat(ica)**]*),* can be
  found at almost every bank. Postal money orders
  (**vaglia postali**) are generally used for purchases
  by mail.

Grammatica

I. L'imperativo
(The imperative)

In Italian, the imperative is used to express orders, requests, and advice, much the same as in English.

Parli ad alta voce, per favore.   *Speak up (aloud), please.*
Ripetete questa frase.   *Repeat this sentence.*
Dormi in questo letto.   *Sleep in this bed.*
Finiamo il progetto prima delle   *Let's finish the project before*
    quattro.   *four o'clock.*

IMPERATIVO

	Parlare	Ripetere	Dormire	Finire
(tu)	parl-**a**	ripet-**i**	dorm-**i**	fin-isc-**i**
(Lei)	parl-**i**	ripet-**a**	dorm-**a**	fin-isc-**a**
(noi)	parl-**iamo**	ripet-**iamo**	dorm-**iamo**	fin-**iamo**
(voi)	parl-**ate**	ripet-**ete**	dorm-**ite**	fin-**ite**
(Loro)	parl-**ino**	ripet-**ano**	dorm-**ano**	fin-isc-**ano**

Subject pronouns are not used with the imperative. Note that in the second and third conjugations the forms for **tu, noi,** and **voi** are the same as for the present indicative. In the first conjugation, however, only the forms for **noi** and **voi** are the same as in the present indicative.

II. L'imperativo di
avere e *essere*

	Avere		Essere
(tu)	abbi		sii
(Lei)	abbia		sia
(noi)	abbiamo		siamo
(voi)	abbiate		siate
(Loro)	abbiano		siano

(tu)   **Abbi** pazienza!   *Be patient!* (lit. *Have patience!*)
(voi)   **Siate** buoni!   *Be good!*

III. L'imperativo negativo

The negative imperative of the familiar singular (**tu**) is the infinitive form of the verb.

	(tu)	**Non essere** in ritardo.	*Don't be late.*
	(tu)	**Non dormire** tutto il giorno.	*Don't sleep all day long.*
BUT	(Lei)	**Non fumi** qui, per cortesia.	*Please, **don't smoke** here.*
	(voi)	**Non portate** la macchina in centro.	*Don't take the car downtown.*
	(Loro)	**Non perdano** la ricevuta.	*Don't lose the receipt.*

IV. Alcuni imperativi irregolari

	Fare	Venire	Andare	Sapere
(tu)	fa'	vieni	va'	sappi
(Lei)	faccia	venga	vada	sappia
(noi)	facciamo	veniamo	andiamo	sappiamo
(voi)	fate	venite	andate	sappiate
(Loro)	facciano	vengano	vadano	sappiano

(tu)	Mario, **fa'** presto!	*Mario, **hurry** up!*
(voi)	**Andate** a casa subito!	*Go home immediately!*
(Lei)	**Venga** dentro!	*Come inside!*
(tu)	**Sappi** che il telegiornale comincia alle otto!	*Be advised that the news begins at eight o'clock!*

ESERCIZI

A. Formate frasi usando le espressioni date all'imperativo.

Esempio: (voi) / chiedere alla cassa →
Chiedete alla cassa.

1. (tu) /   firmare qui
              aspettare un attimo
              compilare il modulo
              servire questa cliente
2. (voi) /   depositare l'assegno
              procedere alla cassa
              girare a sinistra
              chiedere alla guardia
3. (Loro) /   affittare *(to rent)* una cassetta di sicurezza
              aprire un conto in questa banca
              rimanere fuori
              consultare l'amministratore

B. I signori Motta stanno andando in vacanza e danno le ultime istruzioni ai figli. Usate l'imperativo nelle forme **tu** e **voi**, come indicato.

1. (voi) / pagare l'amministratore
2. (voi) / studiare abbastanza
3. (tu) / pulire *(to clean)* la camera
4. (voi) / andare a dormire presto
5. (tu) / telefonare ai nonni
6. (tu) / finire la carne nel frigorifero
7. (voi) / leggere il giornale
8. (tu) / chiudere bene la porta

C. Rispondete alle domande usando l'imperativo nelle forme **Lei** e **Loro**. Osservate l'esempio.

Esempio: —Devo scrivere queste frasi? (quelle)
—No, non scriva queste frasi, scriva quelle.

1. Devo cominciare a scrivere? (a leggere)
2. Dobbiamo prendere l'autobus? (il tram)
3. Devo spiegare dove si trova la scuola? (l'ufficio)
4. Dobbiamo finire questo libro? (quello)
5. Devo aprire un conto in quella banca? (questa)

D. Ordini *(Commands)*. Francesca è un'amica e il signor Pardini è un conoscente *(acquaintance)*. Date suggerimenti *(Make suggestions)* usando le espressioni seguenti. Osservate l'esempio.

Esempio: prendere il tassì →
Francesca, non prendere il tassì.
Signor Pardini, non prenda il tassì.

1. non avere fretta
2. non ripetere queste cose
3. non chiamare Giancarlo
4. non venire qui
5. non andare a quella banca
6. non fare una passeggiata quando piove
7. non affittare un appartamento in via Garibaldi
8. non girare a sinistra

E. Completate le frasi con le forme giuste dell' imperativo dei verbi seguenti: **avere, fare, essere, venire, sapere, prestare**.

1. Figlia mia, _____ pazienza.
2. Michele, Marco, _____ presto. La lezione è già iniziata.
3. Antonella, _____ brava. Mangia la minestra.
4. Signorina Melioli, _____ nel mio ufficio domani mattina alle nove.

5. Francesco e Carla, _____ che questa è l'ultima volta che tornate a casa alle tre di mattina.
6. Signora, _____ attenzione. Piazza del Plebiscito è a destra, dopo quell'edificio.

F. In italiano, per favore!

1. Miss Borghini, hurry please!
2. Let's go! And you, Giancarlo, listen! Don't talk!
3. Don't forget your passbook!
4. Don't come home late.
5. This program is too long. Let's turn off the TV.
6. Giancarlo, be patient.

G. **Dialogo.** Completate il dialogo seguente con espressioni adatte al contesto.

Gigi:	_____
Marina:	Oh, ciao Gigi. Vengo dalla biblioteca.
Gigi:	_____
Marina:	Mi dispiace. Non posso andare alla mensa con te. Devo andare a casa.
Gigi:	_____
Marina:	Nessuno mi aspetta. Ho fame e preferisco mangiare a casa.
Gigi:	_____
Marina:	Non lo so, esattamente. Probabilmente studierò per qualche ora. Poi andrò a nuotare.
Gigi:	_____
Marina:	No, domani non ho niente da fare. Perché?
Gigi:	_____
Marina:	Se desideri vedermi, puoi telefonarmi.
Gigi:	_____

H. **Domande.** Rispondete alle domande seguenti in frasi complete.

1. Che cosa fa quando va in banca?
2. Ha mai incontrato degli impiegati scortesi in un ufficio pubblico? Che cosa ha fatto o detto?
3. Ha una cassetta di sicurezza in banca? Un conto corrente? Un libretto di risparmio?
4. Quando compra o cambia degli assegni turistici?
5. Se vuole comprare della valuta estera, che cosa domanda prima all'impiegato?
6. Ha bisogno del passaporto quando cambia dei soldi?
7. Oggi è di cattivo umore? Perché?
8. Oggi comanda Lei e può dare ordini a tutti, e può dire ciò che pensa. Cosa dice al professore d'italiano? Al Suo vicino (*neighbor*)? A Suo marito (Sua moglie) o fidanzato (fidanzata)?

L'antica porta medievale di San Gimignano.

Come si dice?

Expressing spatial relationships

The following expressions are useful when describing location:

Il panificio è **sotto** i portici.	sotto *(under)*
La gelateria è **sopra** il bar.	sopra *(above, on)*
La cassa è **dentro** il negozio.	dentro *(inside)*
La banca è **accanto alla** biblioteca.	accanto a *(beside, next to)*
Il bar è **di fronte alla** piscina *(swimming pool).*	di fronte a *(in front of)*
L'albergo è **dietro al** ristorante.	dietro a *(behind)*
La scuola è **vicina a** Piazza Grande.	vicino/a a *(close to)*
L'ufficio postale è **lontano dal** bar.	lontano/a da *(far from)*

Giving directions

To direct someone to a place, use the following:

Vada avanti per [cento metri].	*Go [100 meters] further down.*
Vada diritto fino [all'incrocio].	*Go straight ahead as far as [the intersection].*
Giri [a destra / a sinistra].	*Turn [to the right / to the left].*
Attraversi [il ponte].	*Cross over [the bridge].*
È all'angolo di [via Cassola].	*It's at the corner of [via Cassola].*

A. Il paese. Descrivete il paese del disegno alla pagina accanto usando le espressioni imparate. Formate frasi complete.

Esempio: Il cinema è vicino alla chiesa.

Parole utili:

la cabina telefonica *(telephone booth)*

il campo sportivo *(soccer field)*

il chiosco *(kiosk)*

la fontana *(fountain)*

i giardini pubblici *(park, public gardens)*

il municipio *(city hall)*

l'ottico *(optician)*

il panificio *(bakery)*

il portico *(arcade)*

il semaforo *(traffic light)*

le strisce pedonali *(pl.) (crosswalk)*

B. Informazioni. Carlo è vigile e molti turisti gli chiedono informazioni stradali *(directions)*. In gruppetti *(small groups)* immaginate di essere Carlo e i turisti, e rendete *(give)* i seguenti brevi dialoghi in italiano.

1. —Scusi, cerco una farmacia.
   (Tell the tourist to go straight ahead and turn left at the second traffic light. The pharmacy will be at the right, next to the greengrocer.)
2. —Ci sa dire dov'è la chiesa di Sant'Antonio?
   (Tell them to cross the bridge. The church is at the corner of piazza Martiri and viale Verdi.)
3. —Sa per caso dov'è via Respighi?
   (Ask if they can see the intersection. Tell them to turn right at the intersection, go straight about 300 meters, then turn left on viale Marconi. Via Respighi will be [is] the third street on the right.)

19 Uno alla volta!

Un gruppo di studenti di liceo si prepara per l'esame di letteratura moderna che avrà luogo la settimana prossima. La discussione è animata.

Franco: Zitti! Zitti! Fatemi il favore, cercate di parlare uno alla volta o qui non combiniamo niente.

Graziella: Dicci tu come dobbiamo fare.

Franco: Uno di noi propone una domanda piuttosto generale. Poi uno alla volta ognuno esprime la sua opinione, e dopo spieghiamo le parti che non sono chiare.

Graziella: Prima voglio dire una cosa...

Graziella sta per continuare quando entra Giancarlo.

Giancarlo: Abbiate pazienza e scusatemi se sono in ritardo. C'era un tale ingorgo di traffico in centro che sono sceso dall'autobus e sono venuto a piedi.

Franco: Stiamo per cominciare, Giancarlo.

Quando sarà il prossimo esame?

Giancarlo si siede vicino a Francesca.

Francesca: (sottovoce) Ero davvero preoccupata. Sei così in ritardo!
Giancarlo: Non è colpa mia. Dimmi, cosa avete fatto finora?
Francesca: Ben poco.

La discussione ricomincia e dopo pochi minuti è più animata di prima.

DOMANDE

1. Per cosa si preparano gli studenti?
2. Quando avrà luogo l'esame?
3. Cosa dice Franco agli altri studenti?
4. Perché è in ritardo Giancarlo?
5. Cosa dice Franco a Giancarlo?
6. Perché era preoccupata Francesca?
7. Lei, quando studia per gli esami?
8. Quando ci sono ingorghi di traffico nella nostra città?

Vocabolario

Ti manca il diploma?

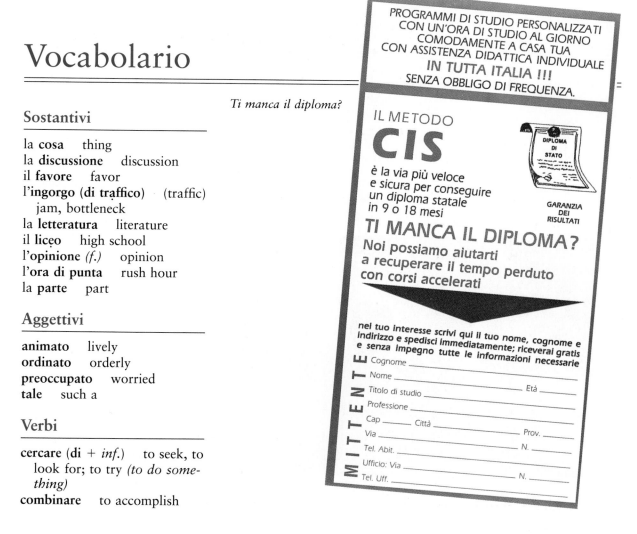

Sostantivi

la **cosa**   thing
la **discussione**   discussion
il **favore**   favor
l'**ingorgo (di traffico)**   (traffic) jam, bottleneck
la **letteratura**   literature
il **liceo**   high school
l'**opinione** (f.)   opinion
l'**ora di punta**   rush hour
la **parte**   part

Aggettivi

animato   lively
ordinato   orderly
preoccupato   worried
tale   such a

Verbi

cercare (**di** + *inf.*)   to seek, to look for; to try (*to do something*)
combinare   to accomplish

continuare (**a** + *inf.*) to continue *(to do something)*
esprimere (*p.p.* **espresso**) to express
prepararsi to prepare, get ready
proporre (**di** + *inf.*) (*irr.; p.p.* **proposto**) to propose; **propone** proposes
ricominciare (**a** + *inf.*) to begin again *(to do something)*
scusare to excuse
spiegare to explain

Altri vocaboli

finora till now
ognuno each one
sottovoce whispering

Espressioni

aver luogo to take place
aver pazienza to be patient
ben poco very little
di prima than before

dire una cosa to say something
fare una domanda to ask a question
fare un favore to do a favor
non combiniamo niente we are getting nowhere
non è colpa mia it's not my fault
uno alla volta! one at a time!
zitti! be quiet! silence!

NOTE LINGUISTICHE E CULTURALI

- When the subject of a verb is stressed, it is often placed after the verb.

  Se lo dice **lei...**
  If *she says so . . .*

  Se non lo vuole fare **Carlo,**
    lo faccio **io.**
  If *Carlo does not want to do it,*
    I will do it.

- To graduate from high school, Italian students must pass the much-feared **esame di maturità.** This exam covers both core subjects and specialty areas and is administered nationwide by the Ministry of Education each July. Because the exam is meant to ascertain a student's overall development, students and teachers alike start preparing for it well in advance, at the beginning of the preceding school year.

Questi studenti stanno controllando i voti (grades) presi all'ultimo esame.

Grammatica

I. Imperativi irregolari, *continuazione*

	Dare	**Stare**	**Dire**
(tu)	da'	sta'	di'
(Lei)	dia	stia	dica
(noi)	diamo	stiamo	diciamo
(voi)	date	state	dite
(Loro)	diano	stiano	dicano

(tu)	**Da'** questo libro a Mara!	***Give this book to Mara!***
(Lei)	**Stia** a Firenze un'altra settimana!	***Stay in Florence another week!***
(Loro)	**Dicano** che arriverò domenica prossima!	***Say that I'll arrive next Sunday!***

II. I pronomi personali con l'imperativo

1. The conjunctive pronouns, we have learned, almost always precede a conjugated verb. But they precede or follow the imperative forms, as explained below.

a. They *precede* all forms of command (affirmative or negative) of **Lei** and **Loro.**

Ecco la mia relazione. **La legga.** (**Non la legga.**)	*Here is my report.* ***Read it. (Do not read it.)***
Signorina, ecco le caramelle. **Le assaggi. (Non le assaggi.)**	*Miss, here is the candy.* ***Taste it. (Do not taste it.)***
Questi dolci non sono cari. **Li comprino. (Non li comprino.)**	*These sweets are not expensive.* ***Buy them. (Do not buy them.)***

b. They *follow* the affirmative imperative forms of **tu, noi,** and **voi** and are directly attached to the verb. (The indirect object pronoun **loro** is the only exception as it is never attached to the verb.)

Alzati, è tardi!	***Get up,** it's late!*
Ecco il modulo. **Riempitelo** prima di lunedì!	*Here is the form.* ***Fill it out** before Monday!*
Questo è il romanzo che ho comprato. **Leggilo!**	*This is the novel I bought.* ***Read it!***

BUT	C'è un vecchio presepio; **mostriamolo loro.**	*There is an old Nativity scene;* ***let's show it to them.***

c. The conjunctive pronouns usually precede the negative imperative forms of **tu, noi,** and **voi,** but they may also follow. When they follow, they attach to the imperative, except for **loro.**

Non ti vestire (Non vestirti), è ancora presto.

Don't get dressed, it's still early.

Non vi avvicinate. (Non avvicinatevi.) Ho il raffreddore.

Don't come near me. I have a cold.

As additional illustration, here is a reflexive verb conjugated in the imperative:

Affirmative			Negative	
(tu)	Lavati!	*Wash yourself!*	Non ti lavare! / Non lavarti!	*Do not wash yourself!*
(Lei)	Si lavi!	*Wash yourself!*	Non si lavi!	*Do not wash yourself!*
(noi)	Laviamoci!	*Let's wash ourselves!*	Non ci laviamo! / Non laviamoci!	*Let's not wash ourselves!*
(voi)	Lavatevi!	*Wash yourselves!*	Non vi lavate! / Non lavatevi!	*Do not wash yourselves!*
(Loro)	Si lavino!	*Wash yourselves!*	Non si lavino!	*Do not wash yourselves!*

2. When combining with monosyllabic imperatives (**da', fa', sta', di', va'**), the initial consonant of the conjunctive pronoun is doubled (**gli** being the only exception).

Ecco il mio libretto degli assegni: **dallo** a Maria!

*Here is my checkbook: **give it** to Maria!*

Fammi un favore!

***Do me** a favor!*

Dicci quale auto preferisci.

***Tell us** which car you prefer.*

BUT   Quando vedi Giovanni, **dagli** questo dépliant!

*When you see Giovanni, **give him** this brochure!*

3. As we saw in Chapter 6, conjunctive pronouns always attach to **ecco.**

Eccomi!

Here I am!

Eccoli!

Here they are!

Eccone due!

Here are two of them!

III. Il comparativo (The comparative)

1. When making a comparison of equality, the English *as (so) . . . as* is translated as **così ... come** (or by **tanto ... quanto**). It should be noted, however, that the first part of the comparison is usually omitted, unless it is needed for emphasis.

Questa chiesa è (così) **bella come** quella.	*This church is **as beautiful as** that one.*
Queste caramelle sono (così) **dolci come** il miele.	*This candy is **as sweet as** honey.*
Ẹlena è (**tanto**) **nervosa quanto** sua sorella.	*Elena is **as nervous as** her sister.*

BUT

Questa poesịa **non è così difficile come** credevo.	*This poem is **not as difficult as** I thought.*

When the comparison of equality is made between nouns, only **tanto ... quanto** can be used, and the agreement is made with the appropriate noun.

In questa classe ci sono **tanti ragazzi quante ragazze.**	*In this class there are **as many boys** as (there are) **girls**.*

2. When making a comparison of inequality *more (less) . . . than, more* is translated by **più,** *less* by **meno.** *Than* is translated as follows:

a. Generally by **di** before nouns, pronouns, and numerals.

Lisa è più gentile **di** sua sorella.	*Lisa is more polite **than** her sister.*
Giovanni è più alto **di** me.	*Giovanni is taller **than** I.*
Il giapponese è più fạcile **del** cinese.	*Japanese is easier **than** Chinese.*
Leonardo ha dipinto meno affreschi **di** Michelạngelo.	*Leonardo painted fewer frescoes **than** Michelangelo.*
Parla più **di** due lingue.	*She speaks more **than** two languages.*

b. By **che** when the comparison concerns the same subject and is made between two nouns, two adjectives, two verbs, or two adverbs.

A Venezia ci sono più ponti **che** canali.	*In Venice there are more bridges **than** canals.*
È più ricca **che** bella.	*She is more rich **than** beautiful.*
Mi piace più nuotare **che** camminare.	*I like swimming more **than** walking.*
L'ạria è più buona qui **che** là.	*The air is better here **than** there.*
Vediamo meglio da vicino **che** da lontano.	*We see better close up **than** at a distance.*

c. By **di quel che** before a conjugated verb, namely, when *than* introduces a clause.

È più vicino **di quel che sembra.**	*It is nearer **than it seems.***
Questa antologịa costa meno **di quel che** credevo.	*This anthology costs less **than I thought.***

ESERCIZI

A. Completate le frasi seguenti usando la forma appropriata dell'imperativo.

    1. (farmi; discutere)   Ragazzi, _____ un favore: non
                           _____ tutti insieme!

    2. (dire; fare)   Signorina, _____ la Sua opinione e
                           _____ qualche domanda!

    3. (stare; parlare)   Franco, _____ zitto! Non
                           _____ sempre.

    4. (avere; aspettare)   Signori, _____ un po' di pazienza.
                           _____ la guida!

    5. (essere; vestirsi)   Giancarlo, _____ bravo e
                           _____ !

B. Rispondete alle seguenti domande.

    Esempio: Mamma, posso stare a Firenze un altro giorno? →
                  Sì, sta' a Firenze un altro giorno.

    1. Posso dire cosa voglio?
    2. Devo avere pazienza?
    3. Dobbiamo firmare qui in cima?
    4. Possiamo dire quello che pensiamo?
    5. Posso fare la prima domanda?
    6. Possiamo dare i biglietti a Gianni?
    7. Possiamo stare a casa?

C. Riscrivete ciascuna della frasi seguenti facendo il cambiamento suggerito dall'esempio.

    Esempio: Mi dica la verità. →
                  Dimmi la verità.

    1. Mi faccia un favore.
    2. Ci parli di vacanze non di lavoro.
    3. Gli mandi i documenti per il passaporto.
    4. Mi porti un cappuccino bello caldo.
    5. Le dia dei contanti.
    6. Mi spieghi perché non può venire.
    7. Ci faccia una domanda meno generale.
    8. Si prepari la cena.

D. Riscrivete ciascuna delle frasi seguenti facendo i cambiamenti suggeriti dall'esempio.

    Esempio: Vestiamoci in fretta. →
                  Vestitevi in fretta.
                  Si vestano in fretta.

1. Vediamoci domani.
2. Alziamoci subito.
3. Divertiamoci se possiamo.
4. Sediamoci davanti al fuoco.
5. Ricordiamoci di telefonare.
6. Telefoniamoci giovedì.

E. Riscrivete ciascuna delle frasi seguenti facendo il cambiamento suggerito dall'esempio.

Esempio: Dacci i biglietti. →
Dacceli!

1. Dagli una caramella.
2. Leggimi questo dialogo.
3. Falle questo favore.
4. Mostraci le cassette di sicurezza.
5. Parlami della città da cui vieni.
6. Dimmi la tua opinione.
7. Portami il dizionario.

F. Rispondete alle seguenti domande nelle forme positive e negative.

Esempio: Devo comprarti un gelato? →
Sì, compramelo.
No, non comprarmelo.
No, non me lo comprare.

1. Devo darti un modulo?
2. Devo mostrarvi l'ufficio di collocamento?
3. Devo parlarti dei miei risparmi?
4. Devo spiegarLe le regole del calcio?
5. Devo dirvi il mio nome?
6. Devo fargli un caffè?

G. Formate frasi usando un'espressione comparativa.

Esempio: Adriana è intelligente. Anche Vanna è intelligente. →
Vanna è così intelligente come Adriana.
Vanna è intelligente come Adriana.

1. Machiavelli è conosciuto. Anche Galileo è conosciuto.
2. La chiesa era antica. Anche la fontana era antica.
3. Gli affreschi di Michelangelo sono famosi. Anche gli affreschi di Giotto sono famosi.
4. Quel bar è popolare. Anche questo bar è popolare.
5. Quell'albergo è lontano. Questo albergo, invece, non è così lontano.

H. Formate frasi usando un'espressione comparativa.

Esempio: I film storici sono abbastanza divertenti. I film di fantascienza *(science fiction)* sono molto divertenti. →
I film di fantascienza sono più divertenti dei film storici.
I film storici sono meno divertenti dei film di fantascienza.

1. Il caffè è abbastanza caldo. Il cappuccino è molto caldo.
2. La mensa dello studente è abbastanza cara. Quel ristorante è molto caro.
3. L'aria di Firenze è abbastanza inquinata *(polluted)*. L'aria di Venezia è molto inquinata.
4. La discussione di oggi è abbastanza animata. La discussione di ieri non era affatto animata.
5. Io sono abbastanza simpatico. Tu sei molto simpatico.
6. Questo esame è abbastanza difficile. L'esame di domani sarà molto difficile.

I. **Paragoni.** Paragoni sé stesso/a alle persone che conosce. Parli delle cose che Le piacciono, che ha o non ha, e di ciò che fa. Usi le espressioni suggerite o altre.

Esempio: (intelligente) →
Non sono così intelligente come mia sorella.

(amici) →
Non ho tanti amici come il mio compagno di stanza.

(studiare) →
Non studio tanto quanto Michela. Lei studia più di me.

1. alto/a
2. fare ginnastica
3. giovane
4. problemi
5. denaro
6. cose

7. lezioni
8. pazienza
9. divertirsi
10. leggere
11. dormire
12. essere appassionato/a di

J. Le professioni *(Professions).* Paragonate le seguenti professioni. Seguite l'esempio e fate paragoni logici usando comparativi in frasi complete.

Esempio: Fare il medico non è così interessante come fare la hostess.
Fare il muratore è più faticoso di quello che pensavo.
Fare l'avvocato è più monotono che prestigioso.

Aggettivi utili:

emozionante   *(exciting)*
faticoso   *(tiring)*
monotono   *(boring)*

pericoloso   *(dangerous)*
prestigioso   *(prestigious)*
violento   *(violent)*

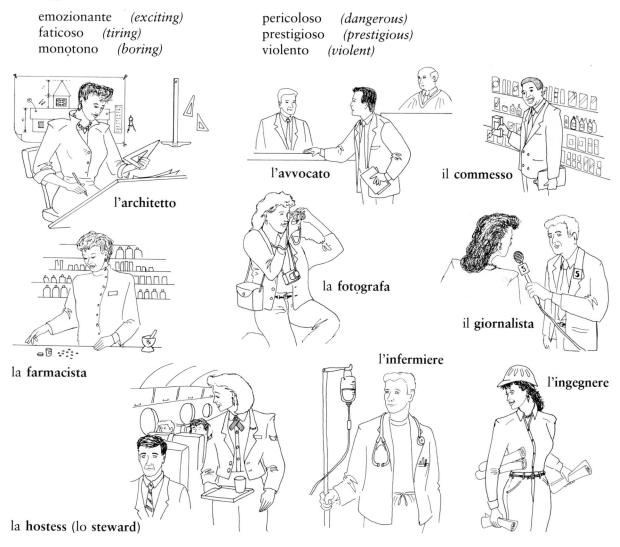

l'architetto

l'avvocato

il **commesso**

la **farmacista**

la **fotografa**

il **giornalista**

l'infermiere

l'ingegnere

la **hostess** (lo **steward**)

il **medico**

il **muratore**

l'**operaia**

K. Completate le frasi seguenti con la forma appropriata della preposizione **di** o con la congiunzione **che**.

1. Mangi molto. Sei più largo _____ lungo.
2. Quegli studenti non sono affatto più intelligenti _____ voi.
3. Questa esperienza è più originale _____ utile.
4. Il gelato è più caro _____ cappuccino.
5. Il Palazzo Ducale non è più lontano _____ Basilica di San Marco.
6. Parlare italiano è più difficile _____ parlare inglese.
7. Marco è più scortese _____ me.
8. Il calcio è più popolare _____ pugilato.
9. Ci sono più _____ venti persone che fanno la coda.

VITA CULTURALE

politica estera

L. Domande. Rispondete con frasi complete.

1. Le piacciono le discussioni?
2. Che tipo di discussione preferisce?
3. Con chi discute, di solito?
4. Quando discute, come esprime la Sua opinione?
5. Le piace la letteratura moderna?
6. Con chi, dove e come discute di letteratura moderna?
7. Discute di politica, qualche volta? Con chi?

M. Rielaborazione. In italiano, per favore!

1. Vanna, Marina, get up. It's late.
2. Bring me an ice cream, please.
3. And now, please take me home.
4. Going shopping downtown is less fun than going to the movies.
5. Here's my book. Read it and tell me if you liked it.
6. I only like foreign movies when I understand them.

Come si dice?

Apologizing

The following expressions can go far in smoothing over an error in judgment or bad timing:

Scusami! Scusatemi! }
Mi scusi! Mi scusino! } *Forgive me! Excuse me!*

Mi dovete scusare, ma ... *You'll have to excuse me, but . . .*

Mi (di)spiace di [essere in ritardo]. *I'm sorry [to be late].*

Mi (di)spiace per [il ritardo]. *I apologize for the [delay].*

Expressing forgiveness

To make someone feel at ease after an awkward moment, you can say:

Tutto è a posto.	*Everything is O.K.*
Nessun problema.	*No problem.*
Non importa.	*It doesn't matter.*
Figurati! (Si figuri!)	*Don't mention it!*
Non ti preoccupare! (Non si preoccupi!)	*Don't worry!*

A. **Situazioni.** Che espressione usa in ciascuna di queste situazioni?

1. Il Suo capo Le ha chiesto un favore, ma Lei se ne è dimenticato/a. Cosa gli spiega?
2. Un amico di famiglia, che lavora alla Fiat, Le dice che la domanda che Lei ha fatto in ditta non è stata accettata. Lei, nel frattempo *(in the meantime),* ha già avuto un colloquio all'Alfa Romeo.
3. Lunedì scorso era il Suo settimo anniversario di matrimonio, e Lei se ne è dimenticato/a.
4. Ha dato la Sua macchina a una cugina in visita da Napoli. La cugina Le telefona improvvisamente per dirLe che ha avuto un incidente *(accident)* sull'autostrada.

B. **L'appuntamento.** Role-play the following situation: Your boyfriend (girlfriend) calls you two hours after you had planned to go out. He (she) had forgotten all about the date. You mention that this is the second time this week that this has happened (è **la seconda volta che è successo questa settimana**). You are furious. He (she) apologizes profusely, but at first you refuse to forgive. Eventually, you give in and accept the apologies offered.

LA LINGUA ITALIANA

L'italiano è la lingua nazionale° del paese: tutti la studiano a scuola; è la lingua della radio, della televisione, e della stampa.° Ma ogni regione ha anche un suo dialetto° caratteristico. Cosicché,° per esempio, un napoletano° parla sia italiano sia° napoletano, il dialetto di Napoli. Alcuni dialetti si somigliano,° altri sono molto differenti e, come l'italiano, derivano° dal latino° parlato che si è trasformato° durante i secoli.

    Ma quanti italiani parlano in dialetto? E in quali occasioni° preferiscono esprimersi o nell'uno o nell'altro°? Dopo decenni° in cui il dialetto era considerato una lingua «bassa°», soprattutto dalla scuola, gli italiani hanno riscoperto° la tradizione e l'espressività° dialettale. Secondo recenti studi,[1] sono l'85 per cento quelli che sanno parlare italiano, mentre° trent'anni fa erano solamente il 35 per cento. Con gli amici o in famiglia il 57 per cento degli italiani sa o preferisce parlare in dialetto, e la presenza dei dialetti è molto forte° in regioni come il Veneto, il Friuli, la Sicilia e la Campania, nei quali più della metà° della popolazione° parla in dialetto anche con estranei.° Invece, nel Piemonte e in Lombardia, con gli estranei la gente usa l'italiano l'80 per cento delle volte, e il 60 per cento in famiglia. Non bisogna inoltre° dimenticare che l'italiano non è l'unica° lingua parlata in Italia. Le minoranze etniche° in Alto Adige parlano tedesco, in Val d'Aosta è forte la presenza del francese, e in alcune piccole comunità° della Puglia e della Sicilia l'albanese° è tuttora° vivo.

national

press
dialect / So that / Neopolitan
sia ... both ... and
resemble each other / derive
Latin / evolved
occasions
in one or the other / decades
low
rediscovered / expressiveness
whereas

strong
half / population / strangers

furthermore
only
ethnic minorities
communities / Albanese
still

ESERCIZI DI COMPRENSIONE

A. **Vero o falso?**

_√_ 1. L'italiano è la lingua nazionale del paese ed è l'unica lingua usata in Italia.

---

[1]Tullio De Mauro «Sotto l'italiano trovi il dialetto.» *L'Espresso*, No. 15, April 15, 1990.

_____ ✓ 2. Anche oggi gli italiani considerano il dialetto una lingua «bassa».

_____ ✗ 3. Il 57 per cento degli italiani usa il dialetto con gli estranei.

_____ ✓ 4. Gli italiani del nord parlano quasi sempre in italiano mentre quelli del sud preferiscono sempre parlare in dialetto.

_____ ✓ 5. Sia i dialetti che l'italiano derivano dal latino parlato.

_____ ✓ 6. L'albanese, il tedesco e il francese sono le lingue di alcune minoranze etniche italiane.

B. **Domande.**

1. Secondo la lettura, in generale in quali occasioni gli italiani preferiscono parlare in italiano? E in dialetto?

2. In quali regioni d'Italia è molto forte la presenza dei dialetti? Da che cosa lo capiamo?

3. In generale, quale lingua usa la gente del Piemonte e della Lombardia quando parla con estranei?

4. Perché, secondo Lei, trent'anni fa solamente il 35 per cento degli italiani sapeva parlare italiano?

5. Quali minoranze etniche ci sono nel Suo paese? Che lingua parlano?

BLASTERS
• DISCHI & NASTRI •
NOVITA' IMPORT UK USA & RARE RECORDS
BLUES - ROCK - SOUL - COUNTRY - PSICHEDELIA
HEAVY METAL - NEW WAVE
POP - DARK
DISCHI DI CATALOGO - PROMO
LIVE RECORD E LIVE TAPES
COMPACT DISC - VIDEO
PICTURE DISC
Piazza Liberta', 1/B - Tel. 855047 - SCANDIANO

RIPETIZIONE V

A. **Il colloquio.** Marco sta cercando lavoro. La mamma gli fa alcune domande. Rispondete usando il pronome di forma tonica.

> *Esempio:* Vai alla ditta Alessandrini con Marina? →
> No, non voglio andare alla ditta con lei.

1. Hai il colloquio con il dottor Neri, oggi?
2. Farai domanda dai F.lli (Fratelli) Rossi?
3. Ti consulterai con me prima?
4. Accetterai anche l'aiuto di tua sorella?
5. Manderai un telegramma alla nonna se otterrai (**ottenere** *to obtain, get*) il posto?
6. Scriverai anche a me e al papà se ti manderanno in Algeria?
7. Rimarrai dagli zii a Bologna dopo il colloquio?

B. **Espressioni.** Combinate le espressioni della colonna a sinistra con quelle appropriate della colonna a destra.

1. E sapeva che...	a. Voglio cambiare dei dollari.
2. È possibile chiamare l'Europa da qui?	b. Che modi!
	c. Qui in cima.
3. Perché non fai domanda dal meccanico?	d. Arrivederci.
4. Desidera?	e. Appena posso.
5. Dove firmo?	f. Come no!
6. Tocca a Lei!	g. Scusa, ma non è colpa mia.
7. Zitto! Non sono in vena di parlare con nessuno.	h. Che cosa?
	i. Ah, sì. Volevo solo un'informazione.
8. Sei in ritardo.	j. Mi prendi in giro?
9. Ritornerai presto?	

C. Rispondete a ciascuna delle domande seguenti usando il pronome congiuntivo **ne.**

Esempio: Ha qualche amico in Italia? →
             Sì, ne ho molti.

1. Ha qualche opinione?
2. Ha fatto qualche domanda intelligente?
3. Ha qualche parente nel Veneto?
4. Ha visitato qualche chiesa antica?
5. Ha conosciuto qualche regista italiano?
6. Ha visto qualche affresco di Michelangelo?

D. Rispondete a ciascuna delle domande seguenti usando le due forme indicate dell'imperativo.

Esempio: Devo proprio parlare? →
             Sì, parli!
             Sì, parla!

1. Devo proprio partire?   4. Devo proprio andare?
2. Devo proprio pagare?   5. Devo proprio venire?
3. Devo proprio ricominciare?   6. Devo proprio stare qui?

E. Rispondete a ciascuna delle domande seguenti usando le due forme indicate dell'imperativo.

Esempio: Posso fare una domanda? →
             No, non farla.
             Sì, falla.

1. Posso leggere questo libro?
2. Posso assumere questo ragazzo?
3. Posso spiegare questo problema?
4. Posso rispondere a Gino?
5. Posso depositare questi assegni?
6. Posso consultare questa lista?

F. Riscrivete le frasi seguenti sostituendo il nome complemento oggetto col pronome appropriato. Fate tutti i cambiamenti necessari.

Esempio: Ci legge i romanzi di Moravia. →
             Ce li legge.

1. Gli vende quattro biglietti.   5. Vi insegnavano la letteratura
2. Mi fa un favore.   moderna.
3. Ci ha fatto molti favori.   6. Le ha portato un cappuccino
4. Ci faranno molte domande.   bello caldo.

G. Rispondete a ciascuna delle domande seguenti.

Esempio: Comprerai dei dischi *(records)* ai tuoi figli? →
             No, preferisco non comprargliene.

1. Professore, farà questa domanda ai Suoi studenti?
2. Gianni, leggerai questa relazione a Graziella?

3. Signorina, porterà i biglietti a Gianni?
4. Farai questo favore per tua cugina?
5. Ripeterà le Sue opinioni agli amici?
6. Manderai i telegrammi agli artisti?

H. Rispondete a ciascuna delle domande seguenti.

Esempio: Chi è più simpatico? Tu o lui? →
Lui è più simpatico di me e io sono meno simpatico di lui.

1. Chi è più dinamico? Tu o lei?
2. Chi è più simpatico? Voi o loro?
3. Chi è più orgoglioso? Lui o lei?
4. Chi è più giovane? Tu o loro?
5. Chi è più fortunato? Noi o voi?
6. Chi è più animato? Io o tu?

I. **Una serata a teatro.** *(An evening at the theater.)* Riscrivete il brano seguente al passato usando le forme necessarie del passato prossimo e dell'imperfetto, secondo il contesto. Incominciate con: *Nel 1988, Joan e Mary* ...

Joan e Mary sono a Firenze e vogliono andare a teatro. Il teatro è chiuso ogni lunedì. Una domenica le due ragazze prendono un tassì alle sette di sera e arrivano al teatro verso le sette e mezzo. Mentre Joan aspetta, Mary fa la coda al botteghino. L'impiegata le vende due biglietti di seconda fila. La rappresentazione *(performance)* incomincia alle otto precise e finisce alle undici. È una commedia moderna ambientata a Napoli. Joan e Mary si divertono e imparano molto. Prima di ritornare all'albergo si fermano in un bar e ordinano due cappuccini.

J. **Quale dei tre?** Completate le frasi con la forma appropriata di uno dei tre verbi seguenti: **andare, avere, essere.**

1. Anche stamattina (io) _____ venuto a piedi.
2. Francesca, perché _____ sempre in ritardo?
3. Perché io non _____ mai fretta.
4. Con chi (voi) _____ a teatro, domani?
5. A che ora (tu) _____ a casa, di solito?
6. Su, (noi) _____ a casa mia.
7. Giancarlo si _____ alzato tardi anche ieri.

Situazioni pratiche

1. Un amico (un'amica) che abita in un'altra città desidera visitare la città dove Lei abita. Gli (Le) dia suggerimenti e le istruzioni necessarie. Poi dia gli stessi suggerimenti e le stesse istruzioni a un amico (un'amica) della Sua famiglia, con il (la) quale userà il Lei.

2. Presentate una discussione molto animata fra alcuni amici che parlano di sport, di cinema o di politica, ma che non sono d'accordo.

VI GLI AMICI E LA FAMIGLIA

Culture
- Using public transportation
- Understanding clothing sizes
- Shopping hours in Italy
- Eating habits
- Italian opera and popular festivals

Communication
- Communicating at the railway station
- Making a purchase
- Ordering at a restaurant
- Expressing time relationships

20 ALLA STAZIONE FERROVIARIA

Ieri Lisa ha ricevuto un telegramma da Roma: «Parto domani ore diciotto. Arriverò alle ventitré col rapido. Vieni alla stazione. Cecilia.»

Lisa:	Cecilia! Che sorpresa. Hai fatto buon viaggio?
Cecilia:	Non proprio.
Lisa:	Cos'è successo?
Cecilia:	Niente. A causa del traffico sono arrivata alla stazione tardi e ho quasi sbagliato treno.

La Stazione Centrale a Bologna.

Lisa:	Dici sul serio?
Cecilia:	Ma sì... stavo per salire su un Eurocity per Parigi. Comunque, senti, indovina chi ho incontrato?
Lisa:	Chi? L'uomo dei tuoi sogni? Dai, racconta.
Cecilia:	Ero seduta nello scompartimento e avevo cominciato a leggere quando è entrato il controllore, un ragazzo più o meno della mia età.
Lisa:	E così?
Cecilia:	Gli ho spiegato che non avevo fatto in tempo a fare il biglietto e gli ho chiesto se dovevo pagare anche il supplemento rapido. Be', mentre parlavamo...
Lisa:	Vi siete accorti che vi conoscevate!
Cecilia:	Esatto! Era Silvano Filippi. Il bambino più simpatico dell'intera scuola elementare. Sai, quando avevamo traslocato a Salerno.
Lisa:	Che coincidenza! Aspetta, ti aiuto con le valige.
Cecilia:	Non importa. Non sono pesanti.
Lisa:	Sapevi che a Milano c'è lo sciopero dei tassisti, vero?
Cecilia:	No. Pazienza! Prenderemo la metropolitana.

DOMANDE

1. Da chi ha ricevuto il telegramma Lisa?
2. È già alla stazione Lisa quando il treno arriva?
3. Perché Cecilia è arrivata tardi alla stazione?
4. Dove ha fatto il biglietto?
5. Secondo Lei, deve pagare anche il supplemento?
6. Il controllore è più giovane o più vecchio di Cecilia?
7. Di che cosa si sono accorti quando hanno cominciato a parlare?
8. Perché Lisa e Cecilia devono prendere la metropolitana?

Vocabolario

Sostantivi

il **controllore**   conductor
la **metropolitana**   subway
il **rapido**   direct train
lo **sciopero**   strike
lo **scompartimento**   compartment
il **sogno**   dream
la **sorpresa**   surprise
il **supplemento**   premium; **supplemento rapido**   premium paid for direct trains

il/la **tassista**   taxi driver
l'**uomo** (*pl.* gli **uomini**)   man
la **valigia** (*pl.* le **valige**)   suitcase

Aggettivi

elementare   elementary
ferroviario   rail *(adj.)*
pesante   heavy

Verbi

aspettare   to wait for
indovinare   to guess
partire   to leave
raccontare   to tell
ricevere   to receive
salire° *(irr.)*   to get on
sbagliare   to mistake, make a mistake
traslocare   to move

Espressioni

a causa di   because of
e così?   so?
fare il biglietto   to buy a
ticket

fare in tempo a (+ *inf.*)   to
have enough time to *(do
something)*
fare (un) buon viaggio   to
have a good trip
essere seduto/a   to be seated

non proprio!   not really!
pazienza!   never mind!
per fortuna   luckily, fortunately
più o meno   more or less

- The verb **sbagliare** means to make a mistake or to do something wrong,
so that **sbagliare treno, sbagliare strada** mean *to catch the wrong train,
to go the wrong way.*

   Abbiamo sbagliato. Dovevamo   *We made a mistake. We should*
     invitarli.   *have invited them.*
   Abbiamo sbagliato autobus.   *We got on the wrong bus.*

- Use of public transportation, such as the rail systems, is widespread in
Europe. An extensive rail network serves commuters locally while long-
distance travelers can rely on fast and comfortable trains like the **Intercity (IC)** or the **Eurocity (EC)** to reach major Italian and European destinations in a matter of hours. Although the Italian rail system run by
the **Ferrovie dello Stato** *(State Railways)* is somewhat less efficient than
its Swiss or German counterparts, it still represents the most convenient
and enjoyable means of touring the country.

Dipendenti (employees) *delle Ferrovie dello Stato.*

Come viaggiano?

Marco

Famiglia Rossi

Signora Peretti

Francesca

Lucia e Giuseppe

Grammatica

I. Il trapassato prossimo (The past perfect)

As in English, the past perfect is used in Italian to express what *had taken place*. The **trapassato prossimo** is formed with the past descriptive of **avere** or **essere** plus the past participle of the verb.

TRAPASSATO PROSSIMO

Verbi come **parlare**			
avevo avevi aveva	parlato	avevamo avevate avevano	parlato

TRAPASSATO PROSSIMO

Verbi come **arrivare**			
ero eri era	arrivato/a	eravamo eravate erano	arrivati/e

Avevano parlato con loro?	*Had they talked to them?*
Ero arrivata presto.	*I had arrived early.*
Sapevo che **aveva comprato** l'acqua minerale.	*I knew she had bought the mineral water.*
Il treno **era arrivato** in ritardo.	*The train had arrived late.*

II. L'avverbio di luogo *ci*

Ci is used as an unstressed adverb of place and means *there, here*. It is used to refer to a place already mentioned in the sentence and precedes or follows the verb according to the rules already given for **ci** and **vi**[1] as conjunctive pronouns (see Chapter 6).

Sono andati alla stazione; andiamoci anche noi.	*They went to the station; let's go **there** too.*
Vogliamo andarci insieme.	*We want to go **there** together.*
Mi fermo a casa tua, ma non ci rimango a lungo.	*I'll stop by your house, but I won't stay **there** long.*

---

[1]Vi is also an adverb of place and has the same function and meaning as **ci**. Vi is not frequently used.

III. Il superlativo relativo
(The relative superlative)

1. The relative superlative is formed by placing the definite article before the comparative **più** or **meno**. Thus, *the most* interesting (beautiful, etc.), the tall*est* (great*est*, etc.) is translated by **il più, la più, i più, le più** plus the adjective; or, if the idea of *least* is implied, by **il meno, la meno, i meno, le meno** plus the adjective.

Roma è **la più grande** città d'Italia.	Rome is **the largest** city in Italy.
Questo è **il meno interessante** musẹo della città.	*This is **the least interesting** museum in the city.*

2. In the relative superlative construction, the English preposition *in* is rendered by the Italian preposition **di**.

3. When the superlative immediately follows the noun, the definite article is not repeated with **più** or **meno**.

Il *Corriere della Sera* è **il più noto** giornale d'Italia.
The Corriere della Sera *is **the best-known** newspaper in Italy.*

BUT

Il *Corriere della Sera* è il giornale **più noto** d'Italia.
The Corriere della Sera *is **the best-known** newspaper in Italy.*

ESERCIZI

A. Riscrivete ogni frase al trapassato prọssimo e inserite l'avverbio di tempo **già**.

Esempio: L'hai conosciuto? →
L'avevi già conosciuto?

1. Sì, l'ho saputo anch'io.
2. Anna e Marina si sono scusate del ritardo.
3. Hai fatto il biglietto?
4. Avete ricevuto il telegramma?
5. È arrivato il rạpido da Bologna?
6. A Milano c'è stato lo sciọpero dei tassisti.

B. Completate ciascuna delle frasi seguenti con la forma appropriata del trapassato prọssimo del verbo fra parentesi.

Esempio: (studiare fino a mezzanotte) →
Avevo sonno perché avevo studiato fino a mezzanotte.

1. Volevamo sederci perché ... (camminare tutto il giorno)
2. Adriana scriveva ancora perché ... (non finire l'esercizio)
3. Marina non desiderava parlare perché ... (incominciare a lẹggere)
4. Voi avete fatto molte domande perché ... (non capire niente)
5. Non ẹrano arrivate, perché ... (avere sbagliato treno)
6. Le ragazze non sono andate a teatro perché ... (non trovare i biglietti)

C. Osservate attentamente l'esempio e formate frasi singole.

Esempio: Sono arrivata alla stazione. Il rapido non è partito. →
Quando sono arrivata alla stazione il rapido non era
ancora partito.

1. È entrata Silvana. Non mi sono seduta.
2. Siamo stati a Roma. Non hanno finito il restauro *(restoration)* della
Cappella Sistina.
3. Gianni è arrivato. Non abbiamo trovato una stanza.
4. Ho telefonato. Non sono ritornati a casa.
5. Sono andata in classe. Non mi sono preparata per l'esame.

D. Rispondete a ciascuna della domande usando il pronome avverbiale **ci**.

Esempio: Andrai a Roma? (in agosto) →
Sì, ci andrò in agosto.

1. Verrete a Bologna? (fra una settimana)
2. Signora, quando andrà alla Rinascente? (domani)
3. Ritornerai a Padova? (in primavera)
4. Andrete al parco? (presto)
5. Professoressa, quando andrà in biblioteca? (fra due ore)
6. Lavorerai nel negozio di tua madre? (il prossimo settembre)

E. Rispondete alle domande usando il pronome avverbiale **ci**.

Esempio: Volete andare al cinema? →
No, non ci vogliamo andare.

1. Vuoi ritornare al Lido?
2. Signora, vuole abitare nel centro della città?
3. Volete andare alla partita?
4. Vuoi venire dal macellaio con me?
5. Vuoi andare in un altro scompartimento?
6. Vuole ritornare all'università Suo cugino?

F. Formate frasi singole includendo il superlativo relativo e la forma
appropriata della preposizione **di**. Alternate le due forme.

Esempio: È una piazza famosa. È a Firenze. →
È la piazza più famosa di Firenze.
È la più famosa piazza di Firenze.

1. È una ragazza scortese. È in questa classe.
2. È un albergo comodo. È in questa città.
3. Era un parco nazionale interessante. Era nel Lazio.
4. È una rivista nota. È in Italia.
5. È un professore divertente. È nel vostro liceo.
6. È un edificio moderno. È in quella piazza.

G. Osservate l'esempio e formate frasi includendo il superlativo relativo e
la forma appropriata della preposizione **di**.

Esempio: professore / originale / università →
È il professore più originale dell'università.

1. poeta / conosciuto / Italia
2. liceo / antico / Roma
3. sorpresa / piacevole / viaggio
4. museo / conosciuto / città
5. esercizio / difficile / questo libro
6. Eurocity treno / veloce / Europa

H. **Rielaborazione.** In italiano, per favore!

1. I remembered that they had not been here since 1980.
2. Ladies and gentlemen, close your books.
3. Please go to the railroad station, Ann. The express train will arrive in half an hour.
4. They finally built a theater in our city.
5. It was the largest and most comfortable hotel in the whole town.
6. When we arrived, they had already left.
7. He is the oldest student in the class. He is older than our professor.
8. Can you imagine! There is a strike of university professors in Italy.

I. **A diciott'anni avevo già ...** Determinate *(determine)* quello che avevano fatto d'interessante gli altri studenti a diciott'anni. Osservate l'esempio e date risposte complete.

Esempio: —Avevi già fatto qualche viaggio interessante o visitato dei luoghi esotici, quando avevi diciott'anni?
—Sì, a diciott'anni ero già stato/a in Brasile e in Egitto con i miei genitori. Non so se li posso chiamare viaggi «esotici», ma l'esperienza è stata molto interessante. E tu, che cosa avevi già fatto a diciott'anni?
—Be', mi ero già fidanzato/a ...

J. **Conversazione.** Chiedete a un'altra persona nella classe quali sono state le esperienze più interessanti (noiose, pericolose, ecc.) della sua vita. Rispondete in frasi complete e osservate gli esempi.

Esempio: —Qual è stata l'esperienza più interessante della tua vita?
—Quando facevo il bagnino (la bagnina) ad Acapulco ...
—E qual è stata l'esperienza più pericolosa della tua vita?
—Quando ho visitato la foresta equatoriale con mia zia Serafina.

Parole utili:

bello	entusiasmante *(exciting)*
esotico	indimenticabile *(unforgettable)*
noioso	spaventoso *(scary)*
pericoloso	strano *(strange)*

Come si dice?

Communicating at the railway station

Here are some useful expressions for when you take a train trip:

Vorrẹi un biglietto [d'andata e ritorno / di sola andata] per [Roma].
I would like a [round-trip / one-way] ticket to [Rome].

Da che binario parte il locale per [Tẹrmoli]?
From which platform does the local train to [Tẹrmoli] leave?

Su quale binario arriva [l'espresso da Roma delle 10.30]?
On which platform does the [10:30 express train from Rome] arrive?

Ho perso la coincidenza. A che ora parte il prọssimo rạpido [per Parigi]?
I missed my connection. At what time does the next local express [to Paris] leave?

Accidenti! Ho sbagliato treno. Devo scẹndere assolutamente.
Darn it! I took the wrong train. I must get off at all costs.

Il diretto da [Parigi] viaggia con [tre] ore di ritardo.
The fast train from [Paris] is running [three] hours late.

Attenzione. Allontanarsi dal [terzo] binario. Treno in trạnsito.
Attention, please. Stand clear of track number [three]. A train is approaching.

LINEA BOLOGNA (RAVENNA) RIMINI (S.MARINO) (**)

ANDATA		EX.	L	D	IC	Ex (*)	D (°)
BOLOGNA C.	p.	7.55	8.21	8.37	8.53	9.09	9.(35)
CASTELBOLOGNESE	a.	=	8.56	9.05	=	=	9.59
RAVENNA	a.	=	9.33	=	=	=	10.34
FAENZA	a.	8.26		9.10	=	=	
FORLÌ	a.	8.37		9.25	=	9.48	
CESENA	a.	8.52		9.43	=	10.06	
RIMINI	a.	9.12		10.06	9.59	10.27	

RITORNO		D	D	IC	D (°)	D	Ex	IC
RIMINI	p.	17.05		18.00		19.05	19.51	20.45
CESENA	p.	17.26		=		19.26	20.14	=
FORLÌ	p.	17.39		18.30		19.39	20.28	=
FAENZA	p.	17.39		=		19.49	20.39	=
RAVENNA	p.		17.30		18.03			
CAST. BOL.	p.	17.56	18.20	=	18.53	19.56	=	=
BOLOGNA C.	a.	18.25	18.52	19.11	19.25	20.25	21.11	21.50

Note: (**) Per S. Marino e viceversa esiste servizio di autobus in partenza ed in arrivo nel piazzale esterno dalla stazione di Rimini con frequenza oraria.
    (*) Si effettua dal 22.6 all'11.9.1990
    (°) Si effettua dal 9.6 al 9.9.1990

A. **Alla stazione.** Il signor Alberto ha fatto visita al figlio a Bologna ed ora vuole ritornare a casa a Piacenza. Luca lo accompagna alla stazione e, come al solito, il treno è in ritardo. Mettete in ordine logico le frasi del dialogo.

—Che sfortuna! Hanno appena annunciato che il treno è in ritardo.

—Non ne voglio sentir parlare. L'ultima volta che ho fatto come dicevi tu, sono finito *(I ended up)* a Milano.

—*(Altoparlante)* Attenzione prego. Allontanarsi dal terzo binario. Treno in transito. Allontanarsi dal...

—Non è stata colpa mia. Quando ti sei accorto che avevi sbagliato treno, dovevi scendere.

—*(Altoparlante)* Il locale per Piacenza viaggia con due ore di ritardo. Attenzione, prego, il locale per Piacenza...

—L'orario *(timetable)* dice che ce n'è un altro alle cinque e dieci che si ferma a Piacenza.

—Ma tu non mi avevi detto che era un Intercity! Attento! *(Be careful!)* Sta arrivando il treno.

B. **Devo fare il biglietto.** In pairs, role-play this dialogue with another student. You want to catch a train to Lucca but don't know if you have to change trains, at what time the train leaves, etc. Go to the ticket counter and ask for information.

STUDENTE 1: Passeggero *(passenger)*	STUDENTE 2: Bigliettaio *(ticket agent)*
Ask for two one-way tickets to Lucca.	Answer by quoting how much they are: 21,000 liras.
Ask from which platform the train leaves.	Answer that the train leaves from platform number 10.
Ask if you need to change trains in Florence.	Say that, yes, it is necessary to change trains. Ask if the passenger knows at what time the connection is.
No, you didn't know that you had to change trains.	The train for Lucca leaves at 2:55 P.M. (**14.55**). It's a local train.
Ask at what time the next train is, if you miss your connection in Florence.	Say that you will tell him (her), but that next time he (she) needs to go to the information office. You only sell tickets here.
Object to the agent's manners.	

21 IN CENTRO

Lisa e Cecilia sono andate a fare due passi in centro. Non hanno potuto guardare molte vetrine perché Cecilia ha dovuto comprare un regalo per la cognata, e Lisa ha voluto cambiare un paio di scarpe che non le andavano bene. Prima però si sono fermate a un'edicola per comprare il giornale.

All' edicola

Lisa:	Ha il *Corriere della Sera?*
Giornalaio:	Eccolo. Sono mille e duecento lire.
Cecilia:	Mi dia una rivista, l'ultimo numero di *Panorama*, per cortesia.

Il giornalaio vende giornali, riviste e biglietti per l'autobus.

Da Dimensione Donna

Cecilia: Cerco un regalo per una signora sui trent'anni.
Commessa: Posso mostrarLe delle camicette di cotone graziosissime, le ultime novità della stagione. Che taglia porta?
Cecilia: Il quarantadue.
Commessa: Ecco alcuni modelli. Quella là beige è di seta, ed è anche in svendita.
Cecilia: Uhm, che te ne pare, Lisa? Quella beige non è male.
Lisa: Prendigliela. È un'occasione.
Cecilia: Ci può fare una confezione regalo?

Ti piacciono quegli orecchini d'argento?

Da Sebastian

Lisa: Scusi, vorrei cambiare questo paio di scarpe, se è possibile. Mi stanno strettissime, e la qualità della pelle è pessima.
Commesso: Ha tenuto lo scontrino?
Lisa: Certamente. Eccolo.

Il commesso ritorna con altre paia di scarpe.

Cecilia: Lisa, questa volta devi provartele almeno!
Lisa: Sì, sì. Ecco fatto. Come mi stanno?
Cecilia: Benissimo. Ma ti vanno bene?
Lisa: Sono comodissime. Le prendo.

DOMANDE

1. Dove stanno facendo due passi Lisa e Cecilia?
2. Che cosa comprano all'edicola?
3. Che cosa mostra la commessa a Cecilia?
4. Per chi è il regalo?
5. La camicetta che Cecilia compra costa poco, vero? Perché?
6. Come sono le scarpe che Lisa vuole cambiare?
7. Quando Lisa aveva comprato le scarpe la prima volta, le aveva provate?
8. Com'è il nuovo paio di scarpe?

Vocabolario

Sostantivi

la **camicetta**   blouse
il **cognato**, la **cognata**
   brother-in-law, sister-in-law
il **cotone**   cotton
la **dimensione**   dimension
la **donna**   woman
l'**edicola**   newspaper kiosk
il **giornalaio**, la **giornalaia**
   newspaper vendor
il **giornale**   newspaper
il **modello**   model; style
la **novità**   fashion; innovation
il **numero**   (newspaper, magazine) issue
la **pelle**   leather; skin
la **qualità**   quality
il **regalo**   present

la **rivista**   magazine
lo **scontrino**   receipt
la **seta**   silk
la **taglia**   (clothing) size
la **vetrina**   (store) window

Aggettivi

comodo   comfortable
grazioso   pretty, nice
pessimo   terrible
stretto   tight, narrow

Verbi

portare   to wear
provare   to try on
tenere° *(irr.)*   to keep

Altri vocaboli

estremamente   extremely
però   however

Espressioni

andare bene (a)   to fit
che te ne pare?   what do you think (about it)?
la confezione regalo   gift wrap
è un'occasione!   it's a bargain!
ecco fatto!   done!
guardare le vetrine   to window shop
in svendita   on sale
sui trent'anni   about thirty years old

ANNO 117 · N. 107 · L. 1.200   MERCOLEDÌ 6 MAGGIO 1992 · L. 1.200

CORRIERE DELLA SERA

- Whereas **taglia** refers to size in clothing, **numero** is used to refer to shoe sizes.

  Che numero porta?   ***What size shoe do you wear?***
  —Porto il trentanove.   —*I wear a size thirty-nine.*

VESTITI DONNA	ITALIA	40	42	44	46	48
	USA	6	8	10	12	14
VESTITI UOMO	ITALIA	46	48	50	52	54
	USA	36	38	40	42	44
SCARPE DONNA	ITALIA	35	36	37	38	39
	USA	5	6	7	8	9
SCARPE UOMO	ITALIA	41	42	43	44	45
	USA	8	9	10	11	12

- To express that items of clothing look good or bad on a person, use the verb **stare.**

  Come mi stanno queste   ***How do these shoes look?***
  scarpe?—Benissimo!   —*They look great!*
  Bruno, quella cravatta rossa **sta**   *Bruno, that red tie **doesn't go***
  male con quei calzoni.   *with those pants.*

- The expression **(non) andare bene** means *(not) to fit* when referring to clothing.

  La gonna **ti va bene?**   ***Does the skirt fit you?***
  Questo cappotto **non mi va**   *This coat **does not fit me**. It's*
  bene. È stretto.   *tight.*

- Since lunch is the major meal of the day, most shops close over the lunch hours and reopen around 3:30 P.M. in the winter (**orario invernale**) or 4:30 P.M. in the summer (**orario estivo**). They rarely stay open longer than 7:30 in the evening. All stores are closed on Sundays and major holidays, except florists and pastry shops. In addition, within the week each business observes a rest period (usually in the afternoon). This is often indicated on signs as **Chiuso per turno: [lunedì].** (*Rest day:* [*Monday*]).
- Besides indicating possession, the preposition **di** also indicates content or composition.

  un bicchiere di vino   *a glass of wine*
  un orologio d'oro   *a gold watch*
  un piatto d'argento   *a silver plate*
  un vaso di fiori   *a vase (full) of flowers*

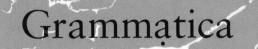

Grammatica

I. I pronomi con l'infinito, *continuazione*

1. As we saw (Chapters 6, section I, and 10, section I) conjunctive pronouns always follow the infinitive and, with the exception of the indirect pronouns **Loro** and **loro** *(to you, to them),* are directly attached to it. In such cases the infinitive drops the final -e.

È venuto per **vederla.**	*He has come in order **to see her.***
Siamo venuti per **parlarLe.**	*We came **to talk to you.***
Ha telefonato per **spiegarglielo.**	*He telephoned **to explain it to you.***
Vogliono **vendercene cinque.**	*They want **to sell us five** (of them).*
Voglio **venderne loro** (**vendergliene**) **due.**	*I want **to sell them two** (of them).*

2. When, however, the infinitive is preceded by **dovere, potere, volere,** or **sapere** (which at times function as modal auxiliaries), the conjunctive pronouns and the adverb of place **ci** may either precede the conjugated verb or follow the infinitive.

Non **la** voglio vedere. Non voglio veder**la.**	*I do not want to see her.*
Me lo deve mostrare. Deve mostrar**melo.**	*He must show it to me.*
Non posso andar**ci** Non **ci** posso andare.	*I cannot go there.*

II. Il superlativo assoluto

1. We have already learned that to express the absolute superlative the suffix -**issimo** (**a, i, e**)[1] can be added to the adjective. The absolute superlative can also be constructed by placing adverbs such as **molto, assai** *(very),* and **estremamente** *(extremely)* before an adjective.

È una rivista **molto (assai) spinta.**	*It's a **very daring** magazine.*
È stata una discussione **estremamente utile.**	*It was an **extremely useful** discussion.*

---

[1]Remember that adjectives in -**co** and -**go** add an **h** to the stem, and adjectives in -**cio** and -**gio** drop the -**io** before adding -**issimo**: lungo **lunghissimo**; bianco **bianchissimo**; grigio **grigissimo.**

2. Buono and **cattivo** have both a regular and an irregular absolute superlative.

buono	*good*	buonissimo ⎫ *very good* ottimo ⎭
cattivo	*bad*	cattivissimo ⎫ *very bad* pessimo ⎭

III. Verbi servili

When **dovere**, **potere**, and **volere** govern an infinitive, they are conjugated with either **essere** or **avere**, depending on whether the dependent infinitive is conjugated with **essere** or **avere**.

The past participles for these verbs are **dovuto**, **potuto**, and **voluto**.

Adriana non è **potuta venire**.	*Adriana could not come.*
Siamo dovuti partire all'improvviso.	*We had to leave suddenly.*
Non **sono voluti rimanere**.	*They didn't want to stay.*
Ho potuto lavorare fino a tardi.	*I was able to work until late.*

Le Cento Fontane a Villa d'Este.

ESERCIZI

A. Formate nuove frasi usando pronomi congiuntivi doppi.

Esempio: Devi spiegarmi questa poesia. →
            Me la devi spiegare.
            Devi spiegarmela.

1. Dovete darci la rivista *Epoca.*
2. Non doveva raccomandarti questo bar.
3. Non poteva farmi una confezione regalo.
4. Potevano mostrarci altre paia di scarpe.
5. Mi dispiace ma non posso andare a Milano.
6. Non dovevate comprargli questo regalo.

B. **In vacanza in Italia.** Michael e James vanno a fare spese in centro. Michael è un po' timido perché ha studiato l'italiano solamente per un paio di mesi, per questo James parla sempre al posto suo *(on his behalf).* Osservate l'esempio, e date tre alternative alle richieste *(requests)* di Michael.

Esempio: *Michael:*   Ask her if she can show you the sweater.
          James: Mi può mostrare il maglione?
                   Me lo può mostrare?
                   Può mostrarmelo?

1. Ask them if you can try on the black leather shoes.
2. Tell him that we want to buy the blouse for a cousin of ours.
3. Ask her if they can show you the wool jacket in the window.
4. Tell them that they must give (**fare**) us a discount (**sconto**).
5. Ask him if I can exchange this record (**disco**) for a friend.
6. Say that she must sell it to you at a lower price.

C. **Credimi!** *(Believe me!)* Reagite a queste affermazioni usando il superlativo assoluto e una delle espressioni seguenti: **Credimi! Hai ragione! Ma certo!**

Esempio: —È stato davvero uno sciopero lungo?
            —Ma certo! È stato lunghissimo.

1. La gita di Franco in Africa sarà stata piacevole?
2. La pelle della tua borsetta deve essere buona. L'hai avuta quattro anni.
3. Bruno dice che fare la guardia in banca è pericoloso.
4. L'edificio dove vive Giovanna sarà veramente elegante come dice lei?
5. Non so. La taglia di questa gonna sembra un po' grande.
6. Questi vestiti da bambino sono graziosi, vero?
7. Saranno fresche queste uova?
8. Secondo te, sono comode quelle scarpe?

D. Articoli da regalo *(gift items)*. Siete in centro con amici. Commentate sugli articoli nella vetrina di un negozio di articoli da regalo. Osservate l'esempio e il disegno.

Esempio: —Guarda quella collana!
—Quale? Quella d'oro in basso?
—Sì, è bella non credi?
—È bellissima ma è anche estremamente cara!

—Mi piace quell'anello d'argento!
—Anche a me. Il modello è modernissimo.

Parole utili:

d'oro	originale
d'argento	orribile
di seta	simpatico
di pelle	strano
di lana	in basso
di cotone	in cima
di paglia *(straw)*	a destra / sinistra
grazioso	in alto *(on top)*
carino	dietro / davanti a
brutto	accanto a

il **foulard**   il **vestito**   la **blusa**   il **cappello**   i **pantaloni**   la **calza**

la **cintura**   la **camicetta**   le **scarpe**   la **borsa**   l'**anello**   gli **orecchini**   la **collana**

E. Dite che cosa hanno fatto oggi le persone seguenti. Usate le espressioni indicate al passato.

> *Esempio:* noi / dover andare al supermercato nel pomeriggio →
> Noi siamo dovuti/e andare al supermercato nel pomeriggio.

1. io e Tiziano / dover parlare con i clienti dell'agenzia
2. tu / voler noleggiare un'auto per l'amministratore della ditta
3. il capoufficio / dover fare la coda in banca per più di mezz'ora
4. Lei e l'avvocato / voler rimanere in biblioteca tutta la mattina
5. l'ingegner Marina Scotto / poter andare alla conferenza di ecologia
6. il controllore / dover controllare i biglietti di tutti i passeggeri
7. i farmacisti delle farmacie comunali / non poter fare sciopero

F. Formulate domande per le risposte seguenti.

1. Mi dispiace, ma *L'Espresso* è esaurito.
2. Porta il cinquantaquattro.
3. Sì, la giacca gli va benissimo.
4. Glieli posso cambiare se ha il passaporto.
5. Il *Corriere della Sera*, per cortesia.
6. Sì, le cambiamo se ha tenuto lo scontrino.
7. Di scarpe? Porto il quarantadue.
8. Non è successo niente. Sono semplicemente arrivata alla stazione in ritardo a causa del traffico.

G. **Domande.** Rispondete con frasi complete e originali.

1. Legge molto, Lei? Che cosa legge, generalmente? Libri o riviste?
2. Compra il giornale ogni giorno? Quale? Quanto costa il giornale? È caro?
3. Le piace il giornale della domenica? Com'è?
4. Preferisce le riviste di discussione politica o quelle di informazione? Perché?
5. Quali sono le riviste di discussione politica più conosciute nel Suo paese?
6. Ha mai letto una rivista italiana? Se sì, quale?
7. Quando finisce di leggere il giornale, a chi lo dà?
8. Lei presta volentieri i Suoi libri? Se sì, a chi? Se no, perché no?

LA STAMPA

ANNO 126. N. 122 · *MERCOLEDI' 6 MAGGIO 1992* SPEDIZIONE ABBONAMENTO POSTALE GRUPPO 1/70 *L. 1200* □

Come si dice?

Making a purchase

When you enter a store, the salesclerk may say:

Mi dica. ⎫
Desidera? ⎭   *How can I help you?*

Tocca a Lei. Prego.   *It's your turn. May I help you?*

The customer can respond:

Cerco [un paio di calzoni blu].   *I'm looking for [a pair of blue trousers].*

Mi può mostrare [quel cappello in vetrina]?   *Could you show me [that hat in the window]?*

Vorrei vedere [delle cravatte].   *I would like to see [some neckties].*

Other expressions related to purchases are:

Lo prendo. (Lo compro.)   *I'll take it. (I'll buy it.)*
Paga in contanti?   *Will you pay cash?*
Accettano carte di credito?   *Do you accept credit cards?*
È un'occasione.   *It's a bargain.*
È regalato/a.   *It's dirt cheap.*
Che prezzi alti (bassi)!   *What high (low) prices!*

A. **Anniversario.** Create un dialogo per la situazione seguente.

Vuole comprare una collana (un orologio) d'oro per Sua moglie (Suo marito). È il Loro decimo anniversario di matrimonio. Entra in un negozio di articoli da regalo perché ha visto delle cose interessanti in vetrina. Il commesso La saluta e Le chiede che cosa desidera. Lei spiega che tipo di regalo vuole e il commesso le mostra diversi oggetti. Alla fine, Lei compra la collana (l'orologio), paga con la carta di credito, ed esce dal negozio.

B. **Situazioni.** In gruppi di tre o quattro studenti, create una serie di brevi scambi per le situazioni seguenti. Date una conclusione logica a ogni dialogo.

1. È entrato/a in un negozio elegante di via Veneto a Roma e si sta provando una giacca. La commessa Le dice che Le sta molto bene. L'amico (l'amica) che è con Lei la pensa diversamente: dice che la giacca è stretta ed è anche molto cara.
2. Diversi amici discutono e danno opinioni sulle varie riviste e giornali che leggono normalmente. Non tutti hanno le stesse opinioni.

22 Al Ristorante

Oggi i signori De Michelis si sono riuniti per un'occasione particolare: fe-
steggiare la promozione della figlia Silvana a capostilista di una nota casa
di moda lombarda. Ora sono seduti in un ristorante e stanno per ordinare.

Sig. Aldo:	Io, tagliatelle agli spinaci e un fritto misto.
Sig.ra Marta:	Io invece vorrei una minestra in brodo, del pollo arrosto e un'insalata, per favore.
Silvana:	A me porta del prosciutto e melone come antipasto.
Cameriere:	E per primo e per secondo?
Silvana:	Uhm... che piatto consiglia Lei? Sono indecisa tra il risotto e gli gnocchi di patate.
Cameriere:	Direi che gli gnocchi ai quattro formaggi sono la specialità della casa.

Un ristorante rustico
a Roma.

Silvana:	Allora, mi dịa gli gnocchi. Non voglio niente per secondo o contorno; prendo il dolce più tardi.	
Sig.ra Marta:	Aldo, avresti dovuto ordinare un piatto più leggero. Lo sai che il fritto fa male.	
Sig. Aldo:	Che storie! Anzi, il pesce fa bene. *(a Silvana)* Dunque, dicevi che i tuọi colleghi...	
Cameriere:	Ecco il pane, l'ạcqua minerale e il vino della casa, signori.	
Sig. Aldo:	*(Brinda alla salute della figlia.)* Alla migliore stilista del mondo! Auguri, Silvana.	
Sig.ra Marta:	Congratulazioni, cara.	
Silvana:	Grazie mamma, grazie papà. E buon appetito!	

Due ore dopo...

Sig. Aldo:	Cameriere, ci porta il conto, per cortesịa?

DOMANDE

1. Che cosa fanno oggi i signori De Michelis?
2. Dove lavora Silvana?
3. Che cosa ọrdina la madre di Silvana?
4. Il signor Aldo ọrdina l'antipasto?
5. Che cosa consiglia il cameriere?
6. Chi mangia pesce per secondo?
7. Quale vino prẹndono?
8. Perché la signora Marta dice «Congratulazioni»?

Vocabolario

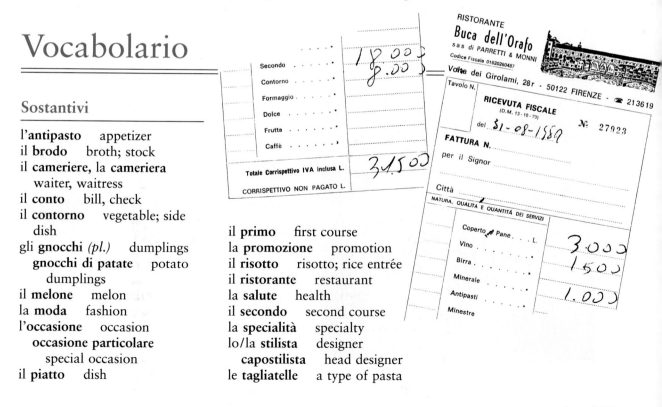

Sostantivi

l'**antipasto**   appetizer
il **brodo**   broth; stock
il **cameriere**, la **cameriera**
   waiter, waitress
il **conto**   bill, check
il **contorno**   vegetable; side dish
gli **gnocchi** *(pl.)*   dumplings
   gnocchi di patate   potato dumplings
il **melone**   melon
la **moda**   fashion
l'**occasione**   occasion
   occasione particolare
      special occasion
il **piatto**   dish

il **primo**   first course
la **promozione**   promotion
il **risotto**   risotto; rice entrée
il **ristorante**   restaurant
la **salute**   health
il **secondo**   second course
la **specialità**   specialty
lo/la **stilista**   designer
   capostilista   head designer
le **tagliatelle**   a type of pasta

Aggettivi

indeciso undecided
leggero light
lombardo Lombard, from Lombardy
misto mixed; assorted
noto well-known

Verbi

brindare to toast
ordinare to order

riunirsi *(isc)* to get together, meet
scegliere° *(irr.)* *(p.p.* **scelto)** **(di** + *inf.)* to choose *(to do something)*

Espressioni

buon appetito! enjoy your meal!
che storie! what nonsense!
congratulazioni! congratulations!

fare bene (a) to be good *(for someone)*
fare male (a) to be bad *(for someone)*
il fritto misto platter of fried seafood (or assorted fried vegetables)
il/la migliore the best
l'insalata mista tossed salad
salute! cheers!
il vino della casa house wine

NOTE LINGUISTICHE E CULTURALI

- The preposition **per** is often used to refer to a meal course: *Per* **antipasto prendo del prosciutto.** *(I'll take some ham as an appetizer.)*
- An appropriate answer to **Buon appetito!** *(Enjoy your meal!)* is **Grazie, altrettanto!** *(Thanks, the same to you!)*
- The shape and flavor of Italian bread varies considerably not only from region to region but even among neighboring cities. It is sold by weight and is not served with butter. Being an important component of the Mediterranean diet, bread is bought fresh every morning and is eaten abundantly with every meal. A popular expression to mean that a person is particularly kind or good-natured is **Quell'uomo è buono come il pane.** *(That man is as good as bread.)*
- Italians like to entertain themselves in restaurants, and a meal can last two to three hours. For this reason, it would be very impolite for the waiter to bring the check to the table, unless the patron asks for it.

Filoni di pane in un panificio.

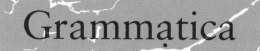

Grammatica

I. Il condizionale
(The conditional)

As in English, the conditional tense in Italian expresses uncertainty, doubt, hypothesis. In general, the conditional translates as the English auxiliary verb *would*. The stem of the conditional is the same as the future stem and, as in the future, verbs of the first conjugation change the **a** of the infinitive ending to **e**. The endings are identical for all three conjugations.

CONDIZIONALE PRESENTE

Parlare	Ripetere	Capire
parler-**ei**	ripeter-**ei**	capir-**ei**
parler-**esti**	ripeter-**esti**	capir-**esti**
parler-**ebbe**	ripeter-**ebbe**	capir-**ebbe**
parler-**emmo**	ripeter-**emmo**	capir-**emmo**
parler-**este**	ripeter-**este**	capir-**este**
parler-**ebbero**	ripeter-**ebbero**	capir-**ebbero**

Gli **parlerei** volentieri, ma è fuori città.
I would gladly speak to him, but he is out of town.

Ripeterei lo stesso ballo, ma sono stanca.
I would do the same dance again, but I am tired.

È un tipo di musica che **non capirebbe**.
It's a type of music that he wouldn't understand.

Ti **inviterei** al concerto di sabato, ma non ho più biglietti.
I would invite you to Saturday's concert, but I don't have any more tickets.

E quando **ritornerebbero** a casa?
And when would they return home?

II. Il condizionale di *avere* e *essere*

Avere	Essere
avrei	sarei
avresti	saresti
avrebbe	sarebbe
avremmo	saremmo
avreste	sareste
avrebbero	sarebbero

Avrebbe un fiammifero?	*Would you (happen to) have a match?*
A dire il vero, non **avrei molto** tempo.	*To tell you the truth, **I don't** (really) **have** much time.*
Saresti più severo tu?	*Would you be stricter?*
Scusa, ma chi **sarebbe** Marcella?	*I beg your pardon, but who **is** Marcella?*

Note that Italian tends to use the present conditional where English prefers the present indicative. Italians often use the conditional to soften statements or requests.

III. Forme irregolari del condizionale

1. Those verbs that have an irregular stem in the future, also have it in the conditional:

andare	andrei	**sapere**	saprei
dare	darei	**stare**	starei
dovere	dovrei	**vedere**	vedrei
fare	farei	**venire**	verrei
potere	potrei	**volere**	vorrei

2. Verbs ending in **-ciare** and **-giare** drop the **i** of the stem:

cominciare	comincerei	**mangiare**	mangerei

Vorremmo due gelati.	*We **would like** two ice creams.*
Loro **saprebbero** cosa dire.	*They **would know** what to say.*
Al posto suo non so cosa **farei**.	*I don't know what **I would do** in his place.*
Staresti a casa da sola?	*Would you stay at home by yourself?*

IV. Il condizionale passato

1. The conditional perfect of transitive verbs is formed by putting the auxiliary **avere** in the present conditional and using the past participle of the verb.

CONDIZIONALE PASSATO

Verbi come **parlare**	
avrei avresti } parlato avrebbe	avremmo avreste } parlato avrebbero

Ne **avrei parlato** a Maria, ma era già uscita.
*I **would have spoken** to Maria about it, but she had already left.*

Avrebbe accettato il posto, ma lo avẹvano già dato a un altro.
He would have accepted the position, but they had already given it to someone else.

Ti **avrẹbbero chiamato,** ma il telẹfono non funzionava.
They would have called you, but the phone was not working.

2. The conditional perfect of intransitive verbs is formed by putting the auxiliary **ẹssere** in the present conditional and using the past participle of the verb.

CONDIZIONALE PASSATO

Verbi come **arrivare**		
sarẹi saresti ⎫ arrivato/a sarebbe ⎭		saremmo sareste ⎫ arrivati/e sarẹbbero ⎭

Sarẹi arrivato prima, ma il treno era in ritardo.
I would have arrived earlier, but the train was late.

Saremmo venuti al matrimonio, ma non sapevamo la data.
We would have come to the wedding, but we did not know the date.

Sarẹbbero rimasti più a lungo, ma non avẹvano più soldi.
They would have stayed longer, but did not have any more money.

The conditional perfect, though ordinarily translated as above, also expresses the simple English conditional (*would speak, would understand,* etc.) in certain cases. For example, when the simple English conditional depends on a verb of saying, telling, informing, etc., and expresses a future in past time, Italian expresses the idea with the conditional perfect.

Gli ho detto che gli **avrẹi telefonato** alle nove.
*I told him that **I would telephone** him at nine o'clock.*

Ha telefonato per dire che **sarebbe venuto.**
*He telephoned to say that **he would come.***

V. Significato speciale del condizionale di *dovere* e *potere*

The present conditional of **dovere** denotes obligation and is rendered by *should, ought to.* The present conditional of **potere** is equivalent to *could* or *might.* Likewise, the conditional perfect of **dovere** and **potere** translates as *ought to have, should have,* and *could have, might have,* respectively.

Dovrebbe studiare.
He ought to study.

Avrebbe dovuto studiare.
He ought to have studied.

Potremmo farlo.
We could do it.

Avremmo potuto farlo.
We could have done it.

Dovremmo partire oggi.
We should leave today.

Saremmo dovuti partire ieri.
We should have left yesterday.

ESERCIZI

A. Riformulate le domande seguenti al condizionale.

    Esempio: Parlerai con lui? → *Will you talk to him?*
                Parleresti con lui? *Would you talk to him?*

   1. Ordinerete anche l'acqua minerale?
   2. Rileggerai lo stesso libro?
   3. Sceglierai questa rivista?
   4. Si congratuleranno per la promozione?
   5. Partirai con me?
   6. Andranno all'edicola a piedi?
   7. Mi farete questo piacere?
   8. Avrai davvero paura?
   9. Ci andremo anche noi?
  10. Il cameriere potrà consigliare un buon piatto?

B. Completate ciascuna delle frasi seguenti usando la forma appropriata del condizionale.

    Esempio: Non gli scrivo oggi e ... →
                Non gli scrivo oggi e non gli scriverei mai.

1. Non la ordino oggi e ...	7. Non la scegli oggi e ...
2. Non lo leggete oggi e ...	8. Non lo compriamo oggi e ...
3. Non lo mangia oggi e ...	9. Non ci vanno oggi e ...
4. Non ci ritorniamo oggi e ...	10. Non ne parlate oggi e ...
5. Non lo cerco oggi e ...	11. Non lo prende oggi e ...
6. Non lo ricordano oggi e ...	12. Non lo impari oggi e ...

C. Completate ciascuna delle frasi seguenti usando la forma appropriata del condizionale.

    Esempio: Ci andrò anche domani, anzi ... →
                Ci andrò anche domani, anzi ci andrei ogni giorno.

1. Lo farà anche domani, anzi ...	4. Dovrete ritornarci anche domani, anzi ...
2. Ci verranno anche domani, anzi ...	5. Lo vorrai mangiare anche domani, anzi ...
3. Ti vedremo anche domani, anzi ...	6. Te lo mostreranno anche domani, anzi ...

D. Formate nuove frasi, usando le forme corrette del condizionale secondo i soggetti indicati.

    Esempio: pane, tagliatelle, fritto misto / io / ordinare →
                Li ordinerei tutti!

1. pizza, minestra, insalata / noi / mangiare
2. Firenze, Roma, Bologna / tu / visitare
3. riviste, libri, giornali / loro / leggere
4. caffè, cappuccino, gelato / voi / prendere
5. sceneggiati, film, documentari / loro / vedere

E. Rispondete a ciascuna delle domande seguenti usando il condizionale e i pronomi appropriati.

Esempio: Visiterete la ditta? →
La visiteremmo volentieri, ma non abbiamo tempo.

1. Vedrai il Museo d'Arte Moderna?
2. Andrete a Genova?
3. Studieranno l'italiano?
4. Mi aspetterete?
5. Entreranno in questo teatro?
6. Verrai a Padova?

F. Completate ciascuna delle frasi seguenti usando la forma appropriata del condizionale passato.

Esempio: Ci siamo andati ieri e ... →
Ci siamo andati ieri e ci saremmo andati ogni giorno.

1. L'hanno visitato ieri e ...
2. Le ho comprate ieri e ...
3. Li ho visti ieri e ...
4. Le abbiamo ordinate ieri e ...
5. Ci sono venuti ieri e ...
6. C'è ritornata ieri e ...

LA ROSTICCERIA DI VIA ROMA
Via Roma 54 - Tel. 0187-817 688
Monterosso al Mare
Panini - Focacce - Pizza al taglio
Piatti pronti per asporto
Bibite - Vini DOC 5 Terre - Salumi Tipici - Formaggi

RISTORANTE AL POZZO
Via Roma 26 - Tel. 0187-817 575
Monterosso al Mare
Specialità marinare - Pesce fresco - Aragoste vive
Funghi porcini alla foglia
Forno a legna - Aperto tutto l'anno

Quali sono le specialità di questi ristoranti?

G. **In italiano, per favore!**

1. He ought to come.
2. We ought to have listened.
3. I might do it.
4. She could have done it.
5. I ought to learn (how) to swim.
6. You (**tu**) ought to have ordered soup.
7. He should have telephoned.
8. He might come tomorrow.
9. They should not come at all.
10. You (**voi**) should have left.

H. **Domande.** Rispondete con frasi complete e originali.

1. Quando va al ristorante generalmente? Con chi ci va?
2. Come si chiama il Suo ristorante preferito? Dov'è? È caro?
3. Che cosa ordina di solito?
4. Rimane seduto/a a tavola per molto o poco tempo?
5. Le piace l'acqua minerale o preferisce il vino? Bianco o rosso?
6. Ha mai fatto le tagliatelle?
7. Preferisce, Lei, il fritto misto o il pollo arrosto? Perché?

I. **Dialogo aperto.** Completate il dialogo seguente con espressioni appropriate al contesto.

Cameriere: _____

   Signore: Buona sera anche a Lei. Non abbiamo ancora deciso. Lei cosa consiglia?

Cameriere: _____

   Signore: Il fritto misto sarà buonissimo ma noi non lo ordiniamo mai. C'è altro?

Cameriere: _____

   Signore: *(alla moglie)* Decidi tu, cara. Preferisci il pesce o il pollo arrosto?

   Signora: _____

   Signore: Mia moglie ha deciso fritto misto per due e un'insalata mista.

Cameriere: _____

   Signora: Acqua minerale per lui. Un bicchiere di vino bianco per me.

J. **Intervista.** Usate le espressioni seguenti per fare domande al condizionale (con i soggetti **tu** o **Lei**) a un'altra persona nella classe. Osservate l'esempio, ma formate domande e risposte originali.

   Esempio: abitare a Roma o a Bologna →
      —Preferiresti abitare a Roma o a Bologna?
      —Preferirei abitare a Bologna perché Roma è una città molto cara.

1. lęggere un giornale o una rivista
2. mangiare gnocchi o fritto misto
3. pręndere ącqua minerale o vino bianco
4. visitare gli Uffizi o la Biblioteca Nazionale
5. sciare o seguire un incontro di calcio
6. vedere un film storico o un film di fantascienza
7. parlare di storia dell'arte o di musica contemporạnea *(contemporary)*
8. ęssere nello scompartimento con un italiano o con un americano

Come si dice?

Ordering at a restaurant

The following are some useful expressions to use at an eating establishment:

Vorrẹi vedere il menù, per favore.	*I'd like to see the menu, please.*
Mi potrebbe portare [un caffè]?	*Could you bring me [a (cup of) coffee]?*
Per [dolce] prendo [una fetta di torta di mele].	*For [dessert] I'll have [a slice of apple pie].*
Qual è la specialità della casa?	*What is the house specialty?*
Il conto, per favore!	*The check, please.*
Ci deve ęssere un errore. Non ho ordinato [zuppa di pesce] ma [una bistecca].	*There must be a mistake. I didn't order [seafood chowder] but [a steak].*
Quasi quasi prenderẹi [una porzione di zuppa inglese].	*I'm rather tempted to have [some (a portion of) English custard].*

A. **Situazioni.** Che cosa direbbe Lei in queste situazioni?

1. You ordered potato dumplings with cheese sauce, but the waitress brings you a seafood chowder.
2. You want a main course but are undecided as to what to order.
3. At the end of the meal, your friend asks for the check.
4. After a good plate of spaghetti ask to see the menu: you're in the mood for some dessert.
5. Imagine you are a waiter (waitress) at a restaurant. Ask some people who have just arrived if they would like to order now or wait for a few minutes.

B. Al ristorante. Lei è al ristorante con alcuni amici. Uno alla volta tutti ordinano dal menù. Uno studente o una studentessa fa la parte del cameriere o della cameriera.

★ P I Z Z E R I A	
Frutti Mare	L. 5500
Marinara	L. 3000
Napoletana	L. 3000
Margherita	L. 3000
Pizza alla Casaccia	L. 5000
Pizza ai funghi	L. 5000
Pizza al prosciutto	L. 5000
Pizza al Crudo	L. 5500
Pizza alla capricciosa	L. 5000
Pizza alla Rossini	L. 5000
Quattro Stagioni	L. 5000
Calzone ripieno	L. 5500
Ciclista	L. 4500
Crostini	L. 4000
Toast	L. 2500
Toast farcito	L. 3000

★ A N T I P A S T I	
Antipasto casa	L. 2000
Piadina con prosciutto	L. 3500
Piadina con salame	L. 3500
Prosciutto	L. 5000
Salame	L. 5000
Lonza	L. 5000
Prosciutto e ananas	L.
Prosciutto e melone	L. 6500
Prosciutto e fichi	L. 6500
Piadina	L. 4000
Coperto e pane	L. 3000
Cozze alla marinara	L. 4000
Cozze al grattè	L. 6000

★ M I N E S T R E I N B R O D O	
Cappelletti	L. 4000
Passatelli di Romagna	L. 4000
Pasta e fagioli	L. 3500
Tagliolini in brodo	L. 3500
Fagioli con cotiche	L. 4500
Pastina in brodo	L. 3500
Fagioli con salsiccia	L. 5500

★ M I N E S T R E A S C I U T T E	
Penne all'arrabbiata	L. 4000
Penne basilico	L. 4500
Spaghetti alla carbonara	L. 4500
Spaghetti alla bolognese	L. 4000
Spaghetti aglio olio peperoncino	L. 4000
Tagliatelle ai fagioli	L. 4500
Tagliatelle al ragù	L. 4500
Maccheroncini alla panna	L. 4500
Maccheroncini al pasticcio	L. 4500
Maccheroncini alla boscaiola	L. 4500
Tortellini al pasticcio	L. 5000
Tortellini alla boscaiola	L. 5000
Tortellini al ragù	L. 5000
Tortellini alla panna	L. 5000

★ S E C O N D I	
Piatto di lesso	L. 6000
Arrosto misto	L. 9000
Coniglio arrosto	L. 8000
Faraona arrosto	L. 8000
Coniglio alla cacciatora	L. 8000
Coniglio in porchetta	L. 8000
Salsiccia alla brace	L. 6000
Braciola di maiale	L. 6000
Filetto alla brace	L. 13000
Castrato alla brace	L. 8000
Bistecca alla brace	L. 8000
Cotoletta alla milanese	L. 6000
Scaloppine a piacere	L. 8000
Costarelle alla brace	L. 6000
Wurstell	L. 4000
Spiedini di carne alla griglia	L. 8000
Spiedini di carne Pesce	L. 8000

★ C O N T O R N I	
Insalata verde	L. 4500
Insalata mista	L. 8000
Radicchi di campagna	L. 8000
Verdura cotta	L. 8000
Patate fritte	L. 8500
Patate al forno	L. 8500
Cipolline al forno	L. 8500
Melanzane al graten	L. 8500
Pomodori al graten	L. 8500
Ortaggi in pinzimonio	L. 3000

23 TUTTI I GUSTI SON GUSTI

Adriana e Marina sono davanti a un grande cartellone pubblicitario che annuncia le opere che si daranno al Teatro Comunale questa stagione.

Marina: Sai che io non ho mai visto un'opera?

Adriana: Dici sul serio? Com'è possibile?

Marina: Veramente non so: un po' per pigrizia, un po' per mancanza d'interesse. Mio padre è appassionato dell'opera e mi ci avrebbe anche portato.

Adriana: I tempi cambiano. Una volta, per lo meno nelle grandi città, si andava all'opera più spesso. Ma, almeno, ti piacerà la musica, spero!

Marina: Certo che mi piace, specialmente quella moderna, la musica americana, il jazz, il rock...

Ti piace andare all'opera?

Adriana:	Senti, perché non andiamo all'opera insieme? Guarda, il 21 si dà *Un ballo in maschera* di Verdi, e il 23 *La Bohème* di Puccini.
Marina:	Dipende. Tu quale preferisci?
Adriana:	Sono tutt'e due grandi opere.
Marina:	Chi canta nel *Ballo in maschera?*
Adriana:	Vediamo. Ah, c'è Luciano Pavarotti, un gran tenore, e Katia Ricciarelli, anche lei una grand'artista.
Marina:	Ci vengo, se tu vieni con me al concerto di musica rock del gruppo americano che viene a Firenze il mese prossimo.
Adriana:	Va bene, accetto.

DOMANDE

1. Cosa annuncia il cartellone pubblicitario?
2. Che musica piace a Marina?
3. Lei sa il nome di alcune altre opere italiane che sono conosciute in tutto il mondo? Quali?
4. Chi è il compositore della *Bohème?*
5. Chi canta nel *Ballo in maschera?*
6. Chi verrà a Firenze il mese prossimo?
7. Lei preferisce la musica classica o la musica moderna? Perché?
8. Lei sa il nome di alcuni grandi tenori o di qualche soprano? Quali?

ARENA DI VERONA

Ente Autonomo

61° FESTIVAL DELL'OPERA LIRICA
7 luglio - 31 agosto 1983

24, 27, 30 luglio
2, 4, 7, 13, 21, 26 agosto
MADAMA BUTTERFLY
di GIACOMO PUCCINI

9, 14, 17, 22, 26, 29 luglio
3, 6, 12, 24, 28, 31 agosto
AIDA
di GIUSEPPE VERDI

7, 10, 16, 23, 28, 31 luglio
5, 11, 14 agosto
TURANDOT
di GIACOMO PUCCINI

20, 23, 25, 27, 30 agosto
EXCELSIOR
Ballo di ROMUALDO MARENCO

PREZZI (I.V.A. compresa) - Preise - Prices - Prix

Poltronissime numerate (Sperrsitze - Front stalls - Fauteuils 1er secteur)	**70.000**
Poltrone numerate (1. Parkett - Center and side stalls - Fauteuils 2ème secteur)	**55.000**
Poltroncine numerate (2. Parkett - Back stalls - Fauteuils 3ème secteur)	**35.000**
Prima Gradinata (1. Stufenplätze - 1st sector steps - Gradins 1er secteur)	**18.000**
Ridotti per gli iscritti Acli, Arci, Cral aziendali, Etli, Etsi, Enars, Endas e militari	**15.000**
Seconda Gradinata (2. Stufenplätze -2nd sector steps - Gradins 2ème secteur)	**11.000**
Ridotti per gli iscritti Acli, Arci, Cral aziendali, Etli, Etsi, Enars, Endas e militari	**9.000**

Vocabolario

Sostantivi

il **cartellone**   poster
il **compositore**   composer
il **concerto**   concert
la **mancanza**   lack
la **musica**   music
l'**opera**   opera; work
la **pigrizia**   laziness
il **soprano**   soprano
il **teatro**   theater
il **tenore**   tenor

Aggettivi

grande, gran   big; great
pubblicitario   advertising

Verbi

accettare   to accept
annunciare   to announce

cantare   to sing
dipendere da (*p.p.* **dipeso**)   to depend (on)
sperare (**di** + *inf.*)   to hope (*to do something*)

Espressioni

certo che   of course
ci sto   I'm game
tutt'e due   both
tutti i gusti son gusti   to each his own
una volta   in the old days
va bene   OK

*32° Festival Pucciniano:
Calendario del teatro
all'aperto Torre del Lago
Puccini, Firenze.*

Domenica 27 luglio - Martedì 29 luglio
Mercoledì 13 agosto - ore 21,30

La Fanciulla del West
di Giacomo Puccini
(nuovo allestimento)
Direttore: Gian Luigi Gelmetti
Regista: Mauro Bolognini
Scene: Uberto Bertacca
Interpreti principali:
Mary Jane Johnson, Giorgio Casellato Lamberti, Nicola Martinucci, Sophia Larson, Alain Fondari

Mercoledì 30 luglio
Teatro all'aperto, ore 21,30

Concerto/Cinema
musiche di Pizzetti, Satie, Mascagni
Proiezioni dai films:
« CABIRIA » di Pastrone (1914), « ENTR'ACT » di Clair (1924), « RAPSODIA SATANICA » di Oxilia, con Lidia Borelli (1917)
Direttore: Sandro Sanna
Solista: Ettore Nova

Venerdì 1 agosto - Sabato 2 agosto
Domenica 3 agosto
Teatro all'aperto, ore 21,30

A Chorus Line
Shubert Theatre of Broadway
Ideazione, coreografie e regia di Michael Bennet
Testo di James Kirkwood e Nicholas Dante
Musica di Marvin Hamlisch

Mercoledì 6 agosto - Venerdì 8 agosto
Sabato 9 agosto - ore 21,30
Villa Orlando

Il giro di vite
di Benjamin Britten
Direttore: Jan Lathan Koenig
Regista: Virginio Puecher
Interpreti principali:
Tiziana Tramonti, Anna Baldassarini, Vincenzo Manno

Giovedì 7 agosto Domenica 10 agosto
Martedì 12 agosto - ore 21,30

Tosca
di Giacomo Puccini
Direttore: Daniel Oren
Regista: Sandro Sequi
Scene: Uberto Bertacca
Interpreti principali:
Maria Slatinaru, Giacomo Aragall/Luis Lima, Silvano Carroli

Sabato 2 agosto - Domenica 3 agosto
Sabato 9 agosto - ore 19.00
Piazzale Belvedere Puccini

Musiche sul lago
Tre programmi con musiche di Puccini, Respighi, Debussy, Ravel, De Falla, Strawinsky, Strauss
Interpreti: Giovani solisti del Festival Pucciniano

Orchestra filarmonica del Teatro dell'Opera di Budapest

Coro del Festival pucciniano
Direttore del coro: Gianfranco Cosmi

Responsabile degli allestimenti: Uberto Bertacca

Direttore artistico: Luciano Alberti

NOTE LINGUISTICHE E CULTURALI

- Since its origins in Florence at the end of the sixteenth century, opera has never ceased to attract enthusiastic followers from all over the world. Among the most frequently performed operas today are *La traviata, Rigoletto, Aida, Il trovatore* by **Giuseppe Verdi** (1813–1901); *Il barbiere di Siviglia* by **Gioacchino Rossini** (1792–1868); and *La Bohème, Madama Butterfly, Tosca* by **Giacomo Puccini** (1858–1924). The tradition is kept alive in many theaters such as **La Scala** in Milan, the **Teatro San Carlo** in Naples, the **Teatro dell'Opera** in Rome, and the **Teatro Massimo** in Palermo. During the summer, operatic performances are held in famous Roman amphitheaters like the **Arena** in Verona and the **Terme di Caracalla** in Rome.
- Note the use of the preposition **per** to mean *out of*:

  Per curiosità, quanti anni hai?

  Out of curiosity (may I ask) how old you are?

  Non l'ha fatto **per** pigrizia.

  *He didn't do it **out of** laziness.*

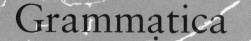

Grammatica

I. Uso generale del riflessivo

In English we express an indefinite subject with the impersonal construction *one*, *they*, *you*, *people*, *we*, etc., plus the verb.

> *One (you)* must not read here.
> *They (people)* say that he will come.

In Italian this construction is best translated as follows:

1. The indefinite or generic subject (*one*, *they*, *people*, etc.) should be translated by **si** and be used with the third person singular of the active verb.

Non si può fumare qui.	*You (One) can't smoke here.*
Si paga alla cassa.	*One pays at the counter.*
In questo ristorante **si mangia** bene.	*In this restaurant, one (you) can eat well.*
Si dice che è sposato.	*They say that he is married.*

2. If **si** is followed by a singular noun, the *third person singular* of the active verb should be used; if **si** is followed by a plural noun, then the *third person plural* of the verb should be used.

> **si** + *3rd person singular verb* + *singular noun*
> **si** + *3rd person plural verb* + *plural noun*

In Italia **si mangia molto pane.**	*In Italy people eat a lot of bread.*
Si affittano camere.	*We rent rooms. (Rooms for rent)*

II. La forma passiva *(The passive voice)*

In Italian the passive voice is much less common than in English. In a passive construction the subject of the verb *receives* the action instead of doing it, as in the sentence: *Caesar was killed by Brutus.* To indicate that the grammatical subject does not carry out the action, but receives it, the passive voice is formed with the verb **essere** and the past participle of the verb. Thus, in the passive voice, the past participle always agrees in gender and number with the subject.

Compare the following *active* and *passive* forms:

La madre **lava** la camicia.	*The mother **washes** the shirt.*
La camicia è **lavata** dalla madre.	*The shirt **is (being) washed** by the mother.*

Maria **ha lavato** i piatti.	*Maria **washed** the dishes.*
I piatti **sono stati lavati** da Maria.	*The dishes **have been washed** by Maria.*
Il direttore **avvertirà** l'impiegata.	*The manager **will warn** the employee.*
L'impiegata **sarà avvertita** dal direttore.	*The employee **will be warned** by the manager.*

III. Gli aggettivi irregolari *grande* e *santo*

1. Grande may become **gran** before a singular noun beginning with a consonant (except **z** and **s** + *consonant*), and **grand'** before a noun beginning with a vowel.

Si guardava in un **grande** specchio.	*She was looking at herself in a **large mirror**.*
So che è un **gran romanzo** ma non l'ho letto.	*I know it is a **great novel**, but I have not read it.*
È una **grand'artista**.	*She is a **great artist**.*
Abbiamo studiato **gran parte** della grammatica.	*We have studied a **large part** of the grammar.*

BUT

Sono **grandi artisti**	*They are **great artists**.*
Ci sono delle **grandi giornaliste**.	*There are some **great women journalists**.*

2. Santo becomes **san** before a masculine noun beginning with a consonant (except **s** + *consonant*), and **sant'** before any noun beginning with a vowel.

La Basilica di **San Pietro** è a Roma.	*Saint Peter's Basilica is in Rome.*
Abbiamo visitato la Chiesa di **Sant'Ignazio** e quella di **Santo Stefano**.	*We visited the Church of **Saint Ignatius** and **Saint Stephen's**.*
L'isola di **Sant'Elena** è famosa.	*The island of **Saint Helena** is famous.*

ESERCIZI

A. Riscrivete ciascuna delle frasi seguenti facendo i cambiamenti suggeriti.

Esempio: Qui la gente canta volentieri. →
Qui si canta volentieri.

1. Qui la gente legge molto.
2. Qui la gente va all'opera.
3. Qui la gente preferisce camminare.
4. In questo paese tutti discutono animatamente.
5. In questo paese tutti scioperano spesso.
6. In questo paese tutti vanno in bicicletta.

B. Riscrivete ciascuna delle frasi seguenti facendo i cambiamenti suggeriti.

Esempio: Nel secolo quindicesimo non sciavano. →
Nel secolo quindicesimo non si sciava.

1. Nel secolo quindicesimo non telefonavano.
2. Nel secolo quindicesimo non facevano sciopero.
3. Nel secolo quindicesimo non andavano in America.
4. Nel secolo quindicesimo non prendevano il treno.
5. Nel secolo quindicesimo non viaggiavano in aereo.
6. Nel secolo quindicesimo non giocavano a calcio.

C. Seguendo l'esempio, rispondete a ciascuna delle domande.

Esempio: Si stampa un solo giornale qui? →
No, qui si stampano molti giornali.

1. Si dà una sola opera questa stagione?
2. Si legge una sola rivista in questa casa?
3. Si ordina un solo piatto in questo ristorante?
4. Si legge un solo romanzo nel corso di letteratura?
5. Si studia una sola materia all'università?
6. Si parla solo una lingua in questo paese?

D. **Mi può dire ... ?** Lei è in vacanza a Roma e vuole chiedere le informazioni seguenti. Faccia le domande in italiano usando il pronome impersonale **si** ed espressioni di cortesia.

Esempio: Per favore, mi può dire dove si trovano dei
giornali in inglese?

You want to know ...

1. what bus one should take to the Vatican
2. where one can buy stamps
3. at which bus stop one should get off to go to the Colosseum
4. where one can cash traveler's checks
5. at what time one can have breakfast (at the hotel)
6. where one can listen to some good rock music
7. where one can purchase train tickets
8. at what time one leaves tomorrow morning (you purchased tickets for an excursion to Pompei)

E. Seguendo l'esempio, rispondete nella forma passiva a ciascuna delle domande seguenti.

Esempio: Vende i giornali e le riviste il giornalaio? →
Sì, i giornali e le riviste sono venduti dal giornalaio.

1. Il professor Bevilacqua considera Michelangelo un grand'artista?
2. Riconoscono tutti quell'affresco?

3. Molti conoscevano Luciano Pavarotti e Katia Ricciarelli?
4. Leggono il *Daily American* i turisti anglofoni (che parlano inglese)?
5. Poche persone ordinano l'acqua minerale gassata (*carbonated*)?

Luciano Pavarotti

F. Rispondete nella forma passiva a ciascuna delle frasi seguenti, esprimendo il complemento d'agente (**da chi**).

 Esempio: Chi ha costruito questa casa? (mio padre) →
    È stata costruita da mio padre.

1. Chi ha scolpito (**scolpire** *to sculpt*) il *David*? (Michelangelo)
2. Chi ha musicato (**musicare** *to set to music*) *Un ballo in maschera*? (Giuseppe Verdi)
3. Chi ha visitato i Musei Vaticani? (molti turisti)
4. Chi ha scritto il libretto per *Rigoletto*? (Francesco Maria Piave)
5. Chi ha ordinato prosciutto con melone? (Silvana)

G. Completate con la forma corretta dell'aggettivo **grande**.

1. Montale era un _____gran_____ poeta.
2. Ecco un _____grande_____ artista.
3. Ho letto _____gran_____ parte di questo libro.
4. Sono delle _____grandi_____ opere.
5. È un edificio _____grande_____ e bello.
6. È una _____gran_____ violinista.
7. A Firenze ci sono molti _____grandi_____ musei.
8. Questo sarà davvero un _____gran_____ problema.
9. No, la nostra non è una casa _____grande_____. È piccola.
10. Il cartellone annunciava un _____grande_____ spettacolo.

H. Completate con la forma corretta dell'aggettivo **santo**.

1. Non lo conosco, ma deve essere un ___*sant'*___ uomo.
2. Ecco la Chiesa di ___*san*___ Giuseppe.
3. Non è un uomo: è un ___*santo*___.
4. Sai dov'è l'isola di ___*sant'*___ Elena?
5. È una semplice e ___*santa*___ donna.
6. La Chiesa di ___*sant'*___ Ugo non è a Venezia.

I. **Domande.** Rispondete con frasi complete e originali.

1. Le piace l'opera in generale? E l'opera italiana?
2. Quale opera ha visto recentemente? Dove? Quando?
3. Quali sono gli artisti d'opera popolari in questo paese?
4. Che tipo di musica preferisce?
5. Frequenta i concerti di musica rock?
6. Come si chiama il Suo cantante rock preferito?
7. Dove si danno, in questa città, i concerti rock? E le opere?
8. Le piace la musica classica? Se sì, qual è il compositore classico che preferisce?

Come si dice?

Expressing time relationships

These expressions can be used to indicate how frequently an action occurs. They answer the following questions: **Quante volte?** *(How many times? How often?)*, **Quando?** *(When?)*, **Quanto tempo fa?** *(How long ago?)*.

a volte	*sometimes*	ogni tanto	*from time to time*
spesso	*often*	due volte al giorno (mese)	
frequentemente	*frequently*	*twice a day (month)*	
sempre	*always*	poco (molto) tempo fa	*a short*
mai	*never*	*(long) time ago*	
tutti i giorni	*every day*	il giugno scorso (l'estate scorsa)	
tutte le mattine (le sere)	*every*	*last June (last summer)*	
morning (evening)			

Other common words express a time relationship between actions:

prima	*first*	dopo	*afterwards*
poi	*then*	più tardi	*later*
fra	*within*	alla fine	*in the end*

A. **Quanto tempo fa?** Dica quante volte o quanto tempo fa ha fatto o fa le cose seguenti. Osservi l'esempio e usi le espressioni di tempo date in questa sezione.

Esempio: Vado al bar due volte al giorno.
        (Ogni tanto vado al bar.)

1. vedere un'opera
2. ascoltare un concerto di musica rock
3. leggere una rivista di politica
4. pranzare con i Suoi genitori al ristorante
5. andare ad una mostra d'arte
6. festeggiare il compleanno di un amico (un'amica)
7. ascoltare il telegiornale
8. leggere il giornale a colazione

B. **Lei è un abitudinario/a?** *(Are you set in your ways?)* Fate domande a un altro studente (un'altra studentessa) usando le espressioni date ed altre. Alternate ruoli e poi presentate una descrizione del vostro (della vostra) partner alla classe. Cercate di usare le espressioni di tempo date in questa sezione.

alzarsi *to get up*	lavarsi i denti *to brush one's teeth*
fare il bagno *to take a bath*	
fare il caffè *to make coffee*	pettinarsi *to comb one's hair*
fare colazione *to have breakfast*	radersi *to shave*
	truccarsi *to put on make up*
fare la doccia *to take a shower*	vestirsi *to get dressed*
guardarsi nello specchio *to look at oneself in the mirror*	

Esempio:

Descrizione di Marcello

Marcello è un abitudinario. Si pettina ogni mattina e fa la doccia ogni giorno. Si lava i denti dopo ogni pasto *(meal)*. Ogni mattina si alza esattamente alle sei. Prima fa il caffè, poi va nel bagno e fa la doccia. Si rade, si lava i denti e alla fine si veste. Poi porta fuori il cane. Alla fine esce e va al lavoro.

IL FESTIVAL DEI DUE MONDI

In Italia ci sono vari festival d'interesse internazionale. Molto noti° sono il *well-known*
Maggio Musicale Fiorentino, durante il quale si presentano opere, balletti
e concerti sinfonici nel Teatro Comunale, nel Giardino dei Boboli e nel gran-
dioso Palazzo Pitti, e il Festival del Cinema, chiamato anche Mostra del
Cinema, che ha luogo a Venezia verso la fine di agosto e i primi° di settembre. *beginning*
C'è, poi, il Festival di San Remo, sulla riviera di ponente,° che è la più impor- *west*
tante manifestazione della canzone° italiana. Durante gran parte di febbraio *song*
il festival trasforma la piccola città ligure° in un gran «baraccone° canoro°». *of the Liguria region / barn / melodious*

Ma dal 1958 c'è un altro festival importante in Italia, il Festival dei Due
Mondi. Il fondatore° di questo festival è Giancarlo Menotti, un compositore *founder*
italiano che da molti anni risiede° negli Stati Uniti, dove ha scritto *The Tele-* *resides*
phone, The Consul, Amahl and the Night Visitors, ed altre opere. Il Festival
dei Due Mondi si svolge° durante l'estate nella piccola città di Spoleto in *takes place*
Umbria e consiste di musica, opera, dramma, danza e mostre. Ma, come
indica il titolo, questo festival non è esclusivamente italiano, ed infatti dal
1977 ha luogo anche negli Stati Uniti, e più precisamente a Charleston, nella
Carolina del Sud, durante il mese di maggio, con il nome Spoleto Festival
U.S.A.

ESERCIZIO DI COMPRENSIONE

1. Che cosa presentano durante il Maggio Musicale Fiorentino?
2. Attirano le stesse persone il Festival di San Remo e il Festival del Cinema?
3. Perché San Remo si trasforma in un gran «baraccone canoro»?
4. Chi ha fondato il Festival dei Due Mondi?
5. Dov'è Spoleto?
6. In che mese c'è lo Spoleto Festival U.S.A.?
7. In che anno è cominciato il Festival dei Due Mondi?

Spoleto durante il Festival.

Giancarlo Menotti

RIPETIZIONE VI

A. Rispondete a ciascuna della domande seguenti con la forma appropriata del trapassato prossimo.

Esempio: Perché lui non conosceva Pavarotti?
(non sentire mai un'opera) →
Perché non aveva mai sentito un'opera.

1. Perché non sei venuta alla mostra con noi?
(andare al concerto di musica rock)
2. Perché non avete mangiato la minestra in brodo?
(ordinare tagliatelle al prosciutto)
3. Perché non sei andato al Teatro Comunale ieri sera?
(non trovare i biglietti)
4. Perché Gianni non si è seduto con te?
(sedersi vicino a Francesca)
5. Perché siete arrivate in ritardo?
(fermarsi a prendere un caffè)

B. Riscrivete queste frasi usando il comparativo di uguaglianza.

Esempio: Adriana e Franco sono vivaci. →
Adriana è (così) vivace come Franco.
[Adriana è (tanto) vivace quanto Franco.]

1. Bernardo Bertolucci e Federico Fellini sono noti registi italiani.
2. La cucina e la moda italiane sono conosciute nel mondo.
3. Alberto e Giacomo sono molto ordinati *(neat)*.
4. Il mio farmacista e il mio fornaio sono ragazzi molto simpatici.
5. Le tagliatelle agli spinaci e il risotto alla milanese sono saporiti.
6. Il football americano e il pugilato sono sport pericolosi.

C. Osservate l'esempio e rispondete alle frasi seguenti.

Esempio: Professore, potrei leggere queste espressioni? →
                Sì, le legga.

1. Potrei dire le parole nuove?
2. Potrei fare questo esercizio?
3. Potrei esprimere la mia opinione?
4. Potrei mostrare *L'Espresso*?
5. Potrei chiudere il libro e il quaderno?
6. Potrei ordinare qualche romanzo italiano?

D. Rispondete alle frasi seguenti.

            Papà, posso ordinare un cornetto? →
            No, non lo ordinare.
            No, non ordinarlo.

1. Posso lasciare l'università?
2. Posso vendere i miei libri?
3. Posso chiamare il facchino (*porter*)?
4. Posso telefonare a Giuseppe?
5. Posso andare all'Abetone?
6. Posso ritornare a Spoleto?

E. Riscrivete in italiano, usando prima la forma **tu,** poi la forma **Lei** dell'imperativo.

Esempio: Don't sing here. →
                Non cantare qui.
                Non canti qui, signorina.

1. Come this way.
2. Say "welcome back" to Gianni.
3. Order soup for me and ham for you.
4. Take this money.
5. Don't go today. Go tomorrow.
6. Don't forget Umberto Eco's book.
7. Don't speak to her.
8. Stay longer.
9. Be patient.
10. Tell everything.

F. Rispondete a ciascuna delle domande usando il pronome avverbiale **ci** e la forma appropriata del trapassato prossimo.

Esempio: Siete andati al Museo del Maggio Musicale? →
              No, c'eravamo andati giovedì.

1. È andato/a a Salerno ieri?
2. Signor Bertolini, è venuto qui ieri?
3. Siete ritornati a Milano ieri?
4. È entrato/a nel Duomo ieri?
5. Signora Bertolini, è stata al mercato ieri?
6. È stato/a da Beatrice ieri?

G. Osservate l'esempio e rispondete a ciascuna delle domande seguenti.

Esempio: Ha visto la mostra di Guttuso? →
L'avrei vista, ma non ho avuto tempo.

1. Ha fatto domanda all'ufficio di collocamento?
2. Siete ritornati a Padova lunedì scorso?
3. Stamattina Marco ha aiutato sua madre?
4. Scusi, ha letto l'ultimo libro di Calvino?
5. Avete già chiesto il conto?
6. Si è riposato/a finalmente?
7. È andato/a al botteghino del teatro per prenotare i biglietti?

H. Completate le frasi seguenti usando **di** (nella forma semplice o composta), **che** o **di quel che**.

1. Il museo degli Uffizi è più vasto _____ *di* _____ Museo dell'Accademia.
2. L'America è più larga _____ *che* _____ lunga.
3. L'aria di Roma era più inquinata _____ *di* _____ aria di Firenze.
4. L'inquinamento è più pericoloso _____ *che* _____ crediamo.
5. Montale sarà sempre meno conosciuto _____ *di* _____ Dante.
6. Tu sei più alto _____ *di* _____ me.
7. Quella piccola città era più antica _____ *che* _____ bella.
8. La signora Pietranera è più simpatica _____ *che* _____ intelligente.
9. Sua figlia è meno diligente _____ *di* _____ Lei.
10. Era un albergo più caro _____ *che* _____ buono.

I. Usando la costruzione **si** + *la 3ª persona singolare o plurale del verbo*, secondo la necessità, dite **ciò che non si fa** nei luoghi indicati.

Esempio: Collodi / prendere il filobus →
A Collodi non si prende il filobus.

1. la mensa universitaria / ordinare il fritto misto
2. il supermercato / comprare automobili
3. il giornalaio / vendere i biglietti per la partita
4. Italia / parlare cinese
5. Capri / vedere le Alpi
6. la platea del teatro / discutere di politica
7. chiesa / dare i concerti rock
8. l'ultima fila / vedere bene

VII PASSATO E PRESENTE

Culture
- Industry and handicraft
- Italian political parties
- City versus countryside
- Italian-Americans

Communication
- Changing direction in a conversation
- Expressing anger
- Expressing hope and doubt
- Expressing opinions

IN UN'OREFICERIA

Un signore di Bari è entrato in una gioielleria sul Ponte Vecchio per comprare un regalo per sua madre e mentre guarda vari gioielli parla con l'orefice.

Cliente: Ha mai pensato di cambiare mestiere?

Orefice: Lei scherza! Nella mia famiglia siamo sempre stati orefici. Bastiano Signorini, un mio antenato, aprì una bottega a Firenze nel 1749 e fondò la Casa Signorini nel 1774.

Cliente: E Lei, quando ha cominciato a fare l'orefice?

Orefice: Cominciai a lavorare in bottega quando avevo undici anni e presi la direzione degli affari quando morì mio padre sei anni fa.

Cliente: Quante botteghe ci sono sul Ponte Vecchio?

Orefice: Non so con precisione. Direi una cinquantina.

Che altro si può comprare in una gioielleria?

Cliente:	Tutte antiche?
Orefice:	Non tutte, ma la maggior parte. Alcune risalgono al Rinascimento, ai tempi di Cellini. Ma ormai l'artigianato tende a scomparire in Italia. L'industria ha cambiato tante cose e a volte penso che andiamo di male in peggio. Dunque... dov'ero rimasto? Ah, sì, voleva un anello, vero?
Cliente:	Sì, ne cercavo uno d'oro per mia madre. Con la Sua storia affascinante degli orefici di Ponte Vecchio stavo per dimenticarmi perché ero entrato qui.
Orefice:	Mi lasci aprire questa scatola... Io Le consiglierei questo: un piccolo capolavoro. O forse andrebbero meglio quegli orologi in vetrina...?

DOMANDE

1. Chi parla con l'orefice?
2. Perché l'orefice non pensa di cambiare mestiere?
3. È stata fondata pochi anni fa la bottega?
4. Quanti anni aveva l'orefice quando ha cominciato a lavorare?
5. A quando risalgono alcune delle botteghe?
6. È contento di come vanno le cose l'orefice? Perché?
7. Che cosa vuole comprare il cliente?
8. Lei ha mai comprato un regalo per Sua madre? Cosa?

Vocabolario

Sostantivi

l' **affare** *(m.)*   business transaction
  gli **affari**   business *(in general)*
l' **antenato**   ancestor
l' **artigianato**   handicraft
la **bottega**   shop; workshop
il **capolavoro**   work of art
la **direzione**   management; direction
la **gioielleria**   jewelry shop
il **gioiello**   jewel
l' **industria**   industry
il **mestiere**   trade
l' **orafo**   goldsmith
l' **orefice** *(m.)*   goldsmith; jeweler
l' **oreficeria**   jewelry shop
la **precisione**   precision
la **scatola**   box

Aggettivi

affascinante   fascinating
antico   antique; old

Verbi

fondare   to found
  (lui) **fondò** *(past absolute)*   he founded
lasciare   to let, allow
morire° *(p.p. **morto**)*   to die
  (lui) **morì** *(past absolute)*   he died
nascere° *(p.p. **nato**)*   to be born
prendere°   to take over
  (io) **presi** *(past absolute)*   I took over
risalire *(irr.)* (**a** + *noun*)   to date back (to)
  (esse) **risalgono**   they date back
scomparire *(p.p. **scomparso**)*   to disappear
scoprire *(p.p. **scoperto**)*   to discover
tendere *(p.p. **teso**)* (**a**)   to tend (to)

Altri vocaboli

forse   perhaps

Espressioni

a volte   at times, sometimes
andare di male in peggio   to go from bad to
   worse
andare meglio   to be better
dov'ero rimasto?   where was I?
una cinquantina   about fifty

NOTE CULTURALI

- **Benvenuto Cellini** (1500–1571) was a talented goldsmith and sculptor. His most famous work is the statue *Perseus* which is displayed in the **Loggia dei Lanzi** just to the right of the **Palazzo Vecchio** in Florence. It took Cellini nine years to complete this masterpiece in bronze.

- As the name suggests, the **Ponte Vecchio** is the oldest bridge in Florence and one of its fabled landmarks. Originally a Roman bridge, the **Ponte Vecchio** was rebuilt in 1345 by Neri da Fioravanti and later survived Nazi devastation. Besides supporting a private Medici corridor that still connects the **Uffizi** with **Palazzo Pitti**, the bridge also houses goldsmiths and jewelers famed throughout the world.

Perseo con la testa di Medusa.
Benvenuto Cellini, 1545–1554.

Grammatica

I. Comparativo e superlativo irregolare

1. Certain adjectives have regular as well as irregular *comparative* and *relative superlative* forms. Here are the most common:

Adjective		Comparative		Relative superlative	
buono	*good*	più buono ⎫ miglior(e) ⎭ *better*		il più buono ⎫ il miglior(e) ⎭ *the best*	
cattivo	*bad*	più cattivo ⎫ peggior(e) ⎭ *worse*		il più cattivo ⎫ il peggior(e) ⎭ *the worst*	
grande	*large, great, old*	più grande ⎫ maggior(e) ⎭	*larger, greater, older*	il più grande ⎫ il maggior(e) ⎭	*the largest, the greatest, the oldest*
piccolo	*small, little, young*	più piccolo ⎫ minor(e) ⎭	*smaller, younger*	il più piccolo ⎫ il minor(e) ⎭	*the smallest, the youngest*

The irregular forms are used along with the regular ones. In general, the regular forms have a literal sense.

Questo braccialetto è **più grande** di quello.	*This bracelet is **larger** than that one.*
Questi orecchini sono **più piccoli** di quelli.	*These earrings are **smaller** than those.*
Questa frutta è **più buona**.	*This fruit is **better** (**tastier**).*

The irregular forms, on the other hand, tend to have a figurative meaning.

Quest'orologio è buono ma quello è **migliore**.	*This watch is good, but that one is **better**.*
È **la peggior**[1] professione di tutte.	*It's **the worst** profession of all.*
È **il miglior**[1] gioielliere della città.	*He is **the best** jeweler in the city.*

---

[1]**Migliore, peggiore, maggiore,** and **minore** drop the final -e before nouns that do not begin with **z** or **s** + *consonant*.

Maggiore (il maggiore) and **minore (il minore)** are also used to mean *older (oldest)* and *younger (youngest),* respectively, when referring to relatives.

Il fratello **maggiore** è in Argentina.	*The **older** brother is in Argentina.*
La sorella **minore** ha cinque anni.	*The **younger** sister is five years old.*
Giuseppe è **il maggiore** e Giovanni è **il minore.**	*Giuseppe is **the oldest** and Giovanni is **the youngest.***

In conversational Italian, the expression **più grande** and **più piccolo** are widely used to refer to age, not just to physical size. Likewise, **più vecchio** and **più giovane** are often used to express age relationship, especially when the relationship does not involve direct family members.

Sì, Alberto è **più piccolo** di Daniele.	*Yes, Alberto is **younger** than Daniele.*
Tua cognata è **più vecchia** di te?	*Is your sister-in-law **older** than you?*
Lorenza sarà la **più giovane**, ma è la più furba di tutti.	*Lorenza might be the **youngest**, but she is the most clever of all.*

NUOVA MAIONESE CALVÉ

ANCORA PIÙ BUONA PERCHÈ ANCORA PIÙ DELICATA.

Calvé
GUSTO A VOLONTÀ

(Maionese Calvé «ancora più buona perchè ancora più delicata».)

2. Certain adverbs also form the comparative and the relative superlative irregularly. Here are four of the most common ones:

Adverb		Comparative		Relative Superlative	
bene	*well*	meglio	*better*	il meglio	*the best*
male	*badly*	peggio	*worse*	il peggio	*the worst*
poco	*little*	meno	*less*	il meno	*the least*
molto	*much*	più	*more*	il più	*the most*

Questo libro è scritto **bene**, ma quello è scritto **meglio**.
Studia **il meno** possibile.

*This book is **well** written, but that one is written **better**.*
*He studies **the least** possible.*

II. Il passato remoto *(The past absolute)*

The past absolute is formed by adding the past absolute endings to the stem of the infinitive.

Parlare	Ripetere	Capire
parl-ai	ripet-ei	cap-ii
parl-asti	ripet-esti	cap-isti
parl-ò	ripet-é	cap-ì
parl-ammo	ripet-emmo	cap-immo
parl-aste	ripet-este	cap-iste
parl-arono	ripet-erono	cap-irono

Gli **parlai** al telefono alcuni anni fa.
Andò in Argentina e **non tornò** mai più.
Allora **capii** che era troppo tardi.

*I **talked** to him on the phone a few years ago.*
*He **went** to Argentina and **never returned**.*
*Then I **realized** that it was too late.*

Like the present perfect (Chapter 7), the past absolute is used to express an action completed in the past, but whereas the present perfect indicates an action that has some relation to the present (note that **passato prossimo** means *near past*), the past absolute indicates an action that has no relation to the present (note that **passato remoto** means *remote past*). In actuality, the choice between the two tenses is based on two factors: the time lapse between the event and the present situation, and the relevance of the event to the present situation. Thus, the choice is often subjective. In conversational Italian the past absolute is not frequently used except in some regions, unless the speaker is referring to historical events in the distant past, or is relating or narrating an event or story far in the past.

Roma: Il Foro.

Molti anni fa **visitai** Roma.	*Many years ago **I visited** Rome.*
Michelangelo **lavorò** a Roma per molti anni.	*Michelangelo **worked** in Rome for many years.*
Pinocchio **entrò** nel teatro di Mangiafoco.	*Pinocchio **entered** the theater of Fire-eater.*

BUT

Quando è **partito** per l'Italia? —**È partito** l'altro giorno.	*When **did he leave** for Italy? —He left the other day.*
Quest'anno non **siamo andati** in vacanza.	*This year **we did** not **go** on vacation*

III. Il passato remoto di *avere* e *essere*

Avere	Essere
ebbi	fui
avesti	fosti
ebbe	fu
avemmo	fummo
aveste	foste
ebbero	furono

Besides **avere** and **essere,** numerous verbs have an irregular past absolute. Note that the majority given in the partial list below end in **-ere.**

conoscere	conobbi, conoscesti, conobbe, conoscemmo, conosceste, conobbero
dare	diedi, desti, diede, demmo, deste, diedero
fare	feci, facesti, fece, facemmo, faceste, fecero
leggere	lessi, leggesti, lesse, leggemmo, leggeste, lessero
nascere	nacqui, nascesti, nacque, nascemmo, nasceste, nacquero
prendere	presi, prendesti, prese, prendemmo, prendeste, presero
sapere	seppi, sapesti, seppe, sapemmo, sapeste, seppero
scrivere	scrissi, scrivesti, scrisse, scrivemmo, scriveste, scrissero
vedere	vidi, vedesti, vide, vedemmo, vedeste, videro

venire	venni, venisti, venne, venimmo, veniste, vennero
volere	volli, volesti, volle, volemmo, voleste, vollero

ESERCIZI

A. Completate le frasi seguenti usando la forma appropriata del comparativo irregolare secondo l'espressione data in inglese.

1. Ultimamente i Los Lobos hanno avuto molto successo, ma i U2 godono *(enjoy)* di una fama _____. *(greater)* *~~meglio~~ maggiore*
2. Questa relazione era _____ di quella. *(worse)* *peggiore*
3. Questa carne è decisamente _____ di quella. *(better)* *migliore*
4. Le mie due sorelle sono _____ di me. *(older)* *maggiore*
5. È vero che tuo fratello è _____ di te? *(younger)* *minore*
6. Le verdure del fruttivendolo saranno certamente _____ di quelle comprate al supermercato. *(better)*

B. Rispondete a ciascuna della domande seguenti usando le forme appropriate del comparativo irregolare.

> *Esempio:* I broccoli sono buoni come gli spinaci? →
> No, sono migliori. (No, sono peggiori.)

1. Questo vino bianco è buono come quello rosso?
2. I fratelli di Gianni sono giovani come i miei?
3. Questo orefice è buono come quello?
4. La frutta fresca è cattiva come quella surgelata?
5. Gli affari oggi sono stati buoni come ieri?
6. Tua sorella ha la tua età?

C. Completate le frasi seguenti usando la forma appropriata del superlativo irregolare secondo l'espressione data in inglese.

1. Adriana è *il maggiore* di tutte le sorelle. *(the oldest)*
2. Questi negozi sono *~~il~~ i migliori* di Ponte Vecchio. *(the best)*
3. Gianni è *il minore* dei nostri cugini. *(the youngest)*
4. Per il ragazzo, la musica rock è *la meglia*. *(the best)*
5. Mio padre dice che queste riviste sono _____. *(the worst)* *è le peggiore.*
6. Di tutti i vini, il Chianti è _____. *(the best)*

D. Completate le frasi seguenti con la forma appropriata del comparativo **meglio, migliore** o **migliori.**

1. Marina cantava *meglio migliore* di me.
2. Io ho una voce _____ di quella di Marina.
3. Gli orefici fiorentini sono _____ degli orefici romani.
4. Sì, perché lavorano *meglio* degli orefici romani.
5. Le mie risposte erano sempre *migliore* delle vostre.
6. Ieri il Lazio ha giocato *meglio* del Milan.

E. **Rielaborazione.** In italiano, per favore!

1. She sings better than Katia Ricciarelli.
2. They understood less than we did.
3. Are you younger than your brother Dario?
4. The third performance (**spettacolo**) was the best.
5. She always eats the least possible.
6. His youngest brother is twenty-two years old.
7. The best shops are on via Cavour.
8. Martina is the oldest of (all) the sisters, and she is also the liveliest (**vivace**).
9. This is not the smallest problem that we have.
10. Franco is the youngest boy in his class.

F. Riscrivete al passato remoto ciascuna delle seguenti forme verbali.

Esempio: telefono → telefonai

1. annunci	5. consigliano	9. ritorniamo	13. ho
2. invita	6. scherzo	10. costruite	14. avete
3. mangiamo	7. lascia	11. partono	15. siamo
4. ricordate	8. apre	12. (io) sono	16. hanno

G. Formate frasi con il passato prossimo e il passato remoto usando le espressioni di tempo indicate nell'esempio.

Esempio: visitare le isole italiane →
Io ho visitato le isole italiane nel 1990 ma i miei genitori le visitarono nel 1946.

1. comprare un appartamento
2. finire i corsi universitari
3. ripetere gli stessi corsi
4. comprare la casa
5. avere delle invitate inglesi
6. vedere *Un ballo in maschera all'Arena di Verona*

H. **A Taormina.** Carmela racconta che cosa successe dieci anni fa a Taormina quando decise di fare visita ai suoi parenti siciliani. Usate il passato remoto e create frasi originali usando le espressioni date.

Esempio: cominciare a parlare italiano →
Anche mio fratello Anthony cominciò a parlare un po' d'italiano.

1. visitare parenti
2. pagare molto per l'albergo
3. mangiare piatti deliziosi
4. comprare regali per la famiglia
5. trovare una collana di corallo *(coral)* per la mamma
6. nuotare in un mare stupendo
7. fare passeggiate su spiagge bellissime
8. cercare lavoro in una pizzeria di Giardini-Naxos

I. **Quiz.** Immaginate di essere il conduttore *(host)* di un quiz televisivo. Formulate le domande in base alle informazioni date. Un altro studente (un'altra studentessa) darà la risposta esatta. Continuate il quiz facendo domande originali su personaggi importanti nella storia del vostro paese.

> *Esempio:* essere un celebre orafo fiorentino del Rinascimento →
> —Fu un celebre orafo fiorentino del Rinascimento.
> —Benvenuto Cellini.

1. scoprire l'America nel 1492
2. essere un famoso fisico e astronomo italiano
3. essere direttore d'orchestra *(conductor)* al Metropolitan di New York
4. fare il *Perseo*
5. morire a Sant'Elena
6. unificare *(to unify)* l'Italia nel secolo scorso
7. nascere sulle sponde *(shores)* del fiume Tevere
8. dipingere *(to paint)* la Cappella Sistina

Romolo e Remo   Michelangelo Buonarroti
Arturo Toscanini   Christoforo Colombo
Galileo Galilei   Giuseppe Garibaldi
Napoleone Bonaparte Giuseppe Verdi
Benvenuto Cellini

J. **Domande.** Rispondete con frasi complete e originali.

1. Quest'anno Lei studia più o meno degli altri anni?
2. È Lei il fratello (la sorella) maggiore della Sua famiglia?
3. Qual è il miglior ristorante in città?
4. Lei parla italiano meglio o peggio degli altri studenti?
5. Chi scrive in italiano meglio di tutti?
6. Chi studia più di tutti?
7. Chi parla il meno possibile?
8. Qual è il miglior film italiano degli ultimi anni?

Come si dice?

Changing direction in a conversation

When you are conversing with someone and want to advance an idea, use these expressions:

Ho un'altra idea.	*I have another idea.*
Visto che siamo sull'argomento ...	*Since we are on the subject . . .*
Io, invece, proporrei di ...	*I would propose instead to . . .*
Parlando di ...	*Speaking of . . .*

To change subject, you might say:

Cambiamo argomento, per favore.	*Let's change the subject, please.*
Perché non parliamo d'altro?	*Why don't we speak about something else?*

To interrupt the conversation and get someone's attention, you say:

Un momento ...	*Just a moment . . .*
Lasciami dire una cosa.	*Let me say one thing.*
Scusa, però io ...	*Excuse me, but I . . .*

To return to a topic, start with one of the following:

Di che cosa stavamo parlando?	*What were we talking about?*
Ritornando a ...	*Going back to . . .*

A. **Zitti, zitti!** A group of students is discussing the date and activities of the next student party. Arrange the dialogue in a logical manner.

Presidente (Antonio):	Un momento, Alberto. Decidiamo prima la data, poi parleremo di chi porta che cosa. Dov'ero rimasto?
Presidente:	Va bene, va bene.
Presidente:	La cosa più importante da decidere oggi è la data per la festa.
Roberto:	Antonio, ritornado alla festa, io avrei un'idea.
Emilio:	Scusate, però io devo andare. Ho lezione fra dieci minuti in via del Guazzatoio.
Angela:	Stavi parlando della data.
Presidente:	Ah, sì.
Segretario:	Allora, ragazzi. Iniziamo la riunione.
Alberto:	Visto che stai parlando della festa, chi porterà i dischi di musica country?
Segretario:	Zitti, zitti! Se continuiamo a parlare tutti insieme, non si finisce mai!

B. **Brevi scambi.** Form small groups. The first speaker says something about last semester. The next speaker changes the subject using one of the phrases in this section. Continue changing the subject as each person says something.

Esempio:

Studente 1:	L'anno scorso andai in Inghilterra con la mia migliore amica.
Studente 2:	Parlando dell'Inghilterra, devo leggere un romanzo lunghissimo per lunedì prossimo per il corso d'inglese.

25 UNA MANIFESTAZIONE POLITICA

L'avvocato Bertini e l'ingegner Frugoni stanno camminando per Corso Italia a Milano. Sono ansiosi di arrivare in tempo a una seduta della direzione della Società Lombarda di Autotrasporti. Tutto ad un tratto, arrivando in Piazza del Duomo, l'ingegner Frugoni si ferma.

Bertini: Che c'è? Che succede?

Frugoni: Non lo so. Guarda, c'è anche la polizia. Dev'essere una manifestazione politica per le elezioni comunali. Questa dev'essere del partito socialista.

Bertini: Poi ci sarà quella del partito liberale, del repubblicano, eccetera. Proprio come le manifestazioni che ci furono qualche anno fa. Ne ho già avuto abbastanza dei partiti politici italiani.

Frugoni:	Eppure, vedi, malgrado l'irrequietezza politica, l'Italia ha una sua stabilità.
Bertini:	Ma cosa dici... È il colmo! La guerra è finita da più di quarant'anni e ancora cambiamo governo quasi ogni anno.
Frugoni:	Oggi i governi cambiano spesso perché l'opinione pubblica cambia più spesso. Per me è una prova che un governo democratico può funzionare.
Bertini:	Sì, ma non molto bene... Sarà meglio cambiare strada. Andando di qui arriveremo tardi.
Frugoni:	Sì, sì. Hai ragione. Girando qui a sinistra risparmieremo almeno dieci minuti. Sei proprio un pessimista tu.
Bertini:	Io? Al contrario! Mi considero un ottimista, ma realista però!
Frugoni:	Che caldo! Io mi levo la giacca.
Bertini:	Anch'io. Sto sudando.

DOMANDE

1. Dove e perché si ferma l'ingegner Frugoni?
2. Perché c'è la polizia?
3. Ci sono soltanto due partiti politici in Italia? Spieghi.
4. Secondo Bertini, perché i governi cambiano continuamente?
5. Dove vogliono arrivare in tempo Bertini e Frugoni?
6. Perché Frugoni vuole girare a sinistra?
7. Perché si leva la giacca Frugoni?
8. Secondo Lei, funzionano bene i governi democratici? Perché?

Vocabolario

Sostantivi

gli **autotrasporti** trucking
il **corso** avenue
la **difficoltà** difficulty
l' **elezione** *(f.)* election
la **guerra** war
l' **irrequietezza** restlessness
la **manifestazione** demonstration
il/la **ottimista** optimist
il **partito** party
il/la **pessimista** pessimist
la **polizia** police
la **prova** proof
il/la **realista** realist
la **seduta** meeting
la **società** society; organization

la **stabilità** stability
la **strada** road, street

Aggettivi

ansioso anxious
democratico democratic
liberale liberal
politico political
pubblico public
repubblicano republican
socialista socialist

Verbi

camminare to walk
risparmiare to save
sudare to perspire

Altri vocaboli

eppure and yet
malgrado in spite of
per through

Espressioni

al contrario on the contrary
che c'è? what's up?
cambiare strada to go another way
di qui this way
in tempo on time
tutto ad un tratto all of a sudden
è il colmo! that beats everything!

- Since 1948, when the first democratic election of the Italian Republic took place, three major political parties have dominated the political scene: the Christian Democrats,[1] the Communists,[2] and the Socialists, divided into the **PSI**[3] and the **PSDI**.[4] Following the recent failure of Communist block ideologies, the Italian Communist Party split into two rival groups, the **Partito Democratico della Sinistra**[5] and the **Rifondazione Comunista.** Among the minor parties are the centrist Republicans,[6] the conservative and free-enterprise oriented Liberals,[7] the neo-fascists of the far right,[8] and a few far-left groups.

  Despite the large number of parties, Italian politics has shown consistent focus throughout the years: the Christian Democrats have never lost their position of leadership to the rival Communists and have governed almost without interruption through alliances and coalitions with minor parties. In recent elections, however, voters expressed deep dissatisfaction with the status quo, and many of them boycotted mainstream politics in favor of special interest groups, such as the **Verdi** (the Green Party), the **Lega Lombarda** (advocating a separatist North), and other regional groups.

---

[1]DC, Democrazia Cristiana
[2]PCI, Partito Comunista Italiano
[3]PSI, Partito Socialista Italiano
[4]PSDI, Partito Socialdemocratico Italiano
[5]PDS, Partito Democratico della Sinistra
[6]PRI, Partito Repubblicano Italiano
[7]PLI, Partito Liberale Italiano
[8]MSI, Movimento Sociale Italiano

Grammatica

I. Usi del gerundio

1. The gerund is often used to translate the English present participle, which ends in *-ing*, whenever the latter has a verbal function.

> **Camminando** per la strada, incontrai Luisa.
> ***Walking*** *down the street, I met Luisa.*

> **Guidando** ad alta velocità, non videro il vigile.
> ***Driving*** *at high speed, they did not see the police officer.*

2. It can be used to render the English gerund (also in *-ing*) preceded by the prepositions *on, in, by*.

> Impariamo **studiando**.
> *We learn **by studying**.*

> **Scherzando** diceva la verità.
> ***In joking**, she was telling the truth.*

Note that progressive action in the past is often expressed in Italian by **mentre** plus the imperfect.

> **Mentre aspettava** l'architetto, fumò una sigaretta.
> *While (he was) **waiting** for the architect, he smoked a cigarette.*

3. Conjunctive and reflexive pronouns follow the gerund and, except for **loro**, which is written separately, are attached to the verb.

> **Guardandola**, l'ho riconosciuta.
> ***Looking at her**, I recognized her.*

> **Essendosi fermati** vicino al lago, videro che l'acqua era inquinata.
> ***Having stopped** near the lake, they saw that the water was polluted.*

II. Il gerundio passato

The past gerund is formed by placing the auxiliary verb in the present gerund and adding the past participle of the verb. The gerund is invariable; however, in the past gerund the past participle may change according to the rules given for the agreement of past participles (see Chapter 7).

avendo	parlato ripetuto capito avuto	having	spoken repeated understood had
essendo	arrivato (a, i, e) stato (a, i, e)	having	arrived been

III. Uso speciale del pronome riflessivo

Where English uses possessive adjectives with parts of the body or one's clothing, Italian uses reflexive pronouns.

Mi metto **la cravatta; me la** metto ogni giorno.	*I am putting on my tie; I put it on every day.*
Si è lavato **le mani.**	*He washed his hands.*

In cases where possession is clearly implied, the definite article is used instead of the possessive adjective or reflexive pronoun.

Alzò **la** mano.	*He raised his hand.*
Preferisce **la** nonna **al** nonno.	*She prefers her grandmother to her grandfather.*

IV. Il passato remoto di *dire, fare, vedere, venire* e *volere*

Dire	Fare
dissi	feci
dicesti	facesti
disse	fece
dicemmo	facemmo
diceste	faceste
dissero	fecero

Venire	Vedere	Volere
venni	vidi	volli
venisti	vedesti	volesti
venne	vide	volle
venimmo	vedemmo	volemmo
veniste	vedeste	voleste
vennero	videro	vollero

Disse che le cose andavano di bene in meglio.	*He said that things were getting better all the time.*
Il mio nonno **fece** questa spilla anni fa.	*My grandfather made this brooch years ago.*
Venni in Italia a dieci anni.	*I came to Italy when I was ten.*
Videro che era inutile insistere.	*They saw (realized) that it was useless to insist.*
Vollero comprarmi una sveglia.	*They insisted on buying me an alarm clock.*

The irregular past absolute of such other common verbs as **conoscere** *(to know)*, **dare** *(to give)*, **leggere** *(to read)*, **nascere** *(to be born)*, **prendere** *(to take)*, **sapere** *(to know)*, and **scrivere** *(to write)* can be found in the Appendix.

It should be noted that the past absolute of **volere** is used to express that a certain person *was determined* to do something, and actually *did it*. To express a *state of desire* in the past or a *past intention* of doing something, the imperfect of **volere** is used.

Volle fare il mestiere di suo padre.
He decided to take up (and did) his father's trade.

Vollero partire prima di notte.
They insisted on leaving (and did) before dark.

BUT   **Volevo** comprare un brillante, ma (poiché) era troppo caro comprai un rubino.
I wanted to buy a diamond, but since it was too expensive, I bought a ruby.

Le scriveva tutti i mesi, ma lei proprio **non voleva** rispondere.
*He wrote her every month, but she just **didn't want** to answer.*

ESERCIZI

A. **Che cosa stavate facendo?** Mettete il verbo nella forma progressiva del gerundio secondo l'esempio.

Esempio: brindare alla sua salute →
             Stavamo brindando alla sua salute.

1. scioperare
2. ammirare gli affreschi del duomo
3. vendere tutti i libri
4. discutere dei partiti politici
5. scherzare con lui
6. levarsi la giacca

B. Formate frasi singole usando la forma appropriata del gerundio al posto del primo verbo.

Esempio: Studi ogni giorno. Imparerai l'italiano. →
             Studiando ogni giorno, imparerai l'italiano.

1. Camminano rapidamente. Arriveranno in tempo.
2. Guida (**guidare** *to drive*) ad alta velocità. Non vedrà il panorama.
3. Girate a sinistra. Risparmierete mezz'ora.
4. Risparmiate ora. Avrete più soldi per sposarvi.
5. Lavoro con mio padre. Non dovrò preoccuparmi di trovare lavoro.
6. Abiti con me. Non pagherai l'albergo.

C. Formate frasi singole usando la forma appropriata del gerundio passato al posto del primo verbo.

Esempio: Dorme tutta la notte. Può andare alla manifestazione. →
             Avendo dormito tutta la notte, può andare alla
             manifestazione.

1. Vanno alla manifestazione. Non sono andati a scuola.
2. Cambi mestiere. Puoi abitare in un appartamento più grande.
3. Scioperiamo per un mese. Non abbiamo soldi.
4. Comincia a fare il fornaio nel 1960. Ha molti clienti.
5. Ritorno presto. Ho dormito molto.
6. Sono sempre pessimisti. Non cambieranno ora.

D. Formate nuove frasi usando i soggetti indicati.

1. Dovendo uscire, mi metto le scarpe nuove.
   (tu; Gianni; tu e Gianni; io e Gianni; voi due; anche loro)
2. Prima di mangiare Adriana si è lavata le mani.
   (io; io e Franco; tu e Vanna; Marina e Vanna; lui)

E. Riscrivete al passato remoto ciascuna delle seguenti forme verbali.

1. vedo	5. fate	9. vuoi
2. dici	6. dicono	10. facciamo
3. veniamo	7. vengono	11. volete
4. vogliamo	8. faccio	12. fanno

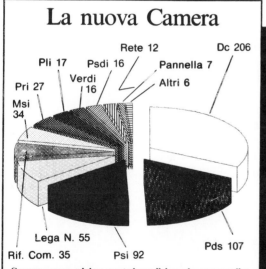

La nuova Camera

Rete 12   Dc 206
Pli 17   Psdi 16   Pannella 7
Verdi 16   Altri 6
Pri 27
Msi 34
Lega N. 55
Rif. Com. 35   Psi 92   Pds 107

Seppure con un minimo scarto la coalizione che compone l'attuale governo può ancora contare in Parlamento sulla maggioranza dei seggi. Alla Camera l'alleanza a quattro (Dc, Psi, Pli e Psdi) ha infatti toccato quota 331 seggi: 16 in più della metà esatta del numero dei deputati. Nella legislatura conclusasi, il governo poteva contare a Montecitorio su 376 rappresentanti. Nella nuova Camera debutta la Rete di Leoluca Orlando con 12 deputati.

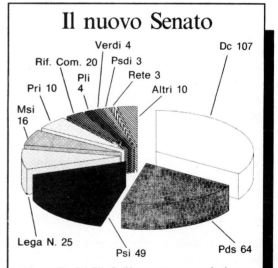

Il nuovo Senato

Verdi 4   Dc 107
Rif. Com. 20   Psdi 3
Pli 4   Rete 3
Pri 10   Altri 10
Msi 16
Lega N. 25   Psi 49   Pds 64

Al Senato Dc, Psi, Pli e Psdi hanno ottenuto complessivamente 163 seggi (ne avevano 169 nella precedente legislatura), e cioè la metà più uno dei 325 componenti Palazzo Madama (315 più i dieci senatori a vita). Se poi al computo dei seggi ottenuti dal quadripartito si aggiungono 5 senatori a vita di area governativa (Giovanni Leone, Amintore Fanfani, Giulio Andreotti, Paolo Taviani e Carlo Bo), i voti sui cui potrebbe contare l'attuale coalizione salgono a 168.

F. **Il mio bisnonno.** Completate il brano seguente con il passato remoto o l'imperfetto dei verbi fra parentesi, secondo il contesto.

Il mio bisnonno _____ (venire) negli Stati Uniti quando _____ (avere) dieci anni. La sua famiglia _____ (essere) povera. Quando (loro) _____ (arrivare) a San Francisco, il padre e la madre _____ (incominciare) a lavorare. Mentre suo padre _____ (lavorare) come orefice, il mio bisnonno _____ (andare) a scuola per imparare l'inglese. Lo _____ (imparare) molto presto e molto bene. Non _____ (volere) fare il mestiere di suo padre perché _____ (desiderare) fare il professore. Quando _____ (morire), il mio bisnonno _____ (avere) novant'anni e _____ (ricordarsi) ancora l'italiano.

G. **Che nostalgia!** (Alberto ricorda quando la sua famiglia decise di traslocare.) Inserite il verbo in parentesi al passato remoto.

_____ (nascere) nel 1943 a Borgo Torbino. Dopo appena dieci anni i miei genitori _____ (decidere) di traslocare in città, e l'intera famiglia _____ (trasferirsi) nella periferia di Trento. _____ (partire) una mattina presto, d'inverno. Le mie sorelle, Maria e Cristina, _____ (piangere, *to cry*) molto. La mamma e il papà _____ (invitare) la nostra vicina, Marta, a venirci a trovare in città. Lei _____ (dire) di sì. Ma non _____ (venire) mai. Durante il viaggio io _____ (leggere) il mio giornalino *(comic book)* e _____ (fare) l'indifferente. Lasciare Borgo Torbino _____ (essere) un'esperienza terribile. Per molto tempo noi bambini _____ (essere) molto tristi. Io e Cristina _____ (scrivere) molte lettere: al maestro della scuola elementare, al figlio del custode. Ma loro non _____ (rispondere) mai. Dopo vent'anni li _____ (rivedere) tutti. Un'estate _____ (volere) mostrare a Giulia dov'ero nato. Così _____ (incontrare) di nuovo il signor Marco, il vecchio Attilio e il maestro della scuola elementare la quale, tra l'altro, _____ (essere chiusa) un paio d'anni prima per mancanza di studenti.

H. **Domande.** Rispondete con frasi complete e originali.

1. Ci sono state della manifestazioni politiche nella Sua città recentemente? Perché?
2. Lei ha partecipato? Con chi?
3. Quando c'è una manifestazione politica, dov'è la polizia?
4. Ci sono molti partiti politici in questo paese? Quanti?
5. In questo paese, quando cambia il governo?
6. Che cosa significa che un governo è democratico?
7. È democratico il nostro governo? Perché?
8. È democratico il governo italiano? Perché?

La Borsa Valori (Stock Exchange) *di Milano.*

Come si dice?

Expressing anger

When you want to complain or express anger towards something, you might say:

Ci mancherebbe altro! ⎫ Siamo a posto! ⎭	*That's all we need!*
Basta! ⎫ Ne ho avuto abbastanza! ⎭	*(I have had) enough!*
Abbasso [il governo]!	*Down with [the government]!*
È il colmo! ⎫ È troppo! ⎭	*That beats all!*

Situazioni

A. **Al lavoro.** Immaginate di essere le persone seguenti. Come reagireste nelle situazioni indicate? Usate le espressioni date sopra.

Direttore o direttrice in una ditta

1. Lei entra in ufficio alle dieci. Luca ed Emilio stanno parlando vivacemente e stanno guardando fuori dalla finestra.
2. La segretaria continua a fare molti errori, dimentica di dare messaggi telefonici ed è spesso di cattivo umore.
3. Questa settimana un'operaia è arrivata tardi ogni giorno. Anche stamattina è arrivata con trenta minuti di ritardo!

Impiegati e impiegate, operai e operaie in una fabbrica

1. Non vogliono darci un aumento di salario *(salary increase)*!
2. Il direttore non vuole accettare il nuovo contratto di lavoro che garantisce 40 ore alla settimana per gli operai.
3. La capoufficio dice che il prossimo sabato dobbiamo venire in ufficio e lavorare tutto il giorno!

B. **Sono infuriato/a!** *(I'm furious!)* Racconti alla classe qualcosa che Le è successo recentemente e che L'ha fatto/a infuriare. Dica dove e quando è successo, perché Lei si è arrabbiato/a (**arrabbiarsi** *to get angry*), e che cosa ha fatto o cosa farà a proposito *(about it)*. Gli altri studenti La inciteranno a continuare e a raccontare l'intera storia.

26 VISITA A UN PODERE

Un uomo d'affari torinese sta parlando col proprietario d'un piccolo podere in Umbria.

Agricoltore: È un piccolo podere; ormai sono un povero pensionato.

Ospite: Cosa coltiva?

Agricoltore: Ho un piccolo orto, degli alberi da frutta, e il resto è tutta uva. Cosa vuole, non posso fare molto da solo.

Ospite: Non ha figlioli che l'aiutino?

Agricoltore: Sì, quattro maschi; ma si sono trasferiti tutti in città, a lavorare in fabbrica. Cosa crede che guadagnino qui? Niente.

Ospite: Peccato! Andando avanti così la campagna diventerà un deserto.

Agricoltore: Eh, sì! Purtroppo. Qui a Frattaroli una volta c'erano più di trecento persone. Adesso ce ne sono soltanto cinquantaquattro. E siamo tutti vecchi.

Agricoltori in Romagna.

By the way, I don't think I have explained

Ospite:	A proposito, non credo di averLe spiegato la ragione della mia visita.
Agricoltore:	No; mi dica.
Ospite:	Cerco una vecchia fattoria per un noto chirurgo di Torino. Vorrebbe convertirla in una villa. La Sua fattoria mi sembra ideale.
Agricoltore:	Il mio podere? La mia casa?
Ospite:	Se Le interessa posso farLe un'ottima offerta.
Agricoltore:	Ma neanche per sogno! Vuole che abbandoni la mia casa? Alla mia età? No, no, è inutile che avanzi proposte. In questa casa sono nato e in questa casa intendo morire.

DOMANDE

1. Che cosa coltiva l'agricoltore?
2. Chi è l'ospite e che cosa vuole?
3. Ha figlioli l'agricoltore?
4. Secondo Lei, perché i figli sono andati in città?
5. Perché vuole una fattoria il chirurgo torinese?
6. Perché non vuole vendere la fattoria l'agricoltore?
7. A Lei piacerebbe lavorare in un podere? Perché?
8. Anche in questo paese i giovani lasciano le campagne per cercare lavoro in città? Spieghi perché.

Vocabolario

Sostantivi

l'**agricoltore** *(m.)*   farmer
l'**albero**   tree
  albero da frutta   fruit tree
il **chirurgo**, la **chirurga**   surgeon
il **deserto**   desert
la **fabbrica**   factory
la **fattoria**   farmhouse
la **femmina**   female
il **figliolo**, la **figliola**   son, daughter
il **maschio**   male
l'**offerta**   offer
l'**orto**   vegetable garden
l'**ospite**   guest *(m./f.)*
il **pensionato**, la **pensionata**   retiree
il **podere**   farm
la **proposta**   proposition

la **ragione**   reason
l'**Umbria**   region of Italy
l'**uomo**, la **donna d'affari**   businessman, businesswoman
l'**uva** *(s.)*   grapes
la **visita**   visit

Aggettivi

inutile   useless
povero   poor
torinese   of/from Turin *(a city in Italy)*

Verbi

abbandonare   to abandon
avanzare   to advance, put forward, field
coltivare   to cultivate
  coltivare i campi   to farm

convertire   to convert
diventare   to become
guadagnare   to earn
interessare   to interest
trasferirsi (isc)   to move *(location)*, transfer

Altri vocaboli

insomma   in short
soltanto   only

Espressioni

cosa vuole   what do you expect
da solo/a   by oneself, all alone
neanche per sogno!   not on your life!

FIERA DI TERMOLI

AGRICOLTURA E ALIMENTAZIONE

TERMOLI - 29 Agosto - 1 Settembre 1991

Piazza Garibaldi-Via Gioberti-Piazza Vittorio Veneto
Scuola Elementare P. di Piemonte

PROGRAMMA DELLA MANIFESTAZIONE

Giovedì 29 agosto

Ore 19.00 Inaugurazione e visita agli stands.
Inaugurazione e visita della "Mostra
della civiltà contadina" allestita nei
locali della scuola Elementare P. di
Piemonte.

Ore 20.30 Rinfresco

Ore 21.30 *Piazza Vittorio Veneto*
Esibizione del Gruppo
"NACCHERE E TAMMORRE"

Venerdì 30 Agosto

Ore 18.00 Inizio visita alla Fiera e inaugurazione
dell'Agricoltreno.

Ore 19.00 *Sala consiliare*
Convegno:
"PIANETA AGRICOLTURA"
Primo giorno di lavori

Ore 21.00 *Piazza Vittorio Veneto*
Esibizione del Gruppo
"LA CONTADINELLA"

Sabato 31 Agosto

Ore 18.00 Apertura della Fiera e inizio visita
all'Agricoltreno.

Ore 18.30 *Sala consiliare*
Convegno:
"PIANETA AGRICOLTURA"
Secondo giorno di lavori

Ore 21.00 *Piazza Vittorio Veneto*
Animazione

Domenica 1 Settembre

Ore 18.00 *Sala consiliare*
Convegno:
"PIANETA AGRICOLTURA"
Terzo giorno di lavori

Ore 21.30 *Piazza Vittorio Veneto*
Serata di spettacolo con
ANNA MAZZAMAURO

Ore 24.00 Chiusura della manifestazione

ORARIO DI VISITA: dalle 18.00 alle 24.00

Organizzazione: **PROMEDIA** s.r.l. CASERTA
ANGI UFFICIO di Giuliano Antonio TERMOLI
OFAR di Tufarelli Ciriaco e C. SANSEVERO (FG)

Patrocinio del Comune di Termoli

NOTE LINGUISTICHE E CULTURALI

- When used before a noun, the preposition **da** expresses purpose, use, or manner: **un cane da caccia** *(a hunting dog)*, **un vestito da sera** *(an evening dress)*, **un paio di occhiali da sole** *(sun glasses)*, **una macchina da scrivere** *(a typewriter)*, **l'ho riconosciuto dalla voce** *(I recognized him from his voice)*.

- Among the pressing issues facing Italian lawmakers is the reform of the pension system, one of the most generous in the European Community. With a birthrate almost close to zero and an ever-growing elderly population, Italy's low retirement age is matched only by Japan: 60 for men and 55 for women, as opposed to that of most industrialized countries where men retire at 65 and women at 60. Furthermore, whereas Japan calculates compensation over one's career wages, Italy's pensions are computed on the basis of earnings in the last five years of service. The Organization for Cooperation and Economic Development projects that, unless changes are implemented, one third of Italy's gross national product will be expended on social security benefits in the near future.[1]

---

[1]Adapted from "Social and Economic Briefs," Maria Teglia, ed., *Italian Journal*, Vol. VI (1992), No. 1, pp. 53–54.

Grammatica

I. Il congiuntivo presente
(The present subjunctive)

Like English, Italian has both an indicative and a subjunctive mood. The indicative states a fact or a certainty: **Ho una macchina nuova.** *(I have a new car.)* **Gino e Sergio sono già arrivati.** *(Gino and Sergio have already arrived.)* The subjunctive, on the other hand, expresses possibility and uncertainty.

The subjunctive mood is used in Italian more frequently than in English. It is used mainly in subordinate clauses introduced by **che.** The present subjunctive is formed by adding certain endings to the stem of the infinitive. Note that, as in the present indicative, verbs like **capire** take -isc- between the stem and the ending in the first, second, and third persons singular and in the third person plural.

The present subjunctive of the model verbs is as follows:

CONGIUNTIVO PRESENTE

Parlare	Ripetere	Dormire	Capire
parl-**i**	ripet-**a**	dorm-**a**	cap-**isc-a**
parl-**i**	ripet-**a**	dorm-**a**	cap-**isc-a**
parl-**i**	ripet-**a**	dorm-**a**	cap-**isc-a**
parl-**iamo**	ripet-**iamo**	dorm-**iamo**	cap-**iamo**
parl-**iate**	ripet-**iate**	dorm-**iate**	cap-**iate**
parl-**ino**	ripet-**ano**	dorm-**ano**	cap-**isc-ano**

Vuole che **parliate** piano.
*She wants **you to speak** slowly.*

È necessario che **io** lo **ripeta.**
*It is necessary that **I repeat** it.*

Pensano che **tu dorma.**
*They think **you're sleeping.***

Sei sicuro che **capiscano?**
*Are you sure that **they understand?***

È meglio che **ripetano.** Nessuno ha capito.
*It's better that **they repeat.** Nobody understood.*

Spero che **lei** ne **parli** prima o poi.
*I hope **she will talk** about it sooner or later.*

Dubita che Lia **resti** a casa.
*He doubts that Lia **will remain** at home.*

Credo che lui **lavori** in centro.
*I think **he works** downtown.*

Voglio che **tu torni** prima di mezzanotte.
*I want **you to return** before midnight.*

È incredibile che **tu preferisca** la birra al vino.
*It's incredible that **you prefer** beer to wine.*

II. Il congiuntivo presente di *avere* e *essere*

Avere	Essere
abbia	sia
abbia	sia
abbia	sia
abbiamo	siamo
abbiate	siate
abbiano	siano

Non credono che **io abbia** i gioielli.	*They do not believe that **I have** the jewels.*
Pensa che **lei sia** ammalata.	*He thinks that **she is** ill.*
Non voglio che **tu abbia** paura.	*I don't want **you to be** afraid.*
Dubito che **siano** agricoltori.	*I doubt **they are** farmers.*
Penso che **abbiate** ragione.	*I think **you are** right.*

As the above examples show, the subjunctive is ordinarily used in a subordinate clause introduced by **che**. Unlike the indicative mood, which is used to state facts or ask direct questions, the subjunctive mood usually expresses an action, an event, or a state that is not positive or certain, but uncertain, doubtful, desirable, possible, or merely an opinion. Since the first, second, and third persons singular are identical in form, the subject pronoun is usually used with these forms to avoid ambiguity.

Crede che **io abbia** un maschio e una femmina.	*He thinks **I have** a boy and a girl.*
Dubita che **tu capisca**.	*She doubts **you understand**.*
Vuole che **Lei visiti** la vigna.	*He wants **you to visit** the vineyard.*

NOTE   a. Verbs ending in -**care** and -**gare** insert an **h** between the stem and the endings:

cercare:
cerchi, cerchi, cerchi,
cerchiamo, cerchiate, cerchino
pagare:
paghi, paghi, paghi,
paghiamo, paghiate, paghino

b. Verbs like **cominciare** and **mangiare** combine the **i** of the stem with the one of the endings:

cominciare:
cominci, cominci, cominci,
cominciamo, cominciate, comincino
mangiare:
mangi, mangi, mangi,
mangiamo, mangiate, mangino

III. Il congiuntivo passato

CONGIUNTIVO PASSATO

Parlare	Andare
abbia parlato	sia andato/a
abbia parlato	sia andato/a
abbia parlato	sia andato/a
abbiamo parlato	siamo andati/e
abbiate parlato	siate andati/e
abbiano parlato	siano andati/e

Pensi che non le **abbiano parlato?** — *Do you think **they did not talk** to her?*

Dubito che ci **siano andate.** — *I doubt **they went** there.*

Crede che io le **abbia parlato?** — *He believes that **I spoke** to her?*

Hanno paura che **lei sia andata via.** — *They are afraid that **she left.***

IV. Usi del congiuntivo

1. The subjunctive is used in a subordinate clause after an impersonal expression implying doubt, necessity, possibility, desire, or emotion.

È necessario che Lei **capisca.** — *It is necessary that you understand.*

È possibile che io **parta.** — *It is possible that I may leave.*

È meglio che tu glielo **chieda.** — *You had better ask him.*

Impersonal expressions that are positive assertions do not require the subjunctive.

È vero che è qui. — *It is true that he is here.*

If the subordinate clause has no subject, the infinitive is used instead of the subjunctive.

È importante arrivare presto. — *It is important to arrive early.*

BUT   **È importante che** io **arrivi** presto. — *It is important that I arrive early.*

2. The subjunctive is also used in dependent clauses after a verb expressing a *wish, command, belief, doubt, hope, ignorance,* or *emotion,* namely after such verbs as **desiderare, volere, pensare, credere, dubitare** *(to doubt),* **sperare, non sapere, avere paura,** etc., when the subject of the dependent clause is different from the subject of the main clause.

Desidero che Lei **veda** il frutteto. — *I want you to see the orchard.*

Non voglio che tu le **parli.** — *I don't want you to speak to her.*

Credo che piova.	*I think it is raining.*
Dubito che mi **ạbbia sentito.**	*I doubt that he heard me.*
Non so se sịano pere o mele.	*I do not know whether they are pears or apples.*
Temo che ạbbiano perso.	*I fear (that) they lost.*

a. If the verb in the dependent clause expresses a future idea or action, the future tense may be used instead of the subjunctive, *but not with verbs expressing a wish or command.*

Credo che verrà domani.	*I think he will come tomorrow.*
Siamo contenti che partirà.	*We are glad he will leave.*

BUT

Voglio che ritọrnino domẹnica prọssima.	*I want them to return next Sunday.*
Speriamo che parta.	*We hope he will leave.*

b. If the subject of both verbs in the sentence is the same, the *infinitive* is used instead of the subjunctive.

Speriamo **di partire** domani.	*We hope to leave tomorrow.*

ESERCIZI

A. Formate nuove frasi sostituendo il soggetto della proposizione subordinata *(dependent clause)* con quelli indicati.

1. Credo che tu guadagni abbastanza.
   (voi; anche loro; tutti; Lei; tu e lui)
2. Vuole che io abbandoni questa casa.
   (l'ingegnere; noi; anche tu; voi)
3. È meglio che Lei ripeta ad alta voce.
   (anch'io; tu; noi tutti; voi; Tina e Luisa)
4. Dubito che dọrmano in classe.
   (tu; voi due; Lei; i suọi figlioli)

B. Seguendo l'esempio, esprimete le numerose speranze *(hopes)* del professore d'italiano.

Esempio: Il professore spera che ... (tutti / studiare sul serio) →
   Il professore spera che tutti stụdino sul serio.

1. anch'io / cominciare a studiare
2. i suọi studenti / discụtere in italiano
3. noi / visitare qualche città italiana
4. anche tu / proseguire (continuare) gli studi
5. voi due / parlare correttamente
6. quella studentessa / scrịvere chiaramente

7. tutti voi / ricordare i verbi irregolari
8. io / leggere *L'Espresso*

C. Riscrivete le frasi seguenti aggiungendo l'espressione o il verbo che richiede l'uso del congiuntivo.

Esempio: Ricordo il mio maestro. (desiderano) →
                Desiderano che io ricordi il mio maestro.

1. Capisce tutto. (voglio)
2. L'agricoltore abbandona la sua casa. (è inutile)
3. Discutiamo di politica. (preferisce)
4. Convertite la vecchia fattoria. (non vogliamo)
5. Anch'io guadagno abbastanza bene. (è necessario)
6. I governi non cambiano spesso. (speriamo)

D. Riscrivete le frasi seguenti aggiungendo un'espressione o un verbo che richieda l'uso del congiuntivo.

Esempio: Anche lui converte la fattoria. →
                Raccomandiamo che anche lui converta la fattoria.

1. Anche Adriana spiega la ragione della visita.
2. Anche tu vendi il podere.
3. Anche voi due cambiate strada.
4. Anche loro risparmiano.
5. Anche tu e Gianni costruite una villa.
6. Anche lei si trasferisce in città.

E. Rispondete ad ogni domanda seguendo attentamente l'esempio.

Esempio: Che cosa desideri? (tu / capire il congiuntivo) →
                Desidero che tu capisca il congiuntivo.

1. Che cosa volete? (voi / cambiare opinione)
2. Che cosa preferisci? (loro / risparmiare di più)
3. Che cosa vuole la società? (i governi / funzionare)
4. Che cosa sperate? (tutti / avere un buon lavoro)
5. Che cosa desidera l'agricoltore? (i suoi figli / non abbandonare il podere)
6. Che cosa vogliono? (noi / avanzare una proposta)

F. Riscrivete le frasi seguenti facendo il cambiamento suggerito.

Esempio: È meglio che vi alziate presto. →
                È meglio alzarsi presto.

1. È meglio che vi trasferiate in città.
2. È meglio che vi telefoniate spesso.
3. È meglio che vi ricordiate le indicazioni stradali.

4. È meglio che vi incontriate qui.
5. È meglio che vi prepariate per l'esame.
6. È meglio che vi fermiate più a lungo.

G. Riscrivete ogni frase passando da una dichiarazione *(statement)* di certezza (espressa dall'indicativo) a una di incertezza (espressa dal congiuntivo).

Esempio: Dice che sono già arrivati. →
Crede che siano già arrivati.

1. Dice che hanno guadagnato poco.
2. Dice che la campagna è diventata un deserto.
3. Dice che l'avvocato ha spiegato la ragione.
4. Dice che noi abbiamo convertito la fattoria in una villa.
5. Dice che i poveri turisti hanno mangiato male.
6. Dice che io ho studiato il meno possibile.

H. Riscrivete ogni frase passando da una dichiarazione di probabilità a una dichiarazione di fatto.

Esempio: È probabile che intendano morire qui. →
È vero che intendono morire qui.

1. È probabile che il chirurgo cerchi una vecchia fattoria.
2. È probabile che in città guadagnino abbastanza bene.
3. È probabile che la riunione cominci alle otto.
4. È probabile che il tempo sia nuvoloso anche oggi.
5. È probabile che tu preferisca il partito repubblicano.
6. È probabile che io lo conosca.

I. **Domande.** Rispondete con frasi complete e originali.

1. Ci sono ancora poderi e orti nella Sua città o vicino?
2. Lei ha un orto? Grande o piccolo? Se non l'ha, vorrebbe averlo?
3. Dov'è possibile guadagnare meglio: in città o in campagna?
4. Le piacerebbe abitare in campagna? Cosa farebbe?
5. Abitavano in campagna i Suoi genitori o i Suoi nonni o i Suoi bisnonni? Dove? Perché hanno lasciato i campi?

J. **Dialogo.** Formulate le domande adatte per completare il dialogo.

Agricoltore: No, non desidero affatto cambiare mestiere.
Ospite: _____
Agricoltore: Sì, è vero: in campagna non si guadagna molto ma io sono soddisfatto.
Ospite: _____
Agricoltore: I miei bisnonni comprarono il podere.
Ospite: _____
Agricoltore: Non sono sicuro, ma pare che l'abbiano comprato al principio del secolo.

Ospite:	_____
Agricoltore:	Il maggiore dei miei figli crede che la vita in campagna sia difficile. Il minore, invece, pensa che sia ideale.
Ospite:	_____
Agricoltore:	Spero che i miei figli e i figli dei miei figli restino qui e non vendano il podere.

Come si dice?

When you don't know how to respond to someone or can't make up your mind, you can use the following expressions:

Expressing hope

Speriamo!	*Let's hope so!*
Spero di sì.	*I hope so.*
Spero di no.	*I hope not.*
Magari!	*If only!*
Spero che + *pres. subj.*	*I hope that . . .*

Expressing doubt

Non saprei.	*I don't know. (I wouldn't know.)*
E chi lo sa?	*Who knows?*
Forse. ⎫	
Può darsi. ⎭	*Maybe.*
Ne dubito.	*I doubt it.*
Dubito che + *pres. subj.*	*I doubt that . . .*

A. **Situazioni.** Reagite alle seguenti situazioni con espressioni di dubbio o di speranza.

1. Con tutta probabilità, l'Italia vincerà i prossimi mondiali di calcio.
2. Benché ci sia una crisi economica al livello mondiale, i giovani italiani riusciranno sempre a trovare un posto di lavoro che garantisca stabilità, sicurezza ed alti introiti *(earnings)*.
3. Tutti i paesi del mondo parteciperanno con successo in un nuovo progetto ecologico che salverà (**salvare** *to save*) il futuro del nostro pianeta.
4. Diversi politici italiani vogliono riformare il sistema pensionistico per ridurre *(to reduce)* il deficit del paese.

B. **E chi lo sa?** Fate le domande seguenti a un'altra persona la quale risponderà usando espressioni date in questa sezione.

1. Sa chi ha fondato la Biennale di Venezia?
2. Mi saprebbe dire quant'è il cambio del dollaro canadese oggi?
3. L'opera italiana ebbe origine al principio del dodicęsimo sęcolo, vero?
4. Sa esattamente quando avrà luogo il Festival dei Dụe Mondi a Spoleto?
5. Sa perché quel famoso ponte a Venezia si chiama il Ponte dei Sospiri?

Venezia: Il Ponte dei Sospiri.

27 GLI ITALO-AMERICANI

Bob, lo studente italo-americano che studia all'Università per Stranieri, ha cenato con alcuni amici italiani a casa di Giovanni. Ora stanno parlando dell'America, dell'Italia e degli italo-americani, mentre gustano un bicchierino di liquore.

Giovanni: Quanti abitanti di origine italiana credi che ci siano negli Stati Uniti?

Bob: Secondo l'ultimo censimento, se contiamo anche quelli che sono solo in parte di origine italiana, mi sembra che il numero raggiunga circa venti milioni.

Andrea: Dove vivono per lo più?

«Little Italy» a New York.

Bob: Sebbene la maggior parte siano ancora nelle grandi città, oggi si trovano un po' dappertutto. Verso la fine dell'Ottocento e al principio del Novecento, quando l'emigrazione era molto intensa, gli emigranti di solito si fermavano nelle grandi città, specialmente dell'est, a New York, Boston, Chicago e così via. E poi, a poco a poco, si sono dispersi in tutto il paese.

Vanna: E i vecchi rioni italiani, le «Piccole Italie», ci sono sempre?

Bob: Direi di no. Ormai anche quelli tendono a scomparire. A New York c'è una «Little Italy», ma non è quella di una volta. Molti sono della terza o quarta generazione, e quasi più nessuno parla italiano.

Andrea: E tu invece che ne pensi degli italiani qui in Italia? Che impressione ti hanno fatto?

Giovanni: Sì, parlacene un po'. Ma prima, un altro goccetto?

DOMANDE

1. Dove ha cenato Bob?
2. Di cosa parlano Bob e gli amici?
3. Che cosa gustano mentre parlano?
4. Dove vivono oggi gli italo-americani?
5. Quando si fermavano di solito nelle grandi città?
6. Perché oggi pochi italo-americani parlano italiano?
7. Quali professioni esercitavano una volta gli emigranti italiani?
8. Le interessa la storia degli emigranti? Perché?

Vocabolario

Sostantivi

l' **abitante** *(m./f.)*   inhabitant
il **bicchierino**   little glass
il **censimento**   census
l' **emigrante** *(m./f.)*   emigrant
l' **emigrazione** *(f.)*   emigration
l' **est** *(m.)*   east
la **generazione**   generation
il **goccetto**   (little) drop
l' **impressione** *(f.)*   impression
il **liquore**   cordial, liqueur
il **Novecento**   the 20th century
l' **origine** *(f.)*   origin
l' **Ottocento**   the 19th century
la **parte**   part
   maggior parte   majority

il **principio**   beginning
la **professione**   profession
il **rione**   neighborhood

Aggettivi

faticoso   hard, requiring physical labor
intenso   intense

Verbi

cenare   to dine
contare   to count
disperdersi *(p.p.* **disperso)**   to scatter
esercitare   to practice
gustare   to savor, enjoy

raggiungere° *(p.p.* **raggiunto)** to reach
trovarsi   to be located

Altri vocaboli

circa   about
dappertutto   everywhere
sebbene   although

Espressioni

dire di sì (no)   to say yes (no)
è così via   and so on
in parte   partly
per lo più   for the most part
a poco a poco   little by little

NOTE CULTURALI

- Italians are growing taller and living longer, says the Central Institute of Statistics (**ISTAT**). According to recent studies, the average height is about 173 centimeters and life expectancy is 73.2 years for men and 79.7 for women, with cardiovascular disease being the major cause of death. Women constitute the majority of the population: out of 57,576,000 inhabitants, there are about 1.7 million more women than men.[1]

- In recent decades, two major forces have had unprecedented impact on Italian society: the unions and the feminist movement. Directly tied to the political parties, the unions defend the common interests of workers (**CGIL, CISL** and **UIL**)[2] and entrepreneurs (**Confindustria**)[3] alike, while the feminist movement focuses the country's attention on major social issues, such as divorce, abortion, and women's rights. Both divorce and abortion were legalized in the 1970's through popular referendums.

[1]"Social and Economic Briefs," Maria Teglia, ed., *Italian Journal,* Vol. VI (1992), No. 1, p. 54.

[2]Confederazione Generale Italiana del Lavoro; Confederazione Italiana Sindacati Lavoratori; Unione Italiana del Lavoro

[3]Confederazione Generale dell'Industria Italiana

Grammatica

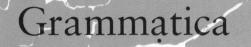

I. Usi del congiuntivo, *continuazione*

The subjunctive is also used in the following cases:

1. After the relative superlative or the adjectives **unico, solo, primo,** and **ultimo** when the subordinate clause is introduced by **che** and other relative pronouns.

> È il conferenziere **meno interessante che** io **abbia sentito.**
> *He is the least interesting lecturer I have heard.*

> È il libro **più interessante che** io **abbia letto.**
> *It is the most interesting book I have read.*

> È l'**unico** prodotto italiano **che** io **conosca.**
> *It is the only Italian product I know.*

2. After the following conjunctions:

affinché	*so that, in order that*
a meno che ... non	*unless*
benché	*although*
sebbene	*although*
perché	*in order that*
prima che	*before*
purché	*provided that*
senza che	*without*

Lo comprerò **sebbene costi** troppo.
*I will buy it **although it costs** too much.*

Lo spiega **affinché** lo **capiscano**.
*He explains it **so that they may understand** it.*

Partiranno **purché non piova**.
*They will leave **provided it does not rain**.*

Parlo forte **perché** mi **senta**.
*I am speaking loudly **so that he may hear** me.*

Ti comprerò una macchina da scrivere **purché tu la usi**.
*I will buy you a typewriter **provided you use it**.*

II. I suffissi e i loro usi
(Suffixes and their uses)

Italian is extremely rich in suffixes. When added to a noun, an adjective, or an adverb (after the final vowel has been dropped), a suffix modifies the meaning of the word. The most common suffixes are:

-**ino** ⎫ denote smallness and, but not necessarily, affection *(little, pretty,*
-**etto** ⎭ *fairly, sweet, dear)*
-**uccio** denotes smallness and insignificance, and perhaps affection
-**one** (*f.* -**ona**) implies bigness, ungainliness
-**accio** indicates worthlessness, scorn

Abitano in una **casetta**.	*They live in a **(pretty) little house**.*
Di chi è quel **librone**?	*Whose **huge book** is that?*
Canta **benino**.	*She sings **fairly well**.*
Quella ragazza è **bellina**.	*That girl is **rather pretty**.*
È **Carluccio**.	*It's **dear little Charles**.*
Che **casaccia**!	*What an **ugly house**!*

In general, a noun modified by a suffix retains the original gender. However, in certain instances, a feminine noun is made masculine by the addition of -**ino** or -**one** to stress the smallness or bigness of the object or individual.

una tavola	**un** tavolino	*a **little** table, coffee table*
una finestra	**un** finestrone	*a **big** window*
una donna	**un** donnone	*a **big** woman*

Students should be rather cautious in the use of suffixes until, through long experience, they have learned to use them properly.

III. Uso speciale di alcuni numerali

Generally, especially in connection with literature, art, and history, Italian uses the following forms to refer to centuries from the thirteenth on:

il Duecento (il secolo tredicesimo)	*13th century*
il Trecento (il secolo quattordicesimo)	*14th century*
il Quattrocento (il secolo quindicesimo)	*15th century*
il Cinquecento (il secolo sedicesimo)	*16th century*

	17th century
il Seicento (il sẹcolo diciassettẹsimo)	*17th century*
il Settecento (il sẹcolo diciottẹsimo)	*18th century*
l'Ottocento (il sẹcolo diciannovẹsimo)	*19th century*
il Novecento (il sẹcolo ventẹsimo)	*20th century*

Note that these substitute forms are usually capitalized.

la scultura fiorentina del **Quattrocento** (del sẹcolo quindicẹsimo)
*Florentine sculpture of the **fifteenth century***

la pittura veneziana del **Settecento** (del sẹcolo diciottẹsimo)
*Venetian painting of the **eighteenth century***

IV. Il congiuntivo presente di *andare, dire, fare* e *stare*

Andare	Dire	Fare	Stare
vada	dica	faccia	stịa
vada	dica	faccia	stịa
vada	dica	faccia	stịa
andiamo	diciamo	facciamo	stiamo
andiate	diciate	facciate	stiate
vạdano	dịcano	fạcciano	stịano

Dubita che **io vada** alla riunione.
*She doubts that **I will go** to the meeting.*

Vuole che **andiate** prima **voi**.
*He wants **you to go** first.*

Pensi che ci **dịcano** quando arriveranno?
*Do you think **they will tell** us when they are arriving?*

Vọgliono che **facciate** colazione con loro.
*They want **you to have** breakfast with them.*

Ho paụra che **non fạcciano** abbastanza.
*I am afraid **they are not doing** enough.*

Verrò purché **stiamo** poco.
*I will go as long as **we stay** for a short time.*

ESERCIZI

A. Completate le frasi seguenti mettendo i verbi o le espressioni fra parentesi al congiuntivo passato.

Esempio: È il conferenziere meno animato che noi ... (sentire) →
È il conferenziere meno animato che noi abbiamo sentito.

1. È la storia più interessante che Moravia ... (scrịvere)
2. È la professione più faticosa che gli emigranti ... (esercitare)
3. È il numero più alto che ... (fermarsi) nell'est del paese.
4. È l'ụnica fattorịa che noi ... (visitare)
5. È il primo telegramma che voi ... (ricẹvere)
6. È la sola cosa che Andrẹa ... (dire)

B. Formate nuove frasi sostituendo al verbo della proposizione subordinata la forma corretta dei verbi indicati in parentesi.

1. È possibile che non capiscano niente?
   (dire; studiare; leggere; fare; avere)
2. È vero che non capiscono niente?
   (dire; studiare; leggere; fare; avere)
3. Ho paura che tu non dorma abbastanza.
   (spiegare; mangiare; fare; dire; fermarsi)
4. Tutti sono sicuri che tu non fai abbastanza.
   (spiegare; dormire; dire; fermarsi)

C. Formate nuove frasi cambiando il soggetto della proposizione subordinata come indicato.

Esempio: Voglio andare alla conferenza. (tu) →
Voglio che tu vada alla conferenza.

1. Preferiscono dire la verità. (anche voi)
2. Non vuole coltivare solamente frutta. (i suoi figli)
3. Desiderano stare in una grande città. (anche i loro nipoti)
4. Vogliamo fare colazione con la studentessa italo-americana. (voi due)
5. Voglio scrivere la vera storia dell'emigrazione italiana. (qualcuno)

D. Osservate l'esempio e rispondete alle seguenti domande.

Esempio: Posso fare colazione al bar? (a casa) →
No, preferisco che tu faccia colazione a casa.

1. Posso andare al cinema? (alla partita)
2. Possiamo stare in città? (in campagna)
3. Possiamo dire la verità a lui? (a me)
4. Possiamo fare un'offerta all'agricoltore? (a sua moglie)
5. Posso lavorare in una fabbrica? (in un podere)
6. Posso dire la mia opinione? (l'opinione degli emigranti)

E. Completate le frasi seguenti con il congiuntivo presente del più appropriato fra i verbi seguenti: **essere, avere, andare, dire, fare** e **stare**. Usate ogni verbo una sola volta.

1. Non è possibile che voi _____ a piedi fino al podere.
2. È necessario che tu mi _____ la tua opinione.
3. Pensi che il cioccolato non _____ bene?
4. Perché credi che io _____ fame?
5. È meglio che Bob _____ a casa di amici italiani.
6. Credo che nel frutteto ci _____ più di centocinquanta alberi.

F. Formate frasi singole includendo le congiunzioni che introducono il congiuntivo.

Esempio: L'orefice apre la porta. Il cliente entra. (affinché) →
L'orefice apre la porta affinché il cliente entri.

1. Andrò alla conferenza. Non piove. (purché)
2. In campagna si guadagna poco. La vita è bella. (sebbene)
3. Staremo in piedi. Ci sono molti posti. (benché)
4. Ti offro il caffè. Tu dici che pagherai tu. (a meno che ... non)
5. I giovani lasciano le campagne. In città stanno male. (sebbene)
6. Voglio arrivare a casa. Comincia la manifestazione. (prima che)
7. Mio zio parla ancora l'italiano. Abita negli Stati Uniti da trent'anni. (benché)
8. Vi parlo sempre in italiano. Voi imparate. (affinché)

G. Completate ciascuna della frasi seguenti usando un verbo o un'espressione appropriata.

Esempio: Non posso accettare questo posto, sebbene ... →
Non posso accettare questo posto, sebbene lo stipendio sia alto.

1. In generale non ci preoccupiamo di politica, a meno che ...
2. L'agricoltore non vende il podere benché ...
3. Siamo d'accordo con te purché ...
4. Mi hanno mandato un telegramma affinché ...
5. Vi farò da guida senza che ...
6. Andiamo tutti a Villa Borghese prima che...

H. Osservate l'esempio e rispondete a ciascuna della seguenti domande usando parole modificate con suffissi.

Esempio: È vero che suo figlio è un ragazzo molto grande? →
Sì, è un ragazzone.

È vero che ...

1. Adriana è abbastanza bella?
2. il suo bel podere non è molto grande?
3. la vostra villa è abbastanza piccola e bella?
4. il tempo oggi è freddo e brutto?
5. la bottega dell'orefice è piccola e modesta?
6. volete un bicchiere di buon vino?

I. **Dialogo.** Completate il dialogo tra un (una) turista appena arrivato(a) dal Canadà e un agente dell'Ufficio Immigrazioni.

Agente: Buon giorno, signore (signora, signorina). Come si chiama?
Turista: _____
Agente: Dove ha iniziato il Suo viaggio?
Turista: _____
Agente: Dove va in Italia?
Turista: _____

Agente:	Per quanto tempo si fermerà?
Turista:	_____
Agente:	Dove e con chi abiterà durante questo tempo?
Turista:	_____
Agente:	Qual è la ragione del Suo viaggio?
Turista:	_____
Agente:	Quanto denaro porta con sé? In lire o in dollari?
Turista:	_____
Agente:	Quando ripartirà per il Canadà?
Turista:	_____
Agente:	Molte grazie e buona permanenza (*stay*)!

Come si dice?

Expressing opinions

To solicit an opinion, you can say:

Di che parere è Lei?	*What is your opinion?*
Qual è il Suo punto di vista?	*What is your point of view?*
Non crede che + *subj.*?	*Don't you think that . . . ?*
Dica la Sua opinione.	*Say what you think.*

To express an opinion, you can say:

Io sono dell'opinione (del parere) che ...	*I am of the opinion (view) that . . .*
Secondo me ...	*In my opinion . . .*
A me sembra che + *subj.*	*It seems to me that . . .*
Penso che + *subj.*	*I think that . . .*

A. **Lei che ne pensa?** Lei sta discutendo di politica, del governo e di altri temi d'attualità con amici. Alcuni sono pessimisti mentre altri sono ottimisti. Crei (*create*) un dialogo con i vari punti di vista sui temi indicati. Esprima se è d'accordo o no con gli altri.

Esempio:

> *Lei:* Sono sicuro/a che i paesi del Terzo Mondo riceveranno più assistenza finanziaria da parte dei paesi industrializzati.
>
> *Amico/a:* Ne dubito. A me sembra invece che i paesi industrializzati cerchino di evitare (*avoid*) sempre più ogni responsabilità. È terribile ciò che sta accadendo in Africa. No, definitivamente, non sono d'accordo.

1. Il problema della fame nel mondo sarà risolto (**risolvere** *to resolve*).
2. La medicina del futuro permetterà all'uomo di vivere più a lungo.

3. Le automobili del futuro saranno guidate esclusivamente dai computer.
4. Il nuovo governo rappresenterà più adeguatamente le opinioni della gente.
5. Prima o poi l'inglese dovrà diventare la lingua ufficiale del mondo.

B. **Opinioni.** Dica ciò che pensa delle seguenti persone celebri.

Whitney Houston José Canseco
Spike Lee Jodie Foster
Magic Johnson Kevin Costner
Robert De Niro Mario Cuomo
Jackie Joyner-Kersee Dan Quayle

Una sfilata di moda (fashion show) *dello stilista Valentino.*

L'INDUSTRIA
HA CAMBIATO L'ITALIA

L'Italia oggi è diventata un paese industriale. Infatti è considerata una delle sette o otto maggiori nazioni industriali del mondo. Questo cambiamento° cominciò al principio del Novecento ed è ora in pieno sviluppo.° L'industrializzazione del paese è l'avvenimento° più importante del secolo ventesimo, infatti ha cambiato la struttura sociale, economica e politica dell'Italia. L'emigrazione interna ha spopolato° le campagne, specialmente nel sud, e ha raddoppiato° la popolazione delle città industriali del nord. Notiamo anche che l'industria italiana è oggi quasi completamente nazionalizzata.°

    L'artigianato, una delle maggiori risorse° italiane per secoli, è in declino° sotto certi aspetti,° ma nuove manifestazioni delle attività e del successo artistico di individui si trovano nel campo del disegno° e della moda. In questi due campi l'Italia è oggi riconosciuta° come una delle fonti° principali di originalità e di ispirazione in tutto il mondo. Milano è il grande centro dell'industria, della moda e del disegno. Ma non bisogna dimenticare che mostre° di grande importanza, per la moda o per l'artigianato, hanno luogo in altre città, specialmente Torino, Firenze e Roma. Non c'è dubbio che lo sviluppo dell'industria abbia migliorato° le condizioni generali del paese, ma è anche vero che oggi l'Italia, come altri paesi d'Europa, deve affrontare° nuovi e complessi problemi.

change / development
event

depopulated
doubled

nationalized
resources / decline
sotto... in a way
design
recognized / sources

fairs

improved
face

ESERCIZIO DI COMPRENSIONE

1. Che posto occupa oggi l'Italia fra i paesi industriali?
2. Quando cominciò l'industrializzazione in Italia?
3. Perché le campagne si sono spopolate?
4. Dove sono andati gli operai del sud?
5. L'artigianato è in sviluppo o in declino in Italia?
6. Soltanto l'industria è una delle maggiori risorse italiane oggi?
7. In quali altri campi troviamo grande attività e successo in Italia?
8. Che cosa ha fatto l'industria per l'Italia?

RIPETIZIONE VII

A. Riscrivete le frasi seguenti sostituendo le parole in corsivo *(italics)* con quelle fra parentesi. Fate tutti i cambiamenti necessari.

Esempio: So *che* ad Amalfi il tempo è sempre bello. (credo) →
Credo che ad Amalfi il tempo sia sempre bello.

1. *La bottega* è stata fondata dal nonno. (le botteghe)
2. Purtroppo quella vecchia *fattoria* sarà convertita in una villa. (fattorie)
3. *Io* e Franco preferiamo che loro non cambino opinione. (tu)
4. *Dice* che le cose vanno di male in peggio. (Ha paura)
5. Ho pagato tutto *io*! (noi)
6. È *un ricco* industriale che i miei genitori conoscono. (il più ricco)

B. Completate le frasi seguenti con la forma appropriata del comparativo **peggiore, peggiori** o **peggio.**

1. In quella città il tempo sarà _____ che a Firenze.
2. Ieri ho mangiato male ma oggi ho mangiato _____ .
3. Questa è la _____ industria dal punto di vista ecologico.
4. Credo proprio che questo contratto sia _____ dell'altro.
5. Purtroppo le cose stanno andando di male in _____ .
6. Poche riviste sono _____ di questa.

C. Rispondete a ciascuna delle frasi seguenti usando la forma appropriata del passato remoto.

Esempio: Lei ha costruito questa casa? →
No, la costruì mio padre nel 1935.

1. Lei ha ordinato queste sculture?
2. Lei ha fondato la Casa Signorini?

3. Lei ha convertito questi poderi?
4. Lei ha fatto questo anello?
5. Lei ha visto i vulcani italiani?

D. Riscrivete le frasi seguenti al passato remoto.

1. È venuto, ha visto e non ha detto niente.
2. Sono venuti ma non si sono fermati.
3. Abbiamo restituito questi libri molto tempo fa.
4. Gli ultimi arrivati trovano solo lavoro molto faticoso.
5. L'italiano continua ad essere parlato.
6. Gli emigranti italiani vanno un po' dappertutto.

E. Formate nuove frasi usando gli elementi nel modo indicato nell'esempio.

Esempio: Leggere / ascoltare / lui →
            No, non legge; sta ascoltando.

1. passeggiare / cercare l'ufficio postale / noi
2. andare a casa / andare alla manifestazione / io
3. dire la verità / scherzare / tu
4. dormire / finire la lezione / voi
5. guadagnare bene / convertire il podere / lui
6. discutere / gustare un bicchierino / loro

F. In italiano, per favore!

1. Looking for a farmhouse, we saw some beautiful vegetable gardens.
2. Listening is very useful.
3. I don't like waiting.
4. While waiting for my sister, I read *L'Espresso*.
5. By joking, he told us the truth.
6. Not everybody likes joking.

G. Riscrivete le frasi seguenti incorporando l'espressione che richiede l'uso del congiuntivo.

Esempio: Gianni finisce il corso questo mese. →
            È probabile che Gianni finisca il corso questo mese.

1. Il chirurgo desidera convertire la fattoria.
2. Anche loro cercano un poderetto vicino a Firenze.
3. Anch'io faccio sciopero.
4. Nella piazza c'è la polizia.
5. Abbandoniamo la casa e torniamo in città.
6. Voi vi disperdete nelle grandi città.

H. Riscrivete le frasi seguenti facendo i cambiamenti suggeriti dall'esempio.

Esempio: Mi sembra che l'orefice accontenti (**accontentare** *to satisfy*)
i clienti. →
Mi sembra che abbia accontentato i clienti.

1. Credo che guadagni una cinquantina di dollari al giorno.
2. Non ti sembra che la democrazia funzioni sempre?
3. Speriamo che gli agricoltori possano tirare avanti.
4. È probabile che la metropolitana elimini molti ingorghi di traffico.
5. Non capisco perché tu ti preoccupi.
6. Tutti pensano che noi diventiamo ricchi.

I. Usate le seguenti espressioni in frasi complete impiegando tempi, modi e
soggetti diversi. Osservate l'esempio.

Esempio: meno male ... →
Meno male che c'è un orefice qui vicino perché devo
comprare un regalo per mia madre.

1. a poco a poco ...
2. una volta ...
3. ormai ...

4. rendersi conto di ...
5. sapere a memoria ...
6. tutto ad un tratto ...

J. Combinate le espressioni impersonali con i soggetti e i verbi (o le
espressioni) indicati e formate frasi al congiuntivo o all'indicativo, secondo
la necessità.

Esempio: è impossibile / il numero / raggiungere il miliardo →
È impossibile che il numero raggiunga il miliardo.

1. è probabile / gli abitanti di origine italiana / trovarsi dappertutto
2. è vero / molti emigranti / disperdersi all'estero
3. non è possibile / tutto / andare sempre di male in peggio
4. è importante / tu / non trasferirsi in città
5. è certo / io / sapere tutta la verità
6. è poco probabile / voi due / dire di no
7. è verissimo / noi / essere pessimista
8. è necessario / i partiti italiani / lavorare per la società

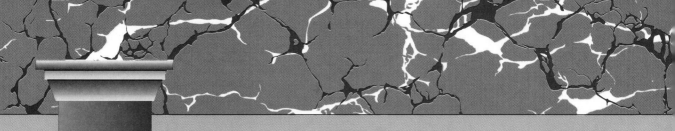

VIII GLI ITALIANI

Culture
- Italian migration patterns
- Italian explorers
- Vacation and travel habits
- Italians in North America

Communication
- Giving advice
- Making promises
- Enlisting help

28 IN UNA LIBRERIA

Un signore sta sfogliando un libro illustrato in una libreria. Il libraio si avvicina e gli dice:

Libraio: Credo che il signore voglia un libro per un regalo.

Cliente: Sì, uno che possa interessare un giovane. Legge molto ed è sempre al corrente delle ultime novità.

Libraio: Abbiamo centinaia, anzi migliaia di libri in questo negozio. Ce ne sarà certamente uno che interesserà il Suo amico.

Cliente: Che libro mi suggerisce?

Libraio: Be', vediamo un po'. Può darmi qualche indicazione più precisa? Un libro di fantascienza? di saggistica? d'avventure?

Cliente: Dio ce ne guardi! Gianni avrà un centinaio di libri d'avventure, specialmente di quelli a fumetti.

Libraio: Forse un giallo o una biografia di un personaggio famoso?

Questa libreria di Siena offre anche dei bestseller in lingua inglese.

Cliente:	Non proprio... ma un libro di viaggi potrebbe andare.
Libraio:	Un classico? I viaggi di Cristoforo Colombo, per esempio?
Cliente:	E questo cos'è? Ah, guarda, *Il Milione* di Marco Polo.
Libraio:	Ma di sicuro l'avrà già letto.
Cliente:	Non credo. Può darsi che ne abbia letto qualche brano in un'antologia.
Libraio:	Allora gli dia questa magnifica edizione. Le illustrazioni sono straordinarie.
Cliente:	È un libro che si legge più d'una volta con interesse. Bene, lo prendo.

DOMANDE

1. Per chi cerca un regalo il cliente?
2. Perché non sarà difficile trovare un libro per un giovane che legge molto?
3. Prima di tutto che cosa vuole sapere il libraio?
4. Perché il cliente non vuole un libro d'avventure, cioè, un bestseller?
5. Che tipo di libro potrebbe andare?
6. Perché il libraio consiglia un'edizione particolare?
7. Di che cosa tratta *Il Milione* di Marco Polo?
8. Quali libri preferisce leggere Lei?

Vocabolario

Sostantivi

l'**antologia** anthology
l'**avventura** adventure
la **biografia** biography
il **brano** selection
il **classico** classic

l'**edizione** *(f.)* edition
la **fantascienza** science fiction
il **fumetto** cartoon
  racconto a fumetti comic book, comic strip
l'**illustrazione** *(f.)* illustration

l'**indicazione** *(f.)* hint; direction
il **libraio**, la **libraia** bookseller
la **libreria** bookstore
il **libro di saggistica** essay book

Aggettivi

illustrato   illustrated
preciso   precise
straordinario   extraordinary

Verbi

avvicinarsi   to come close
sfogliare   to browse (a book)

suggerire (isc)   to suggest
trattare di   to be about; to treat of

Espressioni

da vicino   from up close, at close quarters
di sicuro   surely
Dio ce ne guardi!   God forbid!

essere al corrente   to be abreast (of something)
potrebbe andare   might be all right
può darsi che + subj.   maybe, it might be that
qualcosa di più   something more
vediamo un po'!   let's see!

NOTE LINGUISTICHE E CULTURALI

- To say that you take an interest in something, use the verb **interessarsi di**:

Carla si **interessa di** astrologia.	Carla **takes an interest in** astrology.
Tu **ti interessi di** sport?	**Are you interested in** sports?

- The words **centinaio, migliaio**, and their plurals, **centinaia, migliaia**, take the preposition **di** before a noun.

C'era **un centinaio di** persone.	There were **about one hundred** people.
Vidi **migliaia di** uccelli.	I saw **thousands of** birds.

- The Italian migration phenomenon of the late nineteenth and early twentieth centuries occurred largely because of a lack of economic opportunities. The Americas and Australia were the most common destinations. This pattern changed after World War II when many Italians sought work in Europe's most industrialized countries. The 1970's saw a complete reversal of this pattern as immigrants returned to their homeland.
- The figure of the Italian as a traveler and explorer goes back many centuries, not only to Cristoforo Colombo but to other explorers like John Cabot (**Giovanni Caboto**) who tried to find the Northwest passage to India for King Henry VII of England and discovered instead the North American mainland in 1497. At the service of Portugal, **Amerigo Vespucci** reached the coasts of Brazil in 1499 and extensively explored both the North and South American continents. He also inadvertently bestowed his name on the new lands when a cartographer from Saint-Dié used Amerigo's name to label the maps he had made from the navigator's charts. **Giovanni da Verrazzano** explored New York Bay, Newfoundland, and the Hudson River (1523–1524) for the king of France. Of course, the quintessential explorer was **Marco Polo** (1254–1324) who left his native Venice in 1271 and reached China in 1275. He remained in the service of Kublai Khan for seventeen years, returning to Venice in 1295. The story of his extraordinary experiences is contained in his book, *Il Milione*.

Grammatica

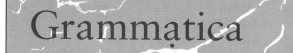

I. Il congiuntivo in proposizioni indipendenti

Besides being used in dependent clauses, the subjunctive may also be used in an independent clause to express a wish or an exhortation. Clauses of this type may or may not be introduced by **che**.

Sia (Che sia) ringraziato il cielo!	*Thank heaven!*
Che parta, se vuole!	*Let him leave,* if he wants to!
Dio (Che Dio) ve la mandi buona!	*God help you!*
Dio non voglia!	*Heaven forbid!*

II. Nomi con il plurale irregolare

Some masculine nouns ending in **-o** have an irregular feminine plural in **-a**. The most common are:

Singular		Plural
il braccio	*arm*	le braccia
il centinaio	*hundred*	le centinaia
il dito	*finger*	le dita
il labbro	*lip*	le labbra
il migliaio	*thousand*	le migliaia
il miglio	*mile*	le miglia
l'osso	*bone*	le ossa
il paio	*pair*	le paia
l'uovo	*egg*	le uova

Mi dolgono **le braccia.**	*My **arms** ache.*
Mi fanno male **le ginocchia.**	*My **knees** hurt.*
C'erano **migliaia** di persone allo stadio.	*There were **thousands** of people at the stadium.*

III. Il congiuntivo presente di *dare, dovere, potere, sapere, venire* e *volere*

Dare	Dovere	Potere
dia	deva	possa
dia	deva	possa
dia	deva	possa
diamo	dobbiamo	possiamo
diate	dobbiate	possiate
diano	devano	possano

Sapere	Venire	Volere
sappia	venga	voglia
sappia	venga	voglia
sappia	venga	voglia
sappiamo	veniamo	vogliamo
sappiate	veniate	vogliate
sappiano	vengano	vogliano

Spera che io le **dia** un regalo.	*She hopes that I will give her a present.*
Ritiene che io ci **deva** andare.	*He maintains that I must go there.*
Non credo che lo **possano** fare così presto.	*I do not believe they can do it so soon.*
Dubito che lo **sappiano.**	*I doubt they know it.*
Che **vengano,** se vogliono.	*Let them come if they want to.*
Che **voglia** o no, deve fare il compito.	*Whether he wants to or not, he must do his homework.*

ESERCIZI

A. Formate nuove frasi sostituendo il soggetto del congiuntivo con quelli indicati.

1. Non è possibile che non sappiano che cos'è *Il Milione.*
   (voi; Gianni; tu; i cinesi)
2. Preferisco che Simone venga da me all'una.
   (tu; loro due; anche lei; voi)
3. Non è possibile che lui dia un'indicazione sbagliata.
   (i librai; tu; noi; voi)
4. Che Lei voglia o non voglia, io farò il dentista.
   (mio padre; i miei genitori; voi; tu)

B. Date a ciascuna delle frasi seguenti una conclusione appropriata e grammaticalmente corretta.

1. Il libraio ci mostra i libri affinché ...
2. L'italiano continua ad essere parlato dagli emigranti sebbene ...
3. Comprerò *Il Milione* a meno che ...
4. L'estate prossima andremo in Europa benché ...
5. Si iscriveranno (**iscriversi** *to enroll*) al Partito Liberale purché ...
6. Ha imparato l'italiano senza che ...

C. Riscrivete le frasi seguenti facendo i cambiamenti indicati nell'esempio.

Esempio: Sono sicura che non puoi trasferirti a Bologna. →
Credo proprio che tu non possa trasferirti a Bologna.

1. Sono sicura che non dovete accettare la sua offerta.
2. Sono sicura che non devono prendere il rapido delle cinque.
3. Sono sicura che non possono installare il telefono.
4. Sono sicura che non può essere d'accordo.
5. Sono sicura che non sapete il nome dell'autore.
6. Sono sicura che quel ragazzone non ha sonno.

D. Riscrivete le frasi seguenti facendo i cambiamenti indicati nell'esempio.

Esempio: Spera di andare fino a Pompei. (che tu) →
Spera che tu vada fino a Pompei.

1. Spera di potere finire di leggere
Il Milione. (che noi)
2. Spera di non dovere offrire il
caffè a tutti. (che voi)
3. Spera di dare una lezione ai
giovani. (che questa biografia)
4. Spera di sapere tutta la verità.
(che tu e Franco)
5. Spera di poter comprare questa
edizione. (che io)
6. Spera di venire all'opera con
voi. (che anch'io)

Venezia:
Il Palazzo Ducale.

IL LIBRO DI MARCO POLO

DETTO MILIONE

Nella versione trecentesca dell'« ottimo »

Prefazione di Sergio Solmi

Giulio Einaudi editore

E. Rispondete a ciascuna delle domande seguendo l'esempio.

Esempio: Può alzarsi? →
Che si alzi, se vuole.

1. Possono trasferirsi?
2. Possono incontrarsi?
3. Può avvicinarsi?
4. Può divertirsi?
5. Possono fermarsi?
6. Possono vedersi?

F. Rispondete a ciascuna delle domande seguendo l'esempio.

Esempio: È già andato? →
No, ma che vada, se può.

1. Hanno già ordinato?
2. Ha già accettato?
3. È già ripassata?
4. Sono già andati via?
5. Hanno già pagato?
6. È già ritornato?

G. Rispondete al negativo usando le forme appropriate del congiuntivo presente.

Esempio: È vero che leggi *Il Milione*? →
No, non è vero che io lo legga.

1. È vero che Lei conosce la biografia di Giuseppe Verdi?
2. È vero che ha restituito tutti i libri?
3. È vero che Luigi paga per tutti?
4. È vero che Lei ha ricevuto una medaglia *(medal)* alle Olimpiadi?
5. È vero che guadagnano un milione al mese?
6. È vero che Lei preferisce il tè al caffè?

H. Completate le frasi seguenti usando ognuna delle seguenti parole solo una volta: **paia, centinaia, migliaio, uova, braccia, miglia.**

1. Che _____ lunghe ha quell'uomo!
2. Il paese dei miei genitori è a poche _____ da Pompei.
3. Vanna ha comprato alcune _____ di scarpe.
4. Vuole due _____ o dei cornetti con la marmellata?
5. _____ di persone hanno comprato questo bestseller.
6. A Collodi ci saranno un _____ di abitanti.

I. **Domande.** Rispondete con frasi complete e originali.

1. A chi fa regali, generalmente? In quale occasione?
2. Chi fa regali a Lei? Quando?
3. Le piace regalare o ricevere libri?
4. Di solito, che tipo di libro regala? A chi?
5. Crede che ai Suoi amici possa interessare un libro su Marco Polo? Perché sì o perché no?
6. Che tipo di regalo fa ai Suoi genitori?
7. Di che cosa si interessa Lei, generalmente?

Il Piacere di Leggere
I Libri del Mese

Giugno

Come si dice?

Giving advice

When someone needs advice, here are some phrases you can use:

È meglio che + *pres. subj.*	*It's better that . . .*
Segui il mio consiglio, ...	*Follow my advice, . . .*
Ti consiglio di + *inf.*	*I advise you to . . .*
Perché non ... ?	*Why don't you . . .*
Prova a + *inf.*	*Try to . . .*

Cosa consiglia? Tra amici e conoscenti Lei è molto famoso/a per il Suo buonsenso *(good judgment)*. Cosa consiglia alle seguenti persone? (Dia almeno tre o quattro suggerimenti per ogni situazione.)

1. Sua madre ha preso in prestito (**prendere in prestito** *to check out*) alcuni gialli dalla biblioteca municipale. Non li trova più ed ha paura di averli persi.
2. Uno studente di primo anno vorrebbe passare un anno all'estero ed iscriversi a un'università italiana, ma non sa come farlo.
3. Un amico della Sua migliore amica darà l'esame di maturità il prossimo luglio, ma lei non sa cosa regalargli.
4. Sebbene il Suo ragazzo (la Sua ragazza) guadagni discretamente bene *(reasonably well)*, lo stipendio non basta per tirare avanti.
5. Un Suo (Una Sua) collega *(colleague)* ha ottenuto lavoro in un'altra città ma non sa come trovare un appartamento in quella città prima di trasferirsi.

29 UN ANNO ALL'ESTERO!

Renata è andata a trovare lo zio Tino e la zia Maria che risiedono a Los Angeles da più di vent'anni. A causa del cambiamento del fuso orario e del viaggio, Renata è sfinita e non vede l'ora di giungere a casa degli zii.

Zia Maria:	Lasciati guardare; come sei cresciuta! Dai, sali davanti così vedi meglio.
Renata:	Proprio non credevo che la California fosse così lontana.
Zio Tino:	Sei riuscita a vedere il Polo Nord dall'aereo?
Renata:	Macché! Era quasi buio quando ci siamo passati sopra; non si vedevano altro che neve e ghiaccio.
Zio Tino:	Cosa ne pensi dell'America?
Renata:	Sono appena arrivata; non so cosa dire. Questo aeroporto somiglia un po' agli altri aeroporti che ho visto. Sono tutti simili.
Zia Maria:	Vedrai che il resto è tutto diverso.
Renata:	Finalmente conoscerò l'America da vicino.

A bordo di un aereo Alitalia.

Zia Maria:	Ma due mesi non bastano.
Renata:	Se potessi, resterei anche un anno intero.
Zia Maria:	Per noi, due mesi o un anno è lo stesso. Sta a te, noi siamo felicissimi di averti con noi.
Renata:	Bisogna che rientri in Italia entro due mesi. Se avessi chiesto un anno di permesso, forse me lo avrebbero dato, ma ora è troppo tardi.
Zio Tino:	Credevo che tu potessi restare quanto volevi.
Renata:	No. Mi hanno dato due mesi perché vogliono che impari meglio l'inglese.
Zia Maria:	Capisco. Ma tu l'hai studiato l'inglese, no?
Renata:	Quattr'anni. Se non l'avessi studiato, starei fresca! A proposito, prima che mi dimentichi, tanti saluti da parte di tutti.

DOMANDE

1. Da quanto tempo risiedono a Los Angeles gli zii di Renata?
2. Che cosa hanno fatto all'aeroporto?
3. Cosa chiede alla nipote la zia Maria?
4. Perché è sfinita Renata?
5. Che cosa risponde Renata quando la zia le dice che due mesi non bastano per conoscere l'America?
6. Quanto tempo vorrebbe restare invece Renata?
7. Perché Renata starebbe fresca se non avesse studiato l'inglese?
8. A Lei, dove piacerebbe fare un viaggio? Perché?

Vocabolario

Sostantivi

l'aereo   airplane
l'aeroporto   airport
il **fuso orario**   time zone
il **ghiaccio**   ice
il/la **nipote**   nephew, niece;
   grandchild
il **permesso**   leave
il **polo**   pole
   Polo Nord   North Pole

Aggettivi

buio   dark
diverso   different
felice   happy
sfinito   exhausted
simile   similar

Verbi

crescere (*p.p.* **cresciuto**)   to
   grow (up)
giungere° (*p.p.* **giunto**)   to
   arrive, come
passare   to pass, go by
rientrare   to go back, return
risiedere   to reside
riuscire° (*irr.*) (**a**)   to manage,
   succeed (*in doing something*)
somigliare   to resemble

Altri vocaboli

entro   within
macché   not at all

Espressioni

andare a prendere   to pick
   up; to meet
andare a trovare   to visit
lasciati vedere   let's have a
   look at you

stare a   to be up to (*someone*)
stare fresco   to be in trouble,
   in a fix
tanti saluti   best regards

*San Gimignano:
Piazza della Cisterna.*

NOTE LINGUISTICHE E CULTURALI

- The verb **riuscire a** + *infinitive* means *to manage, to be able to accomplish* (something), *to succeed.*

Sei riuscita a trovare i biglietti?	***Did you manage** to find the tickets?*
Sai cosa fare **per riuscire** a scuola?	*Do you know what to do **to succeed** in school?*
Il tentativo **non riuscì**.	*The attempt **failed** (**did not succeed**).*

- To extend greetings use the verb **salutare** *(to say hello)* or the noun **saluti** *(greetings).*

Saluta Luciano.	***Say hello** to Luciano*
Tanti **saluti** ai tuoi.	***Best regards** to your parents.*
Saluti da parte di tutti.	***Greetings** from everyone.*

- On the average Italians have four to five weeks of vacation a year, compared to two to three weeks in the United States. Traditionally, Italians go on holiday during the months of July and August, the peak time being the first three weeks of August (**il ferragosto**). During this period highways and popular sea and mountain resorts experience mass invasions. As factories and shops close, cities become nearly deserted. The latest popular trend is to take two vacations per year, in the winter and in the summer months and preferably to a foreign destination. Among foreigners who visit the United States, Italian tourists rank as the group that spends the most dollars per capita.

Porto S. Stefano, Liguria: Una spiaggia esclusiva.

Grammatica

I. L'imperfetto del congiuntivo
(The imperfect subjunctive)

The imperfect subjunctive is formed by adding the appropriate endings to the stem of the infinitive. Note that, except for the vowel (**-are, -ere, -ire**) characteristic of each conjugation, the endings are identical for the three conjugations.

    Below is the imperfect subjunctive of the model verbs **parlare, ripetere,** and **dormire:**

IMPERFETTO DEL CONGIUNTIVO

Parlare	Ripetere	Dormire
parl-*a*ssi	ripet-*e*ssi	dorm-*i*ssi
parl-*a*ssi	ripet-*e*ssi	dorm-*i*ssi
parl-*a*sse	ripet-esse	dorm-*i*sse
parl-*a*ssimo	ripet-*e*ssimo	dorm-*i*ssimo
parl-*a*ste	ripet-este	dorm-*i*ste
parl-*a*ssero	ripet-*e*ssero	dorm-*i*ssero

Volevano che io **parlassi** di Carlo.	*They wanted me to talk about Carlo.*
Non sarebbe meglio se gli **parlaste** voi?	*Wouldn't it be better if you talked to him?*
Sperava che tu lo **ripetessi.**	*She hoped that you would repeat it.*
Voleva che **vedessimo** lo spettacolo.	*She wanted us to see the show.*
Credevano che lei **dormisse.**	*They thought (believed) that she was sleeping.*
Mio padre insisteva che mi **iscrivessi** alla Sorbona.	*My father insisted that I enroll at the Sorbonne.*

II. L'imperfetto del congiuntivo di *avere* e *essere*

Avere	Essere
avessi	fossi
avessi	fossi
avesse	fosse
avessimo	fossimo
aveste	foste
avessero	fossero

Credevo che tu **avessi** fame!

Temevo che il treno **fosse** in ritardo.

Era importante che il direttore **fosse** presente.

I thought you were hungry!

I was concerned that the train might be late.

It was important for the director to be present.

III. Il trapassato del congiuntivo
(The past perfect subjunctive)

TRAPASSATO DEL CONGIUNTIVO

Parlare	Andare
avessi parlato	fossi andato/a
avessi parlato	fossi andato/a
avesse parlato	fosse andato/a
avessimo parlato	fossimo andati/e
aveste parlato	foste andati/e
avessero parlato	fossero andati/e

Temevo che voi gliene **aveste parlato**.
I worried that you might have spoken to them about it.

Era incredibile che **fossero** già **andate via**.
It was incredible that they had already left.

Aveva pensato che la macchina **fosse stata** completamente **riparata**.
She had thought that the car had been completely repaired.

Speravo che **avesse** già **trovato** un nuovo lavoro.
I had hoped that he had already found a new job.

Non pensavamo che **si fosse** trasferito a Trieste.
We did not think that he had transferred to Trieste.

IV. Usi dell'imperfetto e del trapassato del congiuntivo

The general rules given for the use of the present and present perfect subjunctive (Chapters 26, 27, and 28) also apply to the use of the imperfect and past perfect subjunctive, but the latter are used when the main clause is in a past tense.

Era contento che parlassi italiano.
He was happy I spoke (I could speak) Italian.

Era contento che avessi parlato italiano.
He was happy I had spoken Italian.

Non sapevano che fossimo arrivati.
They did not know we had arrived.

Non credevano che Maria **fosse** così infelice.
They did not think Maria was so unhappy.

Non sapevano che la nipote **sapesse** bene l'inglese.
They did not know that their niece knew English well.

Sperava che avessi già **mangiato.**
He was hoping I had already eaten.

V. Usi del congiuntivo, *continuazione*

1. An *if* clause that denotes a condition contrary to fact or is highly speculative in nature requires the imperfect or past perfect subjunctive, depending on the time relationship between the two clauses and to reality. The main or result clause takes the conditional or conditional perfect.

Se fossi in Italia, **visiterei** Roma.
If I were in Italy, I would visit Rome.

Se fossi stato in Italia, **avrei visitato** Roma.
If I had been in Italy, I would have visited Rome.

Se avesse fame, **mangerebbe.**
If she were hungry, she would eat.

Se avesse avuto fame, **avrebbe mangiato.**
If she had been hungry, she would have eaten.

Se la cosa **mi interessasse, sarei andato** alla riunione.
*If the matter **were of any concern to me,** I would have attended the meeting.*

Se mangiasse meglio, non **si sarebbe ammalata.**
If she ate better, she would not have fallen ill.

2. In all other conditional sentences the indicative is used in both clauses.

Se ha denaro, me lo **darà.**
If he has money, he will give it to me.

Se lo diceva lui, **era** vero.
If he said it, it was true.

Se andrò a Roma, **visiterò** il **Foro.**
If I go to Rome, I will visit the Forum.

Se cantava, vuol dire che **era** felice.
If she was singing, it means that she was happy.

When the indicative is used in *if* clauses, the speaker is expressing confidence in the outcome, given the condition, and is implying that the condition itself possibly already exists or could very possibly come to exist.

ESERCIZI

A. Formate nuove frasi sostituendo il soggetto della proposizione subordinata con quelli indicati.

1. Non sapevo che Marco si interessasse di politica.
   (voi; tu; i tuoi fratelli; zio Tino)
2. Pensava che Renata ripartisse subito.
   (noi; io; anche tu; voi; gli zii)
3. Tutti speravano che la zia fosse giunta a destinazione.
   (tu; io; noi due; tu e Renata)

B. Formate nuove frasi sostituendo il soggetto della proposizione subordinata con quelli indicati.

1. Dubitava che anche gli artigiani avessero scioperato.
   (io; voi; noi; l'ingegnere; tu)
2. Bisognava che lei avesse chiesto il permesso.
   (voi; noi; tu; io; tutti)
3. Gli zii avevano paura che Renata fosse già arrivata.
   (noi; anche tu; tu e Simone; io; Dario e Amerigo)

C. Riscrivete le frasi seguenti facendo i cambiamenti indicati.

Esempio: È bene che tu gli scriva. (era bene) →
Era bene che tu gli scrivessi.

1. Mi sembra che guadagnino assai poco. (mi sembrava)
2. Pensa che tu abbia poca pazienza. (pensava)
3. È l'unica città italiana che io conosca. (era)
4. Zia Maria crede che due mesi non bastino. (credeva)
5. Vogliono che tu regali loro dei biglietti. (volevano)
6. Desidero che rientriate presto. (desideravo)

D. Date nuove risposte alla domanda seguendo l'esempio.

Esempio: Che cosa credevi? (loro due / trattenersi più a lungo) →
Credevo che loro due si trattenessero più a lungo.

1. tu / annoiarsi
2. nessuno / preoccuparsi
3. voi / convertire la fattoria in una villa
4. la folla *(crowd)* / disperdersi
5. mia nipote / ricevere un permesso di un anno
6. i regali / andare bene

E. Formate nuove risposte seguendo l'esempio.

Esempio: Io credevo che Renata arrivasse oggi. E voi? →
Noi credevamo che fosse già arrivata.

1. Io credevo che gli zii andassero all'aeroporto adesso. E tu?
2. Io credevo che l'artigiano finisse di lavorare prima di sera. E voi?
3. Io credevo che il padre di Marina leggesse *Il Milione*. E tu?
4. Io credevo che cercasse un'edizione particolare. E voi?
5. Io credevo che Renata tornasse all'agenzia con te. E tu?

F. Riscrivete le frasi seguenti facendo il cambiamento suggerito.

Esempio: Desideravano parlare. (voi) →
Desideravano che voi parlaste.

1. Preferivo leggere davanti al fuoco. (tu)
2. Volevano fare un bel viaggio. (Lei)
3. Avevano paura di dire di no. (io)

4. Non voleva andare alla dogana *(customs)*. (voi)
5. Desideravo poter restare. (tu)
6. Speravamo di non avere né fame né sete. (i suoi genitori)

G. Riscrivete le frasi seguenti facendo i cambiamenti necessari.

Esempio: Se ricevo il suo telegramma, non gli rispondo.
Se ricevessi il suo telegramma, non gli risponderei.

1. Se non li trova a casa, ripassa fra un'ora.
2. Se mia madre mangia troppo, sta male.
3. Se non mi gustano gli spaghetti, ordino un altro piatto.
4. Se non abbiamo abbastanza denaro, possiamo chiedere un prestito *(loan)* alla banca.
5. Se non vi piace coltivare i campi, vi trasferite in città.
6. Se non vanno a prenderlo all'aeroporto, prende la metropolitana.

H. Completate ogni frase con la forma corretta del verbo fra parentesi, all'indicativo o al congiuntivo secondo la necessità.

1. Se fa bel tempo, anche noi _____ (andare a piedi).
2. Se io _____ (essere) Francesco, non guiderei ad alta velocità.
3. Se Renata _____ (vedere) gli zii, li saluta.
4. Se Renata _____ (conoscere) l'America, le piacerebbe.
5. Potrei visitarti ogni anno, se tu non _____ (abitare) così lontano.
6. Se io non _____ (studiare) ogni giorno, starei fresco.

I. **Domande.** Rispondete con frasi complete.

1. Se Lei fosse il rettore (presidente) dell'università, cosa farebbe?
2. Se avesse tempo e denaro dove andrebbe? Con chi?
3. Se fosse a Pisa, cosa andrebbe a vedere?
4. In quale paese europeo desidererebbe passare un anno intero? Perché?
5. Se La invitassero alla Casa Bianca a Washington, cosa direbbe al Presidente degli Stati Uniti?
6. Se un giorno tornando a casa dal lavoro (dall'università) trovasse il suo appartamento completamente vuoto, chi chiamerebbe? Dove dormirebbe? Cosa farebbe?

Pisa: La Basilica e la Torre Pendente viste dal Battistero.

J. **Situazioni.** Per ogni situazione indicata, usate il congiuntivo il più possibile.

1. **Se vincessi l'auto ...** Lei è un partecipante a un quiz televisivo. Per vincere il primo premio *(prize),* una Ferrari Testa Rossa, deve spiegare al pubblico *(audience)* che cosa farebbe con l'auto. Se in un minuto riesce a dare dieci modi in cui userebbe la Ferrari, la macchina è Sua!

2. **Se fossi te ...** Il Suo fratellino sta per cominciare le scuole superiori e ieri sera Lei gli ha dato alcuni consigli per riuscire a scuola. Oggi sta raccontando ai Suoi genitori ciò che Lei gli ha detto, consigliato o suggerito.

Come si dice?

Making promises

Here are some phrases that you can use to extract promises or make or reject them.

Mi prometti che non lo dirai a nessuno?	*Do you promise me that you will not tell this to anyone?*
Te lo prometto.	*I promise.*
Te lo assicuro.	*I assure you.*
Puoi contare su di me.	*You can count on me.*
Ti giuro che ...	*I swear that . . .*
Detto tra me e te ...	*Between you and me . . .*
Mi dispiace, ma non posso promettertelo.	*I am sorry but I can't promise you this.*

A. **Promettimelo!** Lei sta partendo per un lungo soggiorno all'estero, e il Suo fidanzato (la Sua fidanzata) è molto geloso(a) *(jealous).* Come gli (le) assicura che Lei farà tutto quello che Le chiede di fare? Rispondete alle domande.

1. Mi scriverai ogni settimana, vero?
2. So già che ti dimenticherai di me appena arrivi a ...
3. Promettimi che non uscirai mai con nessun altro ragazzo (nessun'altra ragazza).
4. Promettimi che risparmierai il più possibile in modo che ci potremo sposare appena rientri in Italia.
5. Mi telefonerai un giorno sì e un giorno no *(every other day),* vero?

B. **Non dirlo ad anima viva!** *(Don't tell a soul!)* Chieda a un Suo (una Sua) conoscente di fare o non fare certe cose. Identifichi il (la) conoscente, elenchi *(list)* le Sue richieste e dia le risposte a forma di dialogo da presentare alla classe.

30 IL VECCHIO EMIGRANTE

Gloria e Dario stanno attraversando in fretta una piazza.

Gloria: Sbrigati.
Dario: Perché tanta fretta?
Gloria: Voglio vedere Salvatore Scaccia.
Dario: E chi sarebbe?
Gloria: Come chi sarebbe? Non leggi i giornali tu? È un vecchio emigrante appena tornato dall'America.
Dario: E che vuol dire? Tanti emigranti tornano dall'America.
Gloria: Sì, ma lui è una leggenda. Ha novantatré anni, manca dall'Italia da più di settanta, è milionario e ha scritto un libro.

Emigranti italiani arrivano a Ellis Island.

Dario:	Ma no!
Gloria:	Ma sì. E non solo; dicono che abbia dato un milione di dollari per la costruzione di un ospedale nel suo paesetto in Calabria... di fatti è di origine calabrese. Sembra che da giovane facesse il muratore; poi diventò appaltatore e fece un sacco di quattrini.
Dario:	Beato lui! Magari lo desse anche a me un milioncino!
Gloria:	C'è una conferenza stampa per la pubblicazione del suo libro, *Vita di un emigrante.* Dicono che sia affascinante.
Dario:	Spiega come si faccia a diventare milionari?
Gloria:	Ma su, smettila di fare lo spiritoso. È un libro serio che racconta la storia dei vecchi emigranti e... eccolo, eccolo; dev'esser lui. Vedi quanti giornalisti? Andiamo!

DOMANDE

1. Chi vuole vedere Gloria? Perché?
2. Perché Salvatore Scaccia non è un tipico emigrante?
3. È diventato milionario perché faceva il muratore?
4. Di che cosa tratta il libro di Scaccia?
5. «Beato lui!» dice Dario del vecchio emigrante. Perché?
6. Perché ci sono tanti giornalisti?
7. Che cosa vuole chiedere Dario?
8. Cosa farebbe Lei se avesse un milioncino di lire? E un milioncino di dollari?

Vocabolario

Sostantivi

l' **appaltatore** *(m.)* contractor
la **conferenza stampa** press conference
la **costruzione** construction
la **fretta** haste, hurry
il/la **giornalista** journalist
la **leggenda** legend
il **milionario**, la **milionaria** millionaire *(n. and adj.)*
la **notizia** news
l' **ospedale** *(m.)* hospital
il **paesetto** small town
la **pubblicazione** publication
i **quattrini** *(pl.)* money

Aggettivi

brutto bad, ugly
calabrese of/from Calabria *(a region in Italy)*
speciale special
spiritoso funny; witty

Verbi

attraversare to cross
mancare (da) to be away (from)
sbrigarsi to hurry up

Altri vocaboli

pure by all means

Espressioni

beato lui! lucky fellow!
da giovane as a young man
di fatti in fact
fare lo spiritoso to try to be funny
ma no! don't tell me!
ma su! come now!
smettila! cut it out!
  smettila di fare ... stop being . . .
voler dire to mean
  e che vuol dire? so what?
un milioncino a tidy little million

When we think of Italy's contribution to western culture, we often think of the great writers, artists, scientists, and explorers of past ages. However, many are the contributions of modern Italians. Some of these Italians were immigrants whose ingenuity and talent helped make their adoptive countries powerhouses of the twentieth century.

Enrico Fermi (1901–1954), nuclear physicist and recipient of the 1938 Nobel Prize in physics. He developed the first nuclear reactor and discovered beta decay.

Amedeo P. Giannini (1870–1949), banker and financier. He founded the Bank of America.

Guglielmo Marconi (1874–1937), scientist and recipient of the Nobel Prize in 1909. He invented the wireless. His work with the transmission of electromagnetic waves laid the foundations for today's information age.

Emilio Segrè (1905–1989), nuclear physicist. He won the Nobel Prize in 1959 along with O. Chamberlain for their discovery of the anti-proton.

Arturo Toscanini (1867–1957)—in a country of musicians, he was beloved as the conductor of the century.

Amedeo P. Giannini

Other names are lost and forgotten, for there were also humble exponents of Italian genius. One such man had the unlikely name of **Amedeo Obici.** You may know his product, but do not recognize the name. In 1889 he immigrated to the United States as an eleven-year old. After three months of school, he left his uncle's house and moved to Wilkes-Barre, Virginia, to work for Italian greengrocers for six dollars a month. He then "discovered" the peanut and the irresistible effect it has when roasted and salted. He got a cart, marked "The Peanut Specialist," put a small roaster on it and sold packets of roasted peanuts for five cents each. By 1906, he founded Planters Peanut Co. His marketing savvy and timing were phenomenal (he regarded anyone with teeth a potential customer), and he survived the Great Depression very well. By 1937 Planters was spending $450,000 annually in publicity alone.

Italians seem always to have done very well by their carts. When the 1906 earthquake and fire destroyed San Francisco, A. P. Giannini tossed his bank's assets in a cart, covered them with cabbages and took his customers' money to safety. With other banks out of commission, Giannini continued his banking on the streets with his cart. His financial services in the ravaged city were essential in rebuilding San Francisco.

Arturo Toscanini

Grammatica

I. L'imperfetto del congiuntivo di *dare, dire* e *fare*

Dare	Dire	Fare
dessi	dicessi	facessi
dessi	dicessi	facessi
desse	dicesse	facesse
dessimo	dicessimo	facessimo
deste	diceste	faceste
dessero	dicessero	facessero

Voleva che tu gli **dessi** l'indirizzo.	*He wanted you to give him the address.*
Se vi **dessimo** le indicazioni, verreste?	*If we gave you the directions, would you come?*
Sebbene io lo **dicessi,** non mi voleva ascoltare.	*Although I said it, he did not want to believe me.*
Non sapeva che io **facessi** l'architetto.	*He did not know that I was an architect.*
Il progetto richiedeva che **facessimo** la massima attenzione ai dettagli.	*The project required that we pay the utmost attention to detail.*

II. I tempi del congiuntivo (*Sequence of tenses with the subjunctive*)

It is important to note that the tense of the subjunctive is determined by the tense of the main verb, as follows:

1. If the verb in the main clause is in the *present* or *future tense* or is *imperative*, the present subjunctive is used in the dependent clause if the action of the subordinate verb is taking place *at the same time* or *will take place* in the future with respect to the action of the main verb. The present perfect subjunctive is used if the action of the subordinate verb has taken place before the action of the main verb.

Non **credo** che **legga** quel libro.	*I do not **believe** he **is reading** that book.*
Voglio che **legga** quel libro.	*I **want** him to **read** that book.*
Vorrò che **legga** quel libro.	*I **will want** him to **read** that book.*
Digli che **legga** quel libro!	*Tell him to **read** that book!*
BUT **Credo** che **abbia** già **letto** quel libro.	*I **believe** he **has** already **read** that book.*

2. If the verb of the main clause is in a *past* or *conditional tense*, the imperfect subjunctive is used in the dependent clause if the action was taking place *at the same time* or *has not yet* taken place. The past perfect subjunctive is used if the action has *already* taken place with respect to the action of the main verb.

Credevo che **mangiassero**.	*I thought they were eating.*
Non **vorrei** che **mangiassero** troppo presto.	*I would not want them to eat too early.*
Credevo che **avessero** già **mangiato**.	*I thought they had eaten already.*

III. La preposizione *da*

1. When an infinitive that can be made passive in meaning *(to sell, to be sold)* depends on a noun, the preposition **da** is used and often expresses determination or necessity.[1]

Hanno una macchina **da vendere**.	*They have a car to sell.*
Ho due libri **da leggere**.	*I have two books to read.*

2. **Da** is always used before an infinitive that depends on **qualcosa, niente** or **nulla, molto, poco, tanto,** and **troppo**.

Ho **qualcosa da dirLe**.	*I have something to tell you.*
Non c'è **niente da mangiare**.	*There is nothing to eat.*
Abbiamo **molto (troppo) lavoro da fare**.	*We have a lot of (too much) work to do.*

IV. Alcuni usi delle preposizioni *a* e *di*

1. We have seen that some verbs govern the infinitive without a preposition and that some require a preposition before an infinitive. Among the most common of the former are: **dovere, fare, potere, preferire, sapere, sentire, vedere,** and **volere**.

Dobbiamo partire prima che faccia notte.	*We must leave before night falls.*
Sa suonare il pianoforte.	*He knows how to play the piano.*
Preferisco parlare inglese.	*I prefer to speak English.*
Vogliamo visitare il Vaticano.	*We want to visit the Vatican.*
La **sentiamo cantare**.	*We hear her singing.*

2. Many verbs that indicate *motion, beginning, continuing, teaching, learning* and *inviting* require the preposition **a** before an infinitive. Among the most common are: **andare, cominciare, continuare, imparare, incominciare, insegnare, riuscire,** and **venire**.

---

[1] For other uses of the preposition **da**, refer to Chapters 5, II; 13, VI; and 14, IV-4.

Incomincio a capire.	I am beginning to understand.
Le **insegna a nuotare.**	He is teaching her to swim.
Va a casa **a suonare** il piano.	She is going home to play the piano.
Continua a parlare italiano.	He continues to speak Italian.
Non **sono riuscito a convincerlo.**	I did not succeed in convincing him.

3. Some verbs require the preposition **di** before an infinitive, and they should be learned as one meets them for the first time. Some of these verbs are: **avere bisogno, avere piacere** *(to be pleased)*, **cercare, credere, decidere, dimenticare, dire, domandare, finire, permettere** *(to permit, allow)*, **pregare** *(to pray, beg)*, **promettere** *(to promise)*, **sperare.**

Ha **promesso d'andarci.**	She promised to go there.
Mi **pregarono d'andare** con loro.	They begged me to go with them.
Ho **detto** a Maria **di venire** con noi.	I told Maria to come with us.
Crede di parlare bene.	She thinks she speaks well.
Ho **dimenticato di dirglielo.**	I forgot to tell him.

The personal object of these verbs, if transitive (except **pregare**), is indirect.

Gli ha promesso di ritornare.	She promised him she would return.
Gli finisco di fare questo lavoro.	I'm finishing (doing) this work for him.
Le permetto di suonare il trombone a casa.	I allow her to play the trombone in the house.

4. The English present participle, preceded by the prepositions *before* (**prima di**), *without* (**senza**), *instead of* (**invece di**), and *besides* (**oltre a**) is translated in Italian by the infinitive.

Partì **senza dirmi** addio.	She went away **without saying** good-bye *to me.*
Prima di uscire, chiudi la finestra.	**Before going out,** close the window.

After **dopo,** however, the past infinitive is always used.

Dopo aver fatto colazione, andò a scuola.	**After eating** breakfast, he went to school.

V. L'infinito come sostantivo
(The infinitive as a noun)

An infinitive is sometimes used as a noun (subject, direct object, or predicate) to translate the English gerund. When used as a subject, the infinitive may take the masculine definite article.

Mi piace **nuotare.**	I like **swimming.**
(Il) leggere è piacevole	**Reading** is entertaining.

ESERCIZI

A. Formate nuove frasi sostituendo il soggetto della proposizione subordinata con quelli indicati.

1. Voleva che mio fratello facesse l'architetto.
   (io; noi; mio fratello e mia sorella; voi; tu)
2. Sperava che io gli dessi dei soldi.
   (tu; noi, gli appaltatori; tu e tuo fratello; il signor Scaccia)
3. Preferivano che tu non dicessi niente.
   (noi; io; i giornali; voi; l'emigrante)

B. Rispondete a ciascuna delle domande seguenti.

Esempio: Sapeva Lei che Salvatore Scaccia faceva il muratore? →
            No, non sapevo che facesse il muratore.

1. Sapeva che io facevo il professore?
2. Sapeva che noi facevamo gli ingegneri?
3. Sapeva che i fratelli Scaccia facevano gli appaltatori?
4. Sapeva che Salvatore Scaccia sempre dava quattrini al suo paese?
5. Sapeva che tutti dicevano che Carlo era molto ricco?
6. Sapeva che anche noi eravamo emigranti?

C. Rispondete a ciascuna delle domande seguenti usando i pronomi appropriati.

Esempio: Sapevate che avevo dato tutti i miei soldi all'università? →
            No, non sapevamo che li avesse dati all'università.

1. Sapevate che avevano dato una conferenza stampa?
2. Sapevate che aveva scritto due biografie?
3. Sapevate che qualcuno aveva attraversato la penisola in bicicletta?
4. Sapevate che io avevo tradotto il titolo?
5. Sapevate che quegli emigranti avevano fatto molti quattrini?
6. Sapevate che noi avevamo raccontato la sua leggenda?

D. Formate frasi singole includendo le congiunzioni che introducono il congiuntivo.

Esempio: Ogni giorno camminavamo per due ore. Pioveva.
            (sebbene) →
            Ogni giorno camminavamo per due ore sebbene piovesse.

1. La vita era bella. Guadagnavamo poco. (benché)
2. Ha scritto il libro in inglese. Tutti lo leggevano. (affinché)
3. Voleva ritornare al paese. In America stava bene. (sebbene)
4. Desideravo vedere il Polo Nord. Il viaggio finiva. (prima che)
5. Ti porterò con me. Tu stare buono. (purché)
6. Lavorava anche la domenica. C'era la partita. (a meno che)

E. Rispondete alle seguenti domande nei tre tempi indicati nell'esempio.

Esempio: Quando arriverà Renata? →
(ora, oggi) Penso che arrivi oggi.
(ieri) Pensavo che arrivasse ieri.
(ieri, ieri l'altro) Pensavo che fosse arrivata ieri l'altro.

1. Quando verranno i fratelli Scaccia?
2. Quando ritornerà il vecchio emigrante?
3. Quando partirà l'architetto?
4. Quanto si incontreranno i due fratelli?
5. Quando rientreranno i tuoi zii?
6. Quando andrà al Vaticano tuo padre?

F. Completate le frasi seguenti con la forma corretta dei verbi fra parentesi.

1. Andremmo al lungomare se _____ (fare) bel tempo.
2. Se prendessimo la metropolitana, _____ (risparmiare) tempo e soldi.
3. Se ieri io _____ (potere) finire il compito, oggi _____ (andare) a sciare.
4. Imparereste tutto se _____ (studiare) sempre.
5. La professoressa dice che Francesco _____ (capire) sempre tutto.
6. Abbiamo salutato il signor Scaccia prima che lui _____ (partire).

G. Formate nuove frasi usando gli elementi suggeriti e il tempo indicato nell'esempio.

Esempio: non era vero / Renata / crescere molto →
Non era vero che Renata fosse cresciuta molto.

1. era possibile / Salvatore Scaccia / ripetere molte cose
2. era proprio insopportabile *(unbearable)* / tu / fare lo spiritoso in quella situazione
3. era incredibile / voi / dare un milione di dollari al museo
4. era probabile / i muratori / costruire l'ospedale
5. anche noi credevamo / tutti / uscire
6. pensava / il viaggio / essere lungo e noioso

H. Formate frasi usando gli elementi suggeriti e la preposizione **a** quando necessaria.

Esempio: Loro / riuscire / capire tutto →
Loro riescono a capire tutto.

1. io / preferire / parlare inglese
2. anche tu / continuare / non capire

3. noi / cominciare / raccontare la storia
4. Salvatore Scaccia / venire / presentare il libro
5. Salvatore Scaccia / volere / pubblicare il libro
6. Salvatore Scaccia / incominciare / parlare ai giornalisti

I. Completate usando una preposizione se necessaria.

1. Quando incomincerete _____ scrivere la storia della vostra vita?
2. Puoi _____ venire con me?
3. Preferisco _____ andare a piedi.
4. Renata e gli zii sperano _____ rivedersi.
5. Vi insegnerò _____ parlare inglese.
6. Salvatore Scaccia lavorava moltissimo _____ giovane.
7. Che cosa sei venuto _____ vedere?
8. In qualche paese della Calabria c'era poco _____ mangiare.

J. **Domande.** Rispondete con frasi complete e originali.

1. Ha mai visto Lei il Polo Nord? Se sì, quando?
2. Ci sono, o ci furono, emigranti nella Sua famiglia? Quando arrivarono nel Nord America (Australia)?
3. Che cosa farà quando avrà finito l'università?
4. Pensa che sia facile diventare milionario/a?
5. Le piacerebbe diventare milionario/a? Perché?
6. Legge i giornali? Quali? Li legge ogni giorno? Come sono le notizie di oggi?
7. Conosce qualche giornalista (uomo o donna)?
8. Qual è la Sua opinione della stampa, in generale?

K. **Dialogo aperto.** Immaginate di essere il (la) giornalista che intervista Salvatore Scaccia. Completate il dialogo in modo corretto e logico.

Giornalista:	_____
S. Scaccia:	Non lo sa ancora? Salvatore Scaccia!
Giornalista:	_____
S. Scaccia:	La mia età è un segreto. E poi non interessa a nessuno.
Giornalista:	_____
S. Scaccia:	Lasciai il mio paese nel 1908.
Giornalista:	_____
S. Scaccia:	No, io e la mia famiglia ci trasferimmo a Los Angeles nel 1922.
Giornalista:	_____
S. Scaccia:	Eh, ho fatto un po' tutti i mestieri. Ma certo non ho mai avuto paura di lavorare.
Giornalista:	_____
S. Scaccia:	Lo parlo ancora perché l'ho parlato sempre.
Giornalista:	_____
S. Scaccia:	Con mia moglie, con i miei figli e con i miei amici.

*Una casatorre
a San Gimignano.*

Giornalista:	_____
S. Scaccia:	Anche mio figlio fa l'appaltatore. Mia figlia è professoressa d'italiano.
Giornalista:	_____
S. Scaccia:	Con il lavoro, con il risparmio e con la buona salute. E con un po' di fortuna!

Come si dice?

Enlisting help

These expressions can be used when enlisting someone's help. Note that the forms using the present conditional are more polite than those using the subjunctive or the imperative.

INFINITIVE:

Per favore, aiutami a + *inf.*

Per favore, aiutami a pulire il
bagno.

*Please, help me clean the
bathroom.*

CONDITIONAL:

Mi aiuteresti a + *inf.?*

Mi aiuteresti a pulire il bagno,
per favore?

*Would you please help me clean
the bathroom?*

[*pres. conditional*], **per favore?**

Puliresti il bagno, per favore?

*Would you clean the bathroom,
please?*

SUBJUNCTIVE:

Bisogna che + *pres. subj.*

Bisogna che tu pulisca il bagno.

*It is necessary for you to clean
the bathroom.*

È ora che + *pres. subj.*

È ora che tu pulisca il bagno.

*It's time you cleaned the
bathroom.*

Ho bisogno che + *pres. subj.*

Ho bisogno che tu mi pulisca il
bagno.

*I need you to clean the
bathroom for me.*

IMPERATIVE:

[*imperative*], **per favore.**

Pulisci il bagno, per favore.

Clean the bathroom, please.

A. **Mi potresti aiutare?** Chieda alle seguenti persone di aiutarLa a fare le cose indicate. Per ogni richiesta spieghi perché Lei ha bisogno di aiuto.

> *Esempio:* il Suo assistente / spedire un pacco *(package)* personale →
> Andrea, ho bisogno che Lei mi spedisca questo pacco personale quando va all'ufficio postale. Volevo passarci io stamattina, ma non ho avuto tempo.

1. il Suo compagno (la Sua compagna) di classe / tradurre una lèttera in tedesco
2. la Sua sorellina / spolverare *(to dust)* i mòbili del salotto
3. il professore d'italiano / studiare per l'esame di maturità
4. il Suo compagno (la Sua compagna) di stanza / pulire l'appartamento
5. il Suo amico Simone / cambiare l'olio alla màcchina
6. la segretaria dell'ufficio di collocamento / riempire il mòdulo per la domanda da infermiere (infermiera) all'ospedale di Santa Lucìa

B. **Chi fa le faccende di casa?** Lei vuole fare una buona impressione quando la famiglia viene a farLe visita e chiede al Suo compagno (alla Sua compagna) d'appartamento di aiutarLa a pulire la casa. Lui (lei) dice che non ha tempo e Lei si arrabbia. Crei un diàlogo (abbastanza intenso) che spieghi le Sue ragioni e il Suo punto di vista e quelli del Suo compagno (della Sua compagna) d'appartamento.

Espressioni utili:

dare l'aspirapolvere *(to vacuum)*

dare lo straccio *(to mop)*

fare il bucato *(to do the laundry)*

fare il letto *(to make the bed)*

lavare i piatti *(to wash the dishes)*

mettere in ordine *(to tidy up)*

mettere via la roba *(to put things away)*

portare fuori la spazzatura *(to take out the garbage)*

pulire i vetri *(to clean the windows)*

spazzare *(to sweep)*

spolverare *(to dust)*

L'ITALIA E L'AMERICA

L'Italia e l'America sono state legate da intimi rapporti° dal giorno della scoperta del nuovo continente fino a oggi. Un italiano, Cristoforo Colombo, scoprì l'America. Il nuovo continente fu chiamato «America» in onore di un altro navigatore italiano, Amerigo Vespucci. Attraverso° i secoli l'arte, la musica, la letteratura e le scoperte dei grandi scienziati° italiani hanno avuto un'influenza profonda nello sviluppo della civiltà° americana. Dante, Michelangelo, Leonardo, Galileo, Marconi, sono parte del patrimonio° culturale americano come di quello italiano.

ties

Through
scientists
civilization

heritage

Oggi negli Stati Uniti la presenza della cultura italiana nella vita giornaliera° degli americani ha radici° profonde. Dalla cucina alla musica, dalle arti figurative al cinema, gli esempi di influssi° italiani sono innumerevoli. D'altro canto,° gli Stati Uniti hanno influenzato la cultura italiana negli ultimi cinquant'anni, e le relazioni culturali, politiche e economiche sono in un flusso° costante in tutte e due le direzioni.

daily / roots

influences

On the other hand

flux

Nei tempi moderni la presenza italiana negli Stati Uniti è stata accentuata dall'arrivo di milioni di nuovi emigranti. Tra questi, individui come Arturo Toscanini, Amedeo Giannini, Enrico Fermi, Emilio Segrè, Giancarlo Menotti e tanti, tanti altri hanno dato un contributo essenziale nei loro campi rispettivi. Venticinque milioni di cittadini americani di origine italiana vivono oggi negli Stati Uniti e l'impronta° del loro patrimonio culturale dalla terra dei loro antenati è ormai un fatto storico.

mark

ESERCIZIO DI COMPRENSIONE

1. Da chi o che cosa deriva il nome «America»?
2. Erano artisti o navigatori Marconi e Galileo?
3. L'Italia ha influenzato l'America soltanto nella cucina?
4. E l'America, come ha influenzato l'Italia negli ultimi cinquant'anni?
5. In quale campo ha dato un gran contributo Arturo Toscanini?
6. Quanti Americani d'origine italiana ci sono negli Stati Uniti?
7. Chi erano Giannini e Fermi?
8. Cos'è ormai un fatto storico?

RIPETIZIONE VIII

A. Completate con la forma corretta dell'articolo e della preposizione.

1. _____ italiano è facile, non è vero?
2. Andiamo sempre _____ cinema.
3. Quella è la mia compagna _____ classe.
4. Quanto costano _____ orologi svizzeri?
5. Andremo _____ Italia del Nord.
6. Gianni l'aspetta vicino _____ albergo.

B. Completate con la forma corretta dell'aggettivo **bello.**

1. Ieri i fagiolini erano molto _____ .
2. Fa _____ tempo, oggi.
3. È un _____ affare!
4. Che _____ scherzo!
5. Che _____ ragazze!
6. Che _____ ragazzi!

C. Date l'equivalente italiano.

1. our work
2. his brothers
3. our dear little sister
4. her vacations
5. their monotonous speeches
6. his arms

D. Riscrivete al plurale.

1. Questo telegramma sarà certamente troppo lungo.
2. Il dito di Giannino è corto.
3. Quell'autobus era sempre in ritardo.
4. Questa possibilità è molto limitata.
5. Il greco è mio amico.
6. La tua valigia è grande e grigia.

E. Riscrivete le frasi usando le forme alternative.

Esempio: delle centinaia →
alcune centinaia
qualche centinaio

1. delle uova
2. degli edifici
3. dei professionisti
4. delle giornaliste
5. delle dita
6. degli appaltatori
7. dei personaggi
8. delle edizioni
9. delle migliaia
10. dei muratori

F. Completate le frasi seguenti mettendo i verbi al passato prossimo. Fate tutti i cambiamenti necessari.

1. Ieri io _____ (uscire) con Adriana e le _____ (raccontare) l'affascinante storia di un'emigrante italiana.
2. Renata _____ (stare) in America quattro mesi e _____ (imparare) l'inglese molto bene.
3. Il signor Maratti e sua moglie _____ (stare in piedi) vicino alla porta e _____ (fermarsi) per un'ora.
4. Noi _____ (incontrare) due vecchie compagne e le _____ (accompagnare) alla libreria.

G. Volgete il brano seguente al passato. Prestate attenzione alla necessità di scegliere fra il passato prossimo e l'imperfetto.

L'aereo del Presidente Botticelli arriva alle dieci in punto. Il presidente americano e sua moglie stanno aspettando. Sono cinque anni che i due presidenti non si vedono. Quando la porta dell'aereo si apre il Presidente Botticelli saluta molto cortesemente. La banda suona gli inni (*anthems*) nazionali, poi i due presidenti e la signora vanno verso l'automobile. Piove e tira vento. L'automobile arriva alla residenza presidenziale alle dieci e quarantacinque. Ci sono molti turisti che guardano. I due presidenti li salutano e poi entrano nell'edificio. Il Presidente Botticelli ha molto sonno. Per questo dice «Arrivederci» e va a dormire. Il presidente americano risponde: «ArrivederLa» e ritorna nel suo ufficio dove molte persone lo aspettano.

H. Riscrivete le frasi seguenti all'imperativo sostituendo le parole in corsivo con i pronomi appropriati.

Esempio: Tu non compri *le sigarette*. →
Per favore, non comprarle.

1. Il signor Scaccia dà *quattrini a tutti*.
2. Voi non andate *all'edicola*.
3. Lui vende molti *libri*.
4. Voi leggete *la rivista scientifica*.
5. Tu non prendi mai *il cappuccino*.
6. Sempre diamo *informazioni utili ai turisti*.

I. Domandi a un amico o a un'amica ...

1. if he (she) is thirsty
2. if he (she) was cold yesterday
3. why he (she) is in a hurry
4. how old he (she) will be next year
5. why he (she) does not take a short walk
6. if he (she) listens to the news on the radio or on television

J. Completate con la forma corretta del verbo fra parentesi.

1. Credo che le due ragazze _____ (andare) a Piazza di Spagna ieri.
2. La professoressa credeva che tutti _____ (capire) le spiegazioni del giorno precedente.
3. Dice che l'appaltatore _____ (esagerare) sempre.
4. Mi hanno salutato prima che io _____ (entrare) nella banca.
5. Se potessero rinnovare il passaporto, _____ (partire) subito.
6. Se tu _____ (essere al corrente), non diresti questo.

K. **Che cosa faresti tu?** Fate le seguenti domande a un altro membro della classe.

Ask . .

1. if he (she) would get up early if he (she) did not have class
2. if he (she) would feel better if he (she) were rich
3. if he (she) had time, would he (she) go visit relatives and friends, go on vacation, or work
4. where he (she) would reside if he (she) could move
5. what would he (she) buy if he (she) won the Totocalcio lottery in Italy

L. **Domande.** Rispondete con frasi complete e originali.

1. Le piacerebbe vivere e lavorare all'estero? Dove?
2. Che cosa vorrebbe fare dopo l'università?
3. Che cosa crede che faranno i Suoi compagni di classe quando avranno finito l'università?
4. Dove crede che preferiranno vivere?
5. Lei vede mai qualche Suo compagno della scuola secondaria? Della scuola elementare?
6. Di che cosa parlate quando vi vedete? Cosa fanno loro ora?

MARIO CIPPITELLI

via di San Pancrazio 19/5
0800-152 ROMA

(his son was an architect)

MARIA MASTROLORENZI
(she owns Art Gallery in Rome)
via Monte del Gallo 41
636865
ROMA 00-165

(Her son was champion in windsurfen)

SENIORA GORIO / PROF. GORIO
Tel: 537 0686
via Manasei 30
Last floor right, her daughter
owns penthouse above their
apartment ————→

Their daughter is an architect,
but their second daughter is a
doctor → RAFAELLA GORIO CELLI
- via Quinizelli - tel. 5806925

VELINA

APPENDICES

APPENDIX 1: THE VERB *FARE* WITH A DEPENDENT INFINITIVE

1. The verb **fare** followed by an infinitive indicates that the action is carried out by someone else, namely, it translates the English *to have something done;* for example: *They are having the car painted.* Thus, **fare** + infinitive + noun = *to have* + noun + past participle.

Faccio tradurre una poesịa.	*I am having a poem translated.*
Facciamo pulire la casa.	*We are having the house cleaned.*
Marịa **ha fatto rinnovare** il passaporto.	*Maria had her passport renewed.*

2. **Fare** followed by an infinitive also translates *to have someone do something.* In this causal construction the noun object follows the infinitive, but the pronoun object precedes the verb **fare.**

Faccio cantare Mario.	*I am having Mario sing.*
Lo faccio cantare.	*I am having him sing.*
Faremo venire Luisa a casa nostra.	*We will have Luisa come to our house.*
La faremo venire a casa nostra.	*We will have her come to our house.*
L'insegnante **ci faceva studiare** tutti i giorni.	*The teacher made us study every day.*

In the above construction, if there are two objects, the *thing* is a direct object and the *person* an indirect object. Both follow the infinitive if they are nouns (the direct preceding the indirect), but precede **fare** if they are pronouns.

Farò lẹggere **la lezione a Marịa.**	*I will have Maria read the lesson.*
Gliela farò lẹggere.	*I will have her read it.*
Faremo visitare **il musẹo ai nostri amici.**	*We will have our friends visit the museum.*
Glielo faremo visitare.	*We will have them visit it.*

When the action is done on behalf of the subject, the verb **fare** should be made reflexive.

Si fece lavare i capelli.   *She had her hair washed.*
Si faranno riparare la macchina.   *They will have their car repaired.*

3. Constructions such as *I will have John accompany me* are translated as if they expressed in English *I shall have myself accompanied* **by** *John.*

Mi farò accompagnare **da** Giovanni.   *I will have John accompany me.*
Ci facciamo lavare le camicie **dalla**   *We are having the maid wash our*
cameriera.   *shirts.*

ESERCIZI

A. Rispondete a ciascuna delle domande seguenti.

Esempio: Traduci tu questo libro? →
          No, lo faccio tradurre.

1. Aprite voi il negozio?
2. Fa lui questo anello?
3. Pulisci tu la casa?
4. Chiedete voi il permesso?
5. Prenota Lei il volo per Parigi?
6. Prepari tu il dolce per la festa?

B. Rispondete a ciascuna delle domande seguenti.

Esempio: Chi farai venire? (Mario) →
          Farò venire Mario.

1. Chi farete cantare? (gli studenti di primo anno)
2. Chi faranno rientrare? (il signor Baldoni)
3. Chi farai leggere ad alta voce? (quella studentessa là)
4. Chi farai ripetere? (lo studente che non ascolta)
5. Chi farete cominciare? (Gianni)
6. Chi farà andare al congresso il presidente dell'università? (solo gli studenti universitari)

APPENDIX 2: VERB CHARTS

AUXILIARY VERBS

Simple tenses

Infinitive	**avere** *to have*		**ẹssere** *to be*	
Gerund	avendo		essendo	
Present indicative	ho	abbiamo	sono	siamo
	hai	avete	sei	siete
	ha	hanno	è	sono
Imperfect indicative	avevo	avevamo	ero	eravamo
	avevi	avevate	eri	eravate
	aveva	avẹvano	era	ẹrano
Past absolute	ebbi	avemmo	fui	fummo
	avesti	aveste	fosti	foste
	ebbe	ẹbbero	fu	fụrono
Future	avrò	avremo	sarò	saremo
	avrại	avrete	sarại	sarete
	avrà	avranno	sarà	saranno
Present conditional	avrẹi	avremmo	sarẹi	saremmo
	avresti	avreste	saresti	sareste
	avrebbe	avrẹbbero	sarebbe	sarẹbbero
Imperative	—	abbiamo	—	siamo
	abbi	abbiate	sịi	siate
	ạbbia	ạbbiano	sịa	sịano

Present subjunctive	abbia	abbiamo	sia	siamo
	abbia	abbiate	sia	siate
	abbia	abbiano	sia	siano
Imperfect subjunctive	avessi	avęssimo	fossi	fǫssimo
	avessi	aveste	fossi	foste
	avesse	avęssero	fosse	fǫssero

Compound tenses

Past participle	avuto			stato (a, i, e)		
Perfect infinitive	avere avuto			ęssere stato (a, i, e)		
Past gerund	avendo avuto			essendo stato (a, i, e)		
Present perfect indicative	ho hai ha } avuto		abbiamo avete hanno } avuto	sono sei è } stato (a)		siamo siete sono } stati (e)
Past perfect indicative	avevo avevi aveva } avuto		avevamo avevate avęvano } avuto	ero eri era } stato (a)		eravamo eravate ęrano } stati (e)
Future perfect	avrò avrai avrà } avuto		avremo avrete avranno } avuto	sarò sarai sarà } stato (a)		saremo sarete saranno } stati (e)
Perfect conditional	avręi avresti avrebbe } avuto		avremmo avreste avrębbero } avuto	sarei saresti sarebbe } stato (a)		saremmo sareste sarębbero } stati (e)
Present perfect subjective	abbia abbia abbia } avuto		abbiamo abbiate abbiano } avuto	sia sia sia } stato (a)		siamo siate siano } stati (e)
Past perfect subjunctive	avessi avessi avesse } avuto		avęssimo aveste avęssero } avuto	fossi fossi fosse } stato (a)		fǫssimo foste fǫssero } stati (e)

REGULAR VERBS

Simple tenses

FIRST CONJUGATION	SECOND CONJUGATION	THIRD CONJUGATION	
Infinitives			
parl **are**	ripet **ere**	cap **ire**	dorm **ire**
Gerunds			
parl **ando**	ripet **endo**	cap **endo**	dorm **endo**
Present indicative			
parl **o**	ripet **o**	cap **isc o**	dorm **o**
parl **i**	ripet **i**	cap **isc i**	dorm **i**
parl **a**	ripet **e**	cap **isc e**	dorm **e**
parl **iamo**	ripet **iamo**	cap **iamo**	dorm **iamo**
parl **ate**	ripet **ete**	cap **ite**	dorm **ite**
parl **ano**	ripet **ono**	cap **isc ono**	dorm **ono**
Imperfect indicative			
parl **avo**	ripet **evo**	cap **ivo**	dorm **ivo**
parl **avi**	ripet **evi**	cap **ivi**	dorm **ivi**
parl **ava**	ripet **eva**	cap **iva**	dorm **iva**
parl **avamo**	ripet **evamo**	cap **ivamo**	dorm **ivamo**
parl **avate**	ripet **evate**	cap **ivate**	dorm **ivate**
parl **avano**	ripet **evano**	cap **ivano**	dorm **ivano**
Past absolute			
parl **ai**	ripet **ei**	cap **ii**	dorm **ii**
parl **asti**	ripet **esti**	cap **isti**	dorm **isti**
parl **ò**	ripet **é**	cap **ì**	dorm **ì**
parl **ammo**	ripet **emmo**	cap **immo**	dorm **immo**
parl **aste**	ripet **este**	cap **iste**	dorm **iste**
parl **arono**	ripet **erono**	cap **irono**	dorm **irono**
Future			
parler **ò**	ripeter **ò**	capir **ò**	dormir **ò**
parler **ai**	ripeter **ai**	capir **ai**	dormir **ai**
parler **à**	ripeter **à**	capir **à**	domir **à**
parler **emo**	ripeter **emo**	capir **emo**	dormir **emo**
parler **ete**	ripeter **ete**	capir **ete**	dormir **ete**
parler **anno**	ripeter **anno**	capir **anno**	dormir **anno**

FIRST CONJUGATION	SECOND CONJUGATION	THIRD CONJUGATION	

Present conditional

parler ei	ripeter ei	capir ei	dormir ei
parler esti	ripeter esti	capir esti	dormir esti
parler ebbe	ripeter ebbe	capir ebbe	dormir ebbe
parler emmo	ripeter emmo	capir emmo	dormir emmo
parler este	ripeter este	capir este	dormir este
parler ebbero	ripeter ebbero	capir ebbero	dormir ebbero

Imperative

—	—	—	—
parl a	ripet i	cap isc i	dorm i
parl i	ripet a	cap isc a	dorm a
parl iamo	ripet iamo	cap iamo	dorm iamo
parl ate	ripet ete	cap ite	dorm ite
parl ino	ripet ano	cap isc ano	dorm ano

Present subjunctive

parl i	ripet a	cap isc a	dorm a
parl i	ripet a	cap isc a	dorm a
parl i	ripet a	cap isc a	dorm a
parl iamo	ripet iamo	cap iamo	dorm iamo
parl iate	ripet iate	cap iate	dorm iate
parl ino	ripet ano	cap isc ano	dorm ano

Imperfect subjunctive

parl assi	ripet essi	cap issi	dorm issi
parl assi	ripet essi	cap issi	dorm issi
parl asse	ripet esse	cap isse	dorm isse
parl assimo	ripet essimo	cap issimo	dorm issimo
parl aste	ripet este	cap iste	dorm iste
parl assero	ripet essero	cap issero	dorm issero

Compound tenses

Past participles			
parl **ato**	ripet **uto**	cap **ito**	dorm **ito**

Perfect infinitives			
avere **parlato**	avere **ripetuto**	avere **capito**	avere **dormito**

Past gerunds			
avendo **parlato**	avendo **ripetuto**	avendo **capito**	avendo **dormito**

Present perfect indicative

ho hai ha abbiamo avete hanno	parlato	ripetuto	capito	dormito

Past perfect indicative

avevo avevi aveva avevamo avevate avevano	parlato	ripetuto	capito	dormito

Future perfect

avrò avrai avrà avremo avrete avranno	parlato	ripetuto	capito	dormito

Perfect conditional

avrei avresti avrebbe avremmo avreste avrebbero	parlato	ripetuto	capito	dormito

Present perfect subjunctive

abbia abbia abbia abbiamo abbiate abbiano	parlato	ripetuto	capito	dormito

Past perfect subjunctive

avessi avessi avesse avessimo aveste avessero	parlato	ripetuto	capito	dormito

IRREGULAR VERBS

Notes:

1. An asterisk (*) indicates that the verb is conjugated with **essere**.
2. A dagger (†) indicates that the verb is sometimes conjugated with **essere,** sometimes with **avere.** In general, verbs marked with a dagger are conjugated with **avere** when they take a direct object.
3. The following verbs are conjugated on the charts:

accendere	dire	perdere	riscuotere	sorridere
andare	dirigere	piacere	rispondere	spendere
bere	dovere	potere	riuscire	stare
chiedere	fare	prendere	rivedere	tenere
chiudere	giungere	raggiungere	salire	uscire
conoscere	leggere	richiedere	sapere	valere
correre	mettere	riconoscere	scegliere	vedere
corrispondere	morire	ridere	scendere	venire
dare	nascere	rimanere	scrivere	vivere
decidere	parere	riprendere	sedere	volere

Infinitive	Gerund and past participle	Present indicative	Imperfect indicative	Past absolute
accendere *to light*	accendendo acceso	accendo accendi accende accendiamo accendete accendono	accendevo accendevi accendeva accendevamo accendevate accendevano	accesi accendesti accese accendemmo accendeste accesero
andare* *to go*	andando andato	vado vai va andiamo andate vanno	andavo andavi andava andavamo andavate andavano	andai andasti andò andammo andaste andarono
bere *to drink*	bevendo bevuto	bevo bevi beve beviamo bevete bevono	bevevo bevevi beveva bevevamo bevevate bevevano	bevvi bevesti bevve bevemmo beveste bevvero
chiedere *to ask*	chiedendo chiesto	chiedo chiedi chiede chiediamo chiedete chiedono	chiedevo chiedevi chiedeva chiedevamo chiedevate chiedevano	chiesi chiedesti chiese chiedemmo chiedeste chiesero
chiudere *to close*	chiudendo chiuso	chiudo chiudi chiude chiudiamo chiudete chiudono	chiudevo chiudevi chiudeva chiudevamo chiudevate chiudevano	chiusi chiudesti chiuse chiudemmo chiudeste chiusero
conoscere *to know*	conoscendo conosciuto	conosco conosci conosce conosciamo conoscete conoscono	conoscevo conoscevi conosceva conoscevamo conoscevate conoscevano	conobbi conoscesti conobbe conoscemmo conosceste conobbero

Future	Present conditional	Imperative	Present subjunctive	Imperfect subjunctive
accenderò	accenderei	—	accenda	accendessi
accenderai	accenderesti	accendi	accenda	accendessi
accenderà	accenderebbe	accenda	accenda	accendesse
accenderemo	accenderemmo	accendiamo	accendiamo	accendessimo
accenderete	accendereste	accendete	accendiate	accendeste
accenderanno	accenderebbero	accendano	accendano	accendessero
andrò	andrei	—	vada	andassi
andrai	andresti	va'	vada	andassi
andrà	andrebbe	vada	vada	andasse
andremo	andremmo	andiamo	andiamo	andassimo
andrete	andreste	andate	andiate	andaste
andranno	andrebbero	vadano	vadano	andassero
berrò	berrei	—	beva	bevessi
berrai	berresti	bevi	beva	bevessi
berrà	berrebbe	beva	beva	bevesse
berremo	berremmo	beviamo	beviamo	bevessimo
berrete	berreste	bevete	beviate	beveste
berrano	berrebbero	bevano	bevano	bevessero
chiederò	chiederei	—	chieda	chiedessi
chiederai	chiederesti	chiedi	chieda	chiedessi
chiederà	chiederebbe	chieda	chieda	chiedesse
chiederemo	chiederemmo	chiediamo	chiediamo	chiedessimo
chiederete	chiedereste	chiedete	chiediate	chiedeste
chiederanno	chiederebbero	chiedano	chiedano	chiedessero
chiuderò	chiuderei	—	chiuda	chiudessi
chiuderai	chiuderesti	chiudi	chiuda	chiudessi
chiuderà	chiuderebbe	chiuda	chiuda	chiudesse
chiuderemo	chiuderemmo	chiudiamo	chiudiamo	chiudessimo
chiuderete	chiudereste	chiudete	chiudiate	chiudeste
chiuderanno	chiuderebbero	chiudano	chiudano	chiudessero
conoscerò	conoscerei	—	conosca	conoscessi
conoscerai	conosceresti	conosci	conosca	conoscessi
conoscerà	conoscerebbe	conosca	conosca	conoscesse
conosceremo	conosceremmo	conosciamo	conosciamo	conoscessimo
conoscerete	conoscereste	conoscete	conosciate	conosceste
conosceranno	conoscerebbero	conoscano	conoscano	conoscessero

Infinitive	Gerund and past participle	Present indicative	Imperfect indicative	Past absolute
correre† *to run*	correndo corso	corro corri corre corriamo correte corrono	correvo correvi correva correvamo correvate correvano	corsi corresti corse corremmo correste corsero
corrispondere *see* **rispondere** *to correspond*				
dare *to give*	dando dato	do dai dà diamo date danno	davo davi dava davamo davate davano	diedi desti diede demmo deste diedero
decidere *to decide*	decidendo deciso	decido decidi decide decidiamo decidete decidono	decidevo decidevi decideva decidevamo decidevate decidevano	decisi decidesti decise decidemmo decideste decisero
dire *to say, to tell*	dicendo detto	dico dici dice diciamo dite dicono	dicevo dicevi diceva dicevamo dicevate dicevano	dissi dicesti disse dicemmo diceste dissero
dirigere *to direct*	dirigendo diretto	dirigo dirigi dirige dirigiamo dirigete dirigono	dirigevo dirigevi dirigeva dirigevamo dirigevate dirigevano	diressi dirigesti diresse dirigemmo dirigeste diressero
dovere† *to have to, must*	dovendo dovuto	devo devi deve dobbiamo dovete devono	dovevo dovevi doveva dovevamo dovevate dovevano	dovei dovesti dové dovemmo doveste doverono

Future	Present conditional	Imperative	Present subjunctive	Imperfect subjunctive
correrò	correrei	—	corra	corressi
correrai	correresti	corri	corra	corressi
correrà	correrebbe	corra	corra	corresse
correremo	correremmo	corriamo	corriamo	corressimo
correrete	correreste	correte	corriate	correste
correranno	correrebbero	corrano	corrano	corressero
darò	darei	—	dia	dessi
darai	daresti	da'	dia	dessi
darà	darebbe	dia	dia	desse
daremo	daremmo	diamo	diamo	dessimo
darete	dareste	date	diate	deste
daranno	darebbero	diano	diano	dessero
deciderò	deciderei	—	decida	decidessi
deciderai	decideresti	decidi	decida	decidessi
deciderà	deciderebbe	decida	decida	decidesse
decideremo	decideremmo	decidiamo	decidiamo	decidessimo
deciderete	decidereste	decidete	decidiate	decideste
decideranno	deciderebbero	decidano	decidano	decidessero
dirò	direi	—	dica	dicessi
dirai	diresti	di'	dica	dicessi
dirà	direbbe	dica	dica	dicesse
diremo	diremmo	diciamo	diciamo	dicessimo
direte	direste	dite	diciate	diceste
diranno	direbbero	dicano	dicano	dicessero
dirigerò	dirigerei	—	diriga	dirigessi
dirigerai	dirigeresti	dirigi	diriga	dirigessi
dirigerà	dirigerebbe	diriga	diriga	dirigesse
dirigeremo	dirigeremmo	dirigiamo	dirigiamo	dirigessimo
dirigerete	dirigereste	dirigete	dirigiate	dirigeste
dirigeranno	dirigerebbero	dirigano	dirigano	dirigessero
dovrò	dovrei	—	deva	dovessi
dovrai	dovresti	—	deva	dovessi
dovrà	dovrebbe	—	deva	dovesse
dovremo	dovremmo	—	dobbiamo	dovessimo
dovrete	dovreste	—	dobbiate	doveste
dovranno	dovrebbero	—	devano	dovessero

Infinitive	Gerund and past participle	Present indicative	Imperfect indicative	Past absolute
fare to do; to make	facendo fatto	faccio fai fa facciamo fate fanno	facevo facevi faceva facevamo facevate facevano	feci facesti fece facemmo faceste fecero
giungere† to arrive; to join	giungendo giunto	giungo giungi giunge giungiamo giungete giungono	giungevo giungevi giungeva giungevamo giungevate giungevano	giunsi giungesti giunse giungemmo giungeste giunsero
leggere to read	leggendo letto	leggo leggi legge leggiamo leggete leggono	leggevo leggevi leggeva leggevamo leggevate leggevano	lessi leggesti lesse leggemmo leggeste lessero
mettere to put	mettendo messo	metto metti mette mettiamo mettete mettono	mettevo mettevi metteva mettevamo mettevate mettevano	misi mettesti mise mettemmo metteste misero
morire* to die	morendo morto	muoio muori muore moriamo morite muoiono	morivo morivi moriva morivamo morivate morivano	morii moristi morì morimmo moriste morirono
nascere* to be born	nascendo nato	nasco nasci nasce nasciamo nascete nascono	nascevo nascevi nasceva nascevamo nascevate nascevano	nacqui nascesti nacque nascemmo nasceste nacquero
parere* to seem	parendo parso	paio pari pare paiamo parete paiono	parevo parevi pareva parevamo parevate parevano	parvi paresti parve paremmo pareste parvero

Future	Present conditional	Imperative	Present subjunctive	Imperfect subjunctive
farò	farei	—	faccia	facessi
farai	faresti	fa'	faccia	facessi
farà	farebbe	faccia	faccia	facesse
faremo	faremmo	facciamo	facciamo	facessimo
farete	fareste	fate	facciate	faceste
faranno	farebbero	facciano	facciano	facessero
giungerò	giungerei	—	giunga	giungessi
giungerai	giungeresti	giungi	giunga	giungessi
giungerà	giungerebbe	giunga	giunga	giungesse
giungeremo	giungeremmo	giungiamo	giungiamo	giungessimo
giungerete	giungereste	giungete	giungiate	giungeste
giungeranno	giungerebbero	giungano	giungano	giungessero
leggerò	leggerei	—	legga	leggessi
leggerai	leggeresti	leggi	legga	leggessi
leggerà	leggerebbe	legga	legga	leggesse
leggeremo	leggeremmo	leggiamo	leggiamo	leggessimo
leggerete	leggereste	leggete	leggiate	leggeste
leggeranno	leggerebbero	leggano	leggano	leggessero
metterò	metterei	—	metta	mettessi
metterai	metteresti	metti	metta	mettessi
metterà	metterebbe	metta	metta	mettesse
metteremo	metteremmo	mettiamo	mettiamo	mettessimo
metterete	mettereste	mettete	mettiate	metteste
metteranno	metterebbero	mettano	mettano	mettessero
morrò	morrei	—	muoia	morissi
morrai	morresti	muori	muoia	morissi
morrà	morrebbe	muoia	muoia	morisse
morremo	morremmo	moriamo	moriamo	morissimo
morrete	morreste	morite	moriate	moriste
morranno	morrebbero	muoiano	muoiano	morissero
nascerò	nascerei	—	nasca	nascessi
nascerai	nasceresti	nasci	nasca	nascessi
nascerà	nascerebbe	nasca	nasca	nascesse
nasceremo	nasceremmo	nasciamo	nasciamo	nascessimo
nascerete	nascereste	nascete	nasciate	nasceste
nasceranno	nascerebbero	nascano	nascano	nascessero
parrò	parrei	—	paia	paressi
parrai	parresti	—	paia	paressi
parrà	parrebbe	—	paia	paresse
parremo	parremmo	—	paiamo	paressimo
parrete	parreste	—	paiate	pareste
parranno	parrebbero	—	paiano	paressero

Infinitive	Gerund and past participle	Present indicative	Imperfect indicative	Past absolute
perdere *to lose*	perdendo perso	perdo perdi perde perdiamo perdete perdono	perdevo perdevi perdeva perdevamo perdevate perdevano	persi perdesti perse perdemmo perdeste persero
piacere* *to be pleasing*	piacendo piaciuto	piaccio piaci piace piacciamo piacete piacciono	piacevo piacevi piaceva piacevamo piacevate piacevano	piacqui piacesti piacque piacemmo piaceste piacquero
potere† *to be able*	potendo potuto	posso puoi può possiamo potete possono	potevo potevi poteva potevamo potevate potevano	potei potesti poté potemmo poteste poterono
prendere *to take*	prendendo preso	prendo prendi prende prendiamo prendete prendono	prendevo prendevi prendeva prendevamo prendevate prendevano	presi prendesti prese prendemmo prendeste presero
raggiungere *see* **giungere** *to reach, catch up to*				
richiedere *see* **chiedere** *to request; to require*				
riconoscere *see* **conoscere** *to recognize*				
ridere *to laugh*	ridendo riso	rido ridi ride ridiamo ridete ridono	ridevo ridevi rideva ridevamo ridevate ridevano	risi ridesti rise ridemmo rideste risero

Future	Present conditional	Imperative	Present subjunctive	Imperfect subjunctive
perderò	perderei	—	perda	perdessi
perderai	perderesti	perdi	perda	perdessi
perderà	perderebbe	perda	perda	perdesse
perderemo	perderemmo	perdiamo	perdiamo	perdessimo
perderete	perdereste	perdete	perdiate	perdeste
perderanno	perderebbero	perdano	perdano	perdessero
piacerò	piacerei	—	piaccia	piacessi
piacerai	piaceresti	piaci	piaccia	piacessi
piacerà	piacerebbe	piaccia	piaccia	piacesse
piaceremo	piaceremmo	piacciamo	piacciamo	piacessimo
piacerete	piacereste	piacete	piacciate	piaceste
piaceranno	piacerebbero	piacciano	piacciano	piacessero
potrò	potrei	—	possa	potessi
potrai	potresti	—	possa	potessi
potrà	potrebbe	—	possa	potesse
potremo	potremmo	—	possiamo	potessimo
potrete	potreste	—	possiate	poteste
potranno	potrebbero	—	possano	potessero
prenderò	prenderei	—	prenda	prendessi
prenderai	prenderesti	prendi	prenda	prendessi
prenderà	prenderebbe	prenda	prenda	prendesse
prenderemo	prenderemmo	prendiamo	prendiamo	prendessimo
prenderete	prendereste	prendete	prendiate	prendeste
prenderanno	prenderebbero	prendano	prendano	prendessero
riderò	riderei	—	rida	ridessi
riderai	rideresti	ridi	rida	ridessi
riderà	riderebbe	rida	rida	ridesse
rideremo	rideremmo	ridiamo	ridiamo	ridessimo
riderete	ridereste	ridete	ridiate	rideste
rideranno	riderebbero	ridano	ridano	ridessero

Infinitive	Gerund and past participle	Present indicative	Imperfect indicative	Past absolute
rimanere* *to remain*	rimanendo rimasto	rimango rimani rimane rimaniamo rimanete rimangono	rimanevo rimanevi rimaneva rimanevamo rimanevate rimanevano	rimasi rimanesti rimase rimanemmo rimaneste rimasero
riprendere *see* **prendere** *to take again; to resume*				
riscuotere *to cash*	riscuotendo riscosso	riscuoto riscuoti riscuote riscuotiamo riscuotete riscuotono	riscuotevo riscuotevi riscuoteva riscuotevamo riscuotevate riscuotevano	riscossi riscuotesti riscosse riscuotemmo riscuoteste riscossero
rispondere *to answer*	rispondendo risposto	rispondo rispondi risponde rispondiamo rispondete rispondono	rispondevo rispondevi rispondeva rispondevamo rispondevate rispondevano	risposi rispondesti rispose rispondemmo rispondeste risposero
riuscire* *see* **uscire** *to succeed*				
rivedere *see* **vedere** *to see again*				
salire† *to go up*	salendo salito	salgo sali sale saliamo salite salgono	salivo salivi saliva salivamo salivate salivano	salii salisti salì salimmo saliste salirono
sapere *to know*	sapendo saputo	so sai sa sappiamo sapete sanno	sapevo sapevi sapeva sapevamo sapevate sapevano	seppi sapesti seppe sapemmo sapeste seppero

Future	Present conditional	Imperative	Present subjunctive	Imperfect subjunctive
rimarrò	rimarrei	—	rimanga	rimanessi
rimarrai	rimarresti	rimani	rimanga	rimanessi
rimarrà	rimarrebbe	rimanga	rimanga	rimanesse
rimarremo	rimarremmo	rimaniamo	rimaniamo	rimanessimo
rimarrete	rimarreste	rimanete	rimaniate	rimaneste
rimarranno	rimarrebbero	rimangano	rimangano	rimanessero
riscuoterò	riscuoterei	—	riscuota	riscuotessi
riscuoterai	riscuoteresti	riscuoti	riscuota	riscuotessi
riscuoterà	riscuoterebbe	riscuota	riscuota	riscuotesse
riscuoteremo	riscuoteremmo	riscuotiamo	riscuotiamo	riscuotessimo
riscuoterete	riscuotereste	riscuotete	riscuotiate	riscuoteste
riscuoteranno	riscuoterebbero	riscuotano	riscuotano	riscuotessero
risponderò	risponderei	—	risponda	rispondessi
risponderai	risponderesti	rispondi	risponda	rispondessi
risponderà	risponderebbe	risponda	risponda	rispondesse
risponderemo	risponderemmo	rispondiamo	rispondiamo	rispondessimo
risponderete	rispondereste	rispondete	rispondiate	rispondeste
risponderanno	risponderebbero	rispondano	rispondano	rispondessero
salirò	salirei	—	salga	salissi
salirai	saliresti	sali	salga	salissi
salirà	salirebbe	salga	salga	salisse
saliremo	saliremmo	saliamo	saliamo	salissimo
salirete	salireste	salite	saliate	saliste
saliranno	salirebbero	salgano	salgano	salissero
saprò	saprei	—	sappia	sapessi
saprai	sapresti	sappi	sappia	sapessi
saprà	saprebbe	sappia	sappia	sapesse
sapremo	sapremmo	sappiamo	sappiamo	sapessimo
saprete	sapreste	sappiate	sappiate	sapeste
sapranno	saprebbero	sappiano	sappiano	sapessero

Infinitive	Gerund and past participle	Present indicative	Imperfect indicative	Past absolute
scegliere to choose	scegliendo scelto	scelgo scegli sceglie scegliamo scegliete scelgono	sceglievo sceglievi sceglieva sceglievamo sceglievate sceglievano	scelsi scegliesti scelse scegliemmo sceglieste scelsero
scendere† to go down	scendendo sceso	scendo scendi scende scendiamo scendete scendono	scendevo scendevi scendeva scendevamo scendevate scendevano	scesi scendesti scese scendemmo scendeste scesero
scrivere to write	scrivendo scritto	scrivo scrivi scrive scriviamo scrivete scrivono	scrivevo scrivevi scriveva scrivevamo scrivevate scrivevano	scrissi scrivesti scrisse scrivemmo scriveste scrissero
sedere* to sit down	sedendo seduto	siedo siedi siede sediamo sedete siedono	sedevo sedevi sedeva sedevamo sedevate sedevano	sedei sedesti sedé sedemmo sedeste sederono
sorridere *see* **ridere** to smile				
spendere to spend	spendendo speso	spendo spendi spende spendiamo spendete spendono	spendevo spendevi spendeva spendevamo spendevate spendevano	spesi spendesti spese spendemmo spendeste spesero
stare* to stay	stando stato	sto stai sta stiamo state stanno	stavo stavi stava stavamo stavate stavano	stetti stesti stette stemmo steste stettero

Future	Present conditional	Imperative	Present subjunctive	Imperfect subjunctive
sceglierò	sceglierei	—	scelga	scegliessi
sceglierai	scegliersti	scegli	scelga	scegliessi
sceglierà	sceglierebbe	scelga	scelga	scegliesse
sceglieremo	sceglieremmo	scegliamo	scegliamo	scegliessimo
sceglierete	scegliereste	scegliete	scegliate	scegliseste
sceglieranno	sceglierebbero	scelgano	scelgano	scegliessero
scenderò	scenderei	—	scenda	scendessi
scenderai	scenderesti	scendi	scenda	scendessi
scenderà	scenderebbe	scenda	scenda	scendesse
scenderemo	scenderemmo	scendiamo	scendiamo	scendessimo
scenderete	scendereste	scendete	scendiate	scendeste
scenderanno	scenderebbero	scendano	scendano	scendessero
scriverò	scriverei	—	scriva	scrivessi
scriverai	scriveresti	scrivi	scriva	scrivessi
scriverà	scriverebbe	scriva	scriva	scrivesse
scriveremo	scriveremmo	scriviamo	scriviamo	scrivessimo
scriverete	scrivereste	scrivete	scriviate	scriveste
scriveranno	scriverebbero	scrivano	scrivano	scrivessero
sederò	sederei	—	sieda	sedessi
sederai	sederesti	siedi	sieda	sedessi
sederà	sederebbe	sieda	sieda	sedesse
sederemo	sederemmo	sediamo	sediamo	sedessimo
sederete	sedereste	sedete	sediate	sedeste
sederanno	sederebbero	siedano	siedano	sedessero
spenderò	spenderei	—	spenda	spendessi
spenderai	spenderesti	spendi	spenda	spendessi
spenderà	spenderebbe	spenda	spenda	spendesse
spenderemo	spenderemmo	spendiamo	spendiamo	spendessimo
spenderete	spendereste	spendete	spendiate	spendeste
spenderanno	spenderebbero	spendano	spendano	spendessero
starò	starei	—	stia	stessi
starai	staresti	sta'	stia	stessi
starà	starebbe	stia	stia	stesse
staremo	staremmo	stiamo	stiamo	stessimo
starete	stareste	state	stiate	steste
staranno	starebbero	stiano	stiano	stessero

Infinitive	Gerund and past participle	Present indicative	Imperfect indicative	Past absolute
tenere *to keep*	tenendo tenuto	tengo tieni tiene teniamo tenete tengono	tenevo tenevi teneva tenevamo tenevate tenevano	tenni tenesti tenne tenemmo teneste tennero
uscire* *to go out*	uscendo uscito	esco esci esce usciamo uscite escono	uscivo uscivi usciva uscivamo uscivate uscivano	uscii uscisti uscì uscimmo usciste uscirono
valere* *to be worth*	valendo valso	valgo vali vale valiamo valete valgono	valevo valevi valeva valevamo valevate valevano	valsi valesti valse valemmo valeste valsero
vedere *to see*	vedendo veduto (visto)	vedo vedi vede vediamo vedete vedono	vedevo vedevi vedeva vedevamo vedevate vedevano	vidi vedesti vide vedemmo vedeste videro
venire* *to come*	venendo venuto	vengo vieni viene veniamo venite vengono	venivo venivi veniva venivamo venivate venivano	venni venisti venne venimmo veniste vennero
vivere† *to live*	vivendo vissuto	vivo vivi vive viviamo vivete vivono	vivevo vivevi viveva vivevamo vivevate vivevano	vissi vivesti visse vivemmo viveste vissero
volere† *to want*	volendo voluto	voglio vuoi vuole vogliamo volete vogliono	volevo volevi voleva volevamo volevate volevano	volli volesti volle volemmo voleste vollero

Future	Present conditional	Imperative	Present subjunctive	Imperfect subjunctive
terrò	terrei	—	tenga	tenessi
terrai	terresti	tieni	tenga	tenessi
terrà	terrebbe	tenga	tenga	tenesse
terremo	terremmo	teniamo	teniamo	tenessimo
terrete	terreste	tenete	teniate	teneste
terranno	terrebbero	tengano	tengano	tenessero
uscirò	uscirei	—	esca	uscissi
uscirai	usciresti	esci	esca	uscissi
uscirà	uscirebbe	esca	esca	uscisse
usciremo	usciremmo	usciamo	usciamo	uscissimo
uscirete	uscireste	uscite	usciate	usciate
usciranno	uscirebbero	escano	escano	uscissero
varrò	varrei	—	valga	valessi
varrai	varresti	vali	valga	valessi
varrà	varrebbe	valga	valga	valesse
varremo	varremmo	valiamo	valiamo	valessimo
varrete	varreste	valete	valiate	valeste
varranno	varrebbero	valgano	valgano	valessero
vedrò	vedrei	—	veda	vedessi
vedrai	vedresti	vedi	veda	vedessi
vedrà	vedrebbe	veda	veda	vedesse
vedremo	vedremmo	vediamo	vediamo	vedessimo
vedrete	vedreste	vedete	vediate	vedeste
vedranno	vedrebbero	vedano	vedano	vedessero
verrò	verrei	—	venga	venissi
verrai	verresti	vieni	venga	venissi
verrà	verrebbe	venga	venga	venisse
verremo	verremmo	veniamo	veniamo	venissimo
verrete	verreste	venite	veniate	veniste
verranno	verrebbero	vengano	vengano	venissero
vivrò	vivrei	—	viva	vivessi
vivrai	vivresti	vivi	viva	vivessi
vivrà	vivrebbe	viva	viva	vivesse
vivremo	vivremmo	viviamo	viviamo	vivessimo
vivrete	vivreste	vivete	viviate	viveste
vivranno	vivrebbero	vivano	vivano	vivessero
vorrò	vorrei	—	voglia	volessi
vorrai	vorresti	vogli	voglia	volessi
vorrà	vorrebbe	voglia	voglia	volesse
vorremo	vorremmo	vogliamo	vogliamo	volessimo
vorrete	vorreste	vogliate	vogliate	voleste
vorranno	vorrebbero	vogliano	vogliano	volessero

VOCABULARY

This vocabulary reflects the working environment created by the *Basic Italian* text, workbook, and tapes. Most proper nouns and words close to their English counterparts (**impossibile, indifferente**) have been omitted.

The definite article or the abbreviation *m.* or *f.* indicates the gender of nouns. Nouns having both a masculine and a feminine variant are entered under the masculine and are immediately followed by the feminine. Adjectives are listed under the masculine form. Plural forms of nouns and adjectives are given only if they are irregular. Masculine nouns and adjectives that end in -**io** in the singular always end in -**i** in the plural and are considered regular. Only plurals ending in -**ii** are noted. Invariable *(inv.)* nouns do not change ending from the singular to the plural; however, the corresponding article does change (**il re, i re; l'analisi, le analisi**).

Idioms are listed under the noun in the expression, if there is a noun, otherwise they are listed under the verb.

Irregular stress is indicated by a dot under the stressed vowel (**ẹssere, trạffico**). Regular stress, which falls on the second-to-the-last syllable (**me-lọ-ne, par-lạ-re**), is not marked. Diphthongs (the vowel **i** or **u** combined with another vowel or each other to emit a single phonetic sound) comprise or are part of a single syllable (**ne-gọ-zio, fiụ-me, quạ-le**); final diphthongs broken by stress are marked (**farmacịa, cortesịa**), as are triphthongs and other sequences of more than two vowels (**nọia, gioiẹllo**). A final, mandatory accent mark indicates stress on the final vowel of a word: **caffè, mercoledì**.

An asterisk (*) before a verb indicates that the verb requires **ẹssere** in compound tenses. Verbs preceded by a dagger (†) may take either **ẹssere** or **avere,** depending on their usage and the construction of the sentence. A gloss symbol (°) flags verbs that are conjugated for you in the preceding verb tables. Verbs followed by (**isc**) are third conjugation verbs that insert -**isc**- in some forms of the present indicative, subjunctive, and imperative.

The abbreviations used are those listed on page xvii.

ITALIAN-ENGLISH VOCABULARY

A

a, ad *(before vowels)* at, in; to
abbandonare to abandon
abbastanza *(inv.)* enough; quite; **abbastanza bene** pretty good, well enough
l'abbraccio hug, embrace
l'abitante *(m./f.)* inhabitant
abitare to live, reside
l'abito outfit; **abito da sera** evening gown
*__abituarsi__ (a + *n. or inf.*) to get used to *(something / doing something)*
l'abitudinario, l'abitudinaria creature of habit
l'abitudine *(f.)* habit
*__accadere__ to happen
accanto a next to
accedere a to access
accendere° *(p.p. acceso)* to turn on *(a radio, TV)*
accennare to mention
l'accento accent
accentuare to accentuate
accettare (di + *inf.*) to accept *(to do something)*
accidenti! darn!
accompagnare to accompany
accontentare to satisfy, please
*__accontentarsi di__ to be satisfied with
l'accordo agreement; **d'accordo!** agreed! *__essere / *trovarsi d'accordo__ to be in agreement, agree
*__accorgersi__ *(p.p. accorto)* to realize
l'aceto vinegar
l'acqua water; **acqua gassata** carbonated (bottled) water; **acqua minerale** mineral water; **acqua minerale**

naturale non-carbonated bottled water
acquistare to acquire
l'acquisto purchase
*__adattarsi__ to adapt
adatto suitable, appropriate
addio! good-bye!
*__addormentarsi__ to fall asleep
addormentato sleepy
adeguatamente fairly
adesso now
adorare to adore
l'aereo *(abbr.)* *(pl. gli aerei)* airplane
aereo air *(adj.)*
l'aeroplano airplane
l'aeroporto airport
l'aerostazione air terminal
l'affare *(m.)* business; situation; gadget; **per affari** on business; **uomo, donna d'affari** businessman, businesswoman
affascinante fascinating
affatto: non ... affatto not at all; **niente affatto!** not at all! not so!
affermare to maintain, assert
l'affermazione *(f.)* statement
l'affettato cold cuts; sliced cured meats
l'affetto affection
affettuoso affectionate
affezionato a fond of, attached to
affinché so that
affittare to rent *(a house, apartment)*; **affittasi** for rent
affollato crowded
l'affresco fresco (painting)
affrontare to face; to deal with
l'agente *(m./f.)* agent; **agente di viaggio** travel agent

l'agenzia agency; **agenzia di viaggi** travel agency
l'aggettivo adjective
aggiungere *(p.p. aggiunto)* to add
aggressivo aggressive
agile agile
agire (isc) to act
*__agitarsi__ to fret; to get upset
l'agosto August
agricolo agricultural
l'agricoltore *(m.)* farmer
l'agricoltura agriculture
aiutare (a + *inf.*) to help *(do something)*
l'aiuto help, aid
l'albergo hotel
l'albero tree; **albero da frutta** fruit tree
l'alcolico alcoholic drink
alcuni / alcune some
l'alfabeto alphabet
gli alimentari *(pl.)* groceries; food
allegro happy; cheerful
*__allenarsi__ to train (in a sport)
l'allenatore, l'allenatrice coach
l'allergia allergy
*__allontanarsi__ to walk away; to stand clear
allora then; so
almeno at least
l'alpinismo mountain climbing
alpino alpine
alquanto somewhat
l'alternativa alternative
l'altezza height
alto tall; high; **in alto** on top
l'altoparlante *(m.)* loudspeaker
altrettanto likewise
altrimenti otherwise

altro other; **altro?** anything else? **altri** others; **un altro / un'altra** another; **non fa altro che ...** it does nothing but . . . ; **fra l'altro** among other things

altroché! you can say that again!

altrove elsewhere

alzare to raise, lift

*alzarsi to get up

amare to love

amaro bitter

amato cherished, loved

l'ambientalista *(m./f.)* *(pl.* gli **ambientalisti,** le **ambientaliste)** environmentalist

ambientato located, set in

l'ambiente *(m.)* environment; **la protezione dell'ambiente** environmentalism

l'ambizione *(f.)* ambition

ambizioso ambitious

l'americano, l'americana American person

americano American *(adj.)*

l'amicizia friendship

l'amico, l'amica *(pl.* gli **amici,** le **amiche)** friend

*ammalarsi to fall ill, become sick

ammalato sick, ill

l'amministratore, l'amministratrice administrator

l'amministrazione *(f.)* administration; management

ammirare to admire

ammobiliato furnished

l'amore *(m.)* love

amoroso loving

ampio ample

l'analisi *(f. s., inv.)* analysis

anche also, too; even; at least; **anche prima** even before; **anche se** even if

ancora still; even; **non ... ancora** not yet

*andare° *(irr.)* to go; *andare (a + *inf.*) to go (*do something*); *andare d'accordo** to get along; *andare in aeroplano** to fly, go by plane; *andare in automobile (bicicletta, treno)** to go by car (bicycle, train); *andare bene** to fit; *andare a far compere** to go shopping; *andare di male in peggio** to go from bad to worse; *andare meglio** to be better; *andare a piedi** to walk; *andare (*venire) a prendere** to pick up, meet; *andare (*venire) a sentire** to go (come to) inquire; *andare a trovare** to visit; *andare via** to go away; **potrebbe andare** might be all right

*andarsene to leave, go away

andata e ritorno round-trip

l'anello ring

anglofono person who speaks English

l'angolo corner

l'anima soul

l'animale *(m.)* animal

animato animated, lively

l'anniversario anniversary

l'anno year; **Buon anno!** Happy New Year! **avere ... anni** to be . . . old; **Capodanno** New Year's Day

*annoiarsi to get bored, be bored

annunciare to announce

l'annuncio ad; announcement

ansioso anxious

l'antenato, l'antenata ancestor

anticipato advanced, moved forward

l'anticipo advance; **in anticipo** early; in advance

antico ancient, antique

l'antipasto appetizer

antipatico disagreeable, unpleasant

antiquato old-fashioned

l'antologia anthology

anzi even; as a matter of fact; but rather; on the contrary

anziano elderly

anzitutto above all

l'aperitivo before-dinner drink

apertamente openly

aperto open; **all'aperto** in the open

l'appaltatore *(m.)* contractor

apparecchiare to set, lay; **apparecchiare la tavola** to set the table

l'apparenza appearance

*apparire *(irr.; pres.* io **appaio,** tu **appari;** *p.p.* **apparso)** to appear

l'appartamento apartment

†appartenere *(irr.; pres.* io **appartengo,** tu **appartieni)** to belong

appassionato di keen on, crazy about

appena just, as soon as

l'appetito appetite; **buon appetito!** enjoy your meal!

apposta on purpose, deliberately

apprendere *(p.p.* **appreso)** to understand

apprezzare to appreciate

approfittare (di) to take advantage (of); to exploit

approvare to approve of; to ratify

l'appuntamento date, appointment; *darsi / prendere appuntamento, dare / fissare un appuntamento** to make a date, schedule an appointment

gli appunti notes; **prendere appunti** to take notes

appunto precisely, exactly

l'aprile *(m.)* April

aprire *(p.p.* **aperto)** to open

le arachidi (noccioline) *(pl.)* peanuts

l'arancia *(pl.* le **arance)** orange (fruit)

arancione *(inv.)* orange (color)

l'arbitro referee

archeologico archaeological

l'architetto, l'architetta architect

l'architettura architecture

l'argomento subject, topic

l'aria (musical) aria; air; appearance; **aria condizionata** air-conditioning

l'armadio closet; armoire

*arrabbiarsi to get mad

arrabbiato angry

*arrangiarsi to manage

*arrivare to arrive

arrivederci, arrrivederLa good-bye

l'arrivo arrival

l'arrosto roast *(n.)*

arrosto *(inv.)* roasted *(adj.)*

l'arte *(f.)* art

l'articolo article

l'artigianato handicraft

l'artigiano, l'artigiana artisan

l'artista *(m./f.)* *(pl.* gli **artisti,** le **artiste)** artist

artistico artistic

l'ascensore *(m.)* elevator

l'asciugamano towel

*asciugarsi to dry oneself

ascoltare to listen to

aspettare to wait for

*aspettarsi to expect

l'aspetto appearance; aspect

l'aspirapolvere *(m.)* vacuum cleaner; **dare l'aspirapolvere** to vacuum

l'aspirina aspirin

assaggiare to taste

assai enough *(adv.)*; a lot of *(adj.)*; many *(n.)*

l'assegno check; **assegno turistico** traveler's check; **cambiare un assegno** to cash a check

l'assenza absence

assicurare to assure; to insure

*assicurarsi di to ensure; to confirm

l'assicurazione *(f.)* insurance

assieme together

l'assistente *(m./f.)* assistant

l'assistenza assistance

assistere to help

associare to associate

l'associazione *(f.)* association

assolutamente absolutely

assoluto absolute *(adj.)*

assonnato sleepy

assumere *(p.p.* **assunto)** to hire; to assume

assurdo absurd

l'astrologia astrology

l'astrologo, l'astrologa *(pl.* gli **astrologi,** le **astrologhe)** astrologer

astronomico astronomical

l'atleta *(m./f.)* *(pl.* gli **atleti,** le **atlete)** athlete

l'atletica athletics

l'atmosfera atmosphere

l'atteggiamento attitude

attendere *(p.p.* **atteso)** to wait

attentamente attentively

attento careful, attentive; ***stare attento/a** to pay attention; to be careful; **attento!** watch out!

l'attenzione *(f.)* attention; **fare / prestare attenzione** to pay attention; **attenzione!** careful! pay attention!

— **l'attesa** wait; suspense

— **l'attimo** moment; second

— **attirare** to attract

l'attività activity

attivo active

l'atto act

l'attore, l'attrice actor, actress

attorno around

attraversare to cross

attraverso across, through

l'attrazione *(f.)* attraction

— **attribuire (isc)** to attribute

attuale actual; present, current

l'attualità current event; **le attualità** current affairs

— **augurare** to wish

l'augurio wish; **fare gli auguri** to wish (someone) well / the best

†**aumentare** to increase; to raise

l'aumento increase; raise

— **l'ausilio** help, aid

l'australiano, l'australiana Australian person

australiano Australian *(adj.)*

autentico authentic

l'auto *(abbr., f. inv.)* car

l'autobus *(m. inv.)* bus

automatico automatic

l'automobile *(f.)* automobile, car; **in automobile** by car

l'autonomia autonomy

l'autore, l'autrice author

l'autorità authority

l'autostrada highway

gli autotrasporti trucking

l'autunno autumn, fall

l'avanguardia vanguard, forefront

avanti *(adv.)* ahead; **avanti!** go on! move forward!

avanzare to advance, put forward; to remain, be left over

— **avaro** stingy

avere° *(irr.)* to have; **avere ... anni** to be . . . years old; **avere bisogno di** to need; **avere caldo** to feel hot, warm; **avere fame** to be hungry; **avere freddo** to feel cold; **avere fretta** to be in a hurry; **avere l'impressione** to have the impression; **avere intenzione (di + inf.)** to intend *(to do something)*; **avere il piacere (di + inf.)** to be delighted *(to do something)*; **avere paura (di)** to be afraid (of); **avere pazienza** to be patient; **avere ragione** to be right; **avere sete** to be thirsty; **avere sonno** to be sleepy; **avere successo** to be success-

ful; **avere voglia (di + n. or inf.)** to feel like *(doing something)*

— **l'avvenimento** event

✗ **avvenire** *(p.p. avvenuto)* to happen

l'avventura adventure

avventuroso adventuresome

l'avverbio adverb

avvertire to warn, forewarn

— **avviare** to move, expedite

✗ **avviarsi** to get going; to set out

✗ **avvicinarsi** to approach, get near

l'avvocato, l'avvocata *(m. title also used for women)* lawyer

— **l'azienda** firm

l'azione *(f.)* activity, action

azzurro azure blue

B

— **il babbo** dad, daddy; **Babbo Natale** Santa Claus

— **il bagaglio** baggage

— ***bagnarsi** to get wet

il bagnino, la bagnina lifeguard

il bagno bathroom; bathtub; **fare il bagno** to take a bath

il balcone balcony

ballare to dance

— **il ballo** dance; dancing

il bambino, la bambina baby; child; little boy, little girl

la banana banana

la banca bank

— **la bancarella** (market) stall, stand

il banco counter; (school) desk

il bancomat *(inv.)* ATM (automated teller machine)

il bar *(inv.)* bar; café

— **la barba** beard; ***farsi la barba** to shave

— **il barbiere** barber

basato based

la base base

basso short; low; **in basso** below

*bastare to suffice, be enough; **basta!** enough!

battere to defeat, beat

il battistero baptistry

be', beh well

beato: beato lui! beata lei! lucky guy! lucky gal!

la bellezza beauty

bello beautiful; handsome

benché although

bene well, fine; **benissimo!** very well! very good! **benone!** great! **bentornato/a!** welcome back! **fare bene a** to be good for; ***stare bene** to be well, fine; to look good; **va bene** OK, fine

la benzina gasoline; **fare benzina** to get gas

bere° *(irr.)* *(p.p. bevuto)* to drink

bianco white

la bibita soda; soft drink

la biblioteca library; **in biblioteca** at/in/to the library

il bicchiere drinking glass

il bicchierino small glass

la bicicletta bicycle; ***andare in bicicletta** to ride a bike

il bigliettaio, la bigliettaia ticket vendor

la biglietteria ticket office / counter

il biglietto ticket *(train, theater)*; bill; **biglietto da (+ amount)** *(denomination)* bill; **biglietto di andata e ritorno** round-trip ticket; **biglietto di sola andata** one-way ticket; **fare il biglietto** to buy a ticket

il bignè *(inv.)* custard-filled puff pastry

il binario (railroad) tracks; platform

la biografia biography

biondo blond *(adj.)*

la birra beer

il biscotto cookie

— **il bisnonno, la bisnonna** great-grandfather, great-grandmother

***bisognare (+ inf.)** to be necessary; **bisogna** it is necessary

il bisogno need; **avere bisogno di** to need, have need of

— **la bistecca** steak

il blocco block, group

blu *(inv.)* blue

la blusa blouse

— **la bocca** mouth

— **la bolletta** (utility) bill

bolognese of/from the city of Bologna

la bomba bomb

la borsa purse; stock market

la borsetta purse

la bottega shop; workshop

il botteghino ticket booth

la bottiglia bottle

la boutique *(inv.)* boutique, shop

— **il braccio** *(pl. le braccia)* arm

— **il brano** excerpt; selection

bravo good, able; **bravo in** good at

breve brief, short

— **il brillante** diamond

brillante sharp, clear; brilliant

† **brindare a (+ n.)** to toast *(to someone's health / happiness)*

✗ **il brindisi** *(inv.)* toast *(in someone's honor)*

la brioche *(inv.)* sweet roll

il brodo broth

— **bruno** dark-haired

brutto ugly; bad; **fare brutto** to be bad weather

— **il bucato** laundry

la bugia *(pl. le bugie)* lie; **dire una bugia** to lie, tell a lie

— **il buio** darkness

buio *(adj.)* dark

buono good; **che c'è di buono?** anything good?

~il **buonsenso** good judgment

~il **burro** butter

buttare to throw; **buttare giù** to throw down; **buttare via** to throw away

C

la **cabina telefonica** telephone booth

~la **caccia** hunting; hunt

*****cadere** to fall

la **caduta** fall

il **caffè** (*inv.*) coffee; coffee shop; **caffè lungo** light coffee; **caffè ristretto** strong coffee; **caffè macchiato** with milk; **caffè corretto** with a cordial

calabrese of/from the region of Calabria

il **calciatore** soccer player

il **calcio** soccer

il **caldo** heat; **avere caldo** to feel hot / warm; **fare caldo** to be hot (weather)

caldo hot, warm; **bello caldo** nice and hot

la **calma** calm

~**calmare** to calm

calmo calm

la **calza** stocking

il **calzino** sock

~i **calzoncini** (*pl.*) shorts

~i **calzoni** (*pl.*) trousers

~il **cambiamento** change

*****cambiare** to change, become different; to exchange; to get change; **cambiare strada** to go another way

~*****cambiarsi** to change (clothes)

il **cambio** exchange rate

la **camera** room; chamber; **camera da letto** bedroom; **camera doppia** double room; **camera singola** single room; **compagno / compagna di camera** roommate

il **cameriere**, la **cameriera** waiter, waitress

~la **camicetta** top; blouse

~la **camicia** (*pl.* le **camicie** *or* **camice**) shirt

il **caminetto** fireplace; chimney

camminare to walk

la **campagna** country, countryside

il **campanile** belfry

~il **campeggio** campground; camping; *****andare in campeggio** to go camping

il **campo** field; **campo da tennis** tennis court; **campo di sci** skiing slopes; **campo sportivo** soccer field

il/la **canadese** Canadian person

canadese Canadian (*adj.*)

il **canale** canal; channel

il **cane** dog

il **cannolo** Sicilian ricotta-filled pastry

~la **canottiera** undershirt

cantare to sing

il **canto** song; corner; **d'altro canto** on the other hand

~**capace** (**di**) capable (of)

la **capacità** ability, capacity, capability

~il **capello** strand of hair; i **capelli** hair

capire (**isc**) to understand

la **capitale** capital

~il **capitolo** chapter

il **capo** head; boss

il **Capodanno** New Year's Day

il **capolavoro** masterpiece; work of art

il/la **capostilista** head designer

il/la **capoufficio** (*pl.* i **capi ufficio**, le **capoufficio**) boss, officer manager

la **cappella** chapel

~il **cappello** hat

il **cappotto** coat

il **cappuccino** espresso coffee with steamed milk

la **caramella** hard candy

~il **carattere** character, disposition

la **caratteristica** characteristic, quality

caratteristico typical, characteristic

cardinale cardinal (*adj.*)

~la **carica** assignment, charge, responsibility; term of office

carino pretty, cute; nice

la **carne** meat

caro expensive; dear

la **carota** carrot

~il **carrello** cart

la **carriera** career; **fare carriera** to be successful

la **carta** paper; playing card; **carta di credito** credit card; **giocare a carte** to play cards

~il **cartello stradale** road sign

il **cartellone** poster

la **cartolina** postcard; greeting card

i **cartoni** (**animati**) (animated) cartoons

la **casa** house, home; **a casa** at home; **in casa** in the house; *****andare a casa** to go home; *****uscire di casa** to leave the house, go out

il **caso** case; chance; **per caso** by chance; **in tal caso** in that case

la **cassa** cash register; **alla cassa** at the cashier

la **cassetta di sicurezza** safe-deposit box

~il **cassiere**, la **cassiera** cashier

castano brown (*hair, eyes, complexion*)

il **castello** castle

~il **catalago** catalogue

~la **categoria** category

~la **catena** chain; **catena di monti** mountain range

cattivo bad; naughty

la **causa** cause; **a causa di** because

~**cedere** to yield

celebrare to celebrate

celebrato famous; celebrated

~**celebre** famous

celeste sky blue

la **cena** dinner

cenare to dine, have supper

~il **censimento** census

il **centinaio** (*pl.* le **centinaia**) about one hundred

cento one hundred; **per cento** percent

centrale central

il **centro** center; **in centro** downtown; **centro commerciale** business center; **centro invernale** ski resort

cercare to seek, look for; **cercare di** (+ *inf.*) to try, attempt to (*do something*); **cercare lavoro** to look for a job; **in cerca di** searching for

la **cerimonia** ceremony

il **certificato** certificate

certamente certainly

la **certezza** certainty

certo sure; certain; **certo!** of course! **(ma) certo che** of course

che who, whom, which, that; **che?** what? what kind of?

chi he who, she who, the one who; **chi?** who? whom? **chi altro?** who else? **di chi?** whose?

chiacchierare to chat; to gossip

chiamare to call

*****chiamarsi** to be named, called

chiaramente clearly

chiaro clear; **chiaro!** clearly!

la **chiave** key; **chiavi della macchina** car keys; **chiudere a chiave** to lock

chiedere° (*p.p.* **chiesto**) to ask for; **chiedere un favore** to ask for a favor

la **chiesa** church

il **chilo(grammo)** kilo(gram)

il **chilometro** kilometer

il **chiosco** kiosk

il **chirurgo**, la **chirurga**, (*pl.* i **chirurghi**, le **chirurghe**) surgeon

chissà who knows

chiudere° (*p.p.* **chiuso**) to close

chiunque anyone, anybody, whoever, whomever

chiuso closed

la **chiusura** closure

ci there (*adv.*); **c'è / ci sono** there is / there are

ciao! hello, hi; bye

ciascuno (**ciascun, ciascuna, ciascun'**) each, each one

il **cibo** food

il **ciclismo** (bi)cycling

il **cielo** sky; **santo cielo!** good heavens!

~il **ciglio** (*pl.* le **ciglia**) eyelash

la **cima** top; **in cima** on top

il **cinema** (*inv.*) movie theater

il/la **cinese** Chinese person; il **cinese** Chinese language

cinese Chinese (*adj.*)

~la **cintura** belt

ciò this, that; **tutto ciò** all that; **ciò che** that which

cioè that is (to say), namely

i **cioccolatini** chocolates

il **cioccolato** chocolate; **la cioccolata** chocolate bar; chocolate drink

circa about

il **circolo** club

circondare to surround

ci sto I'm game

la **città** city

la **cittadinanza** citizenship

il **cittadino**, la **cittadina** citizen

cittadino urban; civic

civico civic

civile civil

la **civiltà** civilization

la **classe** class; classroom

classico classic, classical

il/la **cliente** client; customer

il **clima** climate

la **clinica** clinic

la **coda** line; **fare la coda** to stand in line

il **cognato**, la **cognata** brother-in-law, sister-in-law

il **cognome** last name, surname

la **coincidenza** (transportation) connection; coincidence

coincidere (*p.p.* coinciso) to coincide

la **colazione** breakfast; **fare colazione** to have breakfast

la **collana** necklace

il/la **collega** (*pl.* i **colleghi**, le **colleghe**) colleague

il **collocamento** placement

collocare to place, locate

il **colloquio** interview; conversation, talk; **avere / fissare un colloquio** to have / set up an interview

la **colomba** dove

il **colmo** acme; **è il colmo!** that beats all!

il **colore** color

coloro those (persons); **coloro che** those who

la **colpa** fault

colpevole guilty

colpire (isc) to strike, hit

coltivare to cultivate

comandare to command, order about

combinare to accomplish; **cosa hai combinato?** what have you done? **cosa stai combinando?** what are you up to?

come how; like; as; **come?** what? how's that? **come fa a** (+ *inf.*)? how does he / she manage (*to do something*)? **come mai?** how come? **come se** as if; **come stai (sta)?** how are you? **come va?** how is it going? **com'è / come sono?** how is / are?

†cominciare (†incominciare) to begin,

start; **cominciare (a + *inf.*)** to begin (*to do something*)

la **commedia** comedy

il **commento** comment

commerciale commercial; retail

il/la **commercialista** certified public accountant

il/la **commerciante** merchant; wholesaler

il **commercio** commerce, trade

il **commesso**, la **commessa** salesperson; clerk

commettere (*p.p.* commesso) to commit

la **commissione** errand; commission

commosso moved, touched

commovente moving, touching

commuovere (*p.p.* commosso) to move (emotionally)

comodo convenient; comfortable

la **compagnia** company; **in compagnia** with friends

il **compagno**, la **compagna** companion, mate; **compagno, compagna di camera (stanza) / classe** roommate / classmate

il **comparativo** comparative

le **compere** purchases; **(*andare a) fare (delle) compere** to go shopping

la **competizione** competition

compiaciuto pleased

compilare un modulo to fill out a form

il **compito** homework; assignment

il **compleanno** birthday; **buon compleanno!** happy birthday!

complesso difficult, complex

completamente completely, fully

completare to complete

completo complete; **essere al completo** to have a full house

complicare to complicate

complicato complicated

la **complicazione** complication, difficulty; problem

il **complimento** compliment; **fare un complimento** to pay a compliment; **complimenti!** congratulations! well done!

comporre (*irr.; pres. io* compongo, *tu* componi; *p.p.* composto; *p.r. lui* compose) to compose

il **comportamento** behavior

*comportarsi to behave

il **compositore**, la **compositrice** composer

la **composizione** composition

composto di composed of

comprare to buy

comprendere (*p.p.* compreso) to comprehend, understand; to include

comprensibile understandable

la **comprensione** understanding

compreso included

il **compromesso** compromise

comunale municipal

il **comune** city, municipality; city-state

comune common

comunicare to communicate

la **comunicazione** communication

comunista (*m./f.*) (*pl.* comunisti / comuniste) communist (*adj. and n.*)

la **comunità** community

comunque however; no matter how

con with

concedere (*p.p.* concesso) to concede

concentrato concentrated

la **concentrazione** concentration

il **concerto** concert

la **concessione** concession

il **concetto** concept

la **concezione** conception

concludere (*p.p.* concluso) to conclude, finish

la **conclusione** conclusion

concreto concrete, solid

il **condizionale** conditional (verb mood)

condizionato: **l'aria condizionata** air-conditioning

la **condizione** condition; **a condizione che** on the condition that

il **conduttore**, la **conduttrice** conductor; (TV show) host

la **conferenza** lecture; conference; **conferenza stampa** press conference

il **conferenziere**, la **conferenziera** lecturer

la **conferma** confirmation

confermare to confirm

confessare to confess

la **confessione** confession

la **confezione regalo** gift wrap

la **confidenza** confidence; familiarity; secret

il **conflitto** conflict

confondere (*p.p.* confuso) to confuse; *confondersi to get confused

il **confronto** comparison

la **confusione** confusion; **che confusione!** what a mess!

il **congiuntivo** subjunctive (verb mood)

la **congiunzione** conjunction

congratulare to congratulate

le **congratulazioni** (*pl.*) congratulations

coniugare to conjugate

la **coniugazione** conjugation

il/la **conoscente** acquaintance

la **conoscenza** knowledge; acquaintance; **fare la conoscenza di** to meet, make the acquaintance of

conoscere° (*p.p.* conosciuto) to know, be acquainted with; to meet (*in past tenses*)

conosciuto well-known, known

consecutivo consecutive

la **consegna** delivery

consegnare to consign, deliver

la **conseguenza** consequence; **di conse-guenza** consequently, as a consequence

il **consenso** agreement, assent; consensus

consentire to agree, consent
considerare to consider
la **considerazione** consideration, respect
consigliare (**di** + *inf.*) to advise (doing something); to recommend
il **consiglio** advice
consistere (**di**) (*p.p.* **consistito**) to consist (in/of)
consolare to console
la **consonante** consonant
constatare to confirm, verify
consultare to consult
il **contadino**, la **contadina** farmer
i **contanti** (*pl.*) cash
contare to count
contattare to contact
il **contatto** contact; ***mettersi in con-tatto** (**con**) to contact
contemporaneo contemporary (*adj.*)
contenere (*irr.; pres.* io **contengo**, tu **contieni**) to contain
contento happy; satisfied
il **contenuto** content
contenuto contained, restrained
il **contesto** context
il **continente** continent
continuamente constantly, continuously
continuare to continue; **continuare** (**a** + *inf.*) to continue (doing something)
il **conto** check, bill; **conto corrente** checking account; ***rendersi** (*p.p.* **reso**) **conto** to realize
il **contorno** side dish; vegetable
il **contrario** opposite; **al contrario** on the contrary
il **contrasto** contrast, conflict
il **contratto** contract
contribuire (**isc**) to contribute
il **contributo** contribution
contro against; ***essere contro** to be against
controllare to check
il **controllore** conductor
conveniente convenient
la **convenienza** convenience
convenzionale conventional
conversare to chat, have a conversation
la **conversazione** conversation
convertire to convert
convincere (**a/di** + *inf.*) (*p.p.* **convinto**) to convince
convinto convinced
la **convinzione** conviction
la **copia** copy
la **coppa** cup, trophy; **coppa modiale** World Cup
la **coppia** couple

coperto covered; **mercato coperto** market pavilion
il **corallo** coral
il **coraggio** courage; ***farsi coraggio** to take heart
coraggioso brave
il **cornetto** croissant
il **corpo** body
correggere (*p.p.* **corretto**) to correct
corrente current; ***essere al corrente** to be abreast (of something)
correre° (*p.p.* **corso**) to run
il/la **corrispondente estero/a** foreign correspondent
corrispondere° (*p.p.* **corrisposto**) to correspond
la **corsa** race; ***andare di corsa** (**a**) to rush (to)
la **corsia** (traffic) lane
il **corsivo** italic typeface
il **corso** course (of study); boulevard
cortese polite
la **cortesia** courtesy; **per cortesia** please
il **cortile** courtyard
corto short
la **cosa** thing; **cosa? che cosa?** what? **cosa vuole** what do you expect
così so; thus; **e così?** so? **così così** so-so; **e così via** and so on
***costare** to cost; **quanto costa?** how much does it cost? ***costare un occhio della testa** to cost an arm and a leg
la **costituzione** constitution
il **costo** cost, price; **a tutti i costi** at all costs; **non ... a nessun costo** not at any cost; **costo della vita** cost of living
costoso costly, expensive
costruire (**isc**) to build
la **costruzione** construction
il **cotone** cotton
cotto cooked; **bello cotto** well-cooked; with a hard crust (bread)
la **cravatta** (neck)tie
creare to create
la **creatura** living thing/being
credere (**in/a** + *n*; **di** + *inf.*) to believe (in; that)
il **credito** credit; **carta di credito** credit card
la **crema** cream; custard; **alla crema** vanilla (*adj.*)
***crescere** (*p.p.* **cresciuto**) to grow up
il **cretino**, la **cretina** fool, idiot
cretino foolish, stupid
la **crisi** (*inv.*) crisis
la **critica** criticism
la **crociera** cruise; **fare una crociera** to go on a cruise
la **cuccetta** sleeping compartment
la **cucina** kitchen; cuisine
cucinare to cook (prepare food)
il **cugino**, la **cugina** cousin

cui whom, that, which (after preposi-tions); *art.* + **cui** whose
la **cultura** culture
culturale cultural
cuocere (*irr.; pres.* io **cuocio**, tu **cuoci**; *p.p.* **cotto**) to cook (over heat)
il **cuoco**, la **cuoca** cook
il **cuoio** (shoe) leather
il **cuore** heart
la **cupola** dome
curiosare to pry
curioso curious
il **custode** custodian

D

da by; from; at; **da solo/a** alone; ***andare da** to stop by
dai! come on!
danese Danish
dappertutto everywhere
dapprima at first
dare° (*irr.*) to give; **dare del tu / Lei** to address (someone) informally / for-mally; **dare un esame** to take an examination; **dare un film** to show a movie; **dare da mangiare** to feed; **dare una mano** to lend a hand; **dare un'occhiata** to glance over; **dare un passaggio** to give a lift, ride; **dare via** to give away; **può darsi** it is possible
la **data** (calendar) date
dato che since
i **dati** (*pl.*) facts; data
davanti a in front of
davvero really; it's true
il **debito** debt
debole weak
la **debolezza** weakness
il **decennio** decade
decidere° (*p.p.* **deciso**) (**di** + *inf.*) to decide (to do something)
***decidersi** to come to a decision, make up one's mind
la **decina** (**diecina**) about ten
decisamente definitely, decidedly
la **decisione** decision; **prendere una decisione** to make a decision
decisivo decisive
il **declino** decline
dedicare to dedicate
***dedicarsi** (**a**) to devote oneself (to)
dedicato devoted, dedicated
definire (**isc**) to define
definitivo definite, final
la **definizione** definition
la **degustazione** tasting
delicato delicate
delizioso delicious; delightful
democratico democratic

la **democrazia** democracy; **Democrazia Cristiana** Christian Democrats (political party)
il **denaro** money
il **dente** tooth
il **dentifricio** toothpaste
il/la **dentista** (pl. i **dentisti,** le **dentiste**) dentist
dentro inside
il **dépliant** brochure; promotional flyer
depositare to deposit
depresso depressed
il **deputato,** la **deputata** representative, delegate
derivare (da) to derive (from)
descrivere (p.p. **descritto**) to describe
la **descrizione** description
il **deserto** desert
deserto deserted
desiderare to wish, want, desire
il **desiderio** desire, wish
la **destinazione** destination
il **destino** destiny, fate
la **destra** right (hand); **a destra** to/on the right
determinante determining, decisive
determinare to determine
determinativo: l'articolo determinativo definite article
la **determinazione** determination
detestare to detest
il **dettaglio** detail
di of, about; from; **di dove sei / è?** where are you from? **di fronte a** in front of; **di moda** fashionable; **di nuovo** again; **di solito** usually; **di meno** less, less than; **di più** more; **meno di** less than; **più di** more than; **prima di** before; **un po' di** some, a little of; **dopo di** (+ pron.) after
il **dialetto** dialect
il **dialogo** dialogue
il **dicembre** December
la **dichiarazione** statement, declaration
la **diecina** about ten
la **dieta** diet; **a dieta** on a diet; ***stare a dieta** to be on a diet
dietro (a) behind
il **difetto** defect, fault
differente different
la **differenza** difference; **a differenza di** unlike
differenziare to differentiate
difficile difficult
la **difficoltà** difficulty
diffuso widespread; common; popular
digerire (isc) to digest
la **dignità** dignity
la **digressione** digression
diligente diligent
***dimagrire** (isc) to lose weight
la **dimensione** dimension
dimenticare (di + inf.) to forget (to do something)

la **diminuzione** reduction, decrease
dimostrare to demonstrate
dimostrativo demonstrative
la **dimostrazione** demonstration
dinamico dynamic, energetic
dinanzi before
il **dio** (pl. gli **dei**) god; **Dio ce ne guardi!** God forbid!
il **dipartimento** department
dipendere (da) (p.p. **dipeso**) to depend (on); **dipende** it depends
dipingere (p.p. **dipinto**; p.r. lui **dipinse**) to paint
il **diploma** (pl. i **diplomi**) (high school) diploma
***diplomarsi** to graduate (from high school)
dire° (irr.) (p.p. **detto**) to say, tell; **dire di sì** (no) to say yes (no); **come si dice?** how to you say? **dici?** do you think so?
direttamente directly
diretto direct; (n.) fast train; **in diretta** (broadcast) live
il **direttore,** la **direttrice** director; (orchestra) conductor
la **direzione** management; direction
il/la **dirigente** manager
dirigere° (p.p. **diretto**) to manage; to direct
***discendere** (p.p. **disceso**) to descend, go down
il/la **discendente** descendant
la **discesa** downhill run
la **disciplina** discipline
il **disco** (phonograph) record
discorrere (p.p. **discorso**) to talk, converse
il **discorso** speech
la **discoteca** discotheque
discretamente well enough; reasonably
la **discussione** discussion
discutere (p.p. **discusso**) (di + n.) to discuss; to debate (about, over)
la **disdetta** cancellation
disdire (see **dire**°; p.p. **disdetto**) to cancel
il **disegno** design; drawing
la **disgrazia** misfortune, accident
disoccupato unemployed
la **disoccupazione** unemployment
disonesto dishonest
disordinato untidy, messy, disorderly
il **disordine** disorder
disorganizzato disorganized
***disperdersi** (p.p. **disperso**) to scatter
dispettoso spiteful; mischievous
***dispiacere** (p.p. **dispiaciuto**) to be sorry; to mind; **mi dispiace** I'm sorry
il **dispiacere** sorrow
disponibile available
la **disponibilità** availability
disposto (a + inf.) willing (to do something)

la **distanza** distance
distinguere (p.p. **distinto**) to distinguish
distratto absentminded, inattentive
distribuire (isc) to distribute
la **distribuzione** distribution
distruggere (p.p. **distrutto**) to destroy
distrutto destroyed; undone, worn out
disturbare to disturb, trouble, bother
il **dito** (pl. le **dita**) finger; toe
la **ditta** firm, company
***diventare** to become
diversamente differently
diverso (da) different (from); **diversi / diverse** several
divertente amusing, entertaining
il **divertimento** fun; **buon divertimento!** have fun!
divertire to amuse; ***divertirsi** to enjoy oneself, have a good time
dividere (p.p. **diviso**) to split, divide
la **divisione** division
diviso divided; divided by (math)
divorare to devour
divorziare to divorce; ***divorziarsi** to get divorced
il **divorzio** divorce
il **dizionario** dictionary
la **doccia** shower; **fare la doccia** to take a shower
il **documentario** documentary
la **documentazione** documentation
il **documento** document
la **dogana** (s.) customs
il **dolce** dessert; cake; **i dolci** sweets
dolce sweet (adj.)
la **dolcezza** sweetness
***dolere** (a) (irr.; pres. io **dolgo,** tu **duoli,** esso **duole**) to ache
il **dollaro** dollar
il **dolore** sorrow; pain
la **domanda** question; application; **fare una domanda** to ask a question; **fare domanda** to apply (for a job); **accettare una domanda** to accept an application
domandare to ask
domani (adv.) tomorrow; **a domani!** see you tomorrow!
la **domenica** Sunday
la **donna** woman
il **dono** gift
dopo (di / che) after; afterwards (adv.); **a dopo!** see you later!
doppio double (adj.)
dormire to sleep; ***andare a dormire** to go to bed
il **dottorato** doctorate
il **dottore,** la **dottoressa** (abbr. **dott., dott.ssa**) doctor (Dr.); university graduate
dove where; **dov'è / dove sono?** where is / are? **di dove sei / è?** where are you from?
†**dovere**° (irr.) to have to, must

il **dovere** duty, obligation
dovunque wherever; everywhere
la **dozzina** dozen
il **dramma** (pl. i **drammi**) drama
la **droga** drugs
il **dubbio** doubt; **senza dubbio** without doubt
dubitare to doubt
dunque so, then, therefore
il **duomo** cathedral
durante during
*****durare** to last
duro hard

E

e, ed (before vowels) and
ebbene well then; so
eccellente excellent
eccessivo excessive
eccetera (abbr. **ecc.**) et cetera (etc.)
eccetto except, with the exception of
eccezionale exceptional
l'**eccezione** (f.) exception
eccitare to excite
ecco here is, here are; there is, there are; here you are
l'**ecologia** ecology
ecologico ecological
l'**economia** economics; economy
economico economic
l'**edicola** newsstand
l'**edificio** building
l'**editore**, l'**editrice** editor
l'**edizione** (f.) edition
l'**educazione** (f.) education
l'**effetto** effect; **fare effetto** to make an impression
effettuare to effect, put into effect
efficace effective, efficacious
efficiente efficient
egoista (m./f.) (pl. **egoisti / egoiste**) selfish (adj. and n.)
elegante elegant
l'**eleganza** elegance
eleggere (p.p. **eletto**) to elect
elementare elementary
l'**elemento** element
elencare to list
l'**elenco** list
l'**elettrodomestico** appliance
l'**elezione** (f.) election
eliminare to eliminate
l'**emigrante** (m./f.) emigrant
†**emigrare** to emigrate
l'**emigrazione** (f.) emigration
l'**emmental** (m. inv.) a type of cheese
emozionante moving; exciting
l'**emozione** (f.) emotion
l'**energia** energy
l'**enfasi** (f. s., inv.) emphasis
enorme enormous
*****entrare** to enter, go in, come in

entro (prep.) within
entusiasmante exciting
*****entusiasmarsi** to become enthused, get excited
l'**entusiasmo** enthusiasm
l'**epoca** age, epoch
eppure (conj.) and yet; still
l'**equilibrio** balance
l'**equitazione** (f.) horseback riding
l'**equivalente** (m.) equivalent
*****equivalere** (p.p. **equivalso**) to be equivalent to
l'**equivoco** equivocation; misunderstanding; ambiguity
equivoco ambiguous
l'**eroe**, l'**eroina** hero, heroine
l'**errore** (m.) mistake, error
esagerare to exaggerate; **non esageriamo!** let's not go overboard!
l'**esame** (m.) examination; **dare un esame** to take an exam
esaminare to examine, scrutinize
esattamente exactly
esatto exact(ly)
esaurire (isc) to run out of; to sell out
esaurito sold out
escludere (p.p. **escluso**) to exclude
l'**esclusione** (f.) exclusion
esclusivamente exclusively
escluso except
l'**escursione** (f.) excursion; **fare un'escursione** to go on an excursion
l'**esempio** example; **ad/per esempio** for example
esercitare to exercise; to practice
l'**esercizio** exercise; **fare esercizio** to exercise
l'**esigenza** need, requirement
esigere (p.p. **esatto**) to expect, demand
esiliare to exile
l'**esilio** exile
esistente existing
l'**esistenza** existence
*****esistere** (p.p. **esistito**) to exist
esitare to hesitate
esotico exotic
l'**espansione** (f.) expansion
l'**esperienza** experience
l'**esperimento** experiment
l'**esperto**, l'**esperta** expert
esportare to export
l'**esportazione** (f.) export
l'**esposizione** (f.) exposition, exhibition
esposto displayed
l'**espressione** (f.) expression
l'**espresso** espresso coffee; express train; express mail
espresso express
esprimere (p.p. **espresso**) to express
l'**essenza** essence
essenziale essential
*****essere°** (irr.) (p.p. **stato**) to be; *****essere di** to be from; *****essere d'accordo** to agree, be in agreement; *****essere con-**

tro to be against; *****essere puntuale** to be on time; *****essere in ritardo** to be late, not on time; *****esserci** to be there, be in
l'**essere umano** human being
esso (**essa**; **essi**, **esse**) it; they
l'**est** (m.) east
l'**estate** (f.) summer
estendere (p.p. **esteso**) to extend
l'**esterno** exterior
estero foreign; **all'estero** abroad
estivo summer (adj.)
l'**estraneo**, l'**estranea** stranger, outsider; unauthorized person
estraneo foreign
estrarre (p.p. **stratto**) to extract
l'**estratto** extract; quote, excerpt; abstract, résumé
estremamente extremely
estremo extreme
l'**età** age
l'**eternità** eternity
etnico ethnic
l'**etto(grammo)** hectogram, 100 grams
l'**Eurocity** (EC) fast trains that cross Europe
l'**europeo**, l'**europea** European person
europeo European (adj.)
l'**evasione** (f.) escape, evasion
l'**evento** event
eventuale eventual, possible, probable
evidente evident
evidentemente evidently
evitare to avoid
evocare to evoke
evviva! hurrah!

F

fa ago; **mezz'ora fa** half an hour ago; **un anno fa** a year ago
la **fabbrica** plant, factory
la **faccenda** affair; **faccende di casa** household chores
il **facchino** porter
la **faccia** (pl. le **facce**) face
facile easy
facilmente easily
il **fagiolino** string bean
falso false; insincere
la **fama** fame; notoriety
la **fame** hunger; **avere fame** to be hungry; *****morire di fame** to be ravenous; to starve
la **famiglia** family
familiare family (adj.), familial; familiar
famoso famous
la **fantascienza** science fiction
il **fantasia** fantasy, imagination
fantastico fantastic

fare° *(irr.)* *(p.p.* **fatto)** to do; to make; **fare** + *inf.* to cause *something* to be done; **fare il/la** + *profession* to be a + *profession;* **fare gli auguri** to wish (someone) well / the best; **fare bella / brutta figura** to make a good / bad impression; **fare bene a** to be good for; **fare bene / male (a)** to be good / harmful (for); to do good / harm (to); **fare caldo** to be hot / warm weather; **fare freddo** to be cold weather; **fare da mangiare** to fix something to eat; **fare presto** to hurry up; ***farsi male** to hurt oneself; to get hurt

la **farmacia** pharmacy
il/la **farmacista** *(pl.* i **farmacisti,** le **farmaciste)** pharmacist
la **fase** phase
fatale fatal
la **fatica** effort, labor
faticoso tiring, labor-intensive
il **fatto** fact; **ecco fatto!** done! **di fatti** in fact; **il fatto sta che** the fact is that
la **fattoria** farmhouse; farm
il **favore** favor; **per favore** please; **fare un favore** to do a favor
favorevole favorable
il **fazzoletto** handkerchief
il **febbraio** February
la **febbre** fever
febbrile feverish
fedele faithful
felice happy
la **felicità** happiness
la **felpa** sweatshirt
la **femmina** female *(n.)*
femminile feminine
il **femminismo** feminism
femminista *(m./f.)* *(pl.* **femministi /** **femministe)** feminist *(adj. and n.)*
il **fenomeno** phenomenon
le **ferie** *(pl.)* vacation; holidays; ***andare in ferie** to go on vacation
fermare to stop
***fermarsi** to come to a stop
la **fermata** stop
fermo still, not moving; ***stare fermo/a** to be still
il **ferragosto** the holiday period preceding August 15
ferrato iron *(adj.)*
la **ferrovia** railroad; **Ferrovie dello Stato** State Railways
ferroviario rail *(adj.),* of the railroads
la **festa** party; holiday; **fare festa** to take a holiday, take off
festeggiare to celebrate
festivo holiday *(adj.);* festive, merry
la **fetta** slice
le **fettuccine** *(pl.)* a type of pasta
il **fiammifero** match
***fidanzarsi** to get engaged

il **fidanzato,** la **fidanzata** fiancé, fiancée
***fidarsi di** to trust
il **figlio,** la **figlia** son, daughter
il **figliolo,** la **figliola** son, daughter; boy, girl; child
figurati! si figuri! don't mention it!
la **fila** row
il **film** *(inv.)* movie, film; **dare un film** to show a movie
il **filone** loaf
la **filosofia** philosophy
finalmente finally
finanziare to finance
finché as long as; until
la **fine** end
la **finestra** window
†**finire (isc)** to finish, end; **finire con** (+ *inf.)* to end up *(doing something)*
fino: fino a till, until, as far as; **fino a tardi** till late; **fino a un certo punto** up to a certain point; **fino da** from; since
finora up until now
il **fioraio,** la **fioraia** florist
il **fiore** flower
fiorentino of/from the city of Florence; **la Fiorentina** name of Florence's soccer team
la **firma** signature
firmare to sign
la **fisica** physics
il **fisico,** la **fisica** physicist
il **fiume** river
il **flusso** flux
il **foglio** sheet of paper
la **folla** crowd
fondamentale fundamental
fondare to found, establish
fondato founded
la **fondazione** founding
il **fondo** bottom; **in fondo** at the end; at the bottom
la **fontana** fountain
la **fonte** source, origin; fount
il **footing** jogging; **fare il footing** to jog
la **forma** form; shape
il **formaggio** cheese
formale formal
formare to form
la **formazione** formation; development
la **formula** formula
formulare to formulate, conceive
il **fornaio,** la **fornaia** (bread) baker
fornire (isc) to furnish, provide
il **forno** oven; bakery; **al forno** baked
forse maybe, perhaps
forte strong; sharp; **parlare forte** to speak loudly
la **fortuna** fortune, luck; **avere fortuna** to be lucky; **buona fortuna!** good luck! **per fortuna** fortunately, luckily
fortunato lucky, fortunate
la **forza** strength; power; **forza!** go!
forzare to force

la **foto** *(abbr., inv.)* photo
la **fotografia** photograph; **fare una fotografia** (a + *person;* di + *place)* to take a picture (of)
fotografico photographic; **macchina fotografica** camera
il **fotografo,** la **fotografa** photographer
il **foulard** (silk) scarf
fra in, within *(a time span);* among, between; **fra l'altro** among other things
la **fragola** strawberry
francamente frankly
il/la **francese** Frenchman, French-woman; **il francese** French language
francese French *(adj.)*
il **francobollo** (postage) stamp
la **frase** phrase; sentence
il **fratello** brother
frattempo: nel frattempo meanwhile
il **freddo** cold; **avere / sentire freddo** to feel cold; **fare freddo** to be cold weather
freddo cold *(adj.)*
frequentare to attend *(a school, university);* to patronize *(a café, restaurant)*
frequente frequent
la **frequenza** frequency
il **fresco** coolness, cool; **fare fresco** to be cool weather; ***stare al fresco** to stay out in the cool
fresco fresh; cool; **vento fresco** cool wind; **verdure fresche** fresh vegetables
la **fretta** hurry, haste; **avere fretta** to be in a hurry; **in fretta** in a hurry; hastily
il **fritto** fried food
fritto fried
la **frontiera** border
la **frutta** *(s.)* fruit
il **frutteto** fruit orchard
il **fruttivendolo,** la **fruttivendola** greengrocer
fumare to smoke
il **fumetto** cartoon; **racconto a fumetti** comic book, comic strip
il **fumo** smoke
funzionare to work, function
il **fuoco** fire *(n.)*
fuori out of, out(side)
furbo sly; clever
il **fuso orario** time zone
il **futuro** future; future tense

G

la **galleria** gallery; (theater) balcony
la **gamba** leg
la **gara** contest, race; competition
il **garage** *(inv.)* garage; parking garage
garantire (isc) to guarantee

garantito guaranteed
il gatto, la gatta (male, female) cat
la gelateria ice-cream parlor
il gelato ice cream
geloso jealous
generale general; in generale in general
generalmente generally
la generazione generation
il genere genre; type; in genere generally, typically
la generosità generosity
generoso generous
il genio genius
il genitore parent
il gennaio January
genovese of/from the city of Genoa
la gente (s.) people
gentile kind; courteous
la gentilezza kindness
genuino genuine; the real thing
la geografia geography
geografico geographic
il geologo, la geologa (pl. i geologi, le geologhe) geologist
il gerundio gerund
gesticolare to gesture, gesticulate
il gesto gesture
gettare to throw
il gettone (telephone) token
il ghiaccio ice; pattinaggio su ghiaccio ice skating
già already; già! true! sure! right! (also in an ironic sense)
la giacca jacket
giacché since
giallo yellow; il giallo detective story
giapponese Japanese
il giardino garden
la ginnastica gymnastics; fare la ginnastica to exercise, do exercises
il ginocchio (pl. le ginocchia) knee
giocare (a + n.) to play (a sport or game); giocare a carte (scacchi, golf) to play cards (chess, golf)
il giocatore, la giocatrice player
il gioco game, play
la gioia joy
la gioielleria jewelry shop; jewelry
il gioiello jewel
la giornalaio, la giornalaia newspaper / magazine vendor
il giornale newspaper
giornaliero daily
il giornalino comic book
il/la giornalista (pl. i giornalisti, le giornaliste) journalist
la giornata day (descriptive)
il giorno day; buon giorno! good morning! good afternoon!
il/la giovane young man / woman; i giovani the young; da giovane as a young man / woman
giovanile young (adj.)
il giovanotto young man

il giovedì Thursday
la gioventù youth
†girare to turn; to go about, to poke around
girato filmed (movie)
il giro tour; in giro around; fare un giro to take a tour; to go around; prendere in giro to make fun of
la gita excursion; fare una gita to take a short trip; to go out for a while
giù down
il giugno June
†giungere° (p.p. giunto) to reach, arrive; to join
giunto a arrived at
giustificare to justify
la giustizia justice
giusto right; fair; correct
glorioso glorious
gli gnocchi (pl.) dumplings
il goccetto little drop
godere to enjoy
la gola throat; gluttony
il golf sport of golf; giocare a golf to play golf
il gomito elbow
il gondoliere gondolier
la gonna skirt
governare to govern
il governo government
la grammatica grammar; grammar textbook
grammaticale grammatical; grammar (adj.)
grande (gran, grand') big, large; great; più grande bigger; older
grandinare to hail
la grandine hail
grasso fat
gratuito free of charge, free
grave serious, grave
la gravità gravity
la grazia grace
grazie! thank you! thanks! grazie tante! many thanks!
grazioso pretty
il greco, la greca (pl. i greci, le greche) Greek person; il greco Greek language
greco Greek (adj.)
grigio gray
la griglia grill; alla griglia grilled
grosso big, large; stout
il gruppo group
il gruviera (inv.) a type of (Swiss) cheese
guadagnare to earn
il guadagno earnings
il guanto glove
guardare to watch, look at
la guardia guard
†guarire (isc) to cure; to heal; to get well, recover
la guerra war

la guida guide; guidebook
guidare to drive
gustare to taste; to savor; to please
il gusto taste

I

l'idea idea; neanche / nemmeno per idea! not on your life! ottima idea! great idea!
ideale ideal (adj.)
idealista (m./f.) (pl. idealisti/idealiste) idealist (adj. and n.)
identico identical
identificare to identify
idiomatico idiomatic; espressione idiomatica idiom
ieri (adv.) yesterday; ieri l'altro the day before yesterday; ieri sera last night
l'igiene sanitary conditions
ignorare to ignore
illustrato illustrated
l'illustrazione (f.) illustration
illustre renowned, famous
imbarazzante embarrassing
imbarazzato embarrassed
imbucare to mail, drop into the mail
immaginare to imagine
l'immaginazione (f.) imagination
l'immagine (f.) image
immediatamente immediately
immediato instantaneous, immediate
immenso immense
l'immigrante (m./f.) immigrant
*immigrare to immigrate
imparare to learn; imparare (a + inf.) to learn (how to do something)
impaziente impatient
*impegnarsi to make a commitment
l'impegno commitment; promise, obligation
l'imperativo imperative (verb mood)
l'imperatore (m.) emperor
l'imperfetto imperfect (verb tense)
l'impermeabile (m.) raincoat
impiegare to hire; to use
l'impiegato, l'impiegata employee, office worker
importante important
l'importanza importance
importare to import; *importare (imp. verb) to matter, be important; non importa! it doesn't matter!
importato imported
impostare to mail
l'impresa enterprise, undertaking
l'impressione (f.) impression
l'impronta mark
improvvisamente suddenly
improvviso sudden; all'improvviso suddenly
in in; at; to
incaricare to assign, entrust

l'incarico charge, assignment
incartare to wrap
l'incertezza doubt, uncertainty
incerto uncertain
l'incidente (m.) accident; incident
incitare to incite; to spur
includere (p.p. incluso) to include
incluso included, including
†incominciare to begin, start; incominciare (a + inf.) to begin (to do something)
incontrare, *incontrarsi to meet
l'incontro meeting; match
incredibile incredible, unbelievable
l'incrocio intersection
indeciso undecided
indefinito indefinite
indeterminativo: l'articolo indeterminativo indefinite article
l'indiano, l'indiana Indian person
indiano Indian (adj.)
indicare to indicate
l'indicativo indicative (verb mood)
l'indicazione (f.) indication; direction; suggestion
l'indice (m.) index; dito indice index finger
indietro (adv.) back; backward; behind
indimenticabile unforgettable
l'indipendenza independence
indiretto indirect
l'indirizzo address
l'individuo individual (n.)
indovinare to guess
indovinato prescient, guessed right; fortuitous
l'industria industry
l'industriale (m./f.) industrialist; manufacturer
industriale industrial (adj.)
industrializzare to industrialize
industrializzato industrialized
infastidito put out
infatti in fact
infelice unhappy
inferiore inferior; lower
l'infermiere, l'infermiera nurse
*infilarsi to slip on, put on
infine in the end, finally
l'infinito infinitive (verb form); infinity
infinito infinite (adj.)
influenzare to influence
l'influsso influence
informare to inform
*informarsi to get information
l'informazione (f.) information
infuriare to enrage
infuriato furious, in a rage
l'ingegnere, l'ingegnera (m. title preferred for women) engineer
l'ingegneria engineering
l'ingiustizia injustice
l'inglese (m./f.) Englishman, Englishwoman; English language

inglese English (adj.)
l'ingorgo (traffic) bottleneck
*ingrassare to put on weight, get fat
l'ingrediente (m.) ingredient
†iniziare to begin
l'iniziativa initiative
l'inizio beginning
*innamorarsi (di) to fall in love (with)
innamorato (di) in love (with)
innanzi before
l'inno nazionale national anthem
innumerevole innumerable
inoltre also; besides
l'inquinamento pollution
inquinato polluted
l'insalata salad; insalata mista tossed salad
l'insegnamento teaching
l'insegnante (m./f.) teacher
insegnare to teach; to show
insensibile insensitive
inserire (isc) to insert
l'inserzione (f.) ad, advertisement
insieme together
l'insistenza insistence
insistere (p.p. insistito) to insist
insomma in short; (ma) insomma! good grief! well then!
insopportabile unbearable
installare to install
intanto in the meantime
intatto whole, untouched
l'intellettuale (m./f.) intellectual
intelligente intelligent
l'intelligenza intelligence
intendere (p.p. inteso) to understand; to mean; intend
l'intensità intensity
intenso intense; severe, harsh
l'intenzione (f.) intention; avere intenzione di to plan
l'Intercity (IC) fast train that makes few stops
interessante interesting
interessare to interest; *interessarsi a/di to be interested in
l'interesse (m.) (per) interest (in)
internazionale international
interno internal
intero entire, whole
interpretare to interpret
l'interprete (m./f.) interpreter
interrogativo interrogative
interrompere (p.p. interrotto) to interrupt
l'intervallo interval; intermission
intervenire (irr.; pres. io intervengo, tu intervieni; p.p. intervenuto) to intervene
l'intervento intervention
l'intervista interview; rilasciare un'intervista to grant an interview
intervistare to interview
intesi! understood!

intimo intimate; close
l'intrattenimento entertainment
introdurre (irr.; pres. io introduco, tu introduci; p.p. introdotto) to introduce
l'introito income
inutile useless; hopeless
invariabile invariable
invecchiare to grow old
invece (di) instead (of); on the other hand
inventare to invent
l'inventario inventory
l'invenzione (f.) invention
invernale winter (adj.), wintry
l'inverno winter
l'invidia envy
invitare to invite
l'invitato, l'invitata guest
l'invito invitation
l'ipotesi (f. s., inv.) hypothesis
l'ironia irony
ironico ironic
irregolare irregular
l'irrequietezza restlesssness
irresponsabile irresponsible
irritato irritated
l'iscritto, l'iscritta student; member
*iscriversi (a) (p.p. iscritto) to enroll (in)
l'isola island
ispirare to inspire
l'ispirazione (f.) inspiration
l'istinto instinct
l'istituto institute
l'istituzione (f.) institution
l'istruzione (f.) instruction, education
l'italiano, l'italiana Italian person; l'italiano Italian language
italiano Italian (adj.)
l'italo-americano, l'italo-americana Italian-American person
l'itinerario itinerary

L

là there
il labbro (pl. le labbra) lip
il laboratorio laboratory
laggiù down there
il lago lake
*lamentarsi (di) to lament, complain (about)
lampeggiare to flash lightning
il lampo flash of lightning
la lana wool
largo wide
le lasagne (pl.) a type of pasta
lasciare to leave behind; lasciare stare to leave alone; lasciare (+ inf.) to allow (something to be done)
il latte milk; al latte with milk
la latteria dairy store
il latticinio dairy product

la **lattuga** lettuce
la **laurea** (Italian) university degree;
    doctorate
*laurearsi** to graduate from a university
laureato with a doctorate degree
lavare to wash
*lavarsi** to wash up
lavorare to work
il **lavoro** job, work
la **legge** law
la **leggenda** legend
leggere° (irr.) (p.p. **letto**) to read
leggero light (adj.)
il **legno** wood
lentamente slowly
lento slow
il **lesso** boiled / poached meat
la **lettera** letter; **le Lettere** Liberal Arts
letterario literary
la **letteratura** literature
il **letto** bed; **a letto** in bed; *andare a
    letto** to go to bed; **camera da letto**
    bedroom; **fare il letto** to make the
    bed
il **lettore**, la **lettrice** reader; lecturer
la **lettura** reading
il **levante** east (n.)
*levarsi** to take off (something)
la **lezione** lesson; class
lì there (closer than **là**); **da lì** from
    there
liberale liberal
liberare to liberate, free
la **liberazione** liberation
libero free
la **libertà** freedom
il **libraio**, la **libraia** bookseller
la **libreria** bookstore
il **libretto** opera libretto; **libretto di**
    risparmio passbook
il **libro** book; **libro di cucina** cookbook
licenziare to fire, dismiss (from a job)
*licenziarsi** to quit, resign (a job)
il **liceo** high school
limitare to limit
limitato limited
la **limitazione** restriction, limitation
il **limite** limit
il **limone** lemon; **al limone** with lemon;
    lemon-flavored
la **linea** shape; line
la **lingua** language; tongue
il **linguaggio** (programming) language
il **lino** linen
il **liquore** liqueur
la **lira** Italian monetary unit
liscio smooth; without additions
la **lista** list
la **lite** argument
il **litro** liter (about a quart)
il **livello** level
il **locale** place; local train (makes all
    stops)
locale local (adj.)

la **località** place, spot
lodare to praise
la **lode** praise
la **logica** logic
logico logical
lombardo of/from the region of
    Lombardy
lontano (da) distant, far (from)
la **lotta** struggle; wrestling
lottare to struggle, fight
la **lotteria** lottery
la **luce** light; electricity; **dare alla luce**
    to create, give birth to (figurative)
il **luglio** July
la **luna** moon; **luna di miele** honey-
    moon; **luna park** amusement park
il **lunedì** Monday
lungo long; **a lungo** at length; for a
    long time
lungo (adv.) along
il **lungomare** seafront
il **luogo** place; **aver luogo** to take place
il **lusso** luxury (n.); **di lusso** luxury
    (adj.)

M

ma but; **ma dai!** come on! **ma sì** of
    course
la **macchina** automobile, car; machine;
    in macchina by car; in the car;
    *andare in macchina** to drive; **mac-**
    china da scrivere typewriter; **scrivere**
    a macchina to type; **macchina foto-**
    grafica camera
macché not at all
il **macellaio**, la **macellaia** butcher
la **madre** mother
il **maestro**, la **maestra** teacher
magari perhaps; **magari!** if only!
il **magazzino** department store;
    warehouse
il **maggio** May
la **maggioranza** majority
maggiore bigger, greater; older; **la**
    maggior parte (di) most (of);
    majority
la **maglia** sweater; pullover; jersey
la **maglietta** T-shirt; top; jersey
il **maglione** pullover
magnifico magnificent
magro thin; lean
mah! well!
mai ever; never; **non ... mai** never, not
    ever; **come mai?** how come?
malato ill
il **male** illness, disease; evil; bad thing;
    mal di testa headache; **fare male (a)**
    to be bad (for); to ache; to hurt
    (someone); *farsi male** to get hurt;
    non c'è male! not bad!
male (adv.) badly, poorly; *stare /
    *sentirsi male** to be / feel ill

il **malinteso** misunderstanding
malgrado in spite of
la **mamma** mom; mother
la **mancanza** lack, absence
*mancare (a)** to lack; to be missing;
    *mancare da** to be away from; **ci**
    mancherebbe altro! that's all we
    need!
la **mancia** tip
mandare to send
mangiare to eat; **fare da mangiare** to
    fix something to eat
il **mangiare** food
la **mania** obsession, mania
la **maniera** manner
manifestare to protest; to make known
la **manifestazione** demonstration,
    protest
la **mano** (pl. **le mani**) hand; **dare una**
    mano to lend a hand
la **manovra** maneuver
mantenere (irr.; pres. io **mantengo**, tu
    mantieni) to maintain; to keep; to
    support
il **manuale** manual
il **manzo** beef; **arrosto di manzo** roast
    beef
marcio rotten
il **mare** sea; **al mare** at/to the beach
la **marina** marina
marinara: alla marinara sailor's style
    (with fish)
il **marito** husband
marittimo maritime, coastal
la **marmellata** jam; marmalade
il **marmo** marble
marrone (color) brown
il **martedì** Tuesday
il **marzo** March
il **mascarpone** a type of soft cheese
maschile masculine
il **maschilismo** male chauvinism
il **maschio** male (n.)
la **massa** mass, group
il **massimo** maximum
massimo (adj.) most; utmost
la **matematica** mathematics
la **materia** (school) subject, discipline;
    subject matter; matter; material
materno maternal
la **matita** pencil
il **matrimonio** marriage, matrimony
la **mattina** (il **mattino**) morning; **di**
    mattina in the morning
la **mattinata** morning (descriptive)
maturo mature; ripe
il **meccanico** (pl. i **meccanici**) mechanic
la **medaglia** (d'oro) (gold) medal
la **medicina** medicine
il **medico** (pl. i **medici**) (m. title used
    for women also) doctor
medico medical

medio intermediate; average; **la scuola media (le Medie)** high school
medievale medieval
il Medioevo Middle Ages
meditare to meditate
mediterraneo Mediterranean *(adj.)*
meglio better *(adv.)*
la mela apple
la melanzana eggplant
il melodramma *(pl.* i melodrammi*)* melodrama
il melone cantaloupe, melon
il membro member
memorabile memorable
la memoria memory; **imparare a memoria** to memorize, learn by heart; **sapere a memoria** to know by heart
meno less; fewer; *art.* + **meno** least; **di meno** less; **meno di** less than; **a meno che non** unless; **meno male!** thank goodness!
la mensa cafeteria
la mente mind
mentre while; whereas
il menù *(inv.)* menu
meraviglioso marvelous
il mercato market; **mercato aperto** open-air market
la merce merchandise
il mercoledì Wednesday
meridionale southern
il meridione south *(n.)*
meritare, *meritarsi to deserve
il mese month
il messaggio message
il mestiere trade, job
la metà half *(n.)*
meteorologico meteorological, weather *(adj.)*
il metodo method
il metro meter *(unit of measure)*
la metropolitana subway
mettere° *(p.p.* messo*)* to put, place; ***mettersi** to put on (clothing)
la mezzanotte midnight
il mezzo half *(n.);* means
mezzo half *(adj.);* **mezz'ora fa** half an hour ago
il mezzogiorno noon
mica not; **mica male** not bad; **non ... mica** not at all
il miele honey
il migliaio *(pl.* le migliaia*)* about one thousand
il miglio *(pl.* le miglia*)* mile
il miglioramento improvement
†**migliorare** to improve
migliore better; *art.* + **migliore** best
milanese of/from the city of Milan; **il Milan** Milan's soccer team
il miliardo billion
il milionario, la milionaria millionaire
il milioncino tidy little million

il milione million
mille *(pl.* mila*)* thousand
la minestra soup
il minimo minimum; **al minimo** at the very least
minimo *(adj.)* smallest, least
minore lesser, smaller; younger; *art.* + **minore** least; smallest; youngest
il minuto minute
misto mixed; assorted; **fritto misto** assorted fried food; **insalata mista** tossed salad
la misura size, measurement
misurare to measure
il mito myth
il mobile piece of furniture; **i mobili** furniture
la moda fashion; **di moda** in fashion
il modello model, style
moderno modern
modesto modest
modico moderate, affordable
il modo way; manner; mood *(of a verb);* **in tutti i modi** one way or another; **che modi!** what manners!
il modulo (blank) form; **compilare / riempire un modulo** to fill out a form
la moglie *(pl.* le mogli*)* wife
moltiplicare to multiply
molto *(adj.)* much, a lot of; *(adv.)* very; much, a lot; **molti / molte** many
il momento moment
mondiale world *(adj.);* **guerra modiale** world war
il mondo world; **mondo del lavoro** marketplace
monotono monotonous
la montagna mountain; **in montagna** in/to the mountains
il monte small mountain, hill
il monumento monument
***morire°** *(irr.)* *(p.p.* morto*)* to die; ***morire di fame** to starve; to be famished
la morte death
il mosaico *(pl.* i mosaici*)* mosaic
la mostra exhibit; fair
mostrare to show
il mostro monster
il motivo reason, motive
il moto movement; physical exercise; **fare moto** to exercise
la motocicletta motorcycle
il motore motor, engine
il movimento movement
la mozzarella a type of soft cheese
municipale city *(adj.)*
il municipio city hall
muovere *(p.p.* mosso*)* to move
il muratore mason; bricklayer
il muro wall
il museo museum
la musica music

musicale musical
musicare to set to music
il/la musicista *(pl.* i musicisti, le musiciste*)* musician
muso: fare il muso to pout
le mutande *(pl.)* underwear

N

napoletano of/from the city of Naples
***nascere°** *(p.p.* nato*)* to be born
†**nascondere** *(p.p.* nascosto*)* to hide
il naso nose; ***soffiarsi il naso** to blow one's nose
il Natale Christmas; **Buon Natale!** Merry Christmas!
la natura nature
naturalmente of course; naturally
nazionale national
la nazionalità nationality
nazionalizzato nationalized
la nazione nation
ne some of; about it
né ... né neither . . . nor
neanche not even; **neanche per sogno!** no way! not on your life!
la nebbia fog
necessario necessary
la necessità necessity
negativo negative
il/la negoziante retail merchant, shopkeeper
il negozio shop, store; **negozio di alimentari** grocery store
nemmeno not even
neppure not even
nero black
il nervo nerve
nervoso nervous
nessuno (+ *s. n.*) no one, nobody, none; *(pron.)* no, not one; **nessuno di** not one of; **non ... nessuno** no one, nobody
neutro neutral
la neve snow
nevicare to snow
niente nothing; **niente affatto!** not so! not at all! **niente da dire / fare** nothing to say / do; **niente di nuovo** nothing new; **niente di particolare** nothing in particular; **niente di speciale** nothing special; **non ... niente** nothing; **di niente** think nothing of it; **per niente** not at all
il/la nipote nephew, niece; grandchild
no no; ma no! don't tell me!
la noia boredom; **che noia!** what a bore!
noioso boring; tedious
noleggiare to rent *(a car, bicycle, etc.)*
a noleggio rental *(car, bicycle, etc.)*
il nome name; noun
il nomignolo nickname

non not; non ... ancora not . . . yet; non c'è male not bad; non è vero? isn't that so? non ... mai never; non ... nemmeno not even; non ... nessuno no one; non ... niente nothing; non ... più no longer, not any longer

il nonno, la nonna grandfather, grandmother

nonostante in spite of

il nord north (n.)

normale normal; regular

il/la norvegese Norwegian person

norvegese Norwegian (adj.)

la nota note; footnote

notare to notice, note

notevole significant; great

la notizia news

noto well-known

la notte night; buona notte! good night! di notte at night

il novembre November

la novità news; the latest

le nozze (pl.) wedding; viaggio di nozze honeymoon

nulla nothing; non ... nulla nothing; nulla da fare nothing to do

il numero number; (newspaper, magazine) issue; (shoe) size

numeroso numerous; large, big

nuotare to swim

il nuoto swimming

nuovo new; di nuovo again; niente di nuovo nothing new

la nuvola cloud

nuvoloso cloudy

O

o or; o ... o either . . . or

obbligare (a + inf.) to force, oblige (to do something)

obbligatorio mandatory

l'obbligo obligation

l'occasione (f.) occasion; opportunity; bargain

gli occhiali (pl.) (eye)glasses; occhiali da sole sunglasses

l'occhiata glance; dare un'occhiata to glance over

l'occhio eye; *costare un occhio della testa to cost an arm and a leg

occidentale western

l'occidente (m.) west

*occorrere (p.p. occorso) to be needed, necessary

*occuparsi di to be involved in; to dedicate oneself to

occupato busy (phone); taken (seat)

l'occupazione (f.) occupation, profession; activity

l'oceano ocean

odiare to hate

*offendersi (p.p. offeso) to take offense

l'offerta offer

offeso offended

offrire (p.p. offerto) to offer

l'oggetto object

oggi today

oggigiorno nowadays

ogni (+ s. n.) (inv. adj.) each, every; ogni volta che whenever

ognuno everyone; each one

ohi! ouch!

le Olimpiadi (pl.) Olympics

l'olio oil

l'oliva olive

oltre more than; oltre a in addition to, besides

l'ombrello umbrella

onesto honest

l'onomastico (pl. gli onomastici) patron saint's day, name day

onorare to honor

l'onore (m.) honor

l'opera opera; work

l'operaio, l'operaia blue-collar worker

l'operazione (f.) operation

l'opinione (f.) opinion

*opporsi (irr.; pres. io mi oppongo, tu ti opponi; p.p. opposto) to oppose

opportuno timely; suitable

l'opposizione (f.) opposition

oppure or, or else

l'ora hour; time; a che ora? at what time? che ora è / che ore sono? what time is it? è ora di it's time to; era l'ora! about time! ora di punta rush hour; mezz'ora fa half an hour ago

ora now; per ora for the time being; proprio ora just now

l'orafo (orefice) goldsmith

orale oral

l'orario schedule; orario d'apertura business hours

l'orchestra orchestra

ordinale ordinal

ordinare to order

ordinato neat; orderly

l'ordine (m.) order; mettere in ordine to tidy up

gli orecchini (pl.) earrings

l'orecchio (pl. le orecchia) ear

l'orefice (m.) goldsmith

l'oreficeria goldsmith's shop

organizzare to organize

organizzato organized

l'organizzazione (f.) organization

l'orgoglio pride

orgoglioso proud

orientale oriental; eastern

l'oriente (m.) east (n.)

originale original, unusual

l'originalità originality, novelty

l'origine (f.) origin

l'orizzonte (m.) horizon

ormai by now; now

l'oro gold

l'orologio watch; clock

l'oroscopo horoscope

orribile horrible

l'orrore (m.) horror

l'orso bear

l'orto vegetable garden

l'ospedale (m.) hospital

l'ospite (m./f.) guest

osservare to observe

l'osservatore, l'osservatrice observer

l'osservazione (f.) observation

l'osso (pl. le ossa) bone

ottenere (irr.; pres. io ottengo, tu ottieni) to obtain

l'ottica optics

l'ottico optician

l'ottimismo optimism

l'ottimista (m./f.) (pl. gli ottimisti, le ottimiste) optimist

ottimista (m./f.) (pl. ottimisti / ottimiste) optimistic; optimist

ottimo excellent

l'ottobre (m.) October

l'ovest (m.) west (n.)

ovvio obvious

P

il pacchetto small package

il pacco package

la pace peace; lasciare (stare) in pace to leave alone

il padre father

il padrone, la padrona owner, boss; landlord

il paesaggio landscape

il paese country; village, town

il paesetto small town

la paga salary; la busta paga paycheck

il pagamento payment

pagare to pay (for); pagare in contanti to pay cash

pagato paid

la pagina page

la paglia straw

il paio (pl. le paia) pair

il palazzo palace

la palestra gym; in palestra in/to the gym

la palla ball

la pallacanestro basketball

la pallamano handball

la pallavolo volleyball

il pallone soccer ball; giocare al pallone to play soccer

la pancetta bacon

la panchina bench

il pane bread; pane integrale whole wheat bread

il panificio bread bakery

il panino sandwich; roll

la panna cream

il panno cloth; i panni clothes; laundry

il **panorama** (pl. i **panorami**) panorama, view

i **pantaloni** (pl.) pants, trousers; slacks

la **pantofola** slipper

il **papa** (pl. i **papi**) pope

il **papà** papa, dad

il **paradiso** paradise, heaven

paragonare to compare

il **paragone** comparison

il **paragrafo** paragraph

parcheggiare to park

il **parcheggio** parking; parking place; parking lot

il **parco** park

parecchio (adj.) quite a lot of, quite a few; (pron.) a lot, a number; (adv.) rather, quite (w/adj.); **parecchio tempo** quite a long time; **parecchio tempo fa** a long time ago

il **pareggio** (game) tie

il/la **parente** relative

la **parentesi** (inv.) parenthesis

*****parere°** (irr.) (p.p. **parso**) to seem, appear; **pare che** it seems that; **che te ne pare?** what do you think about it?

il **parlamento** parliament

parlare to speak

il **parmigiano** a type of cheese

la **parola** word

la **parte** part; role; **dall'altra parte** in the opposite direction; **da parte [mia]** on [my] behalf; **dalle [tue, Sue] parti** in [your] area; **in parte** partly; **la maggior parte** majority

il/la **partecipante** participant

partecipare (a) to participate, take part (in)

la **partecipazione** participation; wedding announcement, invitation

la **partenza** departure

il **participio** participle

particolare particular; special

particolarmente particularly

partigiano partisan; biased

*****partire** to depart, leave

la **partita** match, game

il **partitivo** partitive

il **partito** (political) party

la **Pasqua** Easter; **Buona Pasqua!** Happy Easter!

il **passaggio** ride, lift; **chiedere / dare un passaggio** to ask for / give a ride

il **passaporto** passport

†**passare** to spend (time); to pass; **passare il tempo (a** + inf.) to spend one's time (doing something); *****passare da** to stop by, come by; to go by; *****passare a** (+ inf.) to stop by to (do something)

il **passatempo** pastime, hobby

il **passato** past (n.)

passato past (adj.); **tempi passati** times gone by

il **passeggero**, la **passeggera** passenger

passeggiare to walk, stroll

la **passeggiata** walk; **fare una passeggiata** to take a walk

il **passivo** passive voice

il **passo** step; **fare due passi** to go for a stroll

la **pasta** (s. only) pasta, pasta products; dough; (s. and pl.) pastry; **pasta alla creama** cream-filled pastry

la **pasticceria** pastry shop

il **pasticciere**, la **pasticciera** baker (of desserts); operator of a pastry shop

il **pasto** meal

la **patata** potato

la **patria** homeland, native country

il **patrimonio** heritage; patrimony

il **patrono** patron; **santo patrono** patron saint

il **pattinaggio (su ghiaccio / a rotelle)** (ice / roller) skating

pattinare to skate

la **paura** fear; **avere paura (di)** to be afraid (of)

la **pausa** pause

il **pavimento** floor

la **pazienza** patience; **avere pazienza** to be patient; **ci vuole pazienza** it takes patience; **pazienza!** never mind!

pazzo crazy

il **peccato** sin; **peccato!** too bad!

il **pecorino** a type of cheese

il **pedale** pedal

il **pedone** pedestrian

peggio worse (adv.)

peggiore worse (adj.); **art.** + **peggiore** worst

la **pelle** skin; leather

la **pena** pain; **vale proprio la pena** it's well worth it

la **penale** penalty charge

il/la **pendolare** commuter

la **penisola** peninsula

la **penna** pen

pensare (a) to think (of/about); **pensare di** (+ inf.) to think of (doing something); **pensare di** (+ n. / pron.) to have an opinion about (someone / something); **pensare che** to believe, think that; **pensarla diversamente** to see it differently; **far pensare (a)** to remind one (of)

il **pensiero** thought; worry; *****essere in pensiero** to be worried

il **pensionato**, la **pensionata** retiree

la **pensione** pension; inn, boarding house; **in pensione** retired; **a pensione completa** with three meals a day; **a mezza pensione** with breakfast and dinner

pensionistico pension (adj.)

il **pepe** pepper

per for; through; in order to; to; **per curiosità** out of curiosity; **per favore,**

per piacere please; **per lo più** for the most part; **per quanto** although

la **pera** pear

la **percentuale** percentage

la **percezione** perception

perché why; because; **perché** + subj. so that, in order that

perciò so; therefore

percorrenza: a lunga percorrenza long-distance

la **percorribilità strade** road conditions

perdere° (p.p. **perduto** or **perso**) to lose; to miss (a bus, train, etc.)

perdonare to forgive

il **perdono** forgiveness

perfettamente perfectly

perfetto perfect

perfino even

il **pericolo** danger

pericoloso dangerous

la **periferia** suburbs

il **periodo** period; sentence

la **permanenza** stay; **buona permanenza!** have a nice stay!

il **permesso** permission; leave (of absence)

permettere (p.p. **permesso**) (**di** + inf.) to permit (something to be done)

però however

persino even

la **persona** person; **a persona** each, per person

il **personaggio** character; personality; figure

il **personale** personnel

personale personal

pesante heavy

il **pesce** fish

il **pescivendolo**, la **pescivendola** fishmonger

la **pesistica** weight lifting

il **peso** weight; **dare troppo peso (a)** to give too much importance (to)

il/la **pessimista** (pl. i **pessimisti**, le **pessimiste**) pessimist

pessimista (m./f.) (pl. **pessimisti / pessimiste**) pessimistic; pessimist

pessimo terrible; very bad

*****pettinarsi** to comb one's hair

il **pettine** comb

il **pezzo** piece

*****piacere°** (irr.) (p.p. **piaciuto**) to like; to be pleasing to; to enjoy; *****piacere da morire** to be crazy about

il **piacere** pleasure; **piacere!** pleased to meet you! **fare piacere (a)** to please (someone); **per piacere** please

piacevole pleasant; pleasing

il **pianeta** (pl. i **pianeti**) planet

piangere (p.p. **pianto**) to cry, weep

il/la **pianista** (pl. i **pianisti**, le **pianiste**) pianist

il **piano** floor; plan; abbr. of **pianoforte**

piano softly; slowly; **più piano** slower

il **piano(forte)** piano *(instrument)*
la **pianta** map; plant
il **pianterreno** ground floor, first floor
il **piatto** dish; plate; **primo / secondo piatto** first / second course
la **piazza** square
il **piazzale** plaza
piccolo small, little *(size)*; **da piccolo/a** as a child
il **piede** foot; **a piedi** on foot; **in piedi** standing; **il dito del piede** toe; ***andare / *tornare a piedi** to walk
pieno full; **fare il pieno (di benzina)** to fill up, tank up (with gas)
la **pietra** stone
il **pigiama** pajamas
pignolo fussy
la **pigrizia** laziness
pigro lazy
il **pino** pine
la **pioggia** rain
†**piovere (avere** *preferred;* **essere** *also used)* to rain
la **piscina** swimming pool; ***andare in piscina** to go swimming
la **pista** ski run
pittoresco picturesque
la **pittura** painting
più more; plus; **più di** more than; **più o meno** more or less; *di* **più** more; *art.* + **più** the most; **al più tardi** at the latest; **non ... più** no longer, not any more; **sempre più** + *adj.* more and more + *adj.*; **per lo più** for the most part
piuttosto rather
la **pizzeria** pizza parlor
il **pizzicagnolo**, la **pizzicagnola** delicatessen operator
la **platea** main floor of a theater
il **plurale** plural
po': un' po' (poco) (di) a little; a bit (of); a few
pochi / poche few
poco *(adj.)* little, few; *(adv.)* not very; **poco dopo** soon after; **a poco a poco** little by little; **ben poco** very little; **da poco** of little value; recently
il **podere** farm
la **poesia** poetry; poem
il **poeta** *(pl.* i **poeti),** la **poetessa** poet
poetico poetic
poi then; after, afterwards
poiché since, because
polacco Polish
la **politica** politics
il **politico** *(pl.* i **politici)** politician
politico political
la **polizia** police
il **pollo** chicken
il **polo** pole; **Polo Nord** North Pole
il **pomeriggio** afternoon
il **pomodoro** tomato
il **pompelmo** grapefruit

il **ponente** west *(n.)*
il **ponte** bridge
popolare popular
la **popolazione** population
il **popolo** people
porre *(irr.; pres.* io **pongo,** tu **poni;** *p.p.* **posto)** to put; to place; to set
la **porta** door
il **portafoglio** wallet, billfold
portare to bring; to take; to carry; to wear
i **portici** *(pl.)* arcade, portico
il **portiere,** la **portiera** hotel desk clerk; porter
il **porto** port
la **porzione** portion
posare to set down; to put, place
positivo positive
la **posizione** position
possedere *(conjugates likes* **sedere°)** to possess
il **possessivo** possessive
il **possesso** possession
la **possibilità** possibility; opportunity
la **posta** mail; **le poste** post office
postale postal; **ufficio postale** post office
il **posto** seat; place; **posto di lavoro** job, position
†**potere°** *(irr.)* (+ *inf.)* to be able *(to do something)*; can, may *(do something)*
il **potere** power
povero poor; **poverino/a!** poor thing!
la **povertà** poverty
pranzare to have lunch
il **pranzo** lunch; **la sala da pranzo** dining room
la **pratica** practice
praticamente practically
praticare to play *(a sport);* to engage in *(an activity)*
pratico practical, convenient; experienced
precedente preceding; previous
precedere to precede
precipitare to precipitate, cause
precisamente precisely
precisare to specify, state precisely
la **precisione** precision
preciso precise
la **preferenza** preference
preferire (isc) to prefer
preferito preferred, favorite
pregare to pray; to request; to beg
prego! you're welcome!
preliminare preliminary
il **premio** prize
prendere° *(p.p.* **preso)** to take; to have *(food);* **prendere una decisione** to make a decision; **prendere in giro** to make fun of; ***andare / *venire a prendere** to pick up, meet
prenotare to reserve; to book

la **prenotazione** reservation; **annullare / disdire la prenotazione** to cancel the reservation; **fare una prenotazione** to make a reservation
***preoccuparsi (di)** to worry (about)
preoccupato worried
la **preoccupazione** worry, preoccupation
preparare to prepare; **preparare da mangiare** to fix something to eat
***prepararsi (per/a** + *n. / inf.)* to prepare, get ready (for/to)
il **preparativo** plan; preparation; **i preparativi** arrangements
la **preparazione** preparation
la **preposizione** preposition
presentare to present; to introduce
la **presentazione** introduction; presentation
presente present *(adj.)*
la **presenza** presence; appearance
il **presepio** Nativity scene
il **presidente,** la **presidentessa** *(rare: m. title preferred for women)* president
prestare to lend; **prestare attenzione** to pay attention
prestigioso prestigious
il **prestito** loan; **in prestito** on loan; **dare in prestito** to lend; **prendere in prestito** to check out (from a library); to borrow
presto early; quickly; **a presto!** see you soon! **fare presto** to hurry up
presumere *(p.p.* **presunto)** to presume
presuntuoso presumptuous
pretendere *(p.p.* **preteso)** to pretend
il **pretesto** pretext
prevedere *(p.p.* **previsto** *or* **preveduto)** to foresee
la **previsione (meteorologica / del tempo)** (weather) forecast
prezioso precious
il **prezzo** price
la **prima** opening night; premiere
prima first *(adv.);* **prima di** *(prep),* **prima che** + *subj. (conj.)* before; **anche prima** even before; **di prima** than before
la **primavera** spring
il **primo** first course (of a meal)
primo first; front; **prima fila** front row
principale principal, main
il **principio** principle; beginning
la **priorità** priority
privato private
probabile probable
la **probabilità** probability
il **problema** *(pl.* i **problemi)** problem
procedere to proceed, go
procurare to procure, obtain
il **prodotto** product
produrre *(irr.; pres.* io **produco,** tu **produci;** *p.p.* **prodotto)** to produce

il **produttore**, la **produttrice** producer; manufacturer; maker
la **produzione** production
professionale professional (adj.)
la **professione** profession
il/la **professionista** professional (n.)
il **professore**, la **professoressa** (abbr. **prof.**, **prof.ssa**) professor (prof.)
progettare to plan
il **progetto** project, plan
il **programma** (pl. i **programmi**) program
il **programmatore**, la **programmatrice** programmer
progressivo progressive
il **progresso** progress
proibire (isc) to forbid
la **promessa** promise
promettere (p.p. **promesso**) (di + inf.) to promise (to do something)
la **promozione** promotion
il **pronome** pronoun
pronto ready; **pronto!** hello! (over the phone)
la **pronuncia** pronunciation
pronunciare to pronounce
proporre (irr.; pres. io **propongo**, tu **proponi**; p.p. **proposto**; p.r. lui **propose**) to propose
il **proposito** purpose, intention; **a proposito** by the way
la **proposizione** clause; **proposizione subordinata** dependent clause
la **proposta** proposition; proposal
proposto proposed
la **proprietà** property
il **proprietario**, la **proprietaria** owner; proprietor
proprio (adv.) just; really; exactly; (adj.) (one's) own; **proprio ora** just now; **non proprio!** not really!
il **prosciutto** ham
proseguire to continue, pursue
prossimo next; near
il/la **protagonista** (pl. i **protagonisti**, le **protagoniste**) protagonist
proteggere (p.p. **protetto**) to protect, shield
la **protesta** protest
protetto protected
la **protezione** protection; **protezione dell'ambiente** preservation of the environment; environmentalism
la **prova** proof; test
provare to try, test; to try on (clothes)
*__provenire__ (p.p. **provenuto**) to derive from; to originate with
il **proverbio** proverb
la **provincia** (pl. le **province**) province
provinciale provincial
provocare to provoke, cause
il **provolone** a type of cheese
provvedere (p.p. **provvisto** or **provveduto**) to provide; to take care of

il **provvedimento** caution, measure; action
prudente prudent; careful
la **psicologia** psychology
psicologico psychological
pubblicare to publish
la **pubblicazione** publication
la **pubblicità** publicity; advertisement; advertising (n.)
pubblicitario advertising (adj.)
il **pubblico** (s.) public; audience
pubblico public (adj.)
puerile childish
il **pugilato** boxing
il **pugile** boxer
pulire (isc) to clean
pulito clean
la **pulizia** cleanliness
il **pullman** coach (bus)
la **punta** point; peak; **l'ora di punta** rush hour
puntare to point, aim
la **puntata** installment; episode; issue
il **punto** point; period; **in punto** on the dot; **punto di vista** point of view
puntuale punctual, on time
può darsi maybe, perhaps; it's possible
purché provided that
pure also, too, as well; by all means
puro pure
purtroppo unfortunately

Q

qua here
il **quaderno** notebook
quadrato square
qualche (inv. adj., use w/s. n.) some; **qualche volta** sometimes
qualcosa, **qualche cosa** something
qualcuno someone
quale (adj.) which; (pron.) **quale / quali?** which one / ones?
la **qualifica** qualification
la **qualità** quality
qualsiasi (inv. adj., use w/s. n.) any
qualunque (inv. adj., use w/s. n.) any; whichever
qualunque cosa whatever
quando when; **da quando** since
quanti / quante how many; **quanti ne abbiamo oggi?** what's today's date?
la **quantità** quantity
quanto how much; how many; **quanto costa?** how much does it cost? **quanto tempo?** how long? **(tanto) ... quanto** as much as
quantunque although
il **quartiere** neighborhood
il **quarto** quarter; **un quarto d'ora** a quarter of an hour
quarto fourth (adj.)
quasi almost; **quasi quasi** rather

i **quattrini** (pl.) money
quello that; **quello che** that which
la **quercia** oak
la **questione** issue
questo this
qui here (closer than **qua**); **qui vicino** nearby, close by
quindi then, afterward (adv.); therefore (conj.)
il **quiz** (inv.) quiz
quotidiano daily (adj.)

R

raccomandare to recommend
*__raccomandarsi__ to request earnestly; **mi raccomando!** please!
raccontare to tell, narrate
il **racconto** short story; tale
raddoppiare to double
radicale radical
la **radio** (inv.) radio; **la stazione radio** radio station
il **raffreddore** cold, flu
il **ragazzo**, la **ragazza** boy, girl; young man, young woman; boyfriend, girlfriend
raggiungere° (p.p. **raggiunto**) to reach, catch up with; to attain
ragionare to reason
la **ragione** reason; **avere ragione** to be right
ragionevole reasonable
rapidamente rapidly
il **rapido** local express train
rapido quick, fast
il **rapporto** tie; relationship; interaction
il/la **rappresentante** representative; agent
rappresentare to represent; to perform, stage
la **rappresentazione** performance; **rappresentazione teatrale** play
raro rare
*__rassegnarsi a__ to resign oneself to
rassicurare to reassure
i **ravioli** (pl.) a type of filled pasta
il **re** (inv.) king
reagire (isc) to react
reale real; royal
il **realismo** realism
realista (m./f.) (pl. **realisti/realiste**) realist (adj. and n.)
realizzare to achieve, carry out
la **realtà** reality
la **reazione** reaction
la **recensione** review
recente recent
recentemente recently
la **recezione** reception
recitare to recite; to act
il **reddito** income; revenue
la **referenza** reference

regalare to give (as) a gift
il regalo present, gift; fare un regalo
(a) to give a gift (to)
il reggiseno bra
il regime regime
la regina queen
regionale regional
la regione region; area
il/la regista (pl. i registi, le registe)
(film) director
la regola rule
regolare to regulate
regolare (adj.) regular
relativo relative
la relazione paper, report; relationship
la religione religion
religioso religious
remoto remote
rendere (p.p. reso) to return, give back;
to translate; *rendersi conto (di) to
realize
la replica response, reply
la repubblica republic
repubblicano republican
la residenza residence
residenziale residential
la resistenza resistance; endurance
resistere (p.p. resistito) to resist; to
endure
responsabile responsible
la responsabilità responsibility
*restare (a) to stay, remain (at/in)
il restauro restoration
restituire (isc) to return, give back
il resto change (money); balance
la rete network; rete privata independent network
il retro back
il rettore dean
*riapparire (see *apparire; p.r. lui riap-
parse) to reappear
riaprire (p.p. riaperto) to reopen
riassumere (p.p. riassunto) to
summarize
il riassunto summary, synopsis
*ribellarsi to rebel
ricamare to embroider
ricamato embroidered
ricambiare to reciprocate
il ricamo embroidery
la ricchezza wealth
ricco rich
la ricerca research; pursuit
ricercato sought-after; affected
la ricetta recipe
ricevere to receive
il ricevitore (telephone) receiver
la ricevuta receipt
richiamare to call back, return a phone
call
richiedere° (p.p. richiesto) to require,
demand
la richiesta request; requirement

richiesto in demand; demanded,
required
ricominciare (a + inf.) to begin again
(to do something)
la riconoscenza gratitude
riconoscere° (p.p. riconosciuto) to
recognize
ricoprire (p.p. ricoperto) to cover up
ricordare, *ricordarsi (di) to remember
(to)
il ricordo recollection, memory
*ricorrere° (p.p. ricorso) a to have
recourse to
la ricotta a type of soft cheese
ridere° (p.p. riso) to laugh
ridicolo ridiculous, absurd
ridurre (irr.; pres. io riduco, tu riduci;
p.p. ridotto) to reduce
la riduzione reduction
riempire (pres. io riempio, tu riempi)
to fill, fill out
*rientrare (a) to return; to come back into
rifare to do over again
il riferimento reference
riferire (isc) to refer
rifinito finished, detailed
rifiutare to refuse
il rifiuto refusal
il riflessivo reflexive
riflettere (p.p. riflettuto or riflesso) to
reflect
la riforma reform
riformare to reform
la riga line; scrivere due righe to drop
a line, write a short message
rigido rigid; stern
riguardare to look over; to regard,
concern
il riguardo care; respect
rilasciare to release; to give; rilasciare
un'intervista to grant an interview
rilassante relaxing
*rilassarsi to relax
rilevante noteworthy
rimandare to send back
*rimanere° (irr.) (p.p. rimasto) to
remain, stay
il rimborso refund
rimettere (p.p. rimesso) to put back;
rimettere a posto to tidy up
rinascimentale relating to the period of
the Renaissance
il Rinascimento Renaissance
il rinfresco refreshment
il ringraziamento thanks
ringraziare to thank
rinnovare to renew
rinunciare to renounce
il rione neighborhood
riparare to repair, fix
*ripartire to leave again
†ripassare to review; to go back over;
to return, drop by again
il ripasso review

ripensare to think over; to rethink
ripetere to repeat
la ripetizione repetition
riportare to bring / take back
riposante restful
*riposarsi to rest, take a rest
il riposo rest
riprendere° (p.p. rispreso) to resume,
take up again; to take again
*risalire a (irr.; pres. esso risale, essi ri-
salgono) to date back to
*riscaldarsi to warm up
riscrivere (p.p. riscritto) to rewrite
riscuotere° (p.p. riscosso) to cash
*risentirsi to keep in touch
la riserva reserve, supply, stock
riservare to reserve; to save, hold back
riservato reserved
risiedere to reside
il riso rice; laughter
risolvere (p.p. risolto) to resolve
la risorsa resource
il risotto rice dish
risparmiare to save
il risparmio saving(s); il libretto di
risparmio (bank) passbook
rispettare to respect; to abide by
rispettivo respective
il rispetto respect
rispondere° (p.p. risposto) to answer,
reply
la risposta answer
il ristorante restaurant
risultare to result; risulta che it turns
out that
il risultato result
il ritardo delay; (*essere) in ritardo (to
be) late, not on time
ritenere (irr.; pres. io ritengo, tu ritieni)
to maintain; to believe
ritirare to withdraw; to get, collect
*ritornare (a) to return, go back (to)
il ritorno return; andata e ritorno
round-trip
il ritratto portrait
ritrovare to locate again, find again
riunificare to unite; to reunite
la riunione meeting
riunire (isc) to unite; *riunirsi to meet
*riuscire° (irr.) (a + inf.) to succeed (in
doing something); to be able, manage (to do something)
riuscito successful
rivedere° (p.p. riveduto or rivisto) to
see again
la rivista magazine
*rivolgersi (p.p. rivolto) a to turn to; to
address
rivoluzionare to revolutionize
la roba stuff; things
robusto strong; hearty
romano Roman
romantico romantic
il romanzo novel

rompere (*p.p.* rotto) to break
la rosa rose
rosa (*inv.*) pink
rosso red
la rosticceria rotisserie
le rotaie (*pl.*) (train) tracks
rubare to steal
il rubino ruby
il ruolo role
la ruota wheel
il russo, la russa Russian person; il russo Russian language
russo Russian (*adj.*)

S

il sabato Saturday
il sacchetto small bag
il sacco sack; un sacco di tons of
il sacrificio sacrifice
la saggistica essay writing
la sala room, hall; sala d'aspetto waiting room; sala da pranzo dining room
il salame salami
il salario wage, salary
salato salty
il sale salt
†salire° (*irr.*) to climb; to go up; to get into (a vehicle)
il salmone salmon
il salotto living room
la salsa sauce
†saltare to jump
il salto jump (*n.*); fare un salto to jump; to make a brief, hurried stop
i salumi (*pl.*) cured meats
salutare to greet, say hello
la salute health; salute! cheers!
il saluto greeting; tanti saluti best regards
salvare to save
il sandalo sandal
sano healthy; wholesome
il santo, la santa saint (*n.*)
santo (san, sant', santa) saint; holy; blessed; santo cielo! good heavens!
sapere° (*irr.*) to know; to find out; sapere + *inf.* to know how to; *venire a sapere to find out
il sapone soap
il sapore taste
saporito tasty
sbagliare to make a mistake
lo sbaglio mistake; per sbaglio by mistake
sbattere to bang, hit
sbrigare to expedite, wrap up
*sbrigarsi to hurry up
la scala ladder; staircase
scaldare to warm, warm up
lo scalo stop; fare scalo to stop over (planes & ships)

scambiare to exchange; to take one thing for another; to take by mistake
lo scambio exchange
lo scandinavo, la scandinava Scandinavian person
scandinavo Scandinavian (*adj.*)
*scappare to run away; to rush off
la scarpa shoe
lo scarpone (ski) boot
scarso scarce
la scatola box; can
scegliere° (*irr.*) (*p.p.* scelto) (di + *inf.*) to choose (to do something)
la scelta choice
scemo stupid, silly
la scena scene
†scendere° (*irr.*) (*p.p.* sceso) to go down; to get off; to get out of (a vehicle)
lo sceneggiato TV miniseries
la scheda telefonica magnetic calling card
la schedina magnetic card
scherzare to joke; scherzi! scherza! you must be joking!
lo scherzo joke
lo sci (*inv.*) ski; (*s.*) skiing; sci alpino alpine skiing (downhill & slalom)
lo sciampo shampoo
sciare to ski
la sciarpa (wool) scarf
lo sciatore, la sciatrice skier
scientifico scientific
la scienza science
lo scienziato, la scienziata scientist
la sciocchezza nonsense
sciocco silly; needing salt
sciogliere (*irr.*; io sciolgo, tu sciogli; *p.p.* sciolto) to dissolve
scioperare to strike, go on strike
lo sciopero strike (*n.*); *essere in sciopero to be on strike; fare sciopero to strike, go on strike
la sciovia ski lift
scolpire (isc) to sculpt
scomodo uncomfortable
*scomparire (*irr.*; pres. io scompaio, tu scompari; *p.p.* scomparso) to disappear
la scomparsa disappearance
lo scompartimento compartment
la sconfitta defeat
sconosciuto unknown
scontento unhappy
lo sconto discount
lo scontrino receipt, chit
la scoperta discovery
lo scopo purpose
scoprire (*p.p.* scoperto) to discover
scorso last
scortese rude
scritto written
lo scrittore, la scrittrice writer
la scrivania desk

scrivere° (*p.p.* scritto) to write; scrivere a macchina to type
la scultura sculpture
la scuola school; scuola guida driving school; scuola elementare elementary school; scuola secondaria secondary school
scuro dark
la scusa excuse
scusare to excuse; scusi! excuse me!
*scusarsi to apologize
sdoppiato doubled; cloned
se if; come se as if
sebbene although, even though
seccare to annoy, put out
seccato annoyed, put out
il secolo century
secondario secondary; la scuola secondaria secondary school
il secondo second course (of a meal)
secondo second; according to; secondo me (te / Lei, lui, lei) in my (your, his, her) opinion
*sedersi° (*irr.*) to sit down
la sedia chair
la seduta meeting
seduto seated, sitting
segnare to score (in a game); to mark
il segretario, la segretaria secretary
il segreto secret
seguente following (*adj.*)
seguire to follow; to take (a course)
il semaforo traffic light
*sembrare to seem, appear; mi sembra it seems to me
semplice simple
sempre always; still
la sensazione sensation; feeling
sensibile sensitive
il senso sense; meaning; senso unico one-way
sentimentale sentimental
il sentimento feeling, emotion
sentire to hear; *andare / *venire a sentire to go / come to inquire; *stare a sentire to listen to
*sentirsi to feel; *sentirsi bene (male) to feel well (ill)
senza (di) without (*prep.*); senz'altro of course, definitely; undoubtedly; senza che (+ *subj.*) without (*conj.*)
separare to separate, divide
separato separated
la sera evening; di sera in the evening; ieri sera last night; buona sera! good evening!
la serata evening (*descriptive*)
la serie (*inv.*) series
serio serious; sul serio seriously
servire to serve; to wait on
il servizio service; (news) report
la seta silk
la sete thirst; avere sete to be thirsty
il settembre September

settentrionale northern
il settentrione north (n.)
la settimana week; settimana bianca winter holidays; volte alla settimana times per week
settimanale weekly
il settore field, sector
severo strict
la sezione section
sfinito exhausted
sfogliare to browse (a book)
la sfortuna bad luck, misfortune
sfortunato unlucky
sì yes
lo sguardo glance, look
sicché so, therefore, as a consequence
siccome since
siciliano Sicilian
sicuro sure; safe; sicuro! of course! di sicuro for sure; surely; *essere sicuro/a to be certain, sure
la sigaretta cigarette
significare to mean
il significato meaning
la signora (abbr. sig.ra) woman; lady; (Mrs.)
il signore (abbr. sig.) man; gentleman; (Mr.); il Signore God, Lord
la signorina (abbr. sig.na) young woman, lady; (Miss)
il silenzio silence
silenzioso silent, tranquil
il simbolo symbol
simile similar
simpatico likeable, nice
sincero sincere
il sindacato labor union
la sinfonia symphony
singolare singular (adj.)
la sinistra left; a sinistra on/to the left
il sistema (pl. i sistemi) system
sistemare to arrange; to settle
la situazione situation
smettere (p.p. smesso) (di + inf.) to stop, quit (doing something); smettila! cut it out!
lo smoking tuxedo
snello slender, slim
sociale social
socialista (m./f.) (pl. socialisti / socialiste) socialist (adj. and n.)
la società society; organization
soddisfare to satisfy
soddisfatto satisfied
la soddisfazione satisfaction
il sofà (inv.) sofa
soffiare to blow; *soffiarsi il naso to blow one's nose
soffocare to suffocate
soffrire (p.p. sofferto) (di) to suffer (from)
il soggetto subject
il soggiorno stay; family room

sognare (di + inf.) to dream (of/about doing something)
il sogno dream; neanche per sogno! not on your life!
solamente only
solare (adj.) solar
i soldi (pl.) money; non avere un soldo to be broke
il sole sun
solenne solemn
solido solid
solitario solitary, lonesome
solito usual; typical; di solito usually; come al solito as usual
la solitudine solitude
il sollevamento pesi weight lifting
solo single (adj.); only (adv.); da solo/a alone
soltanto only
la soluzione solution
†somigliare to resemble
il sonno sleep; sleepiness; avere sonno to be sleepy
sopportare to bear; non lo posso sopportare I can't stand him/it
sopra on; over, above
il sopracciglio (pl. le sopracciglia) eyebrow
il soprano (colloquial la soprano) soprano voice / vocalist
soprattutto above all
sordo deaf
la sorella sister
sorprendere (p.p. sorpreso) to surprise
la sorpresa surprise
sorridente smiling
sorridere° (p.p. sorriso) to smile
il sorriso smile
sospettare to suspect
il sospetto suspicion
sospirare to sigh
il sospiro sigh
la sosta pause; stop
il sostantivo noun
sostenere (irr.; pres. io sostengo, tu sostieni) to maintain, affirm; to support, hold up; to withstand, resist
sostituire (isc) to substitute
sottile subtle; thin
sotto under
sottovoce in a low voice
sottrarre (irr.; pres. io sottraggo, tu sottrai; p.p. sottratto) to subtract
il souvenir (inv.) souvenir
gli spaghetti (pl.) a type of pasta
lo spagnolo, la spagnola Spaniard; lo spagnolo Spanish language
spagnolo Spanish (adj.)
spaventoso frightening
lo spazio space
spazzare to sweep
la spazzatura trash, garbage
lo specchio mirror

speciale special; niente di speciale nothing special
la specialità specialty
*specializzarsi (in) to specialize (in)
la specializzazione specialization
specialmente especially
la specie (inv.) kind, sort; species
specificare to specify
spedire (isc) to ship; to mail, send
la spedizione shipment
spegnere (irr.; pres. io spengo, tu spegni; p.p. spento) to turn off (a light, radio, TV)
spendere° (p.p. speso) to spend
la speranza hope
sperare (di + inf.) to hope (to do something)
la spesa expense; fare la spesa to buy groceries; fare le spese to go shopping
spesso often
lo spettacolo show; performance
lo spettatore, la spettatrice spectator
la spia spy
la spiaggia (pl. le spiagge) beach
gli spiccioli (pl.) small change
spiegare to explain
la spiegazione explanation
la spilla brooch
gli spinaci (pl.) spinach
spinto daring, excessive; lewd
spiritoso witty; funny; fare lo spiritoso to be / try to be funny
splendere to shine
splendido splendid
lo spogliatoio locker room
spolverare to dust
le sponde (pl.) shores
spopolare to depopulate, empty
lo sportello ticket window; counter
lo sport (inv.) sport
sportivo sport (adj.)
*sposarsi to marry, get married
sposato married
lo sposo, la sposa spouse; groom, bride; gli sposi newlyweds
lo spumante sparkling wine
la squadra team
squillare to ring (telephone)
la stabilità stability
lo stadio stadium
la stagione season
stamattina (stamani) this morning
la stampa press; la conferenza stampa press conference
stampare to print
la stanchezza weariness, fatigue
stanco tired
stanotte tonight; last night
la stanza room; compagno / compagna di stanza roommate

*stare° (irr.) (p.p. **stato**) to stay; ***stare a** (+ n. or pron.) to be up to (someone); ***stare per** + inf. to be about to (do something); ***stare attento/a** to pay attention; to be careful; ***stare bene (male)** to look well (not well); to be well (ill); ***stare a dieta** to be on a diet; ***stare fermo/a** to be still; ***stare fresco/a** to be in trouble, in a fix; ***stare zitto/a** to be quiet; **come stai (sta)?** how are you? **ci stai a ... ?** do you feel like . . . ?

stasera this evening, tonight
statale state-run, state-owned; state (adj.)
lo stato state; **lo Stato** (Italian) government
la statua statue
la stazione station; **stazione di servizio** service station, gas station; **stazione radio** radio station
stesso same; **fa lo stesso** it doesn't matter; **lo/la stesso/a di prima** the same one as before
lo stile style
lo/la stilista designer
lo stipendio salary
lo stivale boot
la stoffa material, cloth
lo stop stop; stop sign; stoplight
la storia story; history; **che storie!** what nonsense! **fare storie** to make a fuss
storico historic; historical; history (adj.)
lo straccio rag; **dare lo straccio** to mop
la strada street, road
stradale road (adj.); **le informazioni stradali** directions
lo straniero, la straniera foreigner
straniero foreign; **la lingua straniera** foreign language
strano strange
straordinario extraordinary
stretto narrow; tight
le strisce pedonali (pl.) crosswalk
lo strumento instrument
la struttura structure, **le strutture ricreative** recreational facilities
lo studente, la studentessa student
studiare to study; to major in
lo studio study
stupendo stupendous
stupido stupid
su on, upon; above; **ma su!** come now! **su!** come!
subito immediately; quickly; **ecco subito!** right away!
*succedere (p.p. **successo**) to happen
successivo successive
il successo success
il sud south (n.)
sudare to sweat
il sudore sweat

sufficiente sufficient
il suffisso suffix
il suggerimento suggestion; **dare un suggerimento** to make a suggestion
suggerire (isc) to suggest
il sugo sauce; **al sugo** with tomato sauce
il suino pork
suonare to play (an instrument); to ring (phone, doorbell)
il suono sound
superare to surpass; to pass
superato dated
superficiale superficial
superiore upper, higher; superior; **la scuola superiore** secondary school
il superlativo superlative
il supermercato supermarket
il supplemento rapido premium charge for direct trains
surgelato frozen (food)
lo/la svedese Swede; **lo svedese** Swedish language
la sveglia alarm clock
svegliare to wake up (someone)
*svegliarsi to awaken
svelto quick, agile; **alla svelta** quickly
la svendita sale; **in svendita** on sale
sviluppare to develop
lo sviluppo development
lo svizzero, la svizzera Swiss person
svizzero Swiss (adj.)

T

la tabaccheria tobacco store (sells tobacco and sundries)
la tabella timetable
taccagno stingy
il tacchino turkey
tacere (irr.; pres. io **taccio**, tu **taci**; p.p. **taciuto**) to keep quiet, be silent
la taglia (clothing) size
tagliare to cut
le tagliatelle (pl.) a type of pasta
tale such
talvolta once in a while
tanto so (adv.); so much, so many (adj.); **di tanto in tanto** from time to time, every so often
tardi late; **fare tardi** to be late; **fino a tardi** till late; **più tardi** later, later on; **il più tardi possibile** as late as possible
la tariffa rate, fare
la tasca pocket
il tassì (inv.) taxi
il/la tassista taxicab driver
la tavola dinner table; **apparecchiare la tavola** to set the table; **portare in tavola** to serve; **il pranzo è in tavola!** lunch is served!
il tavolino small table; coffee table

il tavolo table; desk
la tazza cup
il tè (thè) tea; **tè freddo** iced tea
il teatro theater; **a teatro** at/to the theater
la tecnica technique; technology
tecnico technical
il tedesco, la tedesca (pl. **i tedeschi, le tedesche**) German person; **il tedesco** German language
tedesco German (adj.)
la tela canvas
la tele TV
il telecomando TV remote control
il telefilm movie made for TV
telefonare (a) to phone, call
la telefonata telephone call
il telefono telephone
il telegiornale TV news broadcast
il telegramma (pl. **i telegrammi**) telegram
la telenovela (TV) soap opera
il telequiz television quiz show
il telescopio telescope
il telespettatore, la telespettatrice television viewer
la televisione television (medium); **alla televisione** on television
televisivo television (adj.); **serie televisive** television series
il televisore television set
temere to fear; to worry
il tempaccio bad, stormy weather
la temperatura temperature
la tempesta storm
il tempo time; weather; tense; **tempo libero** leisure time; **che tempo fa?** how's the weather? **molto tempo** a long time; **da quanto tempo?** how long? **in tempo** on time; **fare in tempo a** (+ inf.) to have enough time to (do something)
tendere a to be inclined to, have the tendency to
tenere° (irr.) to keep; to hold; **tener conto / presente** to keep in mind; **tenerci** to care about
il tennis tennis; **giocare a tennis** to play tennis
il/la tennista (pl. **i tennisti, le tenniste**) tennis player
il tenore tenor
la tensione tension
tentare to try
il tentativo attempt
la teoria theory
terminare to complete; to terminate
la terminazione ending
il termine term
la terra earth; **per terra** on the ground / floor
il territorio territory
terzo third (adj.)
la tesi (inv.) thesis; dissertation

il **tesoro** treasure; darling
la **testa** head; **avere un mal di testa** to have a headache
il **testo** text
il **tetto** roof
tiepido lukewarm
tifo: fare il tifo to cheer, root for
il **tifoso, la tifosa** fan, follower
timido shy, timid
il **timore** dread, fear
tipico typical
il **tipo** type, kind, sort; guy; **che tipo!** what a character!
il **tiramisù** a special dessert made of eggs, mascarpone, and cream
tirare to pull; to blow; **tirare avanti** to get along, manage; **tira vento** the wind is blowing
la **titolo** title; headline; **titolo di studio** degree
ti va? is that OK? does that suit you?
la **tivù** *(colloquial)* TV
toccare to touch; **tocca a te / Lei** it's your turn
togliere *(irr.; pres.* io **tolgo,** tu **togli;** *p.p.* **tolto)** to remove
la **tolleranza** tolerance
la **tomba** tomb
tonico having stress; **l'accento tonico** stress accent
il **tono** tone
torinese of/from the city of Turin
tormentare to torment
***tornare (ritornare)** to return; **bentornato/a!** welcome back!
la **torre** tower
la **torta** cake; torte
i **tortellini** *(pl.)* a type of pasta
il **torto** fault; wrong; **avere torto** to be wrong
toscano of/from the region of Tuscany
totale total
tra (fra) in, within *(referring to future time);* among, between; **tra (di)** + [*pron.*] between / among [*them / us / you*]
tradizionale traditional
la **tradizione** tradition
tradurre *(irr.; pres.* io **traduco,** tu **traduci;** *p.p.* **tradotto)** to translate
la **traduzione** translation
il **traffico** traffic
la **tragedia** tragedy
il **traghetto** ferry
tragico *(pl.* **tragici/tragiche)** tragic
il **tram** tram
la **trama** plot
il **tramvai** trolley
tranquillamente serenely; unperturbed
tranquillo calm; serene; ***stare tranquillo** to stay, be calm
il **transito** transit; **treno in transito** train approaching
il **trapassato** past perfect (verb tense)

***trasferirsi (isc)** to move *(location),* transfer
trasformare to transform, change
la **trasformazione** transformation
traslocare to move, change residence
trasmettere *(p.p.* **trasmesso)** to broadcast
la **trasmissione** transmission; broadcast; program
trasmesso in diretta broadcast live
trasportare to transport
il **trasporto** transportation
trattare (di) to treat of, to be about; **di che cosa (si) tratta?** what is it about? **si tratta di** it concerns
il **tratto** tract; **ad un tratto** suddenly
traversare to cross
tre three
il **treno** train; **in treno** by train
il **trionfo** triumph
triste sad
la **tristezza** sadness
il **trombone** trombone
troppo too much; too many *(adj.);* too *(adv.)*
trovare to find; ***andare a trovare** to visit
***trovarsi** to be located; to find oneself; ***trovarsi d'accordo** to be in agreement
tuonare to thunder
turbare to disturb
il **turismo** tourism
il/la **turista** *(pl.* i **turisti,** le **turiste)** tourist
turistico tourist *(adj.)*
tuttavia nonetheless
tutt'e due both
tutti / tutte *(pl.)* everybody, everyone *(pron.)*
tutto everything *(inv.);* **tutto (a, i, e)** + *definite art.* + *n.* all, every, the whole; **tutti / tutte** everyone; all; **tutt'altro** quite the contrary; **in tutto** in all; **tutt'e due** both
tuttora even now; still

U

uccidere to kill
ufficiale official *(adj.)*
l'**ufficio** office; **ufficio postale** post office; **ufficio di collocamento** employment agency; placement office
uguale equal; same
ugualmente equally
ultimo last; latest
l'**umanità** humanity
umano human *(adj.)*
umbro of/from the region of Umbria
l'**umidità** humidity
umido damp

umile humble, modest
l'**umore** *(m.)* mood; **di buon (cattivo) umore** in a good (bad) mood
l'**una** one o'clock
l'**unico, l'unica** the only one; **gli unici, le uniche** the only ones
unico only
unificato unified
l'**unione** *(f.)* union, alliance, match
unire (isc) to unite
l'**unità** unity
unito united
l'**università** university
universitario university *(adj.)*
l'**universo** universe
uno (un, una, un') one; a
l'**uomo** *(pl.* gli **uomini)** man; **uomo d'affari** businessman
l'**uovo** *(pl.* le **uova)** egg
l'**uragano** hurricane
urbano urban, city *(adj.)*
urgente urgent
urrà! hurrah!
l'**usanza** usage, custom; habit
usare to use
usato used
l'**uscio** (outside) door
***uscire°** *(irr.)* to go out; to leave; ***uscire di casa** to leave the house
l'**uscita** exit
l'**uso** use
utile useful
utilizzare to utilize
l'**uva** *(s.)* grapes

V

va bene? is that all right?
la **vacanza** vacation, holiday; ***andare in vacanza** to go on vacation
vago vague
il **vagone** (train) car; **vagone letto** sleeping car; **vagone ristorante** restaurant car
il **vaglia** *(inv.)* **(postale)** (postal) money order
***valere°** *(irr.)* *(p.p.* **valso)** to be valid; to be worth
valido valid
la **valigia** *(pl.* le **valige** or **valigie)** suitcase; **preparare la valigia, fare le valige** to pack
la **valle** valley
il **valore** value
la **valuta estera** foreign currency
la **vaniglia** vanilla
il **vaporetto** ferryboat
variare to vary
la **variazione** variation
la **varietà** variety
vario various
il **vaso** vase
vasto vast

vecchio old

vedere° (p.p. veduto or visto) to see; vediamo un po' let's see

la veduta view

vegetariano vegetarian

veloce fast

vena: *essere in vena (di) to be in the mood (to)

vendere to sell

la vendita sale

il venerdì Friday

veneziano of/from the city of Venice

*venire° (irr.) (p.p. venuto) to come

il vento wind; tira vento the wind is blowing; che vento! how windy it is!

veramente truly, really

il verbo verb

verde green

la verdura vegetables

la vergogna shame

*vergognarsi to be ashamed

verificare to confirm, verify

la verità truth

vero true; vero? isn't that so?

versare to pour; to spill; versare in banca to deposit; to pay

la versione version

il verso verse

verso toward

vestire to dress

*vestirsi to get dressed

il vestito dress; outfit

il veterinario (used for women also) veterinarian

la vetreria glassworks

la vetrina display window; guardare le vetrine to window-shop

il vetro glass; window

la via street; e così via and so on, so forth

via! away! *andare via to go away; to leave; dare via to give away

viaggiare to travel

il viaggiatore, la viaggiatrice traveler

il viaggio trip; viaggio di nozze honeymoon; buon viaggio! have a nice

trip! fare un buon viaggio to have a good trip; fare un viaggio to take a trip; agenzia di viaggi travel agency

il viale avenue

vicino close, near; vicino a near to; da vicino from close up

il vicino, la vicina (di casa) neighbor

il videoregistratore VCR

il/la vigile traffic officer

la vigna vineyard

il vigore vigor, strength

la villa luxury home, villa

il villaggio village

vincere (p.p. vinto) to win

il vino wine

violento violent

la violenza violence

la virtù virtue

virtuoso virtuous

visibile visible

la visione showing; in prima (seconda) visione first (second) run (of a film)

la visita visit; fare visita (a) to visit, pay a visit (to someone)

visitare to visit, sightsee

il viso face

la vista view; sight; punto di vista point of view

la vita life

il vitello veal

la vittoria victory; success

vivace vivacious, lively

vivente living

†vivere° (p.p. vissuto) to live

vivo live, living, alive

il vocabolario vocabulary

il vocabolo word

la vocazione vocation; calling

la voce voice; ad alta voce out loud

la voglia wish, desire; avere voglia di (+ n. / inf.) to feel like (something / doing something)

il volante (steering) wheel

†volare (humans, planes w/avere; time, birds w/essere) to fly

volentieri gladly

*volerci to take, require

†volere° (irr.) to want; voler bene (a) to be close, attached to (emotionally); voler dire to mean; non voler dire not to mean; not to have bearing (on the issue)

volgare vulgar

volgere (p.p. volto) to change, turn

il volo flight

la volontà will

volontario voluntary

la volta time, occurrence; ogni volta every time; una volta once; una volta tanto for once; più volte several times

voltare (a destra / a sinistra) to turn (right / left)

*voltarsi to turn around

il volto face

il volume volume

votare to vote

il voto grade; vote

il vulcano volcano

vuoto empty

Y

lo yogurt (inv.) yogurt

Z

la zebra zebra

lo zero zero

lo zio (pl. gli zii), la zia uncle, aunt

zitto silent; *stare zitto/a to keep quiet; zitti! quiet!

gli zoccoli (pl.) wedge sandals

lo zodiaco zodiac

la zona zone, area

lo zoo zoo

lo zucchero sugar

lo zucchino Italian squash

la zuppa soup; zuppa inglese English custard

ENGLISH-ITALIAN VOCABULARY

A

to abandon abbandonare
able bravo; **to be able** *(to do something)* †potere° (+ *inf.*)
about *(approximately)* circa; *(regarding)* di; **to be about to** *stare° per + *inf.*
above su, sopra; **above all** soprattutto
abroad all'estero
accent l'accento
to accept accettare
to access accedere a
to accompany accompagnare
to accomplish combinare
according to [me, you, him, her] secondo [me, te, lui, lei]
to ache dolere (a), fare° male (a)
acquaintance la conoscenza; il/la conoscente; **to make the acquaintance of** fare° la conoscenza di
actor l'attore, l'attrice
to adapt *adattarsi
address *(n.)* l'indirizzo
to address a person informally / formally dare° del tu / Lei a + *person*
administrator l'amministratore, l'amministratrice
to advance avanzare
adventure l'avventura
advertising pubblicitario *(adj.);* pubblicità *(n.)*
to advise consigliare (di + *inf.*)
aerobics l'aerobica; **to do aerobics** fare° l'aerobica
afraid: to be afraid avere° paura
after dopo, dopo di *(prep);* dopo che *(conj.)*
afternoon il pomeriggio; **good afternoon** buon giorno, buona sera

again, once again di nuovo
against contro
age l'età
agency l'agenzia; **travel agency** agenzia di viaggi
ago fa
to agree, get along *andare° d'accordo
ahead avanti
air l'aria; **air-conditioning** aria condizionata
air mail la posta aerea; *(means)* per posta aerea
airplane l'aereo, l'aeroplano
airport l'aeroporto
all tutti / tutte (+ *art.* + *n.*); **all the time** sempre; **not at all** non affatto; invece no; macché
to allow permettere (di + *inf.*), lasciare (+ *inf.*)
almost quasi
alone solo; da solo/a
along lungo
already già
also anche
although sebbene
always sempre
American l'americano, l'americana
American americano *(adj.)*
among tra, fra
ancestor l'antenato, l'antenata
and e, ed *(before vowels)*
angry arrabbiato; **to get angry** *arrabbiarsi
to announce annunciare
another un altro, un'altra
to answer rispondere°
antique antico
anthology l'antologia
anxious ansioso
anyone qualcuno

anything qualche cosa, qualcosa; **anything else?** altro?
apartment l'appartamento
appearance la presenza; **pleasant appearance** bella presenza
appetizer l'antipasto
application la domanda; **to accept an application** accettare una domanda
to apply *(submit an application)* fare° domanda
appointment l'appuntamento
to approach *avvicinarsi (a)
appropriate adatto
approximately circa
April aprile *(m.)*
architect l'architetto, l'architetta
arm il braccio
arrival l'arrivo
to arrive *arrivare; *giungere°
art l'arte *(f.)*
artist l'artista *(m./f.)*
as come; **as if** come se; **as soon as** appena
to ask *(to question)* domandare; *(to request)* chiedere°; **to ask a question** fare° una domanda
assignment il compito
at a; in
athletic atletico, sportivo
ATM (automated teller machine) il bancomat
to attempt *(to do something)* cercare (di + *inf.*)
to attend (a school) frequentare
attention l'attenzione *(f.);* **to pay attention** *stare° attento/a, fare° / prestare attenzione
August agosto
aunt la zia
author l'autore, l'autrice

automobile l'automobile *(f.)*, l'auto
(f. inv.), la macchina
autumn l'autunno
available disponibile
avenue il viale, il corso
away via; **to be away from** mancare
da; **to go away** *andare° via

B

back il retro
bacon la pancetta
bad cattivo; **not bad** non c'è male; **too
bad!** peccato! **very bad** pessimo; **to
be bad** *(for someone)* fare° male (a);
to go from bad to worse *andare° di
male in peggio
badly male
bag il sacco; **small bag** il sacchetto
baked al forno
baker *(bread)* il fornaio, la fornaia;
(desserts) il pasticciere, la pasticciera
balance il resto
balcony *(in a theater)* la galleria;
(house) il balcone
bank la banca
bargain: it's a bargain! è un'occasione!
basketball la pallacanestro
bath(room) il bagno; **to take a bath**
fare° il bagno
to be *essere°; **to be a** (+ *profession)*
fare° il/la (+ *profession)*; **to be quiet**
*stare° zitto/a; **to be up to** *(someone)* *stare° a (+ *n. or pron.)*; **to be
well (not well)** *stare° bene (male)
beach la spiaggia
to beat *(defeat)* battere; **that beats all!**
è il colmo!
beautiful bello
because perché; **because of** a causa di
to become *diventare
bed letto; **to go to bed** *andare° a
letto, *andare° a dormire
bedroom la camera da letto
beer la birra
beef il manzo; **roast beef** l'arrosto (di
manzo)
before prima che *(conj.)*; prima di
(prep.); **than before** di prima
to begin (in)cominciare; **to begin** *(to
do something)* (in)cominciare (a +
inf.); **to begin again** ricominciare
beginning il principio
behind dietro (a)
belfry il campanile
to believe (in) credere (a/in)
bench la panchina
better meglio *(adv.)*; migliore *(adj.)*; **to
be better** *andare° meglio
between fra, tra
bicycle la bicicletta; **to ride a bicycle**
*andare° in bicicletta

big grande
bill il conto; *(banknote)* biglietto da
(+ *amount)*
biography la biografia
birthday il compleanno; **happy birthday!** buon compleanno!
bit: a bit (of) un po' (di)
blond biondo
blouse la camicetta; la blusa
board la pensione
bone l'osso
book il libro
to book prenotare
bookseller il libraio, la libraia
bookstore la libreria
boot *(ski)* lo scarpone; lo stivale
bored: to get bored *annoiarsi
boring noioso
born: to be born *nascere°
boss il capo
both tutt'e due
box la scatola
boxing il pugilato
boy il ragazzo; **little boy** il bambino
boyfriend il ragazzo (di)
bread il pane
breakfast la colazione; **to have breakfast** fare° (la) colazione
bricklayer il muratore
bride la sposa
brief breve
to bring portare
broadcast la trasmissione
to broadcast (live) trasmettere (in
diretta)
broth il brodo
brother il fratello; **brother-in-law** il
cognato
brown marrone; castano *(hair, eyes,
complexion)*
to browse *(a book)* sfogliare (un libro)
to build costruire (isc)
building l'edificio
bus l'autobus *(m.)*
business l'affare *(m.)*; *(in general)* gli
affari; *(store)* il negozio; **on business**
per affari
businessman, businesswoman l'uomo,
la donna d'affari
busy occupato
but ma
butcher il macellaio, la macellaia
butter il burro
to buy comprare
bye! ciao!

C

café il bar, il caffè
cafeteria la mensa
cake la torta; il dolce

to call *(someone)* chiamare; *(to phone)*
telefonare
called: to be called *chiamarsi
can, may *(do something)* †potere°
(+ *inf.)*
Canadian canadese *(adj. and n.)*
canal il canale
to cancel (the reservation) disdire (la
prenotazione)
cancellation la disdetta
car la macchina; l'auto; **by car** in
macchina
card: credit card la carta di credito
careful attento; **careful!** attenzione!
carrot la carota
cartoon il fumetto
case il caso; **in that case** in tal caso
cash i contanti *(pl.)*
to cash riscuotere°; **to cash a check**
cambiare un assegno
cashier la cassa *(cash register)*; il cassiere, la cassiera
cat il gatto, la gatta
cathedral il duomo
to celebrate festeggiare, celebrare
census il censimento
certain certo
by chance per caso
change gli spiccioli *(coins)*; il resto
(balance due)
to change *(become different)* *cambiare; **to change, exchange** *(something)* cambiare
channel il canale
chapel la cappella
character il personaggio
check l'assegno; **traveler's check**
assegno turistico; *(restaurant)* **check**
il conto
checking account il conto corrente
to cheer fare° il tifo
cheerful allegro
cheers! salute!
cheese il formaggio
chemistry la chimica
chicken il pollo
child il bambino, la bambina; il figlio,
la figlia; il figliolo, la figliola; **as a
child** da piccolo/a
children i figli *(m. pl.)*; i figlioli *(m. pl.)*
chocolate il cioccolato
choice la scelta
to choose scegliere°
Christmas Natale; **Merry Christmas!**
Buon Natale!
church la chiesa
cigarette la sigaretta
city la città
class la lezione; la classe
classmate il compagno / la compagna
di classe
classic classico
classroom la classe
to clean pulire (isc)

clear chiaro

clerk il commesso, la commessa; **desk clerk** il portiere

client il/la cliente

to climb †salire°

clock l'orologio

close (to) vicino (a); **close by** qui vicino; **to get close, draw near** *avvicinarsi; **from up close** da vicino

to close chiudere°

closed chiuso

coach l'allenatore, l'allenatrice

coat il cappotto

coffee il caffè; **coffee shop** il caffè, il bar

to coincide coincidere

coincidence: **what a coincidence!** che coincidenza!

cold il freddo (n.); freddo (adj.); **head cold** il raffreddore; **to be cold** avere° freddo; **it's cold** fa freddo

cold cuts l'affettato

colleague il/la collega

to come *venire°; **to come back** *ritornare; **to come close** *avvicinarsi; **to come in** *entrare; **to come out** *uscire°

comedy la commedia

comfortable comodo; **to make oneself comfortable** *accomodarsi

comic book il giornalino

comic strip il racconto a fumetti

commercial commerciale; (ad) la pubblicità

common comune; **in common** in comune

communist comunista (n. and adj.)

commuter il/la pendolare

company la compagnia; la ditta; **in the company of** in compagnia di

compartment lo scompartimento

to complain *lamentarsi (di)

complicated complicato

compliment il complimento

to compose comporre

composer il compositore, la compositrice

concert il concerto

conductor (train) il controllore; (orchestra) il direttore

confirmation la conferma

congratulations! congratulazioni!

construction la costruzione

to consult consultare

to continue (doing something) continuare (a + inf.)

contractor l'appaltatore

contrary il contrario; **on the contrary** al contrario; invece

conventional convenzionale

conversation la conversazione

to convert convertire

cook il cuoco, la cuoca

to cook cucinare

cookbook il libro di cucina

cookie il biscotto

cooking la cucina

cool il fresco; **it's cool weather** fa fresco

copy (n.) la copia

cordial il liquore

corner l'angolo

correct giusto

to correspond corrispondere°

correspondent il/la corrispondente

cost il costo

to cost *costare; **how much does it cost?** quanto costa?

cotton il cotone

to count contare

counter il banco

country il paese

countryside la campagna; **in/to the country** in campagna

couple (of) la coppia; un paio (di)

course (of study) il corso; **of course!** certo! naturalmente! ma sì! **first / second course (of a meal)** il primo / secondo piatto

cousin il cugino, la cugina

co-worker il/la collega

crafts l'artigianato

cream la panna; la crema

credit card la carta di credito

crisis la crisi

croissant il cornetto

crowded affollato

to cross attraversare

cruise la crociera; **to go on a cruise** fare° una crociera

cuisine la cucina

to cultivate coltivare

current la corrente; **to be current (on)** *essere° al corrente (di)

custard la crema

customer il/la cliente

cut it out! smettila!

cute carino

cycling il ciclismo

D

dad(dy) il babbo, il papà

to dance ballare

dark scuro; buio

darling tesoro

darn it! accidenti!

date l'appuntamento; (calendar) date la data; **what's today's date?** quanti ne abbiamo oggi?

to date back to *risalire a

daughter la figlia, la figliola

day il giorno; la giornata (descriptive); **day before yesterday** ieri l'altro

deal l'affare (m.); **a great deal of** molto

dear caro

December dicembre (m.)

to decide (to do something) decidere° (di + inf.)

decision la decisione; **to make a decision** prendere° una decisione

to decrease †diminuire (isc)

defeat la sconfitta

to defeat battere

degree la laurea (university); il diploma (high school)

delicious delizioso

delightful delizioso

delivery la consegna

demand la richiesta

democratic democratico

demonstration la manifestazione

to depart *partire

departure la partenza

to depend dipendere

deposit il deposito

to deposit depositare

depressed depresso

desert il deserto

designer lo/la stilista; **head designer** il/la capostilista

desire la voglia

to desire desiderare; volere°

desk la scrivania; il banco; **desk clerk** il portiere

dessert il dolce

destination la destinazione

to devote oneself to *dedicarsi a

to die *morire°

diet la dieta; **to be on a diet** *stare° a dieta

different (from) diverso (da)

difficult difficile

difficulty la difficoltà

dimension la dimensione

dining room la sala da pranzo

dinner la cena; **to have dinner** cenare

to direct dirigere°; indicare

direction l'indicazione (f.)

directly direttamente

disagreeable antipatico

to disappear *scomparire

discount lo sconto

to discover scoprire

to discuss discutere (di)

discussion la discussione

dish il piatto

distant lontano

to divide dividere

divorced divorziato

to do fare°

doctor il dottore, la dottoressa

documentary il documentario

dog il cane

dollar il dollaro

done! ecco fatto!

door la porta

doubt il dubbio; **without doubt** senza dubbio

dove la colomba

downhill run la discesa

down payment il deposito
downtown in centro
drama il dramma
dramatic drammatico
dream il sogno
to dream (of doing something) sognare (di + inf.)
dress il vestito
to dress (oneself), get dressed *vestirsi
drink: soft drink la bibita
to drink bere°
to drive *andare° in automobile / in macchina, guidare
drop la goccia; little drop il goccetto
dumplings gli gnocchi (pl.)

E

each ogni (inv. adj.); ciascuno (ciascun, ciascuna, ciascun')
each one (of) ognuno (di)
early presto
to earn guadagnare
easy facile
east l'est (m.)
to eat mangiare
ecological ecologico
ecology l'ecologia
economics, economy l'economia
edition l'edizione (f.)
egg l'uovo
to egress *uscire°
to elect eleggere
election l'elezione (f.)
elegant elegante
elementary elementare
embarrassing imbarazzante
embrace l'abbraccio
to embrace abbracciare
emigrant l'emigrante (m./f.)
to emigrate †emigrare
emigration l'emigrazione (f.)
employee l'impiegato, l'impiegata
employment agency l'ufficio di collocamento
end la fine
to engage in a sport praticare uno sport
engaged fidanzato/a; to get engaged *fidanzarsi
engineer l'ingegnere, l'ingegnera (rare: m. title used for women also)
English inglese (adj.); English language l'inglese
Englishman, Englishwoman l'inglese (m./f.)
to enjoy gustare; to enjoy oneself *divertirsi
enough abbastanza (inv.); to be enough *bastare
to enroll (in) *iscriversi (a)
to enter *entrare

enthusiastic (about) entusiasta (di); appassionato (di)
environment l'ambiente (m.)
environmentalism la protezione dell'ambiente
environmentalist l'ambientalista (m./f.)
envy l'invidia
episode la puntata (TV sequel); l'episodio (event)
essay il saggio; essay writing la saggistica
especially specialmente
eternal eterno
even anche; even before anche prima; even if anche se
evening la sera; la serata (descriptive); good evening buona sera; in the evening la sera, di sera; this evening stasera
ever mai
every tutto (a, i, e) (+ art. + n.); ogni (+ s. n.)
everybody tutti
everyone tutti
everywhere dappertutto
exact(ly) esatto
to exaggerate esagerare
exam(ination) l'esame; to take an exam dare° un esame
example l'esempio
excellent ottimo
to exchange cambiare; scambiare
exchange rate il cambio
excuse la scusa
to excuse scusare; excuse me! scusa! scusi!
excursion la gita
exercise l'esercizio; la ginnastica
to exercise fare° la ginnastica; fare° esercizio
exhausted sfinito
exhibit la mostra
to expect *aspettarsi; what do you expect? cosa vuole?
expensive caro, costoso
experience l'esperienza
to explain spiegare
to export esportare
to express esprimere
extract il brano
extraordinary straodinario
extravagant stravagante
extremely estremamente
eye l'occhio

F

fact il fatto; in fact infatti, di fatti
factory la fabbrica
fall l'autunno (season); la caduta
to fall in love with *innamorarsi di
family la famiglia

famished: to be famished *morire° di fame
famous famoso
fan il tifoso, la tifosa
far lontano
fare la tariffa
farm il podere
to farm coltivare i campi
farmer l'agricoltore
fascinating affascinante
fashion la moda; in fashion di moda
fat grasso
father il padre; il papà, il babbo
fault la colpa
favor il favore; to do a favor fare° un favore
favorite preferito
fear la paura; to be afraid (of) avere° paura (di)
February febbraio
fed up with (essere) stufo/a (di)
to feel *sentirsi; to feel like avere° voglia (di + n. or inf.)
female la femmina (n.); femminile (adj.)
feminist femminista (n. and adj.)
ferry il vaporetto; il traghetto
few, a few alcuni / alcune, qualche (+ s. n.); pochi / poche
fiancé, fiancée il fidanzato, la fidanzata
field il campo; il settore
to fill riempire; to fill out a form compilare / riempire un modulo
film il film
finally finalmente
to find trovare; to find oneself *trovarsi
fine buono; bene; it's fine va bene
finger il dito
to finish finire (isc) (di + inf.)
fire il fuoco
to fire (an employee) licenziare (un impiegato)
fireplace il caminetto
firm (business) la ditta, l'azienda
first primo (adj.); prima (adv.)
fish il pesce
to fit *andare° bene
to fix (repair) riparare; to fix food preparare da mangiare
flight il volo
floor il piano; main (first) floor il pianterreno; (of a theater) la platea; second floor primo piano
flu il raffreddore
to fly *andare° in aereo; volare
foot il piede; on foot a piedi
for per
forbidden vietato
to force (to do something) obbligare (a + inf.)
foreign straniero (adj.); foreign correspondent il/la corrispondente estero/a

foreigner lo straniero, la straniera
to forget (to) dimenticare (di)
form la forma; il modulo; to fill out a form riempire un modulo
fortunate fortunato
to found fondare
free libero
French francese (adj.); French language il francese
Frenchman, Frenchwoman il/la francese
fresco (painting) l'affresco
fresh fresco
Friday il venerdì
fried food il fritto
friend l'amico, l'amica
friendship l'amicizia
from da; where are you from? di dove sei / è?
fruit la frutta; fruit vendor il fruttivendolo, la fruttivendola
fun il divertimento; to have fun *divertirsi; to make fun of prendere° in giro
to function funzionare
funny spiritoso; buffo

G

to gain guadagnare
game (sport) la partita, l'incontro; I'm game ci sto
garage il garage
garden il giardino; vegetable garden l'orto
gasoline la benzina; to fill up with gas fare° il pieno di benzina
generally generalmente
generation la generazione
gentleman il signore
German il tedesco, la tedesca; German language il tedesco
German tedesco (adj.)
to get along (well / poorly) *trovarsi bene / male); to get along (with someone) *andare° d'accordo (con); to get on, into (a vehicle) †salire°; to get up *alzarsi; to get used to (something) *abituarsi a (+ n. or inf.)
gift il regalo; to give a gift fare° un regalo; to gift wrap fare° una confezione regalo
girl la ragazza; little girl la bambina
girlfriend la ragazza (di)
to give dare°; to give (as a gift) regalare; to give back rendere°
glad (to) lieto (di); contento (di)
gladly volentieri
glass (drinking) il bicchiere; little glass il bicchierino
(eye)glasses gli occhiali; sunglasses occhiali da sole

glassworks la vetreria
to go *andare°; to go (to do something) *andare° (a + inf.); to go to (attend) a school / university frequentare la scuola / università; to go away *andare° via; to go back *ritornare; to go back into *rientrare; to go back (date) to *risalire a; to go (stop) by *passare (da); to go by car (plane, train) *andare° in macchina aereo, treno); to go in / out *entrare / *uscire°; to go up / down †salire° / †scendere°
god il dio; God forbid! Dio ce ne guardi!
gold l'oro
goldsmith l'orefice
golf il golf (sport, s. only)
good bravo; buono; good afternoon buon giorno; buona sera; good evening buona sera; good heavens! mamma mia! santo cielo! good morning buon giorno; good night buona notte; pretty good abbastanza bene; very good molto bene, benissimo; to be good (for someone) fare° bene (a)
good-bye arrivederci! arrivederLa!
to graduate (from high school) *diplomarsi; (from a university) *laurearsi, ottenere la laurea
greengrocer il fruttivendolo, la fruttivendola
government il governo
grandchild il/la nipote
grandfather il nonno
grandmother la nonna
grapefruit il pompelmo
grapes l'uva (s.)
great grande; notevole
great-grandfather il bisnonno
great-grandmother la bisnonna
Greek il greco, la greca; Greek language il greco
Greek greco (adj.)
to greet salutare
groceries gli alimentari; to buy groceries fare° la spesa
grocery store il negozio di alimentari
groom lo sposo
group il gruppo
to grow (up) crescere°
guard la guardia
to guess indovinare
guest l'ospite (m./f.); l'invitato, l'invitata
guide la guida
guidebook la guida
gym la palestra; in/to the gym in palestra
gymnastics la ginnastica

H

habit l'abitudine
hair i capelli (m. pl.)
half mezzo; half an hour mezz'ora
ham il prosciutto
hand la mano; on the other hand invece
handicraft l'artigianato
handsome bello
to happen *succedere°, *accadere°
happy allegro, contento, felice
haste la fretta
to hate odiare
to have avere°; (with food) prendere°; to have to (do something) †dovere° (+ inf.); to have a good time *divertirsi
head la testa
health la salute; to be in good health avere° buona salute
to hear sentire; to hear about sentire parlare di
heat il caldo; to feel hot avere° caldo; it's hot fa caldo
heavy pesante
hectogram l'etto
hello! buon giorno! buona sera! ciao!; pronto (on the phone)
help l'aiuto
to help aiutare
here qua; qui; here is/are, here you are ecco
hi! ciao!
high alto
high school il liceo
highway l'autostrada
to hire assumere°
history la storia
holiday la festa; holidays le ferie, le vacanze; le feste
holy santo
home la casa; at home a casa
homework il compito
honeymoon il viaggio di nozze, la luna di miele
to hope (to do something) sperare (di + inf.)
hospital l'ospedale (m.)
hot caldo; to be hot avere° caldo; it's hot fa caldo
hotel l'albergo
hour l'ora; half an hour mezz'ora; rush hour l'ora di punta
house la casa; luxury home la villa
household chores le faccende di casa
how come; how are you? come stai / sta? how come? come mai? how is it going? come va? how long? quanto tempo? how much / many? quanto / quanti? how much does it cost? quanto costa?
however comunque, però
hug l'abbraccio

hunger la fame
hungry affamato; **to be hungry** avere°
  fame
hurrah! evviva!
hurry la fretta; **in a hurry** in fretta; alla
  svelta; **to be in a hurry** avere° fretta;
  to hurry up *sbrigarsi, fare presto
husband il marito

I

I io
ice il ghiaccio
ice cream il gelato
ice skating il pattinaggio su ghiaccio
ideal ideale
idiot il cretino, la cretina
if se; **if only!** magari!
ill ammalato, malato; male *(adv.)*
illustrated illustrato
illustration l'illustrazione *(f.)*
immediately subito
immigrant l'immigrante *(m./f.)*
to immigrate *immigrare
impression l'impressione *(f.)*
in a; in; *(future time)* fra, tra
to include includere; comprendere
included incluso
to increase †aumentare
incredible incredibile
independence l'autonomia
Indian indiano *(n. and adj.)*
industry l'industria
inexpensive economico
information l'informazione *(f.)*
inhabitant l'abitante *(m./f.)*
injustice l'ingiustizia
insensitive insensibile
inside dentro
instead (of) invece (di)
intelligent intelligente
to intend to *(do something)* pensare di
  (+ *inf.*); intendere (+ *inf.*)
intense intenso
interesting interessante
interest l'interesse *(m.)*
to interest interessare; **to be interested
  in** *interessarsi a/di
to interrupt interrompere
interview il colloquio
invitation l'invito
to invite invitare
island l'isola
Italian l'italiano, l'italiana; **Italian language** l'italiano
Italian italiano *(adj.)*
itinerary l'itinerario

J

jacket la giacca
January gennaio

jewel il gioiello
jewelry, jewelry shop la gioielleria
job il lavoro; **to look for a job** cercare
  lavoro
to jog fare° il jogging / il footing
joke lo scherzo
to joke scherzare
journalist il/la giornalista
July luglio
June giugno
just appena; proprio

K

keen on appassionato di
to keep tenere°; **to keep quiet** *stare°
  zitto/a
key la chiave; **car keys** le chiavi della
  macchina
kilo(gram) il chilo(grammo)
kind *(n.)* il tipo; **what kind of?** che
  tipo di? **any kind of** qualsiasi *(inv.)*
kind *(adj.)* gentile
kitchen la cucina
to know, be acquainted with cono-
  scere°; **to know something, know
  of / about** sapere°; **to know how to
  *(do something)*** sapere° (+ *inf.*)
knowledge la conoscenza

L

labor il lavoro; **labor-intensive** faticoso
laborer l'operaio, l'operaia
labor union il sindacato
lack la mancanza (di)
to lack *mancare
lady la signora
lake il lago
language la lingua; **foreign language**
  lingua straniera
large grande
last scorso; ultimo; **last name** il cognome; **last night** ieri sera; ieri notte; **at
  last** finalmente
late tardi; in ritardo; **to sleep late** dormire fino a tardi
latest ultimo
to laugh ridere°
lawyer l'avvocato, l'avvocata
laziness la pigrizia
lazy pigro
to learn imparare; **to learn how *(to do
  something)*** imparare (a + *inf.*)
least il minimo; **at least** almeno
leather la pelle
leave il permesso
to leave *(to go)* *andare° via; *(to
  depart)* *partire; *(to exit)* *uscire°;
  (to leave behind) *lasciare
left (hand) la sinistra; **on/to the left** a
  sinistra

legend la leggenda
lemon il limone; **with lemon, lemon-
  flavored** al limone
to lend prestare
less meno, di meno
lesson la lezione
to let, allow *(to do something)* lasciare
  (+ *inf.*)
letter la lettera
lettuce la lattuga
liberal liberale
library la biblioteca; **at/in/to the
  library** in biblioteca
lie la bugia; **to tell a lie** dire° una bugia
life la vita; **not on your life!** neanche
  per sogno!
light la luce; *(adj.)* leggero
to light *(a match, fire)* accendere°
like come
to like *piacere°
likeable simpatico
lip il labbro
lira *(Italian currency)* la lira
list la lista
listen! senti! senta!
to listen to ascoltare; *stare° a sentire
liter il litro
literature la letteratura
little *(size)* piccolo *(adj.)*; *(quantity)*
  poco / poca *(adj.)*; *(not very)* poco
  (adv.); **a little** un po' (di); **little by
  little** a poco a poco; **very little** ben
  poco
live *(broadcast)* (la trasmissione) in
  diretta
to live *(reside)* abitare; *(exist)* †vivere°
lively animato
living room il salotto
to locate trovare; **to be located**
  *trovarsi
lonesome solitario
long lungo; **a long time** molto tempo;
  a lungo; **how long?** da quanto
  tempo?
longer: **no . . . longer** non ... più;
  not . . . any longer non ... più
to look at guardare; **to look for** cercare; **to look well** *stare° bene
to lose perdere°; **to lose weight** *dimagrire (isc)
lot: **a lot (of)** molto; un sacco di
love l'amore; **to be in love (with)**
  *essere° innamorato/a (di); **to fall in
  love with** *innamorarsi di
to love amare
luck la fortuna; **good luck!** buona
  fortuna!
luckily per fortuna
lucky fortunato; **lucky you!** fortunato/a
  te! **lucky guy / gal!** beato/a lui/lei!
lukewarm tiepido
lunch il pranzo; **to have lunch**
  pranzare

M

macaroni products la pasta *(s. only)*
mad arrabbiato; **to get mad** *arrabbiarsi
magazine la rivista
magnificent magnifico
mail la posta
to mail imbucare, impostare
to major (in) *specializzarsi (in); studiare
majority la maggior parte, la maggioranza
to make fare°
male *(n.)* il maschio; **male chuvinism** il maschilismo
man l'uomo; **young man** il ragazzo
to manage tirare avanti; *(succeed)* *riuscire° a
management la direzione
manner il modo; **what manners!** che modi!
many molti / molte; **not many** pochi / poche
map la pianta
marathon la maratona
marketplace il mondo del lavoro
married sposato; **to get married** *sposarsi
mason il muratore
masterpiece il capolavoro
match *(sports)* la partita; l'incontro
math, mathematics la matematica
to matter importare; **it doesn't matter!** non importa!
May maggio
maybe può darsi (che), forse
to mean voler dire; **what does . . . mean?** cosa vuol dire . . . ?
means il modo; i mezzi; **by all means** pure
meat la carne; **cured meats** i salumi
mechanic il meccanico
to meet incontrare; conoscere° *(in past tenses)*, fare° la conoscenza di; *(pick up)* *andare° a prendere; **glad to meet you!** piacere!
meeting la riunione; la seduta
melon il melone
to mention accennare
Middle Ages il Medioevo
midnight la mezzanotte
mile il miglio
milk il latte
million il milione; **a tidy little million** un milioncino
millionaire milionario *(n. and adj.)*
miniseries lo sceneggiato
mind: **do you mind if . . .** ti dispiace se . . . ; **never mind!** pazienza!
minute il minuto
to miss (a bus, train) perdere (l'autobus, il treno)
Miss signorina *(abbr. sig.na)*

mistake l'errore *(m.)*, lo sbaglio; **to make a mistake** sbagliare; fare un errore / uno sbaglio
mixed misto
model il modello
moderate (in price) modico
modest modesto
mom la mamma
moment il momento, l'attimo
Monday il lunedì
money il denaro, i soldi, i quattrini
month il mese
mood l'umore *(m.)*; **to be in a good (bad) mood** *essere° di buon (cattivo) umore
more più, di più; **more or less** più o meno; **more than** più di; **once more!** ancora una volta!
morning la mattina; **in the morning** la mattina / di mattina; **this morning** stamattina; **good morning!** buon giorno!
mother la madre, la mamma
motorcycle la motocicletta
motorist l'automobilista *(m./f.)*
mountain la montagna; **mountain climbing** l'alpinismo
to move *trasferirsi (isc); traslocare
movie il film; **movie theater** il cinema; **to show a movie** dare° un film
Mr. signore *(abbr. sig.)*
Mrs. signora *(abbr. sig.ra)*
much molto; **how much?** quanto? **not much** poco; **so much** tanto; **too much** troppo
municipal comunale
museum il museo
music la musica
musician il/la musicista
must *(do something)* †dovere° *(+ inf.)*

N

name il nome; **last name** il cognome
to narrate raccontare
naturally naturalmente
naughty cattivo
near vicino a; **to get near** *avvicinarsi
nearby qui vicino
neat ordinato
necessary necessario; **it is necessary** bisogna
to need, have need of avere° bisogno di
neighborhood il rione; il vicinato
neither . . . nor né . . . né
nephew il nipote
never non . . . mai
new nuovo
newlyweds gli sposi
news la notizia; la novità
newspaper il giornale; **newspaper vendor** il giornalaio, la giornalaia
newsstand l'edicola

next poi, prossimo; **next to** accanto a
nice simpatico; carino; grazioso
niece la nipote
night la notte; **at night** la notte / di notte; **good night** buona notte; **last night** ieri sera; ieri notte
no no; **no one** nessuno; non . . . nessuno
nobody nessuno; non . . . nessuno
noise il rumore
nonsense! che storie!
noon il mezzogiorno
normal normale
north il nord
Norwegian norvegese *(n. and adj.)*
nose il naso
not non; **not bad** non c'è male; **not . . . yet** non . . . ancora; **not so!** macché!
note biglietto; **(class) notes** gli appunti
nothing niente, nulla; non . . . niente, non . . . nulla; **nothing special** niente di speciale
noun il nome, il sostantivo
novel il romanzo
November novembre *(m.)*
now ora; adesso; **by now** ormai
nowadays oggigiorno
nowhere da nessuna parte; **to get nowhere** non combinare niente
number numero
numerous numeroso

O

to obtain ottenere
occasion l'occasione; **special occasion** occasione particolare
to occupy occupare
October ottobre *(m.)*
of di
offer l'offerta
to offer offrire
office l'ufficio
often spesso
OK va bene
old vecchio; antico; **how old are you?** quanti anni hai / ha?
old-fashioned antiquato
olive l'oliva; **olive oil** l'olio d'oliva
on su, sopra
once una volta; **once upon a time** (c'era) una volta
oneself: **by oneself** da solo/a
only solamente; solo, soltanto; **if only!** magari!
open aperto
to open aprire
opera l'opera
opinion l'opinione; **in my [your, his, her] opinion** secondo me [te / Lei, lui, lei]
optimism l'ottimismo
optimist ottimista *(adj. and n.)*
optimistic ottimista *(adj.)*

or o

orange l'arancia; **orange juice** il succo d'arancia

orchestra l'orchestra

to order ordinare

orderly ordinato

to organize organizzare

origin l'origine

original originale

other altro; **others** gli altri

outside fuori; all'aperto

outstanding notevole

owner il proprietario, la proprietaria

P

package il pacco

to paint dipingere

painter il pittore, la pittrice

painting (art) la pittura

pair il paio

palace il palazzo

panorama il panorama

paper (report) la relazione; (writing) la carta da scrivere

parents i genitori (m. pl.)

to park parcheggiare

parking il parcheggio

part la parte; **for the most part** per lo più

partly in parte

party la festa; **(political) party** partito (politico)

to pass (by/over) *passare (da/sopra); **to pass exams** superare gli esami

passbook il libretto di risparmio

passport il passaporto

past il passato

pasta la pasta (s. only)

pastry la pasta, le paste

pastry shop la pasticceria

patience la pazienza; **to be patient** aver° pazienza

to pay pagare; **to pay attention** *stare° attento/a

peaceful tranquillo

pear la pera

pedestrian (n.) il pedone

penalty charge la penale

pencil la matita

people la gente (s.); le persone (pl.)

performance lo spettacolo; la rappresentazione

perhaps forse

person la persona

pessimist pessimista (adj. and n.)

pessimistic pessimista (adj.)

pharmacy la farmacia

philosophy la filosofia

phone il telefono

to phone telefonare (a)

photo(graph) la foto(grafia)

to pick up *andare° / *venire° a prendere

picture la fotografia, la foto; **to take a picture** fare° una fotografia

place il posto; la località; **to take place** aver° luogo

to place mettere°

plan il progetto; **to make plans** fare° progetti

plate il piatto

play (theatrical) la rappresentazione (teatrale)

to play (a musical instrument) suonare; **to play** (a sport or game) giocare (a); **to play tennis** giocare a tennis

pleasant piacevole

please per piacere, per favore, per cortesia

to please, be pleasing to *piacere° a

pleasure il piacere; **a pleasure to meet you!** piacere!

plot la trama

plus più

poem la poesia

point of view il punto di vista

pole il polo; **North Pole** Polo Nord

police la polizia; **traffic officer** il/la vigile

polite cortese

political politico

politics la politica

polluted inquinato

pollution l'inquinamento

poor povero

Pope il papa

popular popolare

pork il suino

portrait il ritratto

position il posto di lavoro

possibility la possibilità

possible possibile; **it's possible** può darsi, forse

post office l'ufficio postale

postcard la cartolina

poster il cartellone

potato la patata

to practice praticare; esercitare

precise preciso

precisely precisamente; esatto

precision la precisione

to prefer preferire (isc)

premium (on train tickets) il supplemento rapido

to prepare (for/to) preparare; *prepararsi (per/a + n. or inf.)

present il regalo; **to give a present** fare° un regalo, regalare

press la stampa; **press conference** la conferenza stampa

pretty carino; grazioso

price il prezzo; **lower price** prezzo più basso

problem il problema; **no problem** fa lo stesso

to proceed procedere

to produce produrre

profession la professione

professional professionale

professor il professore, la professoressa

program il programma; **television programs** programmi televisivi

programmer il programmatore, la programmatrice

progress il progresso

project il progetto

to promise (to do something) promettere (di + inf.)

promotion la promozione

to pronounce pronunciare; **how do you pronounce?** come si pronuncia?

proof la prova

to propose proporre

proposition la proposta

proprietor il proprietario, la proprietaria

proud orgoglioso

provided that purché

provincial provinciale

public pubblico

publication la pubblicazione

punctual puntuale

purchase l'acquisto

purse la borsa, la borsetta

to put mettere°; **to put on, wear** *mettersi; **to put on weight** *ingrassare

Q

quality la qualità

question la domanda; **to ask a question** fare° una domanda

quickly subito; alla svelta; in fretta

quiet: **to keep quiet** *stare° zitto/a; **quiet!** zitto!

to quit (doing something) smettere (di + inf.)

R

race (sports) la corsa

railroad station la stazione ferroviaria

rain la pioggia

to rain piovere

raise l'aumento; **to get a raise (in salary)** ricevere un aumento (di stipendio / salario)

to raise aumentare (increase); alzare (lift)

rate la tariffa

rather piuttosto

ravenous: **to be ravenous** avere° una fame da morire

to reach *arrivare° a; raggiungere°

to read leggere°

reader il lettore, la lettrice

ready pronto; **to get ready (for/to)**
*prepararsi (per/a)

realist realista (adj. and n.)

to realize *accorgersi; *rendersi conto
di

really davvero; proprio; veramente; **not
really!** non proprio!

reason la ragione

reasonable (in price) modico; (in attitude) ragionevole

receipt la ricevuta; lo scontrino

to receive ricevere

receiver (phone) il ricevitore

recipe la ricetta

to recommend raccomandare

record (music) il disco

to recognize riconoscere°

red rosso

to reduce diminuire (isc)

reduction la diminuzione; la riduzione

referee l'arbitro

reference la referenza

reform la riforma

region la regione

relative (family) il/la parente

to relax *rilassarsi

release (of a movie) la visione

to remain *restare; *rimanere°

to remember ricordare; **to remember
(to do something)** *ricordarsi (di)

remote control il telecomando

to rent (a car) noleggiare; (an apartment) affittare

rental car la macchina a noleggio

to repair riparare

to repeat ripetere

to reply rispondere°

report la relazione

republic la repubblica

republican repubblicano

request la richiesta

to require richiedere°

research la ricerca

to resemble †somigliare

reservation la prenotazione; **to make a
reservation** prenotare, fare° una
prenotazione; **to cancel a reservation**
disdire la prenotazione

to reserve prenotare

to reside abitare; risiedere

to resolve risolvere

to respect rispettare

to rest *riposarsi

restaurant il ristorante

restlessness l'irrequietezza

to resume riprendere°

retiree il pensionato, la pensionata

return il ritorno

to return (something) rendere; **to
return (go back)** *ritornare; (enter
again) *rientrare

rice il riso; **rice dish** risotto

ride il passaggio; **to ask for / give a
ride** chiedere° / dare° un passaggio

to ride a bicycle (car, motorcycle)
*andare° in bicicletta (macchina,
motocicletta)

right (hand) la destra; **on/to the right**
a destra

right (correct) giusto (adj.); esatto! **to
be right (about something)** avere°
ragione; **all right?** va bene? **might be
all right** potrebbe andare

ring l'anello

to ring (bell, phone, alarm) suonare

road la strada

roast l'arrosto

roasted arrosto (inv. adj.)

roll il panino

room la stanza; la camera; **living room**
il salotto; **dining room** la sala da
pranzo; **room and board** la pensione

roommate il compagno / la compagna
di stanza

rude scortese

rule la regola

run la corsa; **first / second run (of a
movie)** (film) in prima / seconda
visione

to run †correre°

rush hour l'ora di punta

Russian il russo, la russa; **Russian language** il russo

Russian russo (adj.)

S

sad triste

safe-deposit box la cassetta di
sicurezza

saint il santo, la santa

saint (adj.) santo (san, sant', santa)

salad l'insalata; **tossed salad** l'insalata
mista

salami il salame

salary lo stipendio, il salario

sale la svendita; **on sale** in svendita

salty salato

same stesso

sandwich il panino

satisfied contento

Saturday il sabato

sauce il sugo; **with tomato sauce** al
sugo

to save risparmiare

savings i risparmi (m. pl.)

to savor gustare

to say dire°; **to say hi to** salutare; **to
say yes (no)** dire° di sì (no); **how do
you say?** come si dice?

Scandinavian scandinavo (n. and adj.)

to scatter *disperdersi

school la scuola

science la scienza; **science fiction** la
fantascienza

to score segnare

sea il mare

season la stagione

seat il posto

seated seduto

second secondo

sector il settore

to see vedere°; **to see again** rivedere°;
see you soon! a presto! **see you
tomorrow!** a domani!

to seem *sembrare; *parere°; **it seems
that** pare che

to select scegliere°

selection (choice) la scelta; (excerpt) il
brano

to sell vendere

to send spedire (isc)

sensible ragionevole

sensitive sensibile

separated separato

September settembre (m.)

serious serio

seriously sul serio

to serve servire

service station stazione di servizio

set in ambientato in

several diversi / diverse

shape la forma

to shave *farsi la barba (of men only)

to ship spedire (isc)

shipment la spedizione

shoe la scarpa

shop il negozio; la bottega

to shop fare° compere, fare° (le) spese

shop window la vetrina

shopkeeper il/la negoziante

shopping: **to go shopping** fare° compere; **to buy groceries** fare° la spesa

short (height) basso; (length) breve;
corto; **in short** insomma

show lo spettacolo

to show mostrare; **to show a film** dare°
un film

shower la doccia; **to take a shower**
fare° la doccia

sick ammalato; **it's making [me] sick**
[mi] fa star male

to sign firmare

silk la seta

silly scemo

silver argento; **(made) of silver** (fatto)
d'argento

similar simile

simple semplice

to sing cantare

singer il/la cantante

sir signore (m.)

sister la sorella; **sister-in-law** la cognata

to sit down *sedersi°

sitting seduto

size (clothing) la taglia

to skate (ice / roller) fare° il pattinaggio (su ghiaccio / a rotelle)

to ski sciare

skier lo sciatore, la sciatrice

skiing lo sci; **to engage in skiing** praticare lo sci
skiing slope il campo di sci
ski lift la sciovia
ski run la pista
skirt la gonna
sleep il sonno; **to go to sleep** *andare° a letto, *andare° a dormire
to sleep dormire; **to sleep late** dormire fino a tardi
sleepy: **to be sleepy** avere° sonno
slender snello
slowly adagio, lentamente
small piccolo
to smile sorridere°
to smoke fumare
to snow nevicare
so così; allora; dunque; **so?** e così? **so that** affinché; perché + *subj.;* **so-so** così così; **and so on** e così via
soccer il calcio; **to play soccer** giocare a calcio
soccer player il calciatore
social sociale
socialist socialista *(n. and adj.)*
society la società
sold out esaurito
some alcuni / alcune, qualche (+ *s. n.*)
someone qualcuno
something qualche cosa, qualcosa
sometimes a volte
son il figlio, il figliolo
soon presto; **as soon as** appena; **see you soon!** a presto!
sorry: **to be sorry** *dispiacere; **I'm sorry** mi dispiace
sort il tipo; **what sort of?** che tipo di? **any sort of** qualunque
soup la minestra; la zuppa
south il sud
space lo spazio; il posto
Spaniard lo spagnolo, la spagnola
Spanish spagnolo *(adj.);* **Spanish language** lo spagnolo
to speak (about) parlare (di)
special speciale
to specialize (in) *specializzarsi (in)
to spend time *(doing something)* passare il tempo (a + *inf.*); **to spend money** spendere° denaro / soldi
spinach gli spinaci
spite: **in spite of** malgrado, nonostante
spring la primavera
square *(in a city)* la piazza
squash gli zucchini
stability la stabilità
stadium lo stadio
stamp *(postage)* il francobollo
to stand *stare° in piedi; **to stand in line** fare° la coda
to start *(to do something)* †(in)cominciare (a + *inf.*)
station la stazione
state lo stato

statue la statua
to stay *stare°; *restare, *rimanere°
steak la bistecca
still, yet ancora
stocking la calza
stop la fermata
to stop *(doing something)* smettere (di + *inf.*); **to stop** *(someone or something)* fermare; **to come to a stop** *fermarsi; **to stop / come by** *passare da; **to stop over** *(planes & ships)* fare° scalo a
to starve *morire° di fame
store *(business)* il negozio
story la storia
strange strano
strawberry la fragola
street la strada, la via
strike lo sciopero; **to go on strike** fare° sciopero
to strike scioperare
string bean il fagiolino
strong forte
student lo studente, la studentessa
study lo studio
to study studiare
stupendous stupendo
stupid stupido; **how stupid (of me)!** che stupido/a!
subject il soggetto; il tema; l'argomento
suburb la periferia
subway la metropolitana
to succeed *(in doing something)* *riuscire° (a + *inf.*)
suddenly all'improvviso; ad un tratto
to suffer (from) soffrire (di)
sufficient abbastanza; **to be sufficient** *bastare
sugar lo zucchero
to suggest suggerire (isc)
suggestion il suggerimento
suit l'abito
suitable adatto
suitcase la valigia
to summarize riassumere
summer l'estate *(f.)*
sun il sole
Sunday la domenica
supermarket il supermercato
supper la cena
sure sicuro; certo
surely di sicuro
surgeon il chirurgo, la chirurga
surname il cognome
surprise la sorpresa
to sweat sudare
to swim nuotare; **to go swimming** *andare° a nuotare, *andare° in piscina
swimming il nuoto
swimming pool la piscina

T

table il tavolo; **dining table** la tavola; **coffee table** il tavolino
to take portare; prendere°; **to take a course** seguire un corso; **to take a picture** fare° una fotografia; **to take back, return** riportare; **to take over** prendere°; **to take up again** riprendere°; **to take off** *(something)* *levarsi
taken *(seat)* occupato
to talk (about) parlare (di)
tall alto
taste il gusto
to taste assaggiare
taxi il tassì
taxicab driver il/la tassista
tea il tè
to teach insegnare
teacher l'insegnante *(m./f.);* il maestro, la maestra
team la squadra
telecast la trasmissione
telephone *(n.)* il telefono
to telephone telefonare (a)
television, TV la televisione, TV, tele
television set il televisore
to tell dire°; raccontare; **to tell about** parlare di
to tend to tendere a
tennis il tennis; **to play tennis** giocare a tennis
tenor il tenore
terrible pessimo
to thank ringraziare
thank you, thanks grazie
that che; ciò che; quello / quella
theater il teatro; **at/to the theater** a teatro; **movie theater** il cinema
then allora; poi
there là, lì; **there is / are** ecco
therefore dunque
these questi / queste
thin magro
thing la cosa; **things** le cose, la roba *(s.)*
to think (about) pensare (a + *n.; di + inf.*); **to think that** credere che; **what do you think of . . . ?** che ne pensi (di + *n.* or *inf.*)?
thirst la sete
thirsty: **to be thirsty** avere° sete
this questo / questa
those quelli / quelle
through per; attraverso
Thursday il giovedì
thus così
ticket *(theater)* il biglietto; *(traffic)* la multa; **to buy a ticket** fare° il biglietto
ticket booth il botteghino
ticket window lo sportello

tie *(game)* il pareggio; **(neck)tie** la cravatta
tight stretto
till fino a; **till now** finora
time l'ora; il tempo; **one time** una volta; **times per week (per month, per year)** volte alla settimana (al mese, all'anno); **one at a time** uno alla volta; **a long time** molto tempo; a lungo; **all the time** sempre; **at what time?** a che ora? **it's time (to)** è ora (di); **on time** puntuale; **once upon a time** (c'era) una volta; **at times** a volte; **to have a good time** *divertirsi; **what time is it?** che ora è / che ore sono? **to have enough time to** fare° in tempo a (+ *inf.*)
time zone il fuso orario
tired stanco
tiring faticoso
to a; in
toast il brindisi
to toast brindare
tobacco store la tabaccheria
today oggi
toe il dito (del piede)
together insieme
token il gettone
tomato il pomodoro
tomorrow domani; **see you tomorrow!** a domani!
tonight stasera
too anche; troppo *(adv.)*; **too much, too many** troppo *(adj.)*; **too bad!** peccato!
on top in cima
topic l'argomento
tour il giro; la gita; **to take a tour** fare° una gita / un giro
tourist il/la turista
tourist *(adj.)* turistico
toward verso
town la città; **small town** paese, paesetto
trade il mestiere
tradition la tradizione
traffic il traffico; **traffic light** il semaforo; **traffic jam** ingorgo; **traffic officer** il/la vigile
tragedy la tragedia
train il treno; **by train** in treno; **the train is running [three hours] late** il treno viaggia con [tre ore] di ritardo; **direct train** il rapido
train station la stazione
to translate tradurre
transportation il trasporto
to travel viaggiare
travel agency l'agenzia di viaggi; **travel agent** l'agente di viaggio
to treat of/about trattare di
tree l'albero; **fruit tree** l'albero da frutta

trip il viaggio; **to take a trip** fare° un viaggio; **to have a good trip** fare° un buon viaggio
trouble il problema; **to be in trouble** *stare° fresco/a
trucking gli autotrasporti
true vero
truly veramente
to try *(to do something)* cercare (di + *inf.*)
to try on provare
T-shirt la maglietta
Tuesday il martedì
turkey il tacchino
to turn (right / left) girare / voltare (a destra / a sinistra)
to turn on / off *(a radio, TV)* accendere° / spegnere
TV la televisione, la TV, la tele
TV set il televisore
type *(kind)* il tipo
to type scrivere° a macchina

U

ugly brutto
uncle lo zio
undecided indeciso
under sotto
to understand capire (isc)
unemployed disoccupato
unemployment la disoccupazione
unfortunately purtroppo
unhappy scontento
union il sindacato *(labor)*; l'unione
university l'università *(n.)*; universitario *(adj.)*
unknown sconosciuto
unless a meno che
unpleasant antipatico
until fino a
up to fino a
upon su
to use usare
used: to get used to *(something)* *abituarsi a (+ *n. or inf.*)
useless inutile
usual solito; **as usual** come al solito
usually di solito

V

vacant disponibile
vacation la vacanza; **on vacation** in vacanza
value il valore
veal il vitello
vegetables la verdura; il contorno
very molto *(adv.)*
veterinarian il veterinario *(m./f.)*
view la vista, la veduta; il panorama
visit la visita

to visit fare° visita (a); *andare° a trovare
volleyball la pallavolo
vote il voto
to vote votare

W

wage il salario
to wait for aspettare; **to wait in line** fare° la coda
waiter, waitress il cameriere, la cameriera
to wake up *svegliarsi; **to wake (someone) up** svegliare
walk la passeggiata; **to take a walk** fare° una passeggiata, fare° due passi
to walk *andare° a piedi; camminare; passeggiare
wallet il portafoglio
to want *(to do something)* †volere° (+ *inf.*); desiderare (+ *inf.*)
war la guerra
warm caldo; **to be warm** avere° caldo
to warm up *riscaldarsi
to wash lavare; **to wash up** *lavarsi
watch *(timepiece)* l'orologio
to watch guardare
water l'acqua; **mineral water** acqua minerale; **carbonated water** acqua gassata; **non-carbonated mineral water** acqua minerale naturale
way il modo
to wear portare
weather il tempo; **how's the weather?** che tempo fa? **it's hot / cold** fa caldo / freddo; **it's cool** fa fresco; **it's nice / bad weather** fa bello / brutto
Wednesday il mercoledì
week la settimana
weight il peso; **to gain weight** *ingrassare; **to lose weight** *dimagrire (isc)
weight lifting la pesistica, il sollevamento pesi
welcome: you're welcome! prego! **welcome back!** bentornato/a!
well bene; **to be well / not well** *stare° bene / male; **very well** benissimo
west l'ovest *(m.)*
what che, ciò che; **what?** che? che cosa? cosa? **(how's that?)** come? **so what?** e che vuol dire?
whatever qualunque cosa
when quando
where dove; **where are you from?** di dove sei / è?
wherever dovunque
which che; **which one / ones?** quale / quali? **that which** ciò che, quello che
while mentre
whispering sottovoce
white bianco

who, whom che; who? whom? chi? he who chi

whoever, whomsoever chiunque

whole tutto/a + *definite art.*

why perché

wife la moglie

willingly volentieri

to win vincere

wind il vento; **the wind is blowing** tira vento

window la finestra; **store window** la vetrina; **to go window shopping** guardare le vetrine

wine il vino

winter l'inverno

wish l'augurio; **to offer one's best wishes** fare° gli auguri; **best regards** tanti saluti

to wish desiderare

with con

within fra, tra; entro

without senza (di) *(prep.)*; senza che *(conj.)*

witty spiritoso

woman la donna; **young woman** la ragazza

wool la lana

word la parola

work il lavoro; *(of art)* l'opera

to work lavorare; funzionare

worker *(blue-collar)* l'operaio, l'operaia; *(white-collar)* l'impiegato, l'impiegata

workshop la bottega

world *(n.)* il mondo; *(adj.)* mondiale

worried preoccupato

worse *(adv.)* peggio; *(adj.)* peggiore

worth il valore; **to be worth** *valere°

to write scrivere°

writer lo scrittore, la scrittrice

wrong sbagliato; **to be wrong** *sbagliarsi

Y

year l'anno

yes sì

yesterday ieri; **the day before yesterday** ieri l'altro

yet però; **not yet** non ... ancora; **and yet** eppure

yogurt lo yogurt

young *(adj.)* giovane; **young man** il ragazzo; **young woman** la ragazza; **as a young man / woman** da giovane; **the young** i giovani

youth i giovani

Z

zone la zona

zoo lo zoo

INDEX

PHOTO CREDITS